A EMPRESA Transparente

Como a Era da Transparência Revolucionará os Negócios

A EMPRESA Transparente

Como a Era da Transparência Revolucionará os Negócios

DON TAPSCOTT
DAVID TICOLL

M.Books do Brasil Editora Ltda.

Rua Jorge Americano, 61 - Alto da Lapa
05083-130 - São Paulo - SP - Telefones: (11) 3645-0409/(11) 3645-0410
Fax: (11) 3832-0335 - e-mail: vendas@mbooks.com.br
www.mbooks.com.br

Dados de Catalogação na Publicação

Tapscott, Don & Ticoll, David
A Empresa Transparente / Don Tapscott e David Ticoll
2005 – São Paulo – M. Books do Brasil Editora Ltda.
1. Negócios 2. Economia 3. Administração

ISBN: 85-89384-56-x

Do original: The Naked Corporation

© 2003 by Don Tapscott and David Ticoll
© 2005 by M. Books do Brasil Editora Ltda.
Original em inglês publicado por Free Press,
uma divisão da Simon & Schuster, Inc.
Todos os direitos reservados.

EDITOR: MILTON MIRA DE ASSUMPÇÃO FILHO

Produção Editorial
Salete Del Guerra

Tradução
Roger Maioli dos Santos

Revisão de Texto
Cláudia Mello Belhassof
Lucrécia Barros de Freitas

Capa
ERJ (Sob projeto original de Eric Fuentecilla)

Design
Amy Hill

Editoração e Fotolitos
J.A.G Editoração e Artes Gráficas Ltda.

2005
1ª edição
Proibida a reprodução total ou parcial.
Os infratores serão punidos na forma da lei.
Direitos exclusivos cedidos à
M. Books do Brasil Editora Ltda.

AGRADECIMENTOS

A transparência é um novo problema nos negócios globais, como descobrimos durante nossas pesquisas, atividades de consultoria e viagens há vários anos. Os estudos existentes sobre ela são escassos, limitando-se sobretudo a questões ligadas aos relatórios financeiros, à corrupção nas economias emergentes e ao controle de armamentos (!). Todavia, na economia integrada, a transparência se encontra no cerne de tópicos vastos, recentemente controversos e urgentes como a liderança, a confiança e a sustentabilidade. Enquanto lidávamos com esses problemas, muitas pessoas contribuíram com ajuda, conceitos e idéias inestimáveis.

Bill Gillies liderou com habilidade nosso grupo central de pesquisas e nos forneceu, muitas vezes, a dádiva do duro realismo para desafiar nossos pressupostos. O pesquisador de ciências sociais Phil Courneyeur teve uma contribuição única e especial. Jody Stevens e Antoinette Schatz, da New Paradigm Learning Corporation, mantiveram-nos organizados e produtivos; eles investiram muitas horas neste projeto, que se estendeu pelo prazo de um ano. Stephen Hamm, Jennifer Punn e Bruce Geddes trabalharam com diligência e entusiasmo; cada um contribuiu com pérolas únicas. Agradecemos pessoalmente a cada um de vocês por suas idéias, seu empenho e sua colaboração.

Este livro foi precedido por vários programas de pesquisa destinados a muitos clientes, conduzidos por nós entre os anos de 1994 e 2002 na Digital 4Sight, empresa que fundamos com Alex Lowy.[1] Financiada por empresas e governos, a pesquisa descrevia o modo como a Internet transforma os negócios e a sociedade.

Oferecemos os nossos sinceros agradecimentos a nossos antigos clientes e colegas da Digital 4Sight.

Entre os profissionais internacionais que influenciaram intensamente o andamento de nosso trabalho estão Chris Coulter, Debra Dunn, John Elkington, Ann Florini, Lise Kingo, Roger Martin, Robert Monks, David Vidal, David Wheeler, Anthony Williams, Simon Zadek e Jeffrey Zalla.

Também queremos agradecer às muitas outras pessoas que contribuíram com seu tempo, suas idéias e sua experiência para este projeto, incluindo Chris Anderson,

v

Bob Bertram, Kathy Bushkin, George Carpenter, Mildred Cho, Bruce Cleveland, Tony Comper, Jennifer Corriero, Bill Cox, John Dalla Costa, George Dallas, Robert Darretta, Derrick de Kerckhove, Stanley Fawcett, Roger Fine, Charlie Fine, Michael Furdyk, Jim Griffin, Keith Harrison, Robert Herz, Adrian Hosford, Jon Iwata, Steve Kerr, Kate Kozlowski, Joel Kurtzman, Alan Lafley, Ralph Larsen, Ken Larson, Lawrence Lessig, Mark Letner, Bud Mathaisel, Mike Mitchell, Bill Nielsen, Gordon Nixon, James R. Olson, Charlotte Otto, Robert Parker, Howard Paster, Eugene Polistuk, Mike Powers, James Reeves, Glenn Renwick, Ron Ricci, Michael Rice, Cynthia Richson, Mike Roach, Saskia Sassen, Mohan Sawhney, Eric Schmidt, Joshua Sharman, Damon Silvers, Tim Sinclair, Claude Smadja, Doug Steiner, Anke Schwittay, Tom Stewart, Paul Taaffe, Lester Thurow, Chris Tuppen, Bill Watkins, Sister Patricia Wolf e Bob Young.

Bruce Nichols, da Free Press, ofereceu-nos uma orientação e um apoio editorial brilhantes desde o desenvolvimento inicial até o produto final, e demonstrou grande destreza na revisão virtual. Ele foi um estupendo colega em todos os sentidos. Joan Ramsay, do *Globe and Mail*, foi uma consciência invisível que nos ensinou a ser diretos e precisos. Wes Neff, nosso agente literário no Leigh Bureau, foi um parceiro paciente e perspicaz. Bill Leigh percebeu de imediato o potencial deste projeto quando ele era ainda uma idéia amorfa; sua visão e seu incentivo nos ajudaram a aprimorar a idéia.

No espírito de transparência, gostaríamos de revelar que tivemos relações de consultoria ou negócios com algumas das organizações que mencionamos, citamos ou discutimos neste livro. Nos últimos anos travamos relações com a Cisco, a CKI, o Conference Board, a Hewlett-Packard, a Hill & Knowlton, a IBM, a KPMG, a Microsoft e a Motorola. Além disso, Don Tapscott é diretor corporativo da Celestica.

Nossas respectivas esposas, Ana Lopes e Tracey Macey, nos forneceram idéias e conselhos valiosos, que muitas vezes nos trouxeram de volta à terra. Devemos a elas nossa imensa gratidão.

Tendo dito tudo isso, nós, como autores, assumimos plena responsabilidade pelo conteúdo do livro, bem como por quaisquer erros ou omissões.

Dedicamos este livro a nossos filhos, Alex e Niki Tapscott e Amy Ticoll. Esperamos que vocês e sua geração o achem útil na construção de um mundo mais transparente e sustentável.

S U M Á R I O

Introdução .... *xi*

PARTE I

O Imperativo da Transparência 1

1. A Empresa Transparente 3
   "O Que a Fidelity Está Escondendo?" 4
   A Empresa Transparente 9
   A Transparência Definida 22
   Fatores de Transparência 26

2. Transparência *versus* Opacidade: A Batalha 39
   Obstáculos à Transparência 39
   O Contexto Geopolítico 47
   Os Custos da Opacidade 49
   Redes de Stakeholders: Contramedidas para a Opacidade 55

3. A Empresa Aberta 65
   O que é "Bom"? 65
   Repensando a Responsabilidade Corporativa 68
   Passo 1: Valores Corporativos 77
   Passo 2: Confiança 80
   Passo 3: Relacionamentos 85
   Passo 4: Valor 87

viii SUMÁRIO

PARTE II
Quando os Stakeholders Podem Ver 97

4. Denunciadores e Outros Funcionários 99
   - O Trabalhador do Conhecimento 99
   - A Transparência e o Trabalho do Conhecimento 100
   - A Transparência e os Executivos 103
   - A Transparência e a Confiança Dentro da Empresa 104
   - Quando a Confiança Vem abaixo: Denúncias 111
   - O Caráter Corporativo 116
   - A Transferência de Poder 120

5. A Transparência entre Parceiros de Negócios 127
   - A Revolução Tecnológica 128
   - A Ascensão das Redes de Negócios 133
   - Redes de Stakeholders na Rede de Negócios 136
   - A Confiança e a Transparência na Rede de Negócios 138
   - Conectores-padrão 145

6. Clientes em um Mundo Transparente 157
   - A Transparência e o Valor 161
   - A Transparência e os Preços 164
   - A Descoberta de Preços: A Ascensão da Ágora 165
   - A Transparência e os Valores do Consumidor 169
   - Valores na Madeira? 171
   - A Co-criação de Produtos 173
   - A Integridade Corporativa e a Marca 175
   - Injetando na Marca a Franqueza com o Cliente 178
   - O Novo Risco para as Marcas Globais 180
   - O Lado Negro: A Privacidade 184

SUMÁRIO

7. Comunidades 189

    Para Onde Vai o Capital Social? 193

    A Nova Sociedade Civil e o Poder da Transparência 196

    A História da Chiquita 198

    O Desafio Global 211

    O Paradoxo da Sustentabilidade 211

8. Os Donos da Empresa 217

    Quem Possui as Empresas? 221

    O Que os Acionistas Sabem? 227

    Reconquistando o Direito de Voz 236

    Investimento Baseado em Valores 239

    Ceres: Tomando uma Atitude 248

    A Governança da Empresa Aberta 252

    A Progressive: Desnudando-se por Diversão e Dinheiro 255

PARTE III

Agindo com Abertura 259

9. Fazendo Uso do Poder 261

    Transparência Mínima *versus* Máxima 263

    O Que Estamos Administrando Aqui? 264

    Dez Características da Empresa Aberta 266

10. Atravessando a Crise da Liderança 303

    O Ceo: o Detentor das Chaves 304

    Os Novos Inovadores 316

    Vivendo e Trabalhando em um Mundo Aberto 317

Notas 323

Índice Remissivo 337

INTRODUÇÃO

Uma antiga força com novo poder vem surgindo nos negócios, uma força que tem implicações de longo alcance para praticamente todo mundo. Nascente durante meio século, esta força ganhou impulso silenciosamente durante a última década; ela agora vem provocando profundas mudanças no mundo corporativo. As empresas que a acolherem e utilizarem seu poder prosperarão. Aquelas que a ignorarem ou combaterem sofrerão.

A força é a *transparência*. Ela vai muito além da obrigação de revelar informações financeiras básicas. As pessoas e instituições que interagem com as empresas estão ganhando um acesso sem precedentes a todo tipo de informações sobre o comportamento, as operações e o desempenho corporativos. Armadas de novas ferramentas para descobrir dados sobre assuntos que afetam seus interesses, stakeholders agora esquadrinham as empresas como nunca antes, passam a informação a outros e organizam respostas coletivas. A empresa está ficando transparente.

Clientes podem avaliar o valor de produtos e serviços em níveis que antes eram impossíveis. Funcionários compartilham informações até então secretas sobre a estratégia, a gestão e os desafios corporativos. Para colaborar efetivamente, as empresas e seus parceiros de negócios não têm escolha, exceto compartilhar mutuamente seus conhecimentos internos. Poderosos investidores institucionais hoje possuem ou administram a maior parte da riqueza, e estão desenvolvendo visão de raios X. Finalmente, em um mundo de comunicações instantâneas, os denunciadores, a mídia investigativa, os buscadores de Internet, os cidadãos e as comunidades estão pondo as empresas constantemente sob o microscópio.

As empresas não têm escolha senão repensar seus valores e comportamentos – para melhor. Se for para ficar nu, é melhor estar em forma!

Essa conclusão talvez pareça avessa às atuais concepções dos valores e do comportamento corporativos. No final de 2003, o mundo corporativo ainda se recompunha de uma crise de confiança em uma escala como não se via desde a quebra de Wall Street, em 1929. Muitos dizem que essa última crise prova que as

xi

empresas estão piores que nunca, e de forma irremível. Para esses críticos, o organismo corporativo não está em forma, está obeso.

Acreditamos no contrário. Para criar relacionamentos de confiança e ter êxito em uma economia transparente, um número crescente de empresas em todas as partes do mundo comporta-se hoje mais responsavelmente que nunca. As empresas que caíram em desgraça representam o antigo modelo – uma safra agonizante. A integridade nos negócios está em alta, não apenas por razões legais ou puramente éticas, mas porque compensa economicamente. Empresas que demonstram valores éticos, abertura e franqueza descobrem que podem competir melhor e lucrar mais. Algumas descobriram isso recentemente, enquanto outras o compreenderam há gerações. Os vencedores de hoje se despem cada vez mais para alcançar o sucesso.

A opacidade ainda está viva e em atividade; em algumas situações, ela continua desejável e necessária. Segredos de negócios e dados pessoais, por exemplo, são devidamente confidenciais. Por vezes, a abertura é dispendiosa. Contudo, com mais freqüência a opacidade somente mascara problemas mais profundos. Exércitos de advogados corporativos combatem a abertura como parte de um saudável dia de trabalho. Velhas culturas – o modelo insular da empresa de ontem – tardam a morrer. De qualquer modo, os propulsores tecnológicos, econômicos e sociopolíticos de um mundo de empresas abertas prevalecerão.

Empresas abertas têm um desempenho melhor. A transparência é uma nova forma de poder, que traz compensações quando utilizada. Em vez de ser temida, ela está se tornando essencial para o sucesso nos negócios. Em vez de se despirem à força, as empresas inteligentes estão preferindo ser abertas. Com o tempo, o que chamamos de "empresas abertas" – aquelas que atuam com franqueza, integridade e comprometimento – terão mais chances de sobreviver e prosperar.

Essa é uma boa notícia para todos nós – clientes, funcionários, parceiros, acionistas e cidadãos, não importa qual a nossa posição –, já que as empresas se tornaram tão centrais em nossas vidas e comunidades.

A maioria de nós é acionista, seja diretamente ou por meio de pensões e fundos mútuos. Nossas aposentadorias dependem do sucesso corporativo.

Como possuem ações nas empresas em que trabalham, os trabalhadores hoje pensam duas vezes antes de entrar em greve. As sociedades abriram espaço, de bom grado, para que empresas e capitalistas inovassem e gerassem riqueza em todo o mundo; nós, todavia, receamos quando empresas se tornam indômitas usinas de força globais, e nos perguntamos por que a desigualdade econômica se

INTRODUÇÃO

agravou. Adoramos marcas e novos produtos, mas nos sentimos inseguros quanto às empresas por trás deles. Empresas recolhem uma grande quantidade de informações a nosso respeito para desenvolver relacionamentos diretos, mas tememos a perda de nossa privacidade. Procuramos preços baixos, mas ficamos desesperados quando a empresa em que trabalhamos nos transfere para outros países, localizados em regiões de baixo custo. Valorizamos nossas comunidades e a rua do comércio, mas lotamos o Wal-Mart.

Os negócios tornaram-se a instituição mais polêmica da sociedade. Empresários, que ontem mesmo eram reverenciados, são hoje objeto de escárnio e injúrias. Existe uma indignação generalizada contra as rendas de oito ou nove dígitos de executivos que presidem a destruição da riqueza dos acionistas. A integridade da indústria contábil – setor responsável por assegurar a honestidade financeira das empresas – foi enfraquecida. Em todos os grupos demográficos, a confiança pública em CEOs só é um pouco maior do que a que se tem em vendedores de automóveis usados. Os jovens, sobretudo, sentem-se apreensivos no que se refere ao comportamento corporativo.[1]

*Stakeholders** têm, hoje, oportunidades sem precedentes de concentrar essas ansiedades e esquadrinhar o mundo corporativo. Eles têm um novo poder para influenciar o desempenho ou mesmo mutilar empresas quase da noite para o dia. O que farão com essa nova influência? E como as empresas agirão frente a isso?

Estamos investigando o impacto das tecnologias da informação e das novas mídias nos negócios e na sociedade desde o início dos anos 80. A transparência é uma peça central nesse quebra-cabeça, mas praticamente não existem livros ou artigos a esse respeito. Os poucos autores que falaram sobre a transparência tiveram propensão a tratá-la meramente como a apresentação de informações financeiras aos acionistas ou a prevenção de subornos.

Neste livro, tentamos desenvolver uma teoria, um corpo de conhecimentos e um conjunto de práticas de liderança para a transparência. Explicamos como e por que ela passou para o centro do palco, incluindo sua acidentada ascensão na história do capitalismo industrial. Você encontrará novos conceitos, como a transparência forçada, a transparência ativa, a transparência reversa, as redes de stakeholders, a fadiga da transparência, a dissonância de valores, a disparidade de

---

* Os *stakeholders* são aquelas pessoas que possuem algum tipo de envolvimento financeiro ou pessoal com uma empresa: administradores, funcionários, acionistas, parceiros, clientes, usuários etc. (N. do T.)

xiv   INTRODUÇÃO

transparência e o que chamamos de "nova integridade nos negócios". Você lerá sobre como empresas opacas, que careciam de integridade, foram devastadas e, em alguns casos, renasceram. Também aprenderá sobre como as empresas abertas prosperam e logram sucesso por meio da franqueza e dos valores éticos centrais. Entre nossas conclusões estão:

- A transparência e os valores corporativos aumentam o valor de mercado: há um bom argumento de competitividade a favor das estratégias centradas nos stakeholders e na sustentabilidade. Empresas "boas", que otimizam as necessidades de todos os stakeholders, têm mais chances de serem boas também para os investidores.

- A transparência possui uma forma organizacional que chamamos de "rede de stakeholders": uma rede de pessoas interessadas que esquadrinham a empresa, quer ela saiba, quer não. Ao negligenciarem sua rede de stakeholders, algumas empresas foram devastadas ou destruídas.

- Os funcionários de uma empresa aberta têm mais confiança uns nos outros e em seu empregador – o que resulta em menores custos, maior qualidade, maior inovação e lealdade.

- A transparência também acarreta a transição de poder para os funcionários, que compartilham mais informações do que nunca.

- A transparência é essencial para as parcerias de negócios – reduzindo os custos de transação entre empresas e permitindo o comércio colaborativo. A mão invisível do mercado está mudando a forma como as empresas orquestram potencialidades para criar produtos e serviços diferenciados.

- Outra transição de poder – das empresas para os clientes – emergiu das guerras de preços e das guerras de "responsabilidade". Os valores corporativos são hoje fundamentais para muitas marcas.

- Empresas que alinham seus valores com os das comunidades que tocam, e se comportam de acordo com isso, podem desenvolver modelos de negócios sustentáveis.

As melhores empresas têm práticas claras de liderança que outras podem adotar. Elas sabem que investimentos em uma boa governança e na transparência trazem

INTRODUÇÃO

compensações significativas: relacionamentos engajados, melhor qualidade e gestão de custos, mais inovação e melhor desempenho geral nos negócios. Elas implementam a transparência e a integridade em sua estratégia de negócios, em seus produtos e serviços, em sua marca e reputação, em seus planos tecnológicos e em seu caráter corporativo.

Esperamos que este livro ajude os administradores que estejam tentando criar empresas eficazes no novo ambiente corporativo. Também esperamos que ele ajude funcionários, clientes, parceiros, vizinhos e acionistas a compreender o papel mutável das empresas na sociedade, como tornar as empresas responsáveis de maneira que todos se beneficiem e como trabalhar e viver desempenhando múltiplos papéis. Para casos, informações, leituras e discussões adicionais, visite-nos em www.nakedcorporation.com.

PARTE I

O Imperativo da Transparência

CAPÍTULO 1

A EMPRESA TRANSPARENTE

A crise de confiança de 2002 foi provavelmente a pior em Wall Street desde a quebra do mercado em 1929 e a Depressão da década de 1930. Enron, WorldCom, Arthur Andersen, Xerox, Tyco, Citibank, J. P. Morgan, Credit Suisse First Boston, Tenet Healthcare, Jack Welch, Martha Stewart – poderíamos prosseguir na lista. A resposta – a lei Sarbanes-Oxley, novas regras dos conselhos de normas contábeis e uma explosão de reformas na governança corporativa – constitui o maior salto na transparência corporativa desde as leis dos títulos de Franklin Delano Roosevelt, em 1932.

Enquanto isso, os empresários ficam por baixo nas pesquisas de respeitabilidade pública. Os consumidores são volúveis. A lealdade entre empregadores e empregados está abalada e é quase inexistente. Policiais e manifestantes engalfinham-se em encontros internacionais. Os litígios proliferam. O terrorismo e a guerra justificam o sigilo, as invasões de privacidade e os atos encobertos.

Quando sobrevém uma crise de confiança, a transparência parece ser insuficiente. A abertura de nossa sociedade, de suas empresas e de outras instituições, invariavelmente frágil, é posta à prova. Mas a verdade é que uma transparência em crescimento, e não em declínio, foi uma das principais causas da crise de 2002.

Empresários vêem a transparência como uma ameaça ou uma oportunidade. Alguns a combatem ou fogem a ela. Outros acreditam que trarão melhores resultados aos acionistas se alinharem abertamente os seus negócios com os interesses dos stakeholders, extraindo vantagens no percurso. Cada vez mais, frente à transparência e a expectativas legítimas, empresas inteligentes adotam o segundo caminho.

"Fique bem fazendo o bem" soa simples, talvez simples demais. Não é o que os pregadores vêm nos dizendo há milhares de anos? Por que isso valeria mais hoje do que ontem? Por uma razão: o ambiente de negócios de hoje depende da confiança – e exige transparência – como nunca antes.

"O QUE A FIDELITY ESTÁ ESCONDENDO?"

Se você mora nos Estados Unidos, provavelmente é um investidor da Fidelity, saiba disso ou não. A Fidelity é a maior empresa de fundos mútuos do mundo e o fornecedor número um dos planos de aposentadoria 401(k) do país. Em janeiro de 2003, a empresa tinha 1,4 trilhão de dólares em ativos de clientes, dos quais administrava diretamente 760 bilhões.

Em setembro de 2002, decidimos usar a Internet para verificar o que a Fidelity Investments estava fazendo por você com relação à crise da governança corporativa. Esperávamos descobrir evidências de que a empresa estava em campo, lutando o bom combate – exigindo que os conselhos corporativos limpassem seus atos para o bem dos milhares de investidores individuais que ela representa. Nossa primeira parada foi na própria Fidelity, onde não descobrimos nada sobre o assunto na sua coleção de informativos à imprensa. Se a empresa estava fazendo algo quanto à confusão, não o estava propagandeando.

Procuramos em outras partes e logo descobrimos – veja só – uma campanha sindical (da AFL-CIO) acusando a Fidelity de *trair* os interesses dos acionistas. Essa campanha exigia que a Securities and Exchange Comission (SEC – "Comissão de Títulos e Transações") obrigasse a empresa a expor o modo como escolhia as ações sob seu controle. A resposta da Fidelity, segundo o *Wall Street Journal?* Tal exposição não melhoraria os retornos sobre os fundos e poderia lesar a diplomacia praticada junto a executivos corporativos com o objetivo de tornar as empresas mais favoráveis aos investidores[1].

A AFL-CIO observou que a Fidelity, em parte por meio de sua administração do 401(k) e de outras pensões de membros do sindicato, tinha sido uma das maiores acionistas da Enron, da WorldCom e de outros casos de empresas queimadas. A Fidelity, com seu grande poder de voto nas reuniões anuais de tais empresas, era "parcialmente responsável pela governança corporativa dessas empresas – inclusive por decisões sobre a remuneração de executivos e por conflitos de interesse nos lapsos da contabilidade corporativa"[2]. Ela acusava a Fidelity e suas semelhantes de "conflitos inerentes de interesse: as companhias de fundos mútuos existem para vender lucrativos planos de aposentadoria 401(k) e outros serviços financeiros aos mesmos gestores corporativos em cujas propostas de governança elas votam". A AFL-CIO especulou que a Fidelity havia votado, junto com a administração, contra reformas corporativas e contra os interesses dos acionistas em meia dúzia de outras empresas em apuros. Ela se perguntava se a companhia não teria apoiado as resoluções de transferir sedes para as Bermudas (onde os impostos corporativos são baixos), no intuito de fugir dos impostos norte-americanos, a Accenture, a Ingersoll-Rand, a Stanley Works (na qual a Fidelity era a principal acionista) e outras empresas[3].

"O que a Fidelity está escondendo?", perguntava o sindicato. Sua campanha incluía boletins à imprensa, sessões informativas para os membros e manifestações em frente à sede da Fidelity, em Boston. Seu site pedia aos visitantes que assinassem uma carta a ser enviada à SEC:

> Um conselheiro em investimentos tem o dever fiduciário de escolher as ações de seus clientes de maneira coerente com os melhores interesses destes últimos. A divulgação das decisões de voto indireto individual é a única maneira de me assegurar que minha companhia de fundos mútuos está cumprindo seu dever fiduciário para comigo. Exigir que as empresas de fundos mútuos revelem seus votos indiretos individuais também promoverá a responsabilidade e a transparência, duas virtudes muito necessárias para restituir a confiança dos investidores em nossos mercados de capital.

O apelo funcionou. Em setembro de 2002, a SEC surpreendeu a AFL-CIO declarando que consideraria a possibilidade de exigir que as empresas de fundos mútuos revelassem publicamente seus votos nas decisões corporativas indiretas. A Fidelity comandou a luta do setor de fundos contra a medida, aventando, ao longo de vários meses, uma catarata de razões pelas quais a transparência era má idéia.

- A divulgação poderia afetar os preços das ações das empresas. (Melhor agora do que depois, nós diríamos.)

- "Consideramos nossos votos informações confidenciais."[4] (Como pode o seu voto na escolha de um diretor ou na escolha de uma nova ação ser confidencial?)

- O custo da divulgação seria alto demais. (Já ouviram falar da Internet?)

- A maioria dos acionistas não se importa com o voto das administradoras de fundos. (O truque da "ignorância bendita".)

Então, em janeiro de 2003, Edward Johnson III e John Brennan, assim como os dirigentes e CEOs da Fidelity e de seu principal concorrente, o Vanguard Group, assinaram coletivamente um artigo no *Wall Street Journal* dizendo que "as conseqüências involuntárias da proposta poderiam prejudicar os interesses de 95 milhões de detentores de fundos mútuos nos Estados Unidos". Seu principal argumento era o de que a divulgação "exporia as decisões de voto dos fundos mútuos à intimidação semivelada de grupos ativistas cujos propósitos não teriam nada a ver com a maximização dos lucros de nossos clientes. O objetivo de uma administradora de fundos é a gestão de investimentos, e não o arbitramento de disputas políticas e sociais."[5]

Apesar de tal oposição – e com o apoio de dois importantes dirigentes do comitê da Casa Republicana (Michael Oxley e Richard Baker) –, a SEC anunciou em dezembro que seguiria adiante com a medida, efetivada em 2004.

Os CEOs de grandes fundos mútuos privados recusaram-se a acatar a decisão. Continuando a se referir à decisão da SEC como uma "proposta", o setor tomou a atitude incomum de recorrer ao Escritório de Administração e Orçamento do governo norte-americano, sob o pretexto do "ônus da papelada".

Bem-vindo ao mundo da empresa transparente.

Este debate revela muitas coisas sobre como os Estados Unidos e o mundo estão mudando.

Em primeiro lugar, ele mostra como a Internet expôs a Fidelity e todas as demais empresas ao escrutínio público de modo nunca visto antes, dia após dia: é a transparência forçada. Escolha qualquer grande marca, digite um ou dois termos de busca no Google, e é muito provável que você encontre alguém para lhe dizer o que há de errado com a empresa.

- "Exxon" o leva ao site do Exxon Valdez Oil Spill Trustee Council ("Conselho Curador do Derramamento de Óleo do Petroleiro Exxon Valdez"), que traz uma vivaz e colorida chamada: "Kids: Are you doing a class report?" ("Crianças: vocês estão fazendo um trabalho para a escola?"). O site, sempre atualizado, lembra-nos de que um inquérito do governo norte-americano descobriu que a empresa era responsável pelo derramamento de 1991. Ele nos informa que, embora a Exxon tenha desembolsado 1 bilhão de dólares em penalidades, os custos econômicos e ambientais foram um múltiplo desse número e que, passados dez anos, a maior parte do litígio civil permanece irresoluta.

- "McDonald's" resulta no McSpotlight, um site sediado em Londres (Reino Unido) que se originou do infame caso McLibel, quando, em 1997, a empresa conquistou uma vitória de Pirro após um processo por difamação que se estendeu por dois anos contra seus críticos do Greenpeace. Hoje, o site comemora os planos da empresa de fechar 175 lojas, e está recheado de notícias sobre uma unidade parcialmente construída em Grenoble que se consumiu em chamas. "A polícia suspeita de incêndio criminoso", comenta a página com mal disfarçado júbilo, acrescentando a informação de que os vizinhos já haviam obtido um decreto judicial suspendendo temporariamente a construção.

Tais gotas no oceano das informações estão em permanente exibição, e são fáceis de encontrar ou de se deparar com elas por acidente. A transparência está sendo imposta às empresas, gostem elas ou não. Nenhuma empresa pode proteger com segurança segredo algum, particularmente aqueles que irritam os stakeholders. Cada vez mais as empresas estão transparentes.

Em segundo lugar, em vez de aceitar a transparência forçada por uma campanha sindical, a Fidelity poderia ter escolhido um caminho diferente – a transparência ativa.

Diversas administradoras de fundos mútuos e outros investidores influentes (como a Domini Social Investments e o Sistema de Aposentadoria dos Funcionários Públicos da Califórnia [CalPERS], de 135 milhões de dólares) começaram a publicar seus votos indiretos na Web em 1999. Mas outras instituições de base sindical, como o Teachers Insurance and Annuity Association-College Retirements Equities Fund (TIAA-CREF), reagiram à proposta da SEC declarando que os acionistas são mais bem representados quando os votos permanecem confidenciais. (Depois que a SEC anunciou que levaria a medida adiante, o TIAA-CREF retirou suas objeções.)

Em terceiro lugar, milhões de pensionistas não se envolvem com empresas somente na condição de acionistas. Eles têm interesses mais amplos como funcionários, consumidores, futuros aposentados e cidadãos. Esses interesses difusos lhes dão um envolvimento tão grande no bem-estar da economia em geral, das comunidades e do ambiente natural como na rentabilidade das empresas em seu portfólio. Robert Monks, reformador da governança corporativa, comenta que o acionista de hoje é um envolvido polivalente, pois a distinção entre os interesses de acionistas e outros stakeholders está se tornando irrelevante:

Muitos acionistas são os beneficiários de planos de pensão específicos, são pessoas que ainda trabalharão, digamos, dezoito anos e então se aposentarão. Eles desejam se aposentar em um mundo limpo, seguro e civilizado. Por isso, este é um mundo em que os interesses do meio ambiente, do nível de empregos e da comunidade são essenciais para o funcionamento da empresa. Quando você identifica quem está no comando – não um arbitrador nem um programa de comércio eletrônico, mas um sujeito com cerca de dezoito anos para trabalhar antes de aposentar-se –, começa a notar a convergência entre os acionistas e os stakeholders*.

Quando a AFL-CIO reclama que a Fidelity pode ter votado pela transferência da sede da Accenture para as Bermudas para evitar impostos, ela supõe representar o interesse geral dos pensionistas como contribuintes – em outras palavras, como cidadãos e membros da comunidade. Esse ponto de vista cria dilemas para qualquer empresa – seja a Fidelity ou não – que tenta votar de acordo com os interesses dos acionistas que representa. Os valores também são parte do problema. Existe algum meio de alinhar interesses múltiplos com retornos elevados para o acionista? Como decidir o que fazer quando os interesses conflitam com os retornos?

Por fim, a Fidelity e a AFL-CIO – e os interesses aparentemente conflitantes que elas representam – estão no âmago das mudanças estruturais no capitalismo dos Estados Unidos, mudanças que, por sua vez, estão incitando a onda de transparência. Os fundos de aposentadoria e pensão detêm cerca de um quarto do valor total das ações nos Estados Unidos: são o maior bloco de acionistas institucionais. Em outras palavras, por meio de fundos de pensão, funcionários comuns possuem uma grande fatia da economia acionária. Além disso, 95 milhões de norte-americanos – metade dos lares do país – investiram pessoalmente em fundos mútuos, a maioria com vistas à aposentadoria.

Nesse ambiente, a proposta da AFL-CIO afeta intimamente a governança corporativa: como esta nova safra de acionistas de fundos de pensão terá certeza de que os CEOs e executivos das empresas que possuem estão agindo em seu interesse? Pode haver até cinco camadas de governança entre o acionista pensionista e a massa de funcionários da empresa da qual ele possui ações:

* Uma administradora de pensões responsável por todo o pólo de pensões de uma empresa ou de um grupo de funcionários do governo;

---

* Todas as citações sem notas de fim foram obtidas pelos autores em entrevistas. (N. do A.)

- Uma das diversas empresas de investimentos (como a Fidelity) que a administradora contrata por sua perícia em comprar e vender ações;

- O conselho de diretores de cada empresa em que se investe, que é a interface oficial primária com a empresa de investimentos;

- O CEO, que se reporta ao conselho de diretores;

- A equipe administrativa da empresa, que se reporta ao CEO.

Essas entidades, separadamente e em conjunto, encontram regularmente oportunidades lucrativas para pôr seus próprios interesses à frente dos interesses dos acionistas. Muitos executivos vêem seus proprietários como uma mera abstração a ser manipulada, e não como pessoas reais às quais eles devem confiança.

O conflito entre a AFL e a Fidelity sugere alguns problemas essenciais que discutimos neste livro:

- O que é o desafio da transparência e como as empresas estão reagindo?

- Que tipo de transparência as empresas dominantes oferecerão ativamente aos stakeholders?

- A transparência levará as empresas a mudar seus valores e seu comportamento?

- As empresas podem ficar bem fazendo o bem?

- Como saberemos se isso está acontecendo?

A EMPRESA TRANSPARENTE

Houve uma época em que as empresas conseguiam guardar as coisas para si mesmas. Muitas nem mesmo publicavam relatórios anuais até os anos 30, quando a legislação norte-americana exigiu que o fizessem.

A mídia e os governos sempre funcionaram como cães de guarda em nome dos diversos constituintes das empresas. Mas cada vez mais, os stakeholders céticos e fortalecidos estão cuidando desses assuntos por si mesmos. Quer gostem disso, quer não, quer cooperem, quer não, as empresas são investigadas e expostas por stakeholders de todo tipo: funcionários, clientes, acionistas, parceiros de negócios, membros da comunidade e grupos de interesse.

Algumas empresas sempre afirmaram que só devem explicações aos acionistas. Outras, como a Johnson & Johnson, com seu credo corporativo da década de 1940, vêm dizendo, há gerações, que os acionistas lucram se a empresa atender às expectativas e necessidades legítimas de seus clientes, distribuidores, fornecedores e funcionários, e das comunidades local e global em que atuam. Concordamos com a última visão, a escola de pensamento que diz que a empresa, em troca dos muitos privilégios, benefícios e proteções que obtém junto a essas entidades, tem obrigações recíprocas para com elas, e que seu sucesso duradouro depende do alinhamento entre tais interesses e sua missão central. Ao fazer isso, a empresa tem a obrigação de minimizar ou compensar suas "exterioridades" negativas – impactos nocivos sobre as pessoas ou o meio ambiente que resultam de suas atividades. E tem também a obrigação de tratar tais entidades com reciprocidade e responsabilidade, buscando a opinião delas para saber como esperam que seus interesses sejam considerados, e depois atendendo aos compromissos firmados. Em todos esses aspectos, a empresa deve identificar e trabalhar junto aos stakeholders – as pessoas e organizações que afetam ou são afetadas por suas atividades. A razão para isso não é a obrigação nem a ética. É antes o fato de que, se as empresas agirem assim, terão maiores chances de prosperar.

Mas hoje, em um mundo onde a confiança está em baixa, o diálogo entre as empresas e os stakeholders é, muitas vezes, escasso. Como resposta, os stakeholders – todos eles, não somente empregados, parceiros de negócios, concorrentes, consumidores e acionistas, mas a sociedade como um todo (às vezes por intermédio do governo) – tomaram em suas mãos as ferramentas de que dispunham para projetar as fulgurantes luzes da transparência sobre as empresas, como nunca antes. Esta é uma crise de muitas faces.

Funcionários

Os funcionários são os primeiros a saber. Graças ao e-mail e às mensagens instantâneas, todo trabalhador tem uma prensa eletrônica na ponta dos dedos. É assombrosa a velocidade com que notícias e rumores se espalham pelas organizações. Esse processo amplifica uma atmosfera de crescente desconfiança e cinismo. Funcionários inseguros podem facilmente comparar seus pacotes de pagamento com os de executivos seniores aparentemente medíocres, cujos planos de pagamento são expostos ao público em declarações corporativas de representantes. Apenas 45% dos trabalhadores tinham confiança em sua alta administração no início de 2002, comparados com 50% dois anos antes[6].

Cada vez mais, a transparência imposta pelos funcionários torna-se pública. Sites hostis como o Internalmemos.com publicam com freqüência correspondências internas que vão desde comunicados dos CEOs até cartas de demissão de funcionários. Para comentários mais picantes, os leitores são encaminhados a um site afiliado, o Fuckedcompany.com. Ali, as discussões vão desde o banal até o altamente analítico – na maioria das vezes, com um viés cínico.

A *Fortune* descreveu a Vault Inc. como "o melhor lugar na Web para se preparar para a procura de um emprego". Em essência, uma intermediária que concorre com sites como o Monster.com, a Vault atrai candidatos e possíveis interessados em mudar de emprego com informações internas atualizadas sobre milhares de empregadores em uma variedade de setores. Os visitantes podem adquirir os relatórios empresariais exclusivos da Vault, mas, para ter acesso à verdadeira sujeira, devem entrar no "radiador eletrônico" (pelo qual a Vault detém exclusividade de direitos). Empregados e candidatos reúnem-se em centenas de salas de bate-papo, divididas por empresa ou assunto específico, para compartilhar notícias, análises e conselhos. Como no caso da maioria de tais sites, algumas das informações são questionáveis, e os profissionais perspicazes são incentivados a ativar seu "detector de abobrinhas". Um pretenso funcionário da McKinsey, em Johannesburg, diz: "Se há cortes por aqui também? As coisas aqui estão para lá de devagar, por isso não me surpreenderia." Um outro sujeito aconselha o candidato a um emprego na Siebel Systems: "Ela não passa de uma exploração tecnológica, com salários baixos. (...) Faça um favor a si mesmo e passe longe."

Digite "Wal-Mart" no Google e você logo descobrirá um emaranhado de denúncias. A mais notável é uma iniciativa sindical dos United Food and Commercial Workers (Trabalhadores Unidos dos Setores Alimentício e Comercial), que apresenta uma crítica detalhada da política salarial da empresa, alegações de maus tratos sofridos por funcionários, suposta discriminação sexual e impactos no meio ambiente e na comunidade.

Funcionários, sobretudo nas grandes empresas, também investigam o comprometimento de seus chefes com a responsabilidade social. A pesquisa Corporate Social Responsibility Monitor 2002 (Monitoramento da Responsabilidade Social Corporativa de 2002), feita pela Environics International, declara que 80% dos funcionários de grandes empresas norte-americanas afirmam que a responsabilidade social aumenta sua motivação e lealdade, e 85% participariam de programas comunitários patrocinados pela empresa. Todavia, 58% dizem que suas empresas precisam concentrar-se muito mais em se tornarem socialmente responsáveis.

O IMPERATIVO DA TRANSPARÊNCIA

Onde quer que você procure, os funcionários estão de olho nas empresas. Cada atitude da liderança é observada, analisada e julgada, e os empregados usam a Internet e outros meios de comunicação para chegar a conclusões compartilhadas que afetam diretamente o moral e a produtividade. Nenhuma empresa pode se dar ao luxo de ignorar essa força.

Parceiros de Negócios e Concorrentes

A maioria das empresas e dos participantes do mercado está inundada de informações sobre clientes, fornecedores, canais, concorrentes, práticas do setor e condições do mercado. O que outrora se considerava altamente secreto – como tendências em produtos e tecnologias, melhores práticas operacionais e desempenho das empresas no mercado – tornou-se hoje, na maioria dos casos, algo de conhecimento geral no setor, quando não de domínio público. Publicações comerciais, conferências, iniciativas de benchmarking, saltos de emprego em emprego, pesquisas sindicais, consultores de inteligência competitiva, conselhos empregatícios, registros de patentes, relatórios públicos obrigatórios, recursos on-line de todos os tipos, analistas de Wall Street e uma mídia mais bem equipada do que nunca fazem com que informações estratégicas se tornem imediatamente acessíveis. O desafio é capturar, analisar e tirar as conclusões corretas dessa montanha de dados disponíveis.

Todo setor depende de um conjunto comum de tecnologias exclusivas: o varejo depende da logística; os farmacêuticos dependem mais e mais da bioinformática. E todos os setores dependem das tecnologias de informação e comunicação. Mas essas tecnologias especializadas evoluem em um mundo transparente. Grande parte das pesquisas avançadas caiu em domínio público, e a maioria dos produtos pode passar por uma engenharia reversa. Em um ambiente desses, como as empresas sustentam suas vantagens competitivas? Por que desejariam *mais* transparência? A resposta: a inovação, como dizem os economistas, é "dependente do percurso". Uma empresa que já tenha força, por exemplo, em tecidos avançados, à prova d'água e que permitam a respiração (como a GoreTex) possui uma vantagem tecnológica, fabril, de marca e de infra-estrutura que somente uns poucos concorrentes podem alcançar. Sem um investimento maciço de capital, uma fábrica tradicional de algodão não tem chances de entrar na briga. A dependência do percurso é dolorosamente visível na indústria automotiva, um setor intensamente tecnológico que sofre com a capacidade excedente global. Depois de 25 anos de engenharia reversa das técnicas de produção e do design japoneses, as Três Grandes de Detroit ainda têm dificuldades para produzir um veículo confiável, econômico e de preço competitivo. Toda a inteligência competitiva no mundo não pode mudar sua genética organizacional.

Na economia global integrada, as empresas funcionam, cada dia mais, em rede – o que chamamos de redes de negócios ou b-webs[7]. Em vez de tentarem fazer tudo, desde o projeto, passando pela fabricação de peças, até a montagem, o marketing, a distribuição e o atendimento ao cliente, as empresas estão se concentrando naquilo que fazem melhor, e contando com parceiros para o restante. Alguns fabricantes de automóveis chegaram ao ponto de terceirizar totalmente a montagem de veículos. Em modelos de negócio radicais, como o eBay e a Amazon, a empresa central faz muito pouco. Basicamente, o eBay administra um site de leilão na Internet, em que 28 milhões de usuários ativos administram todos os aspectos de inventário, marketing, preço, entrega e geração de confiança para os bens que compram e vendem. A Amazon administra uma crescente loja on-line de varejo, em que consumidores e autônomos escrevem a maioria das avaliações dos produtos, sendo que estes provêm de terceiros (não existe marca da casa); a empresa, por sua vez, concentra sua tecnologia eletrônica no cumprimento de tarefas físicas. Em todos esses casos, uma comunicação clara, precisa e confiável é o *sine qua non* do sucesso.

Em uma rede de negócios, as informações mais valiosas são, muitas vezes, enfadonhas. Grande parte delas envolve o conhecimento dos sinais específicos de demanda que determinam as atividades: quanto venderemos amanhã, e quanto, por conseguinte, temos de produzir hoje? A Albertson's porá o Crest à venda na próxima semana? Nesse cenário, a transparência é irregular. Muitas vezes, as respostas simplesmente não são conhecidas. Quando o são, a transparência depende de compartilhar informações específicas no momento e no local necessários – o que nem a Internet nem um sistema de inteligência de mercado podem extrair sistematicamente de um participante com má vontade. Por vezes, o comprador tem o poder de exigir informações dos fornecedores. Outras vezes, as informações são compartilhadas em um ambiente de confiança mútua (muito embora, nos dois primeiros exemplos logo a seguir, a confiança seja muitas vezes traída, mas não com freqüência suficiente para arruinar o sistema).

- Vendedores no eBay aceitam que os compradores avaliem publicamente a qualidade de seus bens e o nível de dedicação de seus serviços.

14   O IMPERATIVO DA TRANSPARÊNCIA

- Pesquisadores do genoma compartilham idéias e técnicas, confiando que seus colaboradores fora das fronteiras acadêmicas e comerciais não se apropriarão delas, patenteando-as.

- A Procter & Gamble (P&G) recebe, em tempo real, dados específicos de desempenho de todas as lojas do Wal-Mart, de modo que possa reabastecer as prateleiras quando necessário. O Wal-Mart permite que a P&G tenha acesso às vendas de suas lojas porque acredita que ela não revelará esses dados ao K-Mart.

- As concorrentes Celestica e Solectron fornecem os custos e as previsões de sua capacidade de produção às concorrentes Dell e IBM, que, por sua vez, compartilham sinais de demanda do mercado com a Celestica e a Solectron. A Celestica fabrica itens segundo as previsões da IBM porque confia que a IBM não voltará atrás, caso a demanda não se materialize.

No atual estado de coisas, muitas parcerias de negócios não se saem muito bem nessa partilha de informações. Parte do problema é a falta de certeza: as demandas do mercado não podem ser previstas com precisão suficiente. Em outras situações, os problemas são mais sistêmicos. Compradores escondem informações para manter sua vantagem sobre os fornecedores. Ou fazem mau uso das informações que obtêm. A cadeia de suprimentos da Dell é especializada em produzir computadores pessoais, próprios para serem enviados ao consumidor final. Mas um cliente que desejar 500 PCs idênticos a cada segunda-feira durante um período de três semanas pode encontrar um serviço melhor na Hewlett-Packard (HP), que possui uma cadeia de suprimentos mais adequada à produção em massa. Evidentemente, a Dell e a HP aceitariam pedidos que se ajustassem melhor ao sistema de produção da concorrente, pondo em risco a confiança de clientes e fornecedores[8].

Tais conflitos não são sustentáveis. O CEO da Celestica, Eugene Polistuk, comenta: "Antes, as empresas guardavam e filtravam as informações. Hoje estão todas transparentes. São como a CNN dos negócios – disponibilidade instantânea. Não há tempo para banalidades. A transparência e o sistema em rede eliminam totalmente as informações sem valor agregado, as distorções e a administração ineficaz." Nem o autoritarismo nem o protecionismo podem sobreviver às forças de mercado desencadeadas pela transparência. As empresas precisam alcançar resultados com disciplina e integridade.

Acionistas

Todos somos acionistas agora: em 2002, metade das famílias norte-americanas investia em ações diretamente ou por meio de fundos mútuos. Mas também podemos ser empregados, clientes e vizinhos de uma empresa que nos afeta e cujas ações possuímos. Além disso, instituições como os fundos mútuos e de pensão – e não indivíduos – detêm 64% das ações negociadas publicamente. Pouca gente saberia dizer em quais empresas seus fundos mútuos investiram. Na verdade, a maioria dos fundos de pensão aplica metade ou mais de seu dinheiro em fundos indexados – por exemplo, em algum que acompanhe toda a Standard & Poor's (S&P) 500 –, em vez de aplicá-lo nas seleções feitas por um monitor de ações.

Ironicamente, de todos os grupos de stakeholders que observam as empresas, os acionistas – proprietários das empresas – parecem ser os que recebem os piores serviços e os que mais ficam no escuro. A situação é paradoxal. Por um lado, os Estados Unidos vêm sendo, há décadas, o líder mundial em relatórios corporativos. A Securities and Exchange Comission exige grande profundidade e detalhamento nos relatórios trimestrais e anuais, bem como entradas específicas para todos os tipos de eventos "materiais". Todavia, fica claro que a crise de 2002 foi uma crise de abertura e transparência.

A Enron é um bom exemplo. Sua maior capitalização de mercado foi de 90 bilhões de dólares. Sua bancarrota, em 2 de dezembro de 2001, ocorreu após uma sucessão de cobranças e redeclarações não recorrentes e inesperadas em seu balanço corporativo, principalmente por causa de relatórios impróprios de negociações com parceiros realizadas por – e para o benefício pessoal de – executivos da empresa. De qualquer modo, é muito provável que, embora a administração da Enron tenha iludido intencionalmente o mercado, houvesse informações suficientes para que investidores prudentes entrevissem problemas e repassassem suas ações. Analistas de mercado sabiam muito bem que "havia corpos enterrados em entidades excluídas do balanço que estavam criptografados nos informativos da Enron antes da crise"[9]. O conflito de interesses da Arthur Andersen foi de conhecimento público: a empresa vinha recebendo 25 milhões de dólares pela consultoria e pelo planejamento tributário, ao mesmo tempo em que atuava como auditora da Enron. Essa prática já havia causado prejuízos à Andersen junto a outros clientes, como a Waste Management. Analistas de mercado e administradores de investimentos, na grande bolha das empresas pontocom, preferiram ignorar essas informações publicamente disponíveis, e trataram a Enron como um investimento "fidedigno", e não como o abacaxi que era. Acabou-se a teoria de que os mercados levam efetivamente em conta todas as informações disponíveis quando precisam dar preço a títulos.

O que aconteceu com a Enron aconteceu com muitas outras, seja a AOL, a Nortel ou o Yahoo!. O mercado ingressou em uma insensata corrida do ouro, em muitos sentidos similar ao *boom* das ferrovias norte-americanas, na década de 1840. Mas, mesmo em meio à loucura das massas, as questões de abertura são reais, e os acionistas perderam a paciência:

- Poucas empresas publicam relatórios financeiros que o investidor médio consiga entender imediatamente, muito menos identificar e interpretar as pérolas críticas enterradas em notas de rodapé. Quando muito, existe um excesso de informações apresentadas de maneira confusa. Isso é opacidade travestida de transparência. Na reunião anual de 2003 da companhia de investimentos Berkshire Hathaway, o CEO Warren Buffett disse: "Se você não conseguir entender as declarações financeiras de uma empresa em dois minutos, é porque a administração não quer que você as entenda, e provavelmente está escondendo algo".

- Poucos investidores – além dos internos e dos super-sofisticados – têm tempo, concentração ou capacidade para se informar plenamente. E menos ainda têm tempo para estar ativos – para ler assiduamente relatórios empresariais, levantar problemas ou comparecer a reuniões anuais.

- Corretores da bolsa combinam conflitos de interesse (eles normalmente são recompensados por inflar portfólios em vez de aumentar seu valor) com otimismo profissional.

- Como comentamos mais acima neste capítulo, os acionistas estão separados por muitas camadas das pessoas que controlam as companhias que eles possuem. A maioria dos fundos mútuos que os representam prefere mantê-los no escuro quanto a seus votos e outras atividades.

- Centenas de empresas adulteram seus livros contábeis. De acordo com o Escritório de Administração e Orçamento dos Estados Unidos, entre janeiro de 1997 e março de 2002, 689 empresas – 10% de todas as empresas de capital aberto – redeclararam seus resultados. Com a Lei Sarbanes-Oxley, de agosto de 2002, os CEOs são obrigados a atestar a exatidão de seus relatórios. Ainda não se sabe se isso fará alguma diferença.

- Além de todas as crises em grandes empresas, da Adelphia à Xerox, a própria Wall Street já se mostrou profundamente comprometida. Analistas ilustres recomendaram sabidamente ações furadas de empresas clientes. Corretores proporcionaram rotineiramente a seus clientes (muitos dos quais acabaram expostos por participarem de suas próprias fraudes corporativas) acesso especial a lucrativas ofertas públicas iniciais.

Os acionistas (a maioria dos quais é de empregados) estão em uma profunda crise de confiança, e com razão.

Consumidores

Era uma vez um tempo, nos anos 50, em que os consumidores tinham prazer em adquirir praticamente todo bem ou serviço que atravessasse seu caminho. A abundância – o que John Kenneth Galbraith chamou de sociedade afluente – era uma experiência nova para os norte-americanos, e eles a acolheram com satisfação. Isso passou. Hoje, muitos setores e mercados são campos de batalha em que consumidores e vendedores travam pequenos combates, em uma bruma de desconfiança mútua. Esse problema não é universal: grandes marcas, como a Coca-Cola, a IBM, a Disney e a BMW, retêm seu brilho apesar dos altos e baixos. Mas a coisa anda feia nas trincheiras.

A queda de Martha Stewart é simbólica. Ícone da vida familiar idílica, sua mensagem era a confiança no mais alto nível. "O que estou realmente oferecendo", ela disse, "é uma realidade que se assemelha à fantasia". Pode ser conversa, mas sua fantasia era descobrir como articular uma estética do cuidado na vida cotidiana. Se não fosse Martha, quem seria?

Cada vez mais, os consumidores dependem da transparência para se proteger e se preparar para a luta no mercado. Segundo uma pesquisa feita em 2001 pela Environics International, 88% dos norte-americanos afirmaram buscar informações sobre os produtos antes de uma compra de grande valor[10]. Os consumidores norte-americanos têm grandes expectativas de que as empresas declarem honestamente tanto seu desempenho financeiro como social: 85% e 78%, respectivamente, julgam-nas totalmente responsáveis por esse grau de transparência[11].

- Consumidores se preparam para a aquisição de um automóvel com uma precisão militar. A Internet fornece, na maioria dos casos gratuitamente, re-

18 · O IMPERATIVO DA TRANSPARÊNCIA

sultados dos testes públicos de colisão, análises dos produtos sob diversos pontos de vista, conselhos e consultoria pessoal e vários exemplos de preços das concessionárias. Um site oferece comparações de preços de acordo com o código postal[12].

- A economia do mercado de viagens é acossada pela transparência. Reservas de vôos e quartos pela Internet continuam a aumentar: os analistas prevêem que, em épocas boas e más, os agendamentos on-line farão os preços caírem[13].

- Não somente Wall Street perdeu a confiança dos consumidores, como também os bancos se encontram sob pressão. O E-Loan, um sobrevivente do setor pontocom, voltou a anunciar na TV e passou a dar lucro em 2002. Encerrou o ano com 13 bilhões de dólares emprestados aos clientes em seus livros. Seu site vive e respira a transparência de seu processo de empréstimo.

- Digite "insurance rates" (tarifas de seguro) em um mecanismo de busca e você descobrirá todo tipo de recursos, desde a Progressive Insurance Company até sites puramente informativos como o Insurance.org, que oferecem conselhos e comparação de propostas para sua situação específica.

- A indústria das gravadoras se encontra em crise desde o surgimento do MP3, em 1998. Como a música é informação pura, a transparência nesse caso põe à prova um modelo de negócios centenário.

- Milhões de norte-americanos acham que o sistema de saúde os engana. O Tenet é apenas um exemplo de grande fornecedor que perdeu a confiança pública devido à suspeita de cobrar em excesso pelo Medicare e de realizar operações desnecessárias. Médicos e companhias farmacêuticas parecem ter uma aliança profana, combatendo um novo minimercado canadense que vende medicamentos genéricos e de marca a preços baixos para pacientes norte-americanos via Internet. As companhias farmacêuticas maldizem a integridade dos exportadores canadenses; a Glaxo Smith Klein ameaçou até mesmo cortar seus suprimentos. Mas os pacientes idosos, com rendas fixas, sabem que a idéia funciona.

No passado, os consumidores viviam isolados. Uns poucos integravam exóticas associações de consumidores; outros conversavam com vizinhos sobre produtos que poderiam comprar, ou liam a principal fonte de conselhos objetivos, o

Consumer Reports. Hoje, eles se auto-organizam. Acessam comentários de outros leitores sobre livros da Amazon a partir de casa, do trabalho ou da cafeteria – ou mesmo do computador de uma livraria concorrente. Para saber o que outras pessoas acham de um carro, um filme, um CD de músicas, um computador, uma câmera, um aparelho de som, uma ferramenta de jardinagem, um móvel, um produto para escritório, um destino de viagem, um restaurante, um vinho ou um perfume, eles podem consultar numerosos sites, do Epinions.com em diante.

O acesso à informação gerou conflitos de poder em muitos mercados. Os vendedores acham que os consumidores os transformam em mercadorias, indo ao Wal-Mart e a negociantes da Internet para contestar seus preços e suas margens de lucro, prontos para abrir processos à menor provocação. Os consumidores acham que os vendedores os esfolam, prestam maus serviços e invadem sua privacidade. Há exceções dignas de nota, mas a sujeira impera em muitos mercados, especialmente os de alto custo, como o dos automóveis, de viagens (hotéis e viações aéreas), dos serviços financeiros (corretoras, bancos, seguradoras), dos planos de saúde, dos medicamentos e das telecomunicações.

Enquanto isso, consumidores ativistas em prol dos valores possuem metas que vão além do benefício pessoal. Eles sondam profundamente a cadeia de suprimentos das empresas para expor práticas relativas ao meio ambiente e aos direitos humanos, e então exigem e impõem mudanças. Em 1996, eles alardearam que a celebrada coleção de roupas de Kathie Lee Gifford, do Wal-Mart, era produzida por crianças hondurenhas que muitas vezes trabalhavam 24 horas por dia, pelo ínfimo salário de 31 centavos de dólar por hora. Gifford rompeu em pranto em cadeia nacional de televisão ao ser confrontada com as evidências. A reação dos consumidores logo fez com que não apenas o Wal-Mart, mas também a Nike, a Gap, a Disney e outras empresas revissem as práticas trabalhistas de suas cadeias de suprimentos[14].

Comunidades

Em meados dos anos 90, o grande varejista norte-americano Home Depot jamais teria acreditado que uma coalizão de ativistas em prol das florestas tropicais o forçaria e excluir a madeira antiga de sua linha de produtos. A Nike não teria imaginado que as fábricas usadas para produzir seus bens em países distantes seriam aviltadas como espeluncas exploradoras, obrigando-a a estabelecer um código de conduta para os padrões globais de trabalho e uma parceria sem fins lucrativos para ajudar a melhorar as vidas e as comunidades de seus funcionários em outros países. A Monsanto não previu que subestimaria gravemente os receios públicos com relação à segurança de produtos geneticamente modificados, e com isso teve de se comprometer com metas de diálogo e transparência no tocante a novos produtos e tecnologias. Essas empresas não compreenderam o novo poder dos cidadãos de analisar detalhadamente suas operações, e sofreram em resultado disso.

Em um mundo transparente, com um acesso à informação jamais visto, funcionários, acionistas, parceiros de negócios e, de certo modo, até consumidores querem evidências de que as empresas são confiáveis e agem de acordo com seus princípios. Esses grupos ainda precisam descobrir a verdade sobre as atitudes e os impactos de uma empresa. Eventos freqüentemente ocorrem a portas fechadas; os stakeholders se vêem cerceados pela confidencialidade ou pela ignorância. *Algumas* pessoas sabem onde estão os defuntos, e essa informação permanecerá oculta por períodos cada vez menores, conforme o mundo vai ficando mais integrado.

A Environics International descobriu que muitas pessoas formam suas impressões sobre as empresas com base em fatores sociais como as práticas de trabalho, a ética nos negócios e a sustentabilidade ambiental – às vezes mais do que pela qualidade e pelo valor dos produtos. Segundo as pesquisas mais recentes nos Estados Unidos, uma grande maioria considera as empresas responsáveis pelo modo como tratam seus funcionários, pela proteção ambiental, pelos direitos humanos e por ter os mesmos padrões elevados em todos os lugares onde atuam.

Alguns stakeholders – ativistas comunitários, organizações não-governamentais (ONGs) e semelhantes – têm pouco ou nenhum poder direto sobre as empresas. Sua principal ferramenta é a transparência: a capacidade de aprender, de informar outras pessoas e de se organizar com base no que sabem. Quando stakeholders comunitários utilizam informações para conquistar o apoio de outros stakeholders que realmente têm poder econômico – como clientes, acionistas ou empregados de uma empresa –, sua força se multiplica.

A complexa e variada esfera comunitária inclui diversas categorias de stakeholders:

- As comunidades em si – geográficas (de locais a globais), identitárias (de raça, idade, gênero, nacionalidade etc.) e de interesse (crenças ou preocupações comuns).

- Organizações independentes – clubes, grupos religiosos, associações de negócios, grupos de lobby, partidos políticos, entidades comunitárias e ONGs. Suas filosofias e metas atravessam o espectro político desde a Associação Nacional dos Rifles até o Greenpeace.

- A mídia, cuja contribuição para a transparência é essencial, quando faz um bom trabalho. Infelizmente isso não é comum, mesmo em lugares onde a imprensa é livre.

As empresas ignoram, por sua conta e risco, a investigação meticulosa e as reações desta complexa rede. Eventos como o desastre nuclear de Chernobil, o vazamento de gás (da Union Carbide) em Bhopal, os derramamentos de óleo do Brent Spar (da Shell) e do Exxon Valdez ensinaram às companhias que elas não podem nem ocultar nem fugir aos impactos externos de suas atitudes.

A sociedade civil agora está organizada em redes de ONGs que investigam e reagem às atividades de empresas em todo o mundo. As ONGs compreendem um espectro de atividades que vão desde a prestação de serviços sociais e comunitários até a advocacia, incluindo o lobby e a desobediência civil. Algumas delas, como a Transparency International, alinham-se com empresas e agências governamentais; outras, como o Independent Media Center, atacam as instituições estabelecidas. Muitas também trabalham em parceria com empresas e governos para definir e implementar soluções que sejam social, ambiental e economicamente sustentáveis. Cada vez mais, as ONGs atuam globalmente, e quase todas utilizam a Internet para aprender sobre o comportamento corporativo, informar as pessoas e se organizar. Dezenas de empresas, como a Shell, a British Petroleum, a Squibb, a Chiquita, a Ford, a Hewlett-Packard e a General Motors trabalham, hoje, em parceria com certas ONGs em busca da mútua transparência e do alinhamento de interesses e programas.

Isso tudo ocorre no contexto de um elevado consenso global quanto aos principais problemas do desenvolvimento social e do meio ambiente, problemas que ganharam enfoque durante a convenção de 2002 da ONU sobre o desenvolvimento sustentável:

> As sombras da degradação ambiental, da pobreza e da falta de oportunidade econômica alastram-se pelas regiões do mundo que são terrenos férteis para os conflitos étnicos, o ódio e a violência. O setor privado tem um papel mais importante do que nunca no desenvolvimento de produtos e práticas e no apoio a políticas que protejam e restaurem o meio ambiente, erradiquem a pobreza e criem uma sociedade justa e transparente. O desafio do futuro é adotar um caminho que satisfaça à necessidade de crescimento do mercado, mantenha o equilíbrio natural que sustenta nossas economias e atenda às necessidades e direitos das comunidades globais que despertam para novos sonhos de saúde, prosperidade e paz.[15]

Qualquer ativista local pode invocar – e invoca – esse consenso emergente como ponto de referência para as atitudes e valores de uma empresa.

Em função da transparência, as forças de mercado influenciam cada vez mais as empresas. As empresas competem por capital humano em mercados de trabalho abertos; a mobilidade nunca foi maior. Elas competem por clientes mais bem informados, conectados e poderosos do que nunca. Competem por fornecedores, distribuidores e parceiros de negócios, conforme as redes de negócios se tornam um campo aberto e em constante mudança. Competem por acionistas e investidores institucionais, que se valem de poderosas ferramentas e têm recursos para a visão de raios X. E competem em uma sociedade global pelos corações e mentes de cidadãos e reguladores cada vez mais ativos, stakeholders e interconectados.

Mas o que exatamente queremos dizer com *transparência*? É mais do que simplesmente ser rico em informações?

A TRANSPARÊNCIA DEFINIDA

A transparência consiste em informações sobre uma dada organização disponibilizadas para o público ou para outras organizações. Mas essa definição sugere uma série de perguntas. Que público ou que organizações acessam as informações? Com que propósito as acessam? Que informações obtêm? De que maneira?

Na prática, a transparência pode significar muitas coisas. Desde a guerra fria, os países a têm buscado como modo de verificar a observância das regras de controle armamentista. Ronald Reagan tinha prazer em provocar o primeiro-ministro da URSS, Mikhail Gorbachev, com o provérbio russo "confie, mas verifique". Em um contexto muito diferente, diz-se que um projeto de software é considerado transparente quando é fácil constatar o que ele executa em um dado momento e prever o que fará em seguida. Nos negócios, ouvimos falar da necessidade de transparência na governança corporativa, na remuneração dos executivos e nos relatórios financeiros.

A transparência não consiste em revelar tudo sobre uma instituição ou um processo. Os *acionistas* da Kellogg Company precisam separar sinais e ruídos: não lhes importa, por exemplo, a freqüência com que a companhia se desfaz de seu lixo (mas alguns podem querer conhecer seu programa de reciclagem). Eles precisam de informações específicas que os ajudem a decidir se devem preservar, comprar ou vender ações da Kellogg. Eles precisam de transparência em questões como as das vendas, dos custos, da remuneração de executivos e dos planos de fusão e aquisição. Os *clientes* da Kellogg tomam decisões muito diferentes; querem informações sobre sabor e nutrição. Os *órgãos reguladores*, como a Food and Drug Administration (a FDA), precisam saber se as fábricas da Kellogg são salubres e se seus produtos atendem às normas de segurança; eles, sim, se importam com o lixo (assim esperamos!). Qualquer um deles pode desejar saber mais sobre a ética administrativa, os sistemas de contratação e as práticas ambientais da Kellogg.

Definimos a transparência, portanto, como *a acessibilidade, para os stakeholders, às informações institucionais referentes a assuntos que afetem seus interesses.*

A transparência pode ser ativa ou forçada. A ativa ocorre quando as empresas decidem conscientemente ser transparentes para atingir metas de negócios. Declarações formais, como informativos à imprensa, relatórios anuais e relatórios de sustentabilidade, são um elo vital na cadeia da transparência ativa. Mas não são tudo. A transparência ativa é parte da vida diária. Ela se manifesta quando um gerente conversa com um funcionário, ou quando este conversa com um colega, um cliente, um fornecedor ou um representante do governo ou da comunidade. Ela se evidencia nas páginas na Web, na publicidade, nos eventos institucionais e nas entrevistas à mídia – e nas atitudes, produtos e serviços que a empresa traz a público a cada dia. Sempre que a empresa e seu pessoal fazem alguma coisa, transmitem as prioridades e os valores da organização, aceitando todas as conseqüências de seus atos. As empresas abertas têm a capacidade de assegurar que a transparência ativa, em todas as suas dimensões, fortaleça consistentemente suas prioridades e valores.

A transparência forçada surge quando a transparência é imposta às empresas pelos stakeholders ou pela mídia.

A Kellogg sentiu o impacto da falta de alinhamento entre o nível de ativismo dos stakeholders e a estratégia de transparência da empresa (Figura 1.1). Durante muitos anos, o Greenpeace e outros grupos de defesa ambiental e da salubridade afirmaram que a Kellogg e uma de suas subsidiárias, a Morningstar Farms, estavam distribuindo alimentos geneticamente modificados. Em 2000, a Kellogg afirmou que nenhum alimento desse tipo vinha sendo vendido pela Morningstar Farms. Mas não se comprometeu com os grupos ambientais nem iniciou um processo ativo para lidar rigorosamente com as preocupações destes, e o Greenpeace não deu crédito à declaração. Frente ao ativismo dos stakeholders, a Kellogg tornou-se opaca. Passou a ocupar a Zona de Perigo.

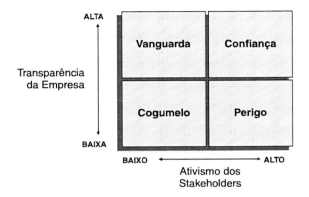

Figura 1.1 Alinhamento da transparência.

Em 8 de março de 2001, o Greenpeace anunciou que um laboratório independente havia identificado o milho StarLink, uma variedade geneticamente modificada não aprovada para o consumo humano, em um *corn dog* da Kellogg Morningstar. O Greenpeace recorreu à FDA para que esta ordenasse o recolhimento dos produtos e uma investigação. Seu porta-voz disse: "Os norte-americanos vêm pedindo repetidamente à Kellogg's que pare com essa experimentação genética em nossos alimentos, mas a Kellogg's se recusa a ouvir e tenta tapear os consumidores". A Kellogg aguardou alguns dias (parecendo vacilar e prejudicando ainda mais sua causa), realizou um teste próprio, admitiu a presença do StarLink e recolheu os artigos das prateleiras em 13 de março. Ela teria evitado esse embaraço se tivesse seguido o conselho do poeta alemão Friedrich Schiller: "É sábio revelar o que não se pode ocultar".

Quando uma empresa fica tão concentrada na transparência e em políticas "sustentáveis" que perde de vista as coisas que mais importam para os stakeholders, ela pode adentrar a Zona de Vanguarda de nosso diagrama, o que tem seu custo. Isso ocorreu com a Iceland, uma cadeia varejista do Reino Unido, que foi à bancarrota após converter 100% de sua seção de hortifrutigranjeiros para alimentos orgânicos[16]. Parafraseando a chamada comercial da Panasonic, com a transparência o melhor é estar "apenas um pouco à frente" dos stakeholders. A Patagonia, fabricante de roupas e equipamentos para esportes ao ar livre, mostra como ter sucesso na Zona de Vanguarda. Ela foi a primeira em seu setor a produzir roupas de algodão orgânico, fazendo com que clientes, e também concorrentes como a Nike, aderissem à idéia. No processo, a Patagonia fortaleceu a diferenciação de sua marca e manteve o crescimento nas vendas durante a baixa econômica de 2001-2002.

Pode-se dizer que a Enron estava na Zona do Cogumelo – os acionistas estavam no escuro, cobertos por esterco. Escondendo um fluxo de informações fraudulentas sobre a empresa, a Enron apresentava glamour, um modelo de negócios "legal", contatos em Washington e uma cotação estratosférica – transparência aparente, e não real. Os empregados, os parceiros de negócios, os investidores, a mídia e os analistas caíram nessa. Embora houvesse evidências de riscos para os que soubessem interpretá-las, poucos as notaram. A estratégia Cogumelo pode ser desastrosa, pois isola a empresa das forças de mercado que poderiam corrigir-lhe o comportamento. Se a Enron tivesse sido transparente sobre seus financiamentos fora do balanço, por exemplo, os stakeholders poderiam tê-la obrigado a se autocorrigir a tempo de evitar a implosão.

Qual a dosagem ideal? Considere a British Telecom. Ela consulta ativamente, por meio de uma variedade de mecanismos estruturados, uma vasta gama de stakeholders, desde fornecedores, passando por comunidades, até acionistas, no Reino Unido e no exterior. Ela busca a transparência em suas operações diárias e é considerada líder mundial na qualidade de seus relatórios corporativos. Habitante da Zona de Confiança, a empresa afirma que sua estratégia de responsabilidade social responde por 25% de sua imagem e reputação nas medições de satisfação dos clientes, além de constituir uma vantagem competitiva no mercado.

A transparência tem dois lados. No primeiro, a empresa é parte envolvida junto aos stakeholders. Usamos o termo *transparência reversa* para designar a capacidade das empresas de enxergar as atividades dos stakeholders. Também ela pode ser ativa ou passiva. Quando fundos mútuos éticos, como a Domini Investments, e fundos de pensão, como o CalPERS (os stakeholders), publicam suas políticas de votação, as empresas de investimento (as companhias) passam a ter uma visão mais completa do que poderiam fazer em uma futura eleição do conselho. Tipicamente, hoje as empresas descobrem mais do que nunca sobre seus funcionários e, em graus variados, sobre seus clientes. Como enfrentam cada vez mais as expectativas de acionistas ativistas, ONGs e grupos comunitários, elas procuram transparência nessas organizações. Essa é, algumas vezes, uma operação velada e outras vezes uma função das relações públicas. Na melhor das hipóteses, as empresas abertas descobrem meios de consultar e colaborar autenticamente com *todos*.

A transparência não é, de modo algum, universal. As forças da opacidade vêm lutando acirradamente. Mas a transparência está em evidente ascensão.

FATORES DE TRANSPARÊNCIA

No século XXI, a transparência e a confiança se tornaram fundamentais para as operações de organizações e economias, por razões econômicas, tecnológicas, sociais e sociopolíticas.

- *O sucesso das economias de mercado e da globalização.* Conforme o capitalismo de mercado avança para uma escala global, o sucesso competitivo de empresas e nações passa a depender do desempenho genuíno; as crises de 1998 na Ásia oriental e de 2002 nos Estados Unidos expuseram as conseqüências do protecionismo, da corrupção e dos falsos relatórios tanto no setor público como no privado.

- *A ascensão do trabalho do conhecimento e das redes de negócios.* Os meios de produção das empresas estão na cabeça de seus funcionários e nos recursos de seus parceiros de negócios. A produtividade de um trabalhador do conhecimento depende da abertura e da franqueza nas questões dos negócios e da produção, bem como na confiança, na integridade e em uma liderança baseada em valores.

- *A difusão das tecnologias de comunicação.* A Internet, em particular, está cada vez mais onipresente, fragmentada, imediata e incontrolável. Ela é o meio quintessencial da transparência, da plenitude arquivística, da criatividade, da inovação, da produtividade nos negócios e da auto-organização – um desafio tecnológico para as hierarquias tradicionais.

- *Fatores demográficos e a ascensão da Geração Net.* Alguém disse, certa vez, que tecnologia é tudo aquilo que se inventou antes de nascermos. Hoje, as crianças e os jovens vêem a Internet como parte da vida cotidiana, assim como seus pais viam a televisão e seus avós, o rádio. Paralelamente, muitos têm maior senso dos valores civis do que os membros das gerações anteriores.

- *A ascendente fundação civil global.* Crises, fanatismo e desenvolvimento iníquo de país para país não podem mascarar o fato de que as gerações cada vez mais educadas do mundo aumentam continuamente os padrões de qualidade da interação humana. Seja em razão da lei, dos precedentes, ou das normas de interação, torna-se cada vez mais difícil safar-se com mau comportamento.

Nenhum desses fatores deve desaparecer em curto prazo.

Fatores Econômicos: as Redes de Negócios e o Trabalho do Conhecimento

O crescimento econômico depende da confiança. Na Pesquisa dos Valores Mundiais, perguntou-se a indivíduos de 37 economias de mercado ricas e pobres se eles acreditavam que "pode-se confiar na maioria das pessoas" ou que "cuidado nunca é demais quando se lida com pessoas". Os níveis de confiança (aqueles que disseram que a maioria das pessoas merece confiança) variaram de 5,5% no Peru até 61,2% na Noruega[17]. Os pesquisadores descobriram uma correlação direta entre a confiança e o crescimento econômico nacional. Na verdade, os países pobres com alto índice de confiança cresceram mais rápido que os países ricos e que os países pobres com baixa confiança.

Na economia industrial, o que alimentava os motores da produção – o combustível – era a energia física: carvão, eletricidade, gasolina e reações químicas. As máquinas também necessitavam de graxa para funcionar suavemente, sem se despedaçar. A economia de hoje depende do conhecimento, da inteligência humana, da agilidade e dos relacionamentos dentro e fora da empresa. O combustível é a informação, e o lubrificante é a confiança. A revolução nas tecnologias de informação e comunicação está no âmago dessas mudanças. A Internet e outras tecnologias possibilitam o pensamento, a comunicação e a colaboração em níveis nunca antes alcançados.

As organizações de hoje exigem a capacidade de aprender mais rápido do que a concorrência, e de competir contra outras redes de negócios. Tecnologias, produtos e mesmo estratégias inteiras podem ser copiados. As vantagens competitivas são efêmeras, com empresas buscando constantemente novas maneiras de gerar valor. A sobrevivência e o sucesso dependem do conhecimento e da criatividade de estrategistas, desenvolvedores e promotores de produtos. E também dependem de relacionamentos sustentados e de confiança com muitos stakeholders diferentes das redes de negócios e além delas.

Cérebros exigem motivação para ter bom desempenho. Pode-se aumentar a velocidade de uma linha de produção, mas não se pode estabelecer uma quota de idéias brilhantes ou de frutos do engajamento. O dinheiro não é a única motivação para o funcionário ou parceiro de mercado hoje em dia. A motivação também depende de valores e realizações intrínsecos; continuidade de relacionamentos; dignidade e respeito; cumprimento de compromissos; e confiança mútua.

A necessidade de transparência e confiança em uma economia do conhecimento parece óbvia. Quando o conhecimento é a base da atividade produtiva, a empresa deve disponibilizá-lo prontamente. Isso faz com que as portas se abram: por definição, a produtividade depende de termos o conhecimento correto, no momento e local adequados, de maneira útil. O conhecimento deve ser verdadeiro, exato e atualizado. Vemos esse enfoque na disposição e utilização do conhecimento em tudo, desde o uso da Internet como ferramenta colaborativa para a produção just-in-time e sistemas de contabilidade em tempo real, até a administração do risco do empreendimento. Em um mundo de redes de negócios interdependentes, tais sistemas se estendem para muito além da empresa, abrangendo fornecedores, canais de distribuição e clientes.

Funcionários automotivados têm melhor desempenho, não somente quando têm o conhecimento de que necessitam, mas também quando têm uma sensação de dignidade e valor próprio – a confiança mútua com seus empregadores, baseada em valores éticos e praticada no dia-a-dia. Mais uma vez, a única base para tal confiança é a transparência – nas palavras dos profissionais de recursos humanos, a comunicação aberta, honesta e direta.

Para dizer de forma simples, as organizações que desejam sustentar altos desempenhos na economia do conhecimento não têm escolha exceto criar um ambiente de confiança, fundado na transparência.

Tecnologia: a Mídia e a Internet

A onipresença da mídia eletrônica cria, por si só, uma cultura de transparência; as pessoas esperam saber tudo instantaneamente. Somos banhados pelas emissoras em notícias e informações de interesse local ou global, do campo pessoal ao econômico e ao político. Existem televisores em todo restaurante, portão de aeroporto, elevador e até mesmo escritório corporativo – uma centena de canais vem crescendo, com tecnologias como a TiVo, prontas para ajustar os horários como quisermos. No caso de perdermos um programa de TV ou um artigo impresso, podemos nos atualizar pela Internet com os jornais, os canais de TV ou os serviços de informações financeiras de nossa escolha.

Grande parte dessas informações é unidimensional, propalando a crise da semana sob a perspectiva ditada pelos editores (especialmente quando guerras nacionais dominam as manchetes), com poucas variações significativas entre o ponto de vista de um canal ou comentarista e o de outro. Mas pontos de vista alternativos conseguem se expressar – e são facilmente localizados por quem quiser procurá-los.

A Internet leva a transparência a um nível totalmente novo. A grande mídia representa uma mensagem única, unidirecional, sob controle central (e corporativo). A Internet multidirecional é o contrário de tudo isso. Qualquer pessoa pode usá-la para transmitir mensagens de qualquer local e a qualquer momento. Nela podemos localizar qualquer tipo de opinião que quisermos, se procurarmos. E ninguém regula seu conteúdo – exceto seus usuários. A Internet, como se diz, "desvia-se de obstáculos": é praticamente impossível controlá-la. Ela tem uma versatilidade infinita! A comunicação interpessoal simples, páginas informativas elaboradas e complexas, os instantâneos palanques pessoais conhecidos como Weblogs, a coordenação de atividades (comerciais, pessoais, políticas) em tempo real, transações financeiras, busca de informações, arquivamento de longo prazo – a lista não tem fim. São todas ferramentas novas e eficazes de transparência.

Por Internet, entendemos algo mais do que simplesmente a World Wide Web: ela compreende desde Weblogs e e-mails, passando por celulares e palmtops, até, recentemente, câmeras em telefones móveis, comunicadores sem fio para campos específicos como o da saúde, da educação, da segurança e dos jogos, e chips de comunicação embutidos em tudo, desde tênis de corrida até latas de sopa, maçanetas, linhas de produção e próteses. Usando satélites comerciais com sensores remotos, qualquer pessoa com algumas centenas de dólares pode comprar imagens detalhadas de qualquer local no planeta. Câmeras de vigilância estão por toda parte; não se pode dar um passeio de meia hora no centro de Nova York ou Londres sem ser fotografado 200 vezes. Os indivíduos também as possuem; câmeras que se comunicam com a Internet móvel estão se tornando comuns.

A Internet permite, como nenhum outro meio, que indivíduos e grupos de cidadãos comuns aprendam, troquem informação uns com os outros e se organizem. O mecanismo de busca Google (ver o quadro "A Maior Exposição do Planeta Terra", logo a seguir) e outros similares estão entre as maiores forças da transparência no mundo moderno. Digite praticamente qualquer termo de busca, e você provavelmente encontrará o que precisa saber, além de discórdias e debates relativos ao tema.

O Protesto de Seattle (de 29 de novembro a 3 de dezembro de 1999) contra a Organização Mundial do Comércio (OMC) estabeleceu um marco para o uso da Internet como meio de mudar a dinâmica da transparência e da discórdia. Foi o primeiro em muitos aspectos: a vastidão de seu uso da Internet; sua coalizão, que envolveu desde sindicalistas até ambientalistas, manifestantes avessos às empresas

A Maior Exposição do Planeta Terra

O saguão do Googleplex, no Vale do Silício, é um local modesto. Há um piano que os empregados tocam de vez em quando, a costumeira sala de prêmios, uma coleção de luminárias *lava lamps* e um sistema de videogame. Em meio à confusão, há uma amostra de buscas em tempo real do Google rodando na parede atrás da recepcionista. As pessoas as contemplam atônitas, como analistas do Nasdaq durante o mercado em alta.

A profundidade, a vastidão e a variedade das buscas do Google são impressionantes. A qualquer momento as pessoas podem estar usando o mecanismo de busca para pesquisar um livro sobre transparência, confirmar o encontro de hoje à noite, meter a pá no registro ambiental da Exxon, ter uma vista de Marte pelo telescópio Hubble, escolher uma receita para o feriado ou procurar ajuda para um problema médico infantil – para não mencionar os deleites da multimídia para todos os gostos, saudáveis e decadentes. Ficamos surpresos com a facilidade com que se pode digitar algumas palavras-chave sobre quase toda empresa e descobrir sujeiras que não conhecíamos.

Com 800 empregados e uma rede de mais de 10 mil servidores em todo o mundo, o Google se tornou um mecanismo universal de transparência – a maior exposição da Terra. Em um dia normal, ele atende a mais de 200 milhões de consultas em 88 línguas, rastreando mais de 3 bilhões de páginas da Web.

e à globalização e povos indígenas do Terceiro Mundo; a extensão de seu estímulo a uma nova geração de jovens; e o modo como as delegações oficiais em hotéis e salas de conferência se sentiram obrigadas a lidar com as pessoas nas ruas. Essa foi também a primeira vez, desde os anos 60, que um encontro diplomático internacional causou tamanha polêmica em solo norte-americano.

A Internet estava no centro do protesto. Os protestantes fizeram uso extensivo de e-mails e listas de discussão, *sit-ins* virtuais, informações e contra-informações da Web e difusão de materiais de áudio e vídeo[18]. Sob o código N30 (30 de novembro), os organizadores promoveram uma série de ações pela Internet. O site "A global day of action" publicou um chamado às armas em dez idiomas e ofereceu um diretório de contatos locais em todo o mundo.

Seattle também deu à luz o hoje permanente Independent Media Center (IMC), constituído de vários ativistas e organizações de mídia independente e alternativa. O centro desintermediava jornalistas da grande mídia, que rapidamente passaram a utilizá-lo. O site do IMC tornou-se uma fonte essencial para relatórios, fotos e arquivos de áudio e vídeo de última hora. Ele produziu cinco documentários em vídeo e os veiculou via satélite, difundindo-os para estações de acesso público em todo o território dos Estados Unidos. O site afirma ter tido mais de 2 milhões de acessos durante o protesto.

Isso não significa que todo tipo de comunicação traga clareza. Os manifestantes eram, no mínimo, opacos. Os cidadãos comuns não estavam por dentro – eles tinham dificuldade em entender o que os manifestantes queriam – e, na verdade, havia diversos objetivos em jogo. Todavia, Seattle foi uma prova positiva do poder da Internet como mecanismo que permite que as partes interessadas descubram o que está ocorrendo, informem os outros e se auto-organizem para promover seus interesses.

Fatores Demográficos: O Poder da Geração Net

Outra poderosa força a serviço da transparência é o chamado eco do *baby boom*, ou, como o alcunhamos, a Geração Net[19]. Entre 6 e 26 anos de idade, estes são os filhos da geração *baby boom*. Essa geração é ainda maior do que a do próprio *boom* – 80 milhões somente nos Estados Unidos –, e pela mera robustez geográfica há de dominar o século XXI. Mas ela é, também, a primeira geração a amadurecer na era digital. Está crescendo banhada em bits. A vasta maioria dos adolescentes na América do Norte sabe usar um computador, e quase 90% dos adolescentes nos Estados Unidos usam a Internet. Eles vêem menos TV do que seus pais, já que o tempo on-line os afasta da televisão.

Essa geração tem uma concepção de vida diferente da de seus pais. É sempre arriscado generalizar sobre gerações inteiras, já que elas são divididas por gênero, classe, raça, geografia, características psicográficas e outros fatores importantes. Entretanto, há alguns traços que caracterizam a maior parte desse grupo demográfico. Em vez de serem recipientes passivos da televisão (24 horas por semana, no caso de seus pais da geração *baby boom*), eles passam mais tempo on-line – buscando, lendo, investigando, autenticando, colaborando e organizando tudo, desde arquivos de MP3 até festas sociais e protestos políticos. A Internet torna a vida um contínuo e maciço projeto de pesquisa em multimídia, e os garotos adoram isso. Eles são incapazes de conceber uma vida em que os cidadãos não disponham de ferramentas para pensar criticamente, trocar opiniões, propor desafios, autenticar, verificar ou desmascarar o tempo todo. Têm um acesso sem precedentes à informação, e possuem mais conhecimentos do que qualquer geração anterior. E com tantas informações falsas ou equívocas no mundo digital, desenvolvem boas técnicas de autenticação em uma idade ainda tenra.

Embora tenham maior autoconfiança do que seus pais na mesma idade, eles se preocupam com o futuro. Não são suas habilidades pessoais que os inquietam, mas o mundo adulto e sua possível falta de oportunidades. Eles também desconfiam do governo e das elites.

Essa geração tende a valorizar os direitos individuais – o direito de ficar sozinho, o direito à privacidade e o direito de ter e expressar as próprias opiniões. Conforme chegam à adolescência, e mais adiante, eles tendem a opor-se à censura dos governos e dos pais. Também querem ser tratados com justiça; existe entre muitos um forte etos, por exemplo, de que "eu devo ter parte na riqueza que crio". Muitos têm um aguçado senso do bem comum e da responsabilidade coletiva civil e social.

Essa geração quer ter opções. A disponibilidade de escolhas é algo profundamente valorizado. O mantra dos publicitários devia ser "dêem-lhes opções em troca de sua lealdade". Tendo crescido em um mundo livre e interativo, os limites artificiais são estranhos a eles. Mesmo com produtos tão corriqueiros como as lâmpadas, os consumidores da Geração Net desejam informações e opções no que se refere a questões ambientais, uso de energia, tonalidade, potência e marca. Eles se ressentem quando tais informações não estão prontamente disponíveis. Essa atitude decorre de surfarem em um mundo de opções aparentemente ilimitadas.

Eles desejam mudar suas idéias. Os videogames e a Internet são ambientes em que os erros podem ser imediatamente corrigidos e as situações, recriadas. Quando seu herói de videogame perde uma vida devido a um erro de habilidade motora, basta apertar o botão "reset". Um acesso ao site errado é facilmente corrigido clicando-se no botão "voltar". Eles não somente esperam que os erros possam ser facilmente corrigidos, como desejam poder mudar de idéia. Nas palavras da cantora e compositora Shania Twain: "Mudar de idéia mil vezes". Os publicitários deviam ecoar o que ela canta em seguida: "Ei, eu gosto das coisas assim".

Quando fizer parte da força de trabalho e do mercado profissional nos países em desenvolvimento, essa geração será uma poderosa força em prol da transparência. Há grandes evidências de que ela perscrutará as empresas e outras instituições como nunca antes. Exigirá alternativas, autenticidade e valores. Assim que descobrir algo de importante, ela terá em mãos a mais poderosa ferramenta jamais inventada para se organizar e informar as pessoas.

Mudanças Sociopolíticas: A Ascendente Fundação Civil Global

Por todo o mundo, a "fundação civil", como Roger Martin a nomeou, está em ascensão. Pessoas que vivem e trabalham em suas comunidades adotam níveis cada vez mais elevados de expectativas, normas, costumes e leis que regulam – formal ou informalmente – o comportamento das empresas para com stakeholders[20]. O trabalho escravo pode existir na Costa do Marfim, mas não permita que sua empresa seja flagrada explorando-o.

Nos Estados Unidos e no Canadá, a fundação civil é hoje muito mais vasta do que há meros 25 anos. Os regulamentos cobrem, atualmente, uma imensa variedade de atividades e práticas como a discriminação, o fumo no trabalho e o assédio sexual. Grande parte dessa fundação – como a abertura frente aos acionistas, o zelo ambiental, os direitos sobre a propriedade intelectual e a proteção dos consumidores – inclui regras e normas que obrigam as empresas a ser mais transparentes. Em muitos países europeus (Reino Unido, Escandinávia, França e Alemanha), os padrões são ainda mais elevados. Na maioria dos países capitalistas ricos, a fundação civil proporciona uma robusta plataforma para aqueles que desejam padrões ainda mais elevados.

Uma fundação civil elevada significa uma sociedade com alta integridade e altos valores, e implica, portanto, que o sucesso nos negócios depende mais do desempenho real e da confiança genuína do que de negociações na surdina. A confiança, como já dissemos, é um bom indício do sucesso econômico nacional, e por isso países com uma fundação civil elevada têm mais chances de obter um crescimento no PIB per capita.

Cada vez mais, pessoas em todos os continentes observam as empresas ocidentais com olhares céticos, esperando um tratamento justo e igualitário, que respeite os padrões da ascendente fundação civil global. A saga do arroz basmati é um caso pertinente. Esse tesouro nacional tinha sido um recurso comunitário em diversas regiões da Índia durante centenas de anos. O cultivo não era estático: ele evoluía nas mãos dos fazendeiros por meio do comércio pessoal, da hibridação e da seleção natural e humana. O produto chegou aos mercados globais, e logo a agroindústria internacional se apercebeu dele. O basmati, ao lado de uma vasta gama de outros produtos agrários nativos, tornou-se objeto de normas de patenteamento preconizadas junto à Organização Mundial do Comércio por instigação de empresas norte-americanas no início dos anos 90. Se essas normas fossem aprovadas, empresas estrangeiras controlariam a principal propriedade intelectual de um recurso nacional indiano. Os fazendeiros da Índia tiveram notícia disso.

Em 2 de outubro de 1993, meio milhão de fazendeiros indianos participaram de uma passeata que durou um dia inteiro, em Bangalore, para protestar contra tais normas. Acusando a Cargill, a maior empresa de produtos agrários do mundo, de biopirataria, um grupo de manifestantes saqueou uma de suas instalações. Os manifestantes juraram salvaguardar a "soberania sobre nossas sementes" com um programa de apoio à livre troca de grãos entre fazendeiros, além da proteção e do desenvolvimento de direitos comunitários sobre a propriedade intelectual.

Em 1995, a OMC tomou uma atitude e adotou normas exigindo que os países patenteassem suas sementes nativas. Tais medidas poderiam servir de base para a exploração comercial das multinacionais, que revenderiam as sementes patenteadas para os fazendeiros locais e modificariam geneticamente novas linhagens sobre as patentes originais. Foi, em essência, uma armação legal para permitir a transmissão, para as empresas, da propriedade intelectual nativa compartilhada pelas comunidades como bem comum.

No transcurso dessa batalha, a RiceTec, uma pequena companhia do Texas, emitiu 20 requisições de patentes sobre o arroz basmati natural, sobre o próprio nome "basmati" e sobre três variedades exclusivas que ela havia desenvolvido. Uma dessas variedades era (e ainda é) vendida sob o nome de Texmati. Com essas patentes, a RiceTec "possuiria" as linhagens nativas de arroz basmati. Os exportadores indianos poderiam então, em teoria, ser forçados a remunerar a RiceTec pelo direito de vender seu produto nos Estados Unidos, e a pagar pela licença de utilizar o nome "basmati". Isso resultou em grande furor internacional, em um maciço protesto na mídia indiana (que, todavia, mal apareceu nos Estados Unidos) e em vasto apoio de uma variedade de ONGs (em sua maioria européias e indianas), do governo indiano (que apresentou um contra-argumento ao escritório de patentes dos Estados Unidos) e até mesmo do arqui-rival da Índia, o governo do Paquistão (onde o basmati também é um produto importante).

O Escritório de Patentes dos Estados Unidos chegou a uma decisão em agosto de 2001. Um porta-voz da RiceTec a descreveu como uma "decisão digna de Salomão". A empresa abriu mão de algumas de suas principais requisições, e o Escritório eliminou as demais. Ele concedeu, contudo, a patente sobre o Texmati e sobre dois outros híbridos à RiceTec. Também determinou que o nome "basmati" seria um termo genérico, diversamente de outros, como "champanhe", que são exclusivos de um local de origem. Em outras palavras, agricultores e produtores de sementes norte-americanos poderiam usar o nome basmati, se desejassem. O tumulto que eclodiu na Índia nesse ínterim foi intensamente debatido no Parlamento e na imprensa nacional. O governo proclamou vitória, mas nem todos estavam tão certos.

Este é um exemplo de como a ascensão do comércio e de instituições globais como a OMC geram novos tipos de pressão. A transparência tem vários lados. Ela proporciona informações e idéias a clonadores como a RiceTec, que procuram novos tipos de monopólio. Sua estratégia: utilizar processos legais internacionais para privatizar – e tornar opaco – o que durante séculos havia sido um artigo nativo comunitário e transparente. Mas a transparência também permite que essas comunidades defendam seus interesses. Os novos acordos ainda devem ser definidos, e, na época em que este livro estava sendo escrito, as incertezas dessa batalha global eram maiores do que nunca.

A Fusão das Mudanças Econômicas, Tecnológicas e Sociopolíticas

Os campos econômico, tecnológico e sociopolítico vêm convergindo nas economias emergentes. Em muitos países, tais mudanças ocorrerão rapidamente. Ainda que a disparidade digital entre os providos e os desprovidos não seja totalmente eliminada, o crescimento das tecnologias da informação e da comunicação nas economias emergentes mudará o equilíbrio do poder. Alguns indicadores do que deve ocorrer são:

- Em 2001, o ritmo da expansão da Internet nos Estados Unidos havia caído para 15%, ao passo que era de 36% na América Latina e de 46% na Ásia e na África. No mesmo ano, o número de usuários da Internet na Ásia ultrapassou os números da Europa e da América do Norte pela primeira vez.

- Em 2001, a China tinha tantos usuários de Internet (34 milhões) quanto a África e a América Latina combinadas, e mais do que o Reino Unido, a Austrália e a Nova Zelândia juntos. O país tinha um quarto dos usuários de Internet dos Estados Unidos.

- Os telefones móveis ultrapassaram os fixos nos países em desenvolvimento; espera-se o mesmo da Internet móvel. A China tem o maior número de assinantes de telefones móveis do mundo (170 milhões em meados de 2002), e prevê-se que terá mais de 400 milhões em meados da década. Prevê-se que a América Latina terá 50 milhões de usuários de Internet móvel até 2005.

- O serviço de mensagens curtas (SMS – short message service) permite que as pessoas enviem e recebam mensagens de texto por telefone móvel. Em Cingapura, na China e nas Filipinas, metade dos usuários de telefone utiliza o SMS mais de uma vez por dia. Em janeiro de 2001, milhares de filipinos, insatisfeitos com o governo corrupto do presidente Joseph Estrada, tomaram as ruas e o obrigaram a renunciar. O SMS desempenhou um papel fundamental em estimular e organizar os protestos. Foi usado, a princípio, para enviar piadas políticas; em seguida, os usuários o difundiram em sites de protesto.

- Grande parte do comércio pela Internet nos países em desenvolvimento será móvel, incluindo micropagamentos, serviços financeiros, serviços de informação e operações comerciais como a logística e a administração do relacionamento com o cliente (CRM).

- Em 2000, os países em desenvolvimento geraram 36% das exportações mundiais em tecnologia da informação (TI), devido sobretudo à terceirização das operações fabris por parte das empresas globais. O valor das exportações de TI nesses países excede, hoje, o valor total de suas exportações em produtos agrários, têxteis e indumentários. A China, a Coréia e diversos outros países estão criando atualmente empresas nacionais para a fabricação de produtos de TI, que competem cada vez mais nos mercados globais. Diversos países, como a Índia, o Paquistão, as Filipinas e a Malásia, são exportadores globais de software e serviços.

- Grandes empresas de tecnologia da informação e das comunicações, incluindo a Hewlett-Packard, a IBM, a Microsoft e a Motorola, investiram dezenas – até mesmo centenas – de milhões de dólares para construir instalações em países como a China e a Índia. Todas querem participar como fornecedoras nesses mercados assim que as oportunidades amadurecerem.

Conforme empresas e cidadãos de economias emergentes se integrarem à economia global, eles acabarão aprendendo a conviver com a pressão pela transparência em suas práticas de negócios. Cada vez mais esperarão – e terão a capacidade de exigir – visibilidade nas práticas comerciais das empresas ocidentais, e monitorarão qualquer apoio preferencial oferecido por governos ocidentais a essas práticas. Tanto as economias emergentes como as empresas ocidentais estarão sob crescente pressão para praticar aquilo que apregoam sobre o mercado aberto e os campos eqüitativos, e agir responsavelmente para com as pessoas e o meio ambiente. A participação tecnológica e econômica fortalecerá a visibilidade, o poder do mercado e a força moral dessas exigências.

CAPÍTULO 2

TRANSPARÊNCIA *VERSUS* OPACIDADE: A BATALHA

A transparência pode, em geral, ser benéfica, mas nem sempre é acertada, e tampouco é prática o tempo todo. Além disso, ela possui seus inimigos. A transparência pode ser polêmica, mal implantada ou arriscada. De maneira geral, embora o mundo esteja se tornando mais aberto, há muitos obstáculos à transparência total, alguns válidos, outros não.

OBSTÁCULOS À TRANSPARÊNCIA

Limites do Conhecimento

Só podemos tomar atitudes com relação ao que conhecemos. Informações críticas, como o papel da Enron na manipulação do mercado de energia da Califórnia, podem não ser conhecidas a tempo. As informações, os eventos e a complexidade tendem a aumentar geometricamente. A ciência e a tecnologia têm limites. De fato, quanto mais sabemos, mais nos damos conta de que não sabemos. Como observou certa vez H. L. Mencken: "Ao penetrar tantos segredos, deixamos de acreditar no incognoscível. Mas ele está logo ali, lambendo os beiços."

Impactos ambientais muitas vezes só são descobertos depois que se tornam irreversíveis. Um estudo feito em 2002 pelo Banco Mundial, pelo Instituto de Recursos Mundiais e pela Organização das Nações Unidas declarou que diversos ecossistemas estão se extinguindo sob o impacto da atividade humana, e que no futuro eles serão menos capazes do que no passado de oferecer os bens e serviços de que depende a vida humana. O estudo conclui: "É difícil, sem dúvida, saber o que será de fato sustentável", pois "nosso conhecimento dos ecossistemas aumentou dramaticamente, sem, todavia, acompanhar o ritmo de nossa capacidade de alterá-los". Em outro estudo, o Fórum Econômico Mundial chegou a uma conclusão similar: "Os empresários sempre dizem que 'o que importa pode ser mensurado'. (...) Todavia, basta olhar a política ambiental para ver que os dados são desprezíveis."

A boa notícia é que, graças à tecnologia, estamos avançando aos poucos. Daniel Esty, da Universidade de Yale, comenta: "Antevejo uma revolução na coleta de dados ambientais graças ao poder da computação, ao mapeamento via satélite, aos sensores remotos e a outras tecnologias da informação"[1]. Um exemplo é a duradoura batalha entre os estados do centro-oeste norte-americano, que são usuários intensivos de carvão, e os do nordeste, que padecem sob a chuva ácida. A tecnologia ajudou a provar o argumento dos nova-iorquinos de que seu problema de chuva ácida não era mero resultado de sua poluição interna.

O Valor Comercial dos Segredos

Grande parte das informações das empresas é altamente confidencial, por razões competitivas ou de privacidade. Inovações, planos de entrada no mercado, métodos exclusivos de negócios, futuras fusões e aquisições e uma série de outros assuntos devem ser mantidos em segredo por períodos de tempo variáveis.

As partes de uma transação também se beneficiam das assimetrias de informação. Seu vendedor de automóveis pode ter mais informações sobre os problemas do veículo que você. Você pode saber mais sobre sua saúde do que sua agência de seguro de vida. Cada parte tentará obter vantagens por meio do monopólio das informações, se puder.

As empresas também têm obrigações éticas de confidencialidade. Elas devem proteger os registros dos funcionários, as informações sobre os clientes e assim por diante. Transparência significa visibilidade nas operações das instituições, não nos dados pessoais dos indivíduos. A experiência demonstra que boas políticas de privacidade compensam[2].

Por vezes, as empresas têm boas razões comerciais para ser opacas e atuar na Zona de Perigo. Mas essa zona pode ser arriscada, como ilustra o fiasco da Kellogg com seu *corn dog*.

Este é um terreno de areia movediça. O que ontem era considerado propriedade exclusiva (como os dados da remuneração de executivos) é hoje de domínio público. Algumas empresas, seguindo o comprovado conselho do guru da estratégia Michael Porter, preanunciam seus planos para desbancar a concorrência, enquanto outras jogam em sigilo. Mesmo em áreas antigamente consideradas competitivas e exclusivas, a transparência está mudando as regras. O modelo de código aberto para fomentar a inovação, a exemplo do sistema operacional Linux, depende da co-criação e da transparência agressiva em assuntos que muitas empresas ainda consideram sigilosos. O código aberto já obteve grandes sucessos: o Linux, por exemplo, migrou da periferia para o núcleo.

O Custo da Abertura

A transparência ativa exige investimentos em novas funções organizacionais para fins de acompanhamento e relatórios, interações com os *stakeholders* e auditorias externas. Para empresas pequenas ou de margem de lucro estreita, tais despesas podem ser praticamente proibitivas. A Borland Software, empresa da Califórnia com 300 milhões de dólares em vendas, diz que as regras de 2002 da Lei Sarbanes-Oxley para a abertura corporativa resultaram em novas despesas na ordem de 3 milhões de dólares por ano, cerca de 1% de seus ganhos. Isso se deve aos custos adicionais do levantamento contábil, do suporte legal (incluindo dois novos advogados internos dedicados exclusivamente ao cumprimento das regras) e mais 1 milhão de dólares em despesas adicionais de seguros dos diretores[3].

Empresas como a BP, a Ford e a Hewlett-Packard gastam milhões com funcionários da área de responsabilidade social, em relatórios anuais de sustentabilidade, em verificações externas, em consultoria e coisas do tipo. As vantagens comerciais existem, mas cada empresa precisa descobri-las.

Mesmo quando o espírito é favorável e há dinheiro disponível, poucas empresas têm uma cultura de transparência, e a maioria precisa investir tempo e dinheiro na criação dos processos e infra-estruturas necessários.

Pseudotransparência e Fraudes

A transparência ativa procura ser inclusiva: atender às aspirações e necessidades de todos os stakeholders[4]. E aspira a ser confiável: comprovadamente material e verdadeira. No passado, algumas empresas se beneficiaram da opacidade e da desonestidade. Hoje, mais empresas do que queremos imaginar ainda mantêm as antigas práticas. Outras, compreendendo a crescente necessidade de franqueza, apresentam-se como abertas, embora mudem pouco em seus valores e em seu estilo administrativo.

Falsear a transparência – o que chamamos de pseudotransparência – tende a resultar em sobrecarga de informações, em confusão, em má comunicação ou em dissimulação. A SustainAbility, uma empresa do Reino Unido, publica – em parceria com o Programa Ambiental da ONU – uma pesquisa global sobre a qualidade dos relatórios corporativos no tocante a práticas financeiras, ambientais e sociais. Seu relatório de 2002 observa que poucas empresas no mundo oferecem tal escopo em seus relatórios de transparência, e que, entre as que o fazem, somente uma pequena parcela adotou metodologias de relatório rigorosas. Muitas empresas excluídas da lista das 50 Mais da SustainAbility incorrem no que alguns chamam de "pintura verde" – a autopromoção travestida de transparência.

A SustainAbility registra favoravelmente a "invasão dos ternos", com as empresas recorrendo cada vez mais aos serviços de empresas de contabilidade e consultoria de ponta para auditar e validar não apenas os relatórios financeiros, mas também os ambientais e sociais.

Por falar nisso, apenas 5 das 50 empresas que a SustainAbility lista como tendo os melhores relatórios estão sediadas nos Estados Unidos: a Bristol-Myers Squibb, a Baxter International, a Chiquita Brands International, a General Motors e a Procter & Gamble. Três (a Suncor Energy, a BC Hydro e a Alcan) são canadenses.

A Alfabetização na Transparência

A falta de experiência com a transparência pode causar tropeços na fronteira da abertura. Levará tempo até que as empresas se alfabetizem na transparência, compreendam sua dinâmica e seus limites e desenvolvam a competência e as habilidades necessárias para atuar em uma economia aberta. A transparência corporativa exige uma forma exclusiva de alfabetização. Como líder na venda de livros on-line, a Amazon muitas vezes navega em águas não mapeadas. Em setembro de 1999, a empresa criou os "círculos de compra", que expunham as preferências bibliográficas de seus clientes corporativos. A Amazon revelou que clientes da Microsoft estavam comprando *The Microsoft File: The Secret Case Against Bill Gates* (*O arquivo da Microsoft: O caso secreto contra Bill Gates*), de Wendy Goldman Rohm. Sua resenha comentava que o livro "pinta um quadro severo e inclemente, nada lisonjeiro para Gates ou o resto da cúpula da Microsoft". Ao mesmo tempo, um livro sobre o Linux era best seller na Intel.

O porta-voz da Amazon.com, Paul Capelli, chamou os círculos de compra de "ferramentas de descoberta". "Sabemos que as pessoas não compram no vácuo", observou. "Você compra coisas com base no que as outras pessoas à sua volta estão comprando, ou no que elas têm a dizer. Você observa sua família, seus amigos ou seus vizinhos. O que os círculos de compra fazem é proporcionar-lhe uma visão dos grupos de pessoas que podem ter importância para você."[5]

Alguns clientes, todavia, acharam que a inovação da Amazon era voyeurística. Os consumidores sentiam-se desconfortáveis com a idéia de que suas compras de livros pudessem ter maus reflexos sobre seus empregadores ou trair objetivos corporativos, e tal exposição lhes dava a sensação de que alguém os espionava por sobre os ombros. Depois de perguntar aos funcionários o que eles achavam do programa da Amazon, o CEO e presidente do conselho da IBM, Louis Gerstner, recebeu cinco mil respostas no intervalo de algumas horas. Mais de 90% opunham-se a ter seus hábitos grupais de compra de livros expostos on-line. Depois que a IBM se queixou, a Amazon eliminou as listas de círculos de compras. Gerstner escreveu ao CEO da Amazon, Jeff Bezos, dizendo: "Não pretendo, de modo algum, dizer-lhe como administrar seu negócio, mas incentivo-o a considerar este assunto como imensamente importante"[6].

A reação negativa obrigou a empresa a modificar o serviço. Hoje, os clientes podem solicitar que suas informações não sejam usadas na geração de listas de círculos de compra, e as empresas podem pedir à Amazon sua remoção das listas. Alguns defensores da privacidade insistem em que tais medidas são insuficientes, já que cabe ao consumidor ou à empresa solicitar a remoção. A Amazon diz que o recurso é popular, e oferece hoje círculos de compras separados por regiões, instituições educacionais, setores e departamentos do governo.

Essa notável história mostra que as empresas devem se alfabetizar na transparência para melhor compreender o que ela significa e como sua força pode ser utilizada.

Obstáculos Estruturais

Enquanto o mundo se torna mais aberto, o apoio estrutural à opacidade continua a aumentar. A litigiosidade dos Estados Unidos dissuade as empresas de revelarem mais do que o necessário; os principais obstáculos à transparência dentro das empresas são, muitas vezes, seus próprios advogados.

Uma decisão tomada pela Suprema Corte da Califórnia contra a Nike, por 4 votos a 3, em maio de 2002, levou muita gente a concluir que os relatórios sociais e ambientais seriam mais perigosos no futuro. O tribunal concluiu que, quando a Nike negara que os trabalhadores eram maltratados nas fábricas asiáticas que produziam seus calçados, suas declarações constituíam um "discurso comercial", não sendo, portanto, amparadas pela Primeira Emenda.

O assunto eram as declarações que a Nike fizera sobre as condições de tais fábricas em informativos à imprensa e em correspondências enviadas em 1997, incluindo uma carta a um editor, segundo a qual a fabricante de calçados vinha fazendo um bom trabalho com a mão-de-obra de além-mar, mas poderia fazê-lo ainda melhor. "Uma vez que a Nike, nas declarações aqui consideradas, estava agindo como discursista comercial (já que o público-alvo era composto, principalmente, de consumidores de seus produtos e as afirmações eram representações factuais de suas próprias operações de negócios), concluímos que tais declarações constituíam discurso comercial, no fito de aplicar as leis estaduais que coíbem a propaganda enganosa e outras formas de fraude comercial", escreve a juíza Joyce Kennard, em nome da maioria. A ação fora movida contra a Nike pelo ativista ambiental Marc Kasky. A Nike apelou para a Suprema Corte dos Estados Unidos, que, em junho de 2003, a reenviou para as cortes estaduais. Nesse ínterim, o efeito da decisão foi que as empresas podiam ser processadas e penalizadas caso seus relatórios sociais ou ambientais infringissem as normas da verdade publicitária. Como resultado, a Nike declarou que não publicará tais relatórios até que o caso esteja resolvido.

Há ameaças potenciais ainda maiores no horizonte. A guerra e a segurança nacional podem ser usadas para justificar restrições sobre a livre expressão e o acesso à informação. Além disso, como afirma Lawrence Lessig, existe um perigo real de que a Internet de amanhã seja menos livre e aberta que a de hoje[7].

Fadiga e Paralisia da Transparência

Conforme o mundo se torna mais aberto, as informações proliferam, e os indivíduos se defrontam com opções cada vez mais numerosas e complexas, chegando possivelmente à paralisia. A ignorância pode não ser uma bênção, mas representa menos trabalho. Hoje, que conheço os efeitos da combustão do carbono no aquecimento global, devo aposentar meu utilitário esportivo? Devo aceitar um emprego na Exxon, apesar de sua política ambiental? Devo abandonar meu corretor, que foi multado por conflito de interesses entre os trâmites bancários de pesquisa e de investimento? Isso é mais do que sobrecarga de informações. É sobrecarga de opções.

Similarmente, alguns executivos estão dando mostras de fadiga da investigação minuciosa, o que pode levar à "paralisia da transparência", em que executivos corporativos seminus temem agir de forma que fiquem ainda mais expostos a controvérsias. Prova número um? Com o crateramento extensivo do mercado de ações, as empresas estão baratas. Bilhões de dólares assentam em tesouros corporativos; há dezenas de alvos fáceis superexpostos e toda sorte de setores com crise de capacidade excessiva – linhas aéreas, montadoras de automóveis, serviços financeiros, o que você preferir. Poderíamos esperar um grande número de fusões e aquisições. Mas não temos senão alguns poucos grandes negócios. Poucos estão entrando nessas barganhas.

Gordon Nixon, CEO da RBC – empresa de serviços financeiros com ativos de quase 300 bilhões de dólares – afirma que a transparência vem levando executivos a agir como políticos, norteando-se mais pela maneira como as decisões serão recebidas do que por seus méritos econômicos. Alguns executivos podem recuar para o pensamento protegido. Outros, paralisados pelo medo do escrutínio, podem hesitar em tomar as atitudes ousadas de que necessitariam para sobreviver. A CEO da Hewlett-Packard, Carly Fiorina, mostrou coragem quando levou a empresa a adquirir a Compaq, em maio de 2002. As evidências até o momento sugerem que foi uma boa jogada. Mas a oposição que ela sofreu por parte de acionistas e comentaristas foi notável. É possível, por exemplo, que tivéssemos mais investimentos estrangeiros diretos, caso as empresas não se preocupassem com o ambiente politizado e hipersensível dos negócios.

O Novo Poder da Ofuscação

A transparência da Internet é uma faca de dois gumes. É uma ferramenta de acesso, verificação e descoberta de informações. Mas também pode ser usada para enganar. Um estudo feito em 2003 pela Federal Trade Commission descobriu que dois terços dos e-mails não solicitados (*spams*) contêm informações imprecisas. Na prática, qualquer pessoa pode criar uma página da Web afirmando praticamente qualquer coisa. Páginas e campanhas paródicas ilustram essa dualidade. Elas são veículos para a transparência, para a opacidade ou para ambas?

O dia 3 de dezembro de 2002 assinalou o décimo oitavo aniversário do desastre químico em Bhopal, na Índia, onde um acidente em uma fábrica da Union Carbide gerou emissões de gás venenoso que mataram 4 mil residentes durante o sono, ferindo outras centenas de milhares. Naquele dia, jornalistas de todo o mundo receberam por e-mail um informativo aparentemente enviado pela Dow Chemical, que herdara o problema de Bhopal após adquirir a Union Carbide. No informativo, a Dow pedia desculpas pelas mortes e pelo sofrimento causados pelo acidente industrial, e explicava que suas mãos estavam atadas no tocante à indenização financeira das vítimas. O primeiro compromisso da empresa, ela dizia, era com os acionistas e com a necessidade suprema de assegurar uma rentabilidade saudável. "Compreendemos a indignação e a mágoa. Mas a Dow não assume nem pode assumir a responsabilidade. Se o fizéssemos, não somente teríamos de gastar muitos bilhões de dólares em limpeza e indenizações, como – o que é muito mais grave – o público poderia apontar a Dow como precedente em outros grandes casos. 'Eles assumiram a responsabilidade; por que vocês não podem assumir?' A Amoco, a BP, a Shell e a Exxon atualmente têm problemas que só ficariam muito piores. Não podemos estabelecer esse precedente para nós mesmos e para a indústria, por mais que quiséssemos ver o assunto resolvido de maneira humana e satisfatória." Para mais informações, a mensagem recomendava aos leitores a página www.DowChemical.com.

A atitude arrogante desse divulgadíssimo informativo à imprensa gerou milhares de queixas. Mas os queixosos haviam caído em um logro; a Dow não tinha nenhuma ligação nem com o informativo, nem com o site. Ambos eram *hoaxes* (embustes eletrônicos), produções do Yes Men, um grupo de ativistas da Internet que já havia conquistado notoriedade por sites falsos que satirizavam a Organização Mundial do Comércio e o Acordo Geral sobre Tarifas e Comércio. O informativo e o site trouxeram uma imensa publicidade negativa à Dow. Os advogados da empresa logo obrigaram a página original a sair do ar, mas outro site falso, o dowethics.com, assumiu seu conteúdo. Ele apresenta esta pretensa bazófia corporativa: "Você sabia (...) que a Dow é responsável pelo nascimento do moderno movimento ambientalista? O livro *Primavera Silenciosa* (1962), de Rachel Carson, sobre os efeitos colaterais de um produto da Dow, o DDT, provocou uma onda de preocupações e levou ao nascimento de muitos dos atuais grupos de ação ambiental. Outro exemplo do compromisso da Dow com a Vida. Melhor a cada dia."

O site prossegue parodiando diversas iniciativas de relações públicas da empresa, como o www.bhopal.com, site genuinamente patrocinado pela Dow e que apresenta a posição da companhia com relação a Bhopal.

Os sites de paródia corporativa nasceram com a onda de páginas de paródia política. Praticamente todo político de nome reconhecível já foi duramente criticado por sites de araque. Um deles irritou de tal modo George W. Bush durante a campanha para as eleições presidenciais que seus representantes solicitaram à FCC (Comissão Federal das Comunicações) que o fechasse. Quando soube que as disposições sobre a liberdade de expressão contidas na constituição norte-americana protegiam os sites paródicos, Bush fez seu famoso comentário: "Deve haver um limite para a liberdade". A reação da campanha de Bush fez com que a audiência do site fosse às alturas. Em maio de 1999, ele teve 6 milhões de acessos, enquanto o site oficial do candidato teve 30 mil.

TRANSPARÊNCIA *VERSUS* OPACIDADE: A BATALHA

Sites paródicos podem confundir as pessoas, como ilustra a história da Dow. Com um software comprado em lojas do ramo e umas poucas horas livres, os detratores podem ridicularizar selvagemente qualquer empresa. O público simpatizante rapidamente retransmite o falso informativo ou o endereço do site a amigos pelo mundo. O mesmo marketing epidêmico que fez do Napster um sucesso da noite para o dia pode hoje cobrir de sarcasmo uma empresa desprevenida. Como George W. Bush descobriu, para sua mortificação, tentar esmagar um site paródico só aumenta sua notoriedade e eleva o número de visitas. A única defesa real é comportar-se de modo a não atrair o ridículo.

O CONTEXTO GEOPOLÍTICO

Já mencionamos empresas que resistem agressivamente à abertura.

- A Fidelity e outros grandes fundos mútuos querem manter secretos seus votos por procuração. As empresas dizem que isso se deve aos custos e à necessidade de manter a política fora das decisões de negócios. Muitos suspeitam de que isso se deve a conflitos de interesse da Fidelity como provedora de serviços (tais como a administração da aposentadoria 401(k) dos funcionários) junto a empresas cujas ações ela possui.

- A RiceTec tentou obter patentes sobre o nome e o código genético do arroz basmati, no intuito de privatizar – e tornar opaca – a propriedade intelectual comunitária de fazendeiros da Índia.

- A Kellogg não divulgou o conteúdo geneticamente modificado de seu *corn dog*, e pagou o preço quando o Greenpeace revelou essa informação.

Mas as batalhas pela abertura estão sendo travadas em um fronte muito maior. Em 2002-3, a liderança política, o terrorismo, a guerra e a mídia submissa combinaram-se, nos Estados Unidos, para ameaçar a abertura, a transparência e até mesmo a liberdade de expressão. Alguns afirmaram que o governo está usando a segurança nacional para fortalecer a opacidade. Restrições à informação são necessárias em áreas relacionadas à segurança do país. Mas uma atmosfera de maior sigilo proporciona um exemplo que empresários compactuantes podem seguir. Enquanto isso, o governo aprova certas medidas protegendo práticas de negócios opacas, que provavelmente *ameaçam* a segurança ou são irrelevantes para ela.

A Lei de Segurança Nacional de 2002 dá ao Departamento de Segurança Nacional amplos poderes para receber informações das empresas sobre fraquezas na "infraestrutura crítica" do país. Essas informações ficam automaticamente isentas da Lei da Liberdade de Informação. As empresas também ficam imunes da responsabilidade civil caso as informações se demonstrem equívocas, bem como da lei antitruste, por compartilharem informações com o governo e outras empresas[8].

O senador norte-americano Patrick Leahy, democrata de Vermont, acredita que tais isenções serão contraproducentes. Ele disse que elas "estimulam a cumplicidade do governo com empresas privadas para manter em segredo informações sobre vulnerabilidades críticas da infra-estrutura, reduzem o incentivo à resolução dos problemas e acabam prejudicando a segurança nacional, ao invés de ajudá-la. No fim das contas, o aumento de sigilo pode abalar em vez de promover a segurança."

Leahy também descreveu efeitos que não têm relação alguma com a segurança nacional. Por exemplo, se uma empresa revelar que sua fábrica injeta arsênico na água subterrânea, "essa informação já não poderá ser usada em procedimentos civis ou criminais movidos por autoridades locais ou por vizinhos prejudicados pelo consumo da água".

Enquanto isso, o apoio público aos alicerces da transparência enfraqueceu. Desde 1999, o Freedom Forum tem entrevistado norte-americanos sobre a seguinte questão:

> A Primeira Emenda tornou-se parte da Constituição dos Estados Unidos há mais de 200 anos. Ela diz que: "O Congresso não deve criar nenhuma lei que se aplique ao estabelecimento de religiões ou proíba seu livre exercício; nem que restrinja a liberdade de expressão ou de imprensa, ou o direito do povo de reunir-se pacificamente e requerer do Governo a reparação de ofensas". [Você concorda ou não com a afirmação de que] A Primeira Emenda vai longe demais nos direitos que assegura?

Em 1999, apenas 28% dos entrevistados responderam que a Primeira Emenda se excedia, e, em 2000, a cifra caiu para 22%. Mas saltou para 39% em 2001 e para 49% em 2002. Além disso, de acordo com a pesquisa, o direito menos popular da Primeira Emenda é o de liberdade de imprensa: 42% dos entrevistados disseram que a imprensa tem liberdade demais para fazer o que bem quiser; 40% disseram que os jornais não deviam ter a liberdade de criticar abertamente os militares, e assim por diante.

A globalização liberou forças novas e muitas vezes invisíveis, que dão uma outra forma a essas questões, mas os resultados são similares. Claude Smadja, conselheiro do Fórum Econômico Mundial, comenta:

> As decisões que afetam minha vida – se meu trabalho será eliminado, se terei uma hipoteca com juros mais elevados, que lucros terei como investidor – estão sendo tomadas por instituições e organizações vagas. O gosto da cerveja que tomo é determinado por burocratas da União Européia em Bruxelas. Isso é um aumento da opacidade. No velho mundo, se a empresa prosperasse, meu trabalho estava garantido e eu poderia esperar um aumento. Agora, se minha empresa prospera, meu emprego pode correr mais perigo. Minha empresa pode resolver racionalizar a produção ou mudar nossa fábrica para uma região mais econômica. Ou tome esse João da Silva que aparece aqui de vez em quando. É uma espécie de consultor; não sei quem ele é, mas sei que ele tem imensos poderes sobre minha vida. Hoje, um bando de jovens administradores de fundos, recolhidos em uma sala em Londres, Nova York ou outro lugar qualquer, conclui que minha moeda nacional é de alto risco, as taxas de juros aumentam e fica mais difícil pagar minha casa. Não sei o que estou comendo: há dez anos eu não tinha de ficar me perguntando se o milho que me alimenta é geneticamente modificado.

Tais mudanças são infelizes, pois os custos da opacidade são imensuráveis. Vamos analisá-los mais profundamente.

OS CUSTOS DA OPACIDADE

Em 18 de julho de 1997, o mundo despertou para uma alarmante onda de vendas que vinha devastando moedas e ações em mercados financeiros na Ásia, na América Latina e na Europa. Ondas maciças de capital abrigavam-se em portos seguros conforme investidores perdiam a confiança em economias até então florescentes. Uma série de falências teve início. Como o desastre prosseguiu nos meses seguintes, o primeiro-ministro da Malásia, Mahathir Mohamad, acusou George Soros e outros investidores internacionais de cortar as asas da economia de seu país. A crise financeira asiática durou três anos, transbordando para Wall Street e para as economias ocidentais. Uma crise similar atingiu a Rússia em 1998.

Essas crises trouxeram a transparência ao primeiro plano. Diversos fatores causaram os problemas, em particular uma bolha financeira na Ásia pressagiando a economia da Internet do final dos anos 90. Muitos afirmaram que a falta de transparência foi uma das causas. Políticos, economistas e meios de comunicação ocidentais identificavam a corrupção, o nepotismo e o favoritismo – além da má governança corporativa – das economias emergentes como fatores da calamidade. A falta de abertura das empresas, dos bancos comerciais e mesmo dos bancos centrais havia fomentado a crise. O Fundo Monetário Internacional (FMI), em particular, declarou que doravante a transparência deveria ser a "regra de ouro da economia globalizada", e afirmou que se incumbiria de fortalecer a supervisão dos sistemas financeiros e bancários nos países em desenvolvimento.

Sob forte pressão, muitos líderes de economias emergentes abriram seus sistemas econômicos a novos níveis de fiscalização internacional. Em retrospecto, alguns analistas – sobretudo Joseph Stiglitz – afirmaram que a questão da transparência, levantada pelo FMI, era uma cortina de fumaça destinada a mascarar os fracassos de sua própria política agressiva de liberalização econômica. As acusações de corrupção também mascararam até que ponto o primeiro-ministro da Malásia, Mahathir Mohamad, estava certo em sua afirmação – na época descartada por ser bombástica – de que a crise resultara mais dos fluxos especulativos de capital internacional do que das políticas fiscais das economias emergentes. Os países mais prejudicados pela crise, como a Tailândia, a Rússia e a Indonésia, eram os que mais haviam comprado segundo as recomendações do FMI[9]. Enquanto isso, países igualmente opacos, mas muito mais protecionistas, como a China e a Polônia, que contavam com o Estado para promover uma liberalização de mercado mais cuidadosa e profícua, toleraram muito melhor a tempestade.

Os custos foram imensos. Milhões perderam o emprego, na Ásia. Em muitos países, as taxas de juros – o custo do capital para a expansão de negócios e as compras dos consumidores – aumentaram rapidamente para 50% ou mais durante dois anos. Os preços das ações ruíram, cerceando ainda mais a capacidade das empresas de levantar capital. A comunidade financeira internacional enviou a contragosto 110 bilhões de dólares em auxílio somente para a Indonésia, a Coréia do Sul e a Tailândia[10]. Os investimentos estrangeiros em mercados emergentes caíram de 280 bilhões de dólares em 1997 para 150 bilhões de dólares em 1998, e então enfraqueceram na casa dos 180 bilhões de dólares por vários anos. As taxas de juros que os governos de economias emergentes tinham de pagar sobre seus títulos tornaram-se e permaneceram muito mais altas. O prêmio médio sobre títulos do governo dos Estados Unidos subiu de 5% antes da crise para mais de 13%, e então caiu lentamente para 7,5% em meados de 2001. Hoje, muitas economias asiáticas estão se recuperando. A Coréia do Sul é uma estrela. Mas os investidores continuam muito mais seletivos quando se trata de aplicar seu dinheiro em economias emergentes, e exigem um preço muito maior quando aplicam.

Essa crise deu à luz uma nova miniindústria: a da transparência. Em 1997, a Organização para a Cooperação e o Desenvolvimento Econômico (OCDE) aprovou uma convenção contra subornos. A Transparency International (TI), formada em 1993, tornou-se um ponto focal para expor e combater a corrupção política em economias emergentes. A corrupção, no antiquado sentido de envelopes recheados de dinheiro, é algo que acontece em segredo, daí o nome e o enfoque da Transparency International.

O *Relatório da Corrupção Global de 2001*, da TI, inclui artigos e pesquisas de uma dezena de agências e organizações, que incluem o FMI, as Nações Unidas, o governo norte-americano, acadêmicos e empresas de consultoria. Embora a transparência seja o refrão, o enfoque está na corrupção, particularmente a corrupção governamental. Apesar de menções politicamente corretas de problemas em países ricos (como o financiamento de campanhas nos Estados Unidos), o alvo eram os subornos do governo em países pobres. A transparência e a governança corporativas foram tratadas com pouca tolerância. Normalmente, as empresas ocidentais eram apresentadas, antes de mais nada, como vítimas (ou por vezes cúmplices anuentes), obrigadas a enfrentar (ou decididas a condescender com) ameaças de políticos e oficiais locais desonestos. Uma pesquisa da TI declarava que 74% de todas as publicações sobre corrupção entre 1990 e 1999 concentravam-se na política e na administração pública, e apenas 1% na ética dos negócios[11]. A transparência, um problema real, era preconizada como um adaptador entre os maus efeitos da corrupção dos países em desenvolvimento e os desejos das empresas multinacionais de reduzir os custos de transação.

Apesar dos pálidos motivos de alguns dos envolvidos no assunto (como o FMI), os custos da corrupção em economias emergentes eram e continuam sendo muito reais. A Transparency International e seus parceiros lançaram as luzes da transparência sobre muitos exemplos específicos de corrupção endêmica, iluminaram seus custos e convenceram um número cada vez maior de líderes a abordar o problema. Ao fazer isso, criaram elementos para um argumento sobre o impacto dos custos, que pode, agora, ser aplicado à crise da governança corporativa nos países ricos, em 2002.

- O índice de percepção da corrupção elaborado pela Transparency International em 2001 hierarquizava mais de 120 países de acordo com o uso do poder público para o benefício privado, com base em uma combinação de fontes especializadas. Os 24 menos corruptos da lista eram economias de mercado abastadas. A Finlândia, com 9,9 pontos, em um máximo de 10, vinha em primeiro. Os Estados Unidos, em décimo sexto, teve mau desempenho em comparação com seus semelhantes, levando um embaraçoso 7,6. Ficou abaixo de Cingapura, Canadá, Austrália, Reino Unido e Hong Kong, mas acima de Alemanha, Japão e França.

- A TI também entrevistou empresários em 14 grandes economias de mercado emergentes, como o Brasil, a Índia e a Rússia, para saber quais dentre os países que investem em economias emergentes estão menos propensos a abrigar empresas que pagam subornos. Uma vez mais, os Estados Unidos apareceram no meio do pacote, superados por Suécia, Austrália, Canadá, Reino Unido e outros (ou seja, esses países estavam menos sujeitos a dar asilo a subornadores do que os Estados Unidos); o país ficou acima de Cingapura, Japão, Itália e China. Outras pesquisas classificaram as empresas norte-americanas entre as mais propensas a ter códigos de conduta contra subornos. Mas, na ausência de relatórios transparentes e verificáveis – e dadas as impressões dos líderes dos mercados emergentes –, os virtuosos códigos de conduta das empresas dos Estados Unidos podem não prever um comportamento virtuoso.

- Em outra pesquisa, os entrevistados classificaram o governo dos Estados Unidos como de longe o mais propenso a incorrer em práticas questionáveis, como pressão diplomática e política, pressão comercial, dumping, pressão financeira, auxílio casado, presentes oficiais, defesa casada e acordos armamentistas.

- A corrupção, de acordo com a pesquisa da TI, prejudica o desempenho econômico, social e ambiental. Ela minimiza a ciência e a tecnologia; é, freqüentemente, empregada por aqueles que causam danos diretos à qualidade do ar e da água – entre outros indicadores. Em outras palavras, a corrupção corrói as fundações da concorrência sustentável.

Um estudo paralelo da PricewaterhouseCoopers (PwC) analisou os custos da opacidade, "a falta de práticas claras, precisas, formais, facilmente discerníveis e amplamente aceitas" no ambiente de negócios. Sua pesquisa especializada de 35 economias (em sua maioria, emergentes) avaliou a corrupção e outras quatro áreas relevantes: o ambiente legal e judicial, incluindo os direitos dos acionistas, a política econômica, a governança contábil e corporativa e a arbitrariedade ou incerteza regulamentar.

Acredite ou não, os entrevistados classificaram Cingapura como a nação menos opaca (ou seja, mais transparente) segundo esses critérios; seu mau histórico nos direitos civis não foi levado em conta. Os Estados Unidos, o Chile e o Reino Unido vieram em seguida. Depois, a PwC quantificou o impacto da opacidade como se fosse uma taxa sobre o investimento estrangeiro ou uma despesa adicional dos negócios, com Cingapura representando o ponto zero. A taxa de opacidade dos Estados Unidos foi avaliada em 5%, a de Hong Kong, em 12%, a do México, em 15%, a do Japão, em 25% e a da China, em 46%. A PwC também atribuiu um prêmio de risco da opacidade a cada país, equivalente aos juros (acima do nível norte-americano) que a opacidade imporia ao valor dos títulos do governo. O prêmio de risco de Hong Kong era de 2,3%, o do México, de 3,1%, o do Japão, de 6,3% e o da China, de 13,2%.

No início de 2001, a comunidade política internacional, tendo à frente um grande número de peritos norte-americanos, estava alardeando as lições aprendidas com a crise financeira da Ásia. Em primeiro lugar, a opacidade combinada com a corrupção e com negociatas pode provocar crises econômicas profundas e constantes. Em segundo lugar, a opacidade prejudica as empresas e aumenta seus custos de transação. Os investidores perdem a confiança, retiram-se dos mercados de capital e aumentam o preço que exigem das companhias por empréstimos e investimentos. Em terceiro lugar, a opacidade custa contribuintes – empresas e consumidores –, pois os governos são obrigados a intervir com pacotes de auxílio e redes de segurança social, enquanto o custo dos empréstimos aumenta devido ao prêmio de risco da opacidade.

Todas as pesquisas que citamos foram anteriores à Enron. Na pesquisa da PwC, os entrevistados norte-americanos mostravam-se muito otimistas quanto à qualidade e ao impacto dos padrões de contabilidade em seu próprio ambiente de negócios. Entre o início da crise asiática e o começo de 2001, comentaristas norte-americanos, muitas vezes apoiados por líderes de instituições globais como o FMI e o Banco Mundial, apregoavam que o sistema norte-americano de abertura corporativa era um modelo que o resto do mundo deveria seguir.

A Enron e os choques e escândalos que se sucederam silenciaram os pregadores, que se deram conta de que as causas que apontavam para a crise financeira da Ásia se aplicavam aos Estados Unidos: quem semeia vento, colhe tempestade. A opacidade, combinada com a corrupção e com negociatas, provocara uma profunda crise econômica. A crise talvez não seja tão constante como a da Ásia, graças às forças fundamentais da economia norte-americana (embora as atuais políticas fiscais e de abertura debilitem tais forças). Mas os custos do desastre de 2002 permanecerão conosco por muito tempo. A crise feriu muitas empresas. Investidores retiraram-se dos mercados de capital e estabeleceram patamares mais elevados de desempenho como precondição para seu retorno. Embora o custo dos empréstimos tenha diminuído ao invés de aumentar, isso se deveu ao fato de que os resquícios da crise de transparência (combinados com o déficit comercial, a capacidade excessiva da indústria e o aumento de produtividade) atrasaram a recuperação da recessão. Como resultado, o Federal Reserve continuou a baixar as taxas de juros. Mas, embora as taxas estivessem baixas, ainda era difícil conseguir capital de risco.

Os custos específicos da crise norte-americana de transparência eram claros e diversos. As fraudulentas e semi-encobertas atividades secretas da Enron e sua subseqüente falência destruíram 90 bilhões de dólares em capitalização de mercado, 21 mil empregos e uma grande empresa de contabilidade (a Arthur Andersen), contribuindo, ainda, para arruinar os planos de aposentadoria de milhões de norte-americanos. A WorldCom poderia ter evitado seu fiasco se tivesse jogado limpo com as perdas em seu balanço, em vez de disfarçá-las como despesas. Ela falsificou mais de 7 bilhões de dólares em custos, e abriu falência com dívidas de 41 bilhões de dólares. Essas e outras empresas falidas geraram bilhões de dólares em dívidas perniciosas para bancos e outras instituições de empréstimo. O governo federal abriu mais de cem investigações de crimes corporativos, e acusou de fraude mais de 150 pessoas. A confiabilidade dos grandes nomes de Wall Street – Goldman Sachs, Citibank, Merrill Lynch, Morgan Stanley e Credit Suisse First Boston – foi posta em dúvida. As corretoras acabaram multadas em 1,4 bilhão de dólares, e dispensaram milhares de funcionários, enquanto milhões de indivíduos abandonavam o mercado de ações.

O dano recrudesceu em um pânico de mercado que fazia lembrar os dias dos Barões Assaltantes. De 19 de março a 19 de junho de 2002 – o pico da crise de transparência –, o índice Standard & Poor's 500 perdeu 28% de seu valor, caindo de 1.170 para 848, muito depois que a bolha das ações de tecnologia havia estourado. Em uma análise de agosto de 2002, a Brookings Institution estimou que, enquanto a crise de transparência impedisse que o mercado de ações voltasse aos níveis de março de 2002, ela custaria à economia dos Estados Unidos uma parcela significativa – e crescente – de seu produto interno bruto, devido à redução do consumo e dos gastos comerciais[12]. Ela previu, especificamente, uma redução no produto interno bruto de 0,20% a 0,48% durante o período de um ano (o que equivale a 21 bilhões de dólares e 50 bilhões de dólares, respectivamente), chegando a um total de 0,50% a 1,19% em três anos, e 1,05% a 2,50% em dez anos.

A previsão da Brookings não pressupunha ações corretivas. Mas o custo da crise era demasiado óbvio para governantes e empresários. A partir do início de agosto, medidas foram tomadas para melhorar tanto a aparência como a realidade da transparência corporativa, começando com audiências do Congresso e novas leis. Na esperança de que o pior houvesse passado, em fins do outono os mercados começaram a melhorar. No início de julho de 2003, o revigoramento provocado pela primavera fez com que o índice S&P voltasse à casa dos 1.000 pontos; isso ainda estava muito abaixo do pico de antes da crise. Os investidores continuavam inseguros.

REDES DE STAKEHOLDERS: CONTRAMEDIDAS PARA A OPACIDADE

Saiba disso ou não, toda empresa tem uma rede de stakeholders (*s-web*), ou até várias. Uma rede de stakeholders é um conjunto de partes interessadas que observam e tentam influenciar o comportamento de uma empresa. Recentemente, muitas pessoas estudaram tais redes e lhes deram diferentes nomes, como redes de transparência, grupos de responsabilidade corporativa, exércitos em rede e multidões inteligentes. Todavia, como observa a crítica dos negócios Amy Cortese: "Como quer que você resolva chamá-las, estas forças são produtos da Era da Internet, unidas não pela geografia, mas por uma causa comum e pela tecnologia que lhes permite uma comunicação livre e instantânea"[13].

Uma característica central de muitas redes de stakeholders é a auto-organização. Os sistemas auto-organizadores, como o movimento do código aberto que produziu o Linux, são fundamentalmente diferentes das – e muitas vezes subversivos para as – organizações hierárquicas tradicionais. Eles possuem "emergência intencional", pela qual padrões rigorosos decorrem de sistemas complexos e inicialmente aleatórios, graças à aplicação de umas poucas regras simples. Essa emergência capturou a imaginação de cientistas, pesquisadores e analistas em muitas disciplinas, inclusive a biologia, a matemática e a economia. Diversamente da maioria dos sistemas emergentes naturais, os seres humanos aplicam a

intencionalidade a muitos de seus sistemas emergentes. Fazem escolhas delibera-
das, com base em suas idéias, metas e desejos. E, todavia, o efeito cumulativo é
mais auto-organizado do que orquestrado.

As redes de stakeholders investigam, avaliam e procuram mudar ativamente o
comportamento de instituições (como as empresas) em busca de um melhor alinhamento com os valores e interesses de seus participantes.

Sete Características das Redes de Stakeholders

1. A Incorporação da Transparência

A transparência não é uma força amorfa e incorpórea. Sua expressão tangível, a
rede de stakeholders, conhece a capacidade das partes interessadas de descobrir
informações, de instruir umas às outras e de se auto-organizar. Os membros das
redes de stakeholders conectam-se por meios interativos como a Internet, o e-
mail, o telefone, as mensagens instantâneas, o fax e a comunicação direta. Também usam os meios tradicionais de comunicação em massa, como a mídia impressa, a televisão e o rádio. A nova transparência aumenta o poder e a influência das
redes de stakeholders.

As estruturas e comportamentos dessas redes – possibilitados pela Internet –
trazem à mente esta última. Uma rede de stakeholders funciona de maneira
muito diversa de uma empresa hierárquica ou rede de negócios típicas. Seu
modus operandi é a colaboração no mesmo nível, e não o controle hierárquico.
Como no caso da Internet, sua estrutura é altamente distribuída. Tais redes são
bastante adaptáveis: podem entrar em ação rapidamente e desaparecer igualmente rápido. Em vez de gastarem energia tentando eliminar obstáculos, elas os
contornam. Ironicamente, sempre existe uma considerável opacidade em uma
rede de stakeholders, já que muitos participantes podem não ter plena ciência
de quem são os demais membros.

A rede de stakeholders da Nestlé (Figura 2.1) concentrou-se inicialmente nos
esforços declarados da empresa em incentivar as mães nos países em desenvolvimento a abandonarem a amamentação em prol de sua fórmula enlatada para
crianças. Mais recentemente, a indústria do chocolate foi abalada por revelações
de que a cadeia de suprimentos da empresa maculava-se com a escravidão infantil,
o que, por sua vez, mudou a composição e as atividades da rede de stakeholders da
Nestlé. As conseqüências afetaram desde ONGs até quase todos os membros da
rede. Alguns consumidores foram estigmatizados por comer chocolate produzido

por escravos, empregados foram desmoralizados pela imprensa de oposição, parceiros da cadeia de suprimentos foram obrigados a aumentar seus padrões e participar de novos sistemas de monitoramento, e investidores temeram que o escândalo pudesse afetar as cotações da empresa e suas perspectivas de longo prazo.

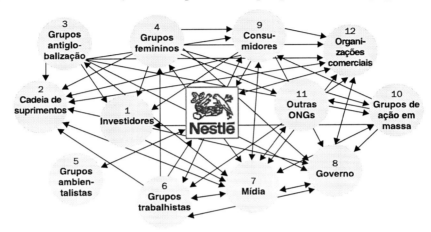

Figura 2.1   A rede de stakeholders da Nestlé.

2. Motivos e Papéis Variáveis dos Participantes

Os agentes da rede de stakeholders podem ser motivados por diversos fatores. Grupos religiosos usam princípios morais para examinar e mudar o comportamento corporativo. Alguns agentes, como funcionários que se organizam para mudar a política de aposentadoria ou acionistas que tentam obrigar a empresa a adotar uma boa governança, são movidos pelo interesse próprio. Outros têm motivações ideológicas, que vão desde o desejo de ter uma melhor cidadania corporativa até o anseio de enfraquecer as empresas e dar fim ao poder corporativo. Alguns podem ser até mesmo agentes da concorrência. Reguladores do governo têm a obrigação de preservar a lei.

Os participantes também desempenham papéis variados. Alguns deles agem como líderes, coordenando as regras e as atividades dos outros. A AFL-CIO é essencial para a rede de stakeholders que investiga a Coca-Cola, coordenando investigações, denúncias e atividades destinadas a mudar as práticas trabalhistas nas unidades de engarrafamento da companhia. Alguns desempenham o papel de *provedores de conteúdo*, pesquisando e comunicando informações críticas para os demais membros. O Greenpeace abriu os olhos da Rainforest Action Network

Participantes da Rede de Stakeholders da Nestlé

Investidores
Fundos mútuos
Fundos de pensão
Outros

Grupos antiglobalização
Fair Trade Foundation (Fundação pelo Justo Comércio)
Globalexchange.org

Grupos femininos
Iniciativa pela Saúde Reprodutiva das Mulheres
Revista *Mothering*

Mídia
BBC
Knight Ridder
New York Times

Governo
Governo da Costa do Marfim
Governo Britânico
Governo de Burkina Faso
Departamento de Trabalho dos Estados Unidos
Departamento de Defesa dos Estados Unidos
Agência para o Desenvolvimento Internacional dos Estados Unidos
Força-Tarefa do Cacau no Governo dos Estados Unidos
UNICEF

Grupos de ação em massa
Stopchildlabor.org
Elimination of Child Poverty (IPEC – Eliminação da Pobreza Infantil)
Centenas de sites individuais que oferecem petições, cartas, discursos

Cadeia de suprimentos
Cargill
Archer Daniels Midland
Produtores de cacau
Sociedade de Produtos Agrários Comerciais de Daloa

Grupos ambientalistas
Greenpeace

Grupos trabalhistas
Marcha Global contra o Trabalho Infantil
Organização Mundial do Trabalho
Anti-Slavery International (Anti-escravidão Internacional)
Free the Slaves (Libertem os Escravos)

Consumidores
Mães
Professores
Crianças
Indivíduos que criam sites individuais de informação
Godiva Chocolates
Ghirardelli Chocolate
Outras ONGs
Save the Children (Salvem as Crianças)
Center for Unhindered Living (Centro para a Vida Desimpedida)

Organizações comerciais
Associação dos Fabricantes de Chocolate
Fundação Mundial do Cacau
Associação Nacional dos Confeiteiros
Comissão Européia do Cacau

(Rede de Atividades pelas Florestas Tropicais) sobre os móveis de madeira antiga do Home Depot. Alguns desempenham outros papéis – sendo elos com a empresa, amplificando e promovendo a comunicação com outros membros da rede, conduzindo litígios, propondo decisões aos acionistas, e assim por diante.

Malcolm Gladwell descreve três tipos de pessoas (o mesmo modelo também poderia se aplicar a organizações) com papéis essenciais na mobilização de redes humanas: Conectores, Conhecedores e Vendedores[14]. Os Conectores conhecem um grande número de pessoas influentes e bem relacionadas; têm, ainda, o dom especial de reunir todas elas. Os Conhecedores são especialistas obcecados em um campo restrito; adoram compartilhar seu conhecimento, e as outras pessoas confiam em seus conselhos. Gladwell sugere que Paul Revere, mobilizador de uma rede de stakeholders que acabou levando à Revolução Americana, era tanto um Conector (pois conhecia muita gente importante) como um Conhecedor (pois estava por dentro dos planos do exército britânico – e o compartilhou com pessoas importantes que confiaram nele). O terceiro tipo de mobilizador é o Vendedor, pessoa com uma capacidade infecciosa – e por vezes subliminar – de persuadir. Se houver a situação correta e a composição adequada dessas pessoas especiais, a rede de stakeholders se transforma em uma força implacável.

3. Dinâmicas variáveis

As redes de stakeholders podem ser relativamente inativas – quietas, benignas, reflexivas, pequenas, estáveis e morosas. Ou podem ser intensamente ativas – grandes, voláteis e poderosas. Há diversos fatores dinâmicos em questão:

- Uma rede de stakeholders pode passar de um estado a outro – de inativa para ativa, de pequena para grande, de hostil para cooperativa – quase instantaneamente.

- Os efeitos em cadeia funcionam. Uma rede maior é exponencialmente mais valiosa para os participantes e exerce mais influência sobre seu alvo.

- Nas redes de stakeholders, a transparência funciona como por osmose. Segundo o pesquisador Anthony Williams, em redes como essas, "a informação flui livremente de áreas de alta concentração para outras de baixa concentração, onde se dissemina rapidamente pelo espaço e pelo tempo".

- Rumores se espalham rápido, mas a validação pode ser igualmente rápida. Redes sofisticadas têm bons detectores de absurdos, já que a má informação, especialmente quando iniciada por membros, pode prejudicar a rede.

- Redes locais podem rapidamente tornar-se globais, já que a informação digital não conhece fronteiras.

- As redes de stakeholders têm uma característica esplêndida – a permanência – decorrente de sua capacidade de arquivar. Informações guardadas há anos podem ainda estar disponíveis hoje para a reutilização. Do mesmo modo, ligações entre elementos das redes podem ficar dormentes por algum tempo, prontas para a reativação assim que necessário.

4. Comprometimento Corporativo Variável

As empresas têm níveis diversos de *comprometimento* com suas redes de stakeholders. Algumas podem nem saber que operam sob as vistas de uma rede. Algumas das redes que analisamos não tinham interação alguma com a empresa-alvo.

Outras empresas se comprometem sistematicamente com as redes: para aprender com elas, influenciá-las ou aproveitar sua força para ajudar a criar um negócio melhor. O comprometimento compensa. A Hewlett-Packard usa os comentários dos consumidores para identificar problemas com os produtos. A Johnson & Johnson envolve os funcionários para assegurar que seu credo determine o comportamento deles. A Shell converteu parte de uma rede adversa em um complexo que apóia seus objetivos sustentáveis.

Quando a atividade na rede de stakeholders é alta e o comprometimento é baixo, as empresas podem ser arrastadas a uma crise de confiança (Figura 2.2). A atividade sem comprometimento tem um efeito centrífugo, com a rede de stakeholders afastando-se da empresa e podendo alienar-se dela, de seus valores e de suas atividades. Por outro lado, a falta de comprometimento priva a empresa da oportunidade de evoluir e reforçar seus valores, de modo que estes condigam com os das partes envolvidas. Para ambos os lados, a falta de comprometimento enfraquece a busca por valores mutuamente compartilhados, gerando, como conseqüência, a desconfiança.

5. Um Grande Dilema: a Crise de Confiança

O conceito do ponto de desequilíbrio de Gladwell é uma boa descrição do que ocorre quando um pequeno evento, subitamente e com força epidêmica, converte uma rede de uma amorfa reunião de stakeholders em uma incontrolável crise de confiança[15].

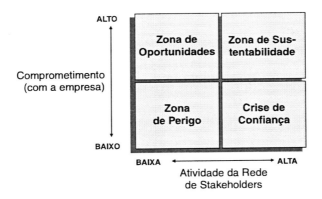

Figura 2.2 Comprometimento corporativo e atividade da rede de stakeholders.

Novas informações ou acontecimentos podem precipitar subitamente uma crise de confiança[16]. Quando foi implicada na morte de pacientes que utilizavam seus produtos para tratamento renal, a Baxter International entrou em um dilema de confiança em que tudo passou a girar em torno de aplacar a crise.

A maioria das grandes empresas já se deparou com pelo menos uma crise de confiança precipitada por eventos análogos. Elas se arrastaram (Exxon Valdez) ou escaparam (Tylenol, da Johnson & Johnson) com graus variáveis de prejuízos ou novas forças. A crise generalizada da confiança, em 2002, foi precipitada por diversas empresas que desapareceram quase da noite para o dia. Destruída a confiança, a sociedade revogou-lhes a licença de atuação.

6. A Reação de uma Empresa a uma Crise de Confiança: Efeitos em Seu Futuro e Sua Viabilidade

As empresas apresentaram dois métodos diametralmente opostos para lidar com crises de confiança. Um deles é usar táticas convencionais de relações públicas para aplacá-las. Outro é trazer as redes de stakeholders para discussões e processos ativos no intuito de resolver os problemas.

A abordagem tradicional utiliza publicidade, campanhas de relações públicas, distorções, informações falsas, críticas contra os críticos, ardis (como disfarçar-se de membro da rede de stakeholders e fornecer informações falsas), joga um grupo contra outro, e ainda usa outros truques sujos. Tais métodos costumam ter o efeito oposto ao desejado. Eles tendem a inflamar a atividade da rede de stakeholders – um ataque alimenta o aumento da comunicação –, já que os participantes informam uns aos outros, refutam ou revidam ao ataque e se reorganizam. A rede de stakeholders é um organismo cujos anticorpos ganham força combatendo intrusos.

O comprometimento é uma filosofia e uma estratégia muito mais eficiente. Um espírito corporativo de comunicação aberta, atenção, consideração dos interesses dos participantes, admissão de erros quando cabível, consultoria, compromisso com a mudança, cumprimento dos compromissos, responsabilidade e transparência – tudo isso tem o efeito de reduzir a atividade da crise e restaurar a confiança.

A Nestlé é, mais uma vez, um bom exemplo. Um documentário da BBC, em 1999, revelou que diversas plantações de cacau na Costa do Marfim usavam mão-de-obra escrava para produzir a matéria-prima vendida a fabricantes de chocolate como a Nestlé, a Cadbury e a Hershey. Os observadores não tardaram em acusar o setor de cumplicidade com a escravidão. A indústria do chocolate negou vigorosamente a responsabilidade, dizendo que as empresas compravam matéria-prima em transações comerciais, e não tinham meios de saber como o cacau era produzido. Um impasse parecia inevitável, e muitos indivíduos e organizações sugeriram boicotes.

Todavia, após novos diálogos entre as ONGs antiescravidão, as agências envolvidas do governo e a indústria do chocolate, chegou-se ao consenso de que a escravidão teria de ser erradicada da cadeia de suprimentos. Todos sabiam que boicotes causariam grandes danos, não somente à reputação e aos lucros dos fabricantes e revendedores, mas também aos muitos fazendeiros africanos que dependiam da renda da produção de cacau. Em um acordo firmado em julho de 2002, o setor concordou em financiar pesquisas sobre a extensão do problema e tomar providências, em colaboração com o governo da Costa do Marfim, para eliminar a escravidão. Além disso, um conselho independente que compreendia uma vasta gama de stakeholders foi criado para monitorar o progresso. Uma questão potencialmente explosiva foi resolvida sem boicotes nem processos, com base apenas no diálogo e na cooperação. E, tendo as ONGs e os governos como parceiros, a indústria do chocolate pôde afirmar legitimamente que suas cadeias de suprimentos estão livres de trabalho escravo.

7. *Uma Poderosa Força para a Transformação Corporativa*

As redes de stakeholders já existiam antes da Internet. Mas sua velocidade de comunicação e, por conseguinte, sua eficiência eram glaciais. A Internet superestimula as redes, permitindo que se transformem em forças poderosas, muitas vezes globais, em prol das mudanças.

Como o comprometimento é a única maneira eficaz de lidar com a crise, as redes de stakeholders mudam o comportamento das empresas. As empresas se comprometem, as informações começam a fluir nos dois sentidos, ambos os lados aprendem e o comportamento muda. O comprometimento cria novos ciclos de feedback que reprimem ou ajudam a corrigir comportamentos inaceitáveis, e, ao mesmo tempo, estimula novos valores e atitudes que se adaptam às expectativas da rede. Anthony Williams diz: "Quando as informações expostas ao público revelam inconsistências entre a conduta das empresas e os padrões aceitáveis de comportamento, os participantes das redes trazem a campo novas formas de responsabilidade". Como veremos, as redes de stakeholders, ao motivarem a responsabilidade nas empresas, recompensam-nas por serem confiáveis.

Vivemos em uma era em que as redes de stakeholders assumem a capacidade do governo de influenciar certos comportamentos no setor privado e no mercado. Desde que os boicotes na África do Sul aceleraram o fim do apartheid, ativistas vêm aperfeiçoando este novo tipo de campanha de mercado. Hoje, a Internet permite aos stakeholders construir redes abrangentes para influenciar o comportamento corporativo atacando marcas e mobilizando a opinião pública. Qualquer empresa com uma reputação e uma marca a proteger é vulnerável. Mesmo aquelas isoladas dos consumidores podem ser levadas a curvar-se, normalmente pelo ataque a seus parceiros na ponta varejista de sua cadeia de fornecimento.

Quando explicamos o conceito de redes de stakeholders a executivos, alguns reagem com preocupação, e até com medo. Um lembrete aos empresários: as redes de stakeholders são boas para vocês. Elas os ajudam a ser confiáveis. Comprometam-se com elas, aprendam e construam a confiança. A confiança é o *sine qua non* da viabilidade e do desempenho no novo ambiente de negócios, e as redes de stakeholders são uma nova força pelo sucesso corporativo e pelo proveito dos acionistas.

Em suma, existem limites reais para a transparência e existem forças mobilizadas em favor da opacidade. A experiência das economias emergentes e dos Estados Unidos mostra claramente que a opacidade gera corrupção, fracassos comerciais e más condições internas nos negócios. As redes de stakeholders são uma força inexorável em prol de uma nova *glasnost* nos negócios e na sociedade capitalista. O trem deixou a estação. Todavia, como vimos, as batalhas pela abertura permanecem.

CAPÍTULO 3

A EMPRESA ABERTA

O QUE É "BOM"?

Para empresas inteligentes, a transparência é um valor corporativo, refletindo a cultura da empresa em geral. Todavia, ela traz consigo outros valores congêneres, já que as forças de mercado obrigam as empresas a repensar sua posição e o modo como se comportam em relação às diversas partes envolvidas. A transparência e os valores corporativos são um relacionamento como o do ovo e da galinha.

Se palavras fossem gotas d'água, a literatura sobre valores e ética seria um oceano. Durante milênios, filósofos e clérigos se viram às voltas com a questão "O que é 'bom'?". Este livro é sobre o modo como a transparência altera os valores corporativos e se torna, ela própria, um desses valores – uma bússola ética para singrar os tempestuosos mares do futuro. Mas como definimos o "bom" comportamento?

Nenhum empreendedor deixou uma marca maior na paisagem varejista dos Estados Unidos do que Sam Walton, fundador da gigante mercantil Wal-Mart Stores, Inc. O que surgiu em 1962 como uma pequena loja nas paragens rurais de Bentonville, no Arkansas, cresceu a ponto de ser o maior varejista do mundo. Com vendas de 245 bilhões de dólares em 2002, as operações do Wal-Mart nos Estados Unidos incluem mais de 2.870 lojas de desconto, Supercenters e Neighborhood Markets, e mais de 520 Sam's Clubs. Internacionalmente, a empresa possui cerca de 1.275 unidades. O Wal-Mart emprega mais de 1,3 milhão de associados por todo o mundo. Isso constitui uma imensa contribuição econômica. Mas será o Wal-Mart uma "boa" empresa?

Ele sem dúvida trouxe ganhos aos acionistas; é uma das empresas mais valiosas do mundo. Também levou bens de consumo de baixo preço a comunidades por todos os Estados Unidos. Muitos admiram o sucesso e as boas obras do Wal-Mart. Em 2001, seus empregados levantaram e doaram 196 milhões de dólares para apoiar comunidades e organizações locais sem fins lucrativos. Em 2002, o Wal-Mart recebeu o Prêmio Ron Brown, a maior honraria presidencial para o relacionamento com os empregados e atividades comunitárias. Em 2003, ele foi o número um na lista das "Empresas Mais Admiradas nos Estados Unidos", da *Fortune*.

O sucesso extraordinário do Wal-Mart foi assunto de muitos estudos, mas um ensaio no *Journal of Retailing* provavelmente faz dele o melhor resumo:

> O Wal-Mart cresceu no mercado dos Estados Unidos porque se associa simbolicamente com as ideologias dominantes da vida norte-americana. Com sua imagem de frugalidade, família, religião, vizinhança, comunidade e patriotismo, o Wal-Mart se põe no centro da Rua do Comércio de uma nostálgica cidadezinha natal. Esses elos simbólicos não apenas dão aos consumidores uma disposição favorável com relação ao Wal-Mart, mas também "desassociam" (...) a empresa das conseqüências negativas de seu sucesso. Essas conseqüências incluem a ruína de varejistas locais, campanhas interioranas de "Detenham o Wal-Mart" e acusações de preços predatórios e produtos oriundos de fornecedores estrangeiros que exploram seus funcionários[1].

Como observou um jornal, Sam Walton foi "um simpático magnata com um instinto assassino"[2]. A empresa sempre promoveu um verniz sulista de cidade pequena, apesar de suas táticas mercantis arrasa-quarteirão, que arruinavam um concorrente após o outro. Em vez de espalhar lojas pelo país meio ao acaso, a empresa metodicamente saturava cada região com unidades, antes de se mover para a região seguinte, parecendo um exército em movimento. "Íamos o mais longe possível de qualquer armazém e instalávamos uma loja. Depois, preenchíamos o mapa daquele território, estado por estado, condado por condado, até que houvéssemos saturado o mercado de acordo com a região", explicou Sam Walton[3]. Então, passavam à seguinte.

A pobreza rural era causada, ao menos em parte, pelo fato de que os bens de consumo eram absurdamente mais caros na América do Norte rural do que na urbana. Sam Walton reconheceu nisso uma oportunidade de negócio. Bob Young, co-fundador da Red Hat, comenta: "Provavelmente, o mais bem-sucedido programa para mitigar a pobreza rural desde a Segunda Guerra Mundial não foi um programa governamental de bem-estar social, nem de subsídios agrários. Foi o livre mercado em ação, na forma da rápida expansão do Wal-Mart, atendendo às necessidades dos consumidores rurais de melhores serviços e preços mais baixos. O Wal-Mart acreditava tão firmemente nesta oportunidade que, nos primeiros quarenta anos de sua rápida expansão, atendeu exclusivamente a mercados rurais de pequeno e médio porte"[4].

Dependendo de sua perspectiva e de seus interesses pessoais, a chegada do Wal-Mart a sua comunidade pode ser revigorante ou devastadora. Ele gera um grande número de empregos em suas lojas; tem cerca de um milhão de empregados só nos Estados Unidos. Os críticos afirmam, porém, que qualquer comunidade em que o Wal-Mart se insere sofre uma perda líquida de empregos, devido às conseqüentes falências entre lojistas locais. Dizem que o Wal-Mart engoliu as zonas comerciais de pequenas cidades por todos os Estados Unidos. Quanto àqueles que acabam trabalhando para a empresa, ela procura mantê-los, sempre que possível, em regimes de meio período, para não ter de pagar benefícios. A empresa é radicalmente contra sindicatos, e esmagou campanhas de organização sempre que estas ocorreram. Todavia, para os consumidores, a gigante do varejo oferece preços mínimos; muitas vezes, o preço de varejo do Wal-Mart é inferior ao preço que os pequenos comerciantes pagam no atacado. E, se você for um fornecedor, um acordo com o Wal-Mart pode garantir-lhe um mercado por toda a vida, desde que você consiga sobreviver às extenuantes reduções de preço e à integração operacional que a empresa exige.

O Wal-Mart ilustra o desafio da definição do que é "bom", ou ético, nos negócios de hoje. Como devemos avaliar o comportamento da empresa e os valores que sustentam seus negócios?

A lei e a jurisprudência não nos ajudam muito nisso. O Wal-Mart afirma-se um cidadão corporativo cumpridor das leis (embora alguns o acusem de obrigar os empregados a fazer horas extras sem receber). Supondo-se que a afirmação do Wal-Mart é verdadeira, agir de acordo com a letra da lei é uma condição necessária, mas insuficiente, para que uma empresa seja "boa".

As religiões há muito estabeleceram os conceitos do bem e do mal. Alguns pensadores propõem a moralidade religiosa como base para a moralidade comercial. John Dalla Costa explica como uma comparação intercultural das religiões do mundo revela um conjunto surpreendentemente comum de padrões morais adequados para reger o comércio, a lei e a sociedade. As normas religiosas, segundo ele, permitem às sociedades funcionar e se desenvolver. Os Dez Mandamentos, por exemplo, estabelecem um conjunto de regras básicas para a interação humana. Além de mandamentos como "Não mentirás" ou "Não matarás", as normas religiosas comuns incluem a Regra de Ouro ("Trata o teu próximo como a ti mesmo").

Todavia, muito embora Sam Walton fosse um homem religioso, é impossível avaliar sua empresa de acordo com princípios tão excelsos.

O Wal-Mart deve comportar-se de forma coerente com os valores das comunidades entre as quais atua, já que um boicote comunitário poderia ser devastador. Se seu relacionamento com os parceiros de negócios se tornar predatório, ele terá maior dificuldade em construir negócios em rede. Se enveredar pelas trilhas cinzentas da lei, atrairá a atenção dos governos, ocasionando, talvez, novas leis que controlem o comportamento inaceitável. Se as condições ambientais e trabalhistas das instalações de seus fornecedores no mundo em desenvolvimento não atenderem à ascendente fundação civil internacional, ele pode sofrer uma crise de confiança como a da Nike. Se encerrar suas iniciativas filantrópicas, pode perder o apoio público e da mídia, o que lhe traria problemas com outros stakeholders. Para preservar o sucesso, o comportamento do Wal-Mart precisa corresponder cada vez mais aos sistemas de valores dos stakeholders. Esses sistemas de valores, coletivamente, constituem a fundação ética da sociedade.

Diversos mercados de stakeholders definem o que vem a ser bom, e esses mercados estão ficando mais exigentes – cobrando das empresas padrões mais elevados. Note como evoluíram os valores corporativos e a definição de comportamento aceitável. Há uma ou duas décadas, era comum os executivos levarem suas famílias para jantar e apresentarem a nota como despesa de negócios. Eles aceitavam ingressos como cortesias de fornecedores para levar a família a partidas de basquete. "Se eu fizesse isso hoje, seria demitido", diz Ron Ricci, vice-presidente de posicionamento da Cisco Systems. "Se o fizesse em segredo, seria igualmente descoberto. Temos sistemas em operação que asseguram a transparência e a honestidade. As pessoas esperam que você seja aberto e verdadeiro."

REPENSANDO A RESPONSABILIDADE CORPORATIVA

Em função da crise de confiança, o centenário debate sobre responsabilidade corporativa jamais foi tão intenso. Mais do que nunca, ele é caracterizado pela emoção, pela incerteza e pela confusão.

Há três pontos de vista dominantes no que toca ao relacionamento das empresas com a sociedade: a ótica da dívida com a sociedade, a do valor para os acionistas e a de ficar bem fazendo o bem. Acreditamos que uma nova perspectiva seja necessária.

A *ótica da dívida com a sociedade* sustenta que as empresas devem ser boas porque devem isso à sociedade. As empresas recebem da sociedade privilégios e

A EMPRESA ABERTA

proteções especiais, particularmente o benefício da responsabilidade limitada. Em troca disso, têm o dever de fazer contribuições além das previstas em lei.

Alguns dos adeptos desse conceito julgam que as iniciativas corporativas na área da responsabilidade social são motivadas pelo interesse próprio – corrupto, no melhor dos casos, ou sinistro, no pior. Eles deploram "a jogada estratégica da filantropia corporativa"[5] e os "motivos ocultos por trás das iniciativas de cidadania corporativa"[6]. Ativistas extremos nesse campo vêem a "ética empresarial" como um oxímoro, do mesmo escalão de "desodorante perfumado", "camarão jumbo" e um novo – "princípios contábeis". Segundo essa idéia, as empresas, motivadas pelo lucro, são virtualmente incapazes de um comportamento ético voluntário: capitalismo é ganância. Não se pode esperar que capitalistas se comportem bem. Eles devem ser controlados, contestados e obrigados a agir pelo interesse da sociedade.

Um dos maiores expoentes desse ponto de vista é o Fórum Internacional da Globalização. No que afirma ser o "documento definitivo do movimento contra a globalização corporativa", o Fórum sugere que o conceito de "responsabilidade corporativa" voluntária (que defendemos essencialmente neste livro) é, no mínimo, ingênuo: "Instituições que têm o hábito de mentir a seus acionistas e consideram o cumprimento da lei um cálculo de custo/benefício também podem mentir quanto a sua adesão a códigos corporativos voluntários, com a cumplicidade de seus auditores"[7]. O Fórum demonstra ceticismo quanto aos padrões governamentais de conduta corporativa, pois "eles não mudam a natureza da empresa em si, e deixam ao governo o fardo de tentar impor a lei a instituições capazes de gastar milhões de dólares com advogados, lobistas e políticos para debilitar as normas e frustrar as medidas impositivas"[8].

O Fórum apóia diversas restrições às grandes empresas (como revogar os privilégios corporativos e criminalizar todas as contribuições políticas). Mas deseja mais que isso: uma reestruturação fundamental "que se afaste da dominação de empresas globais e se aproxime de empresas mais democráticas, social e ecologicamente sustentáveis". Isso implica reverter a tendência da "concentração corporativa global" em favor de

empresas menores, capazes de atuar como comunidades de interesse em escala humana, nas quais as pessoas conheçam umas às outras, dediquem-se a um propósito comum e compartilhem as recompensas de modo mais equânime. (...) Elas devem ser propriedades de pessoas com envolvimento direto nas operações – trabalhadores, representantes da comunidade, fornecedores –, e não por investidores distantes, que compram e vendem sem nenhum outro envolvimento pessoal além do lucro, do crescimento e das cifras do balanço. Todas as empresas devem ser transparentes e responsáveis perante todos os stakeholders na comunidade[9].

Apesar dos "problemas gigantescos" admitidos por essa receita para o regresso a uma economia local quase pré-Era Industrial ("Quem cuidaria da comida? Quem financiaria pesquisas sobre novos medicamentos? Quem financiaria as aposentadorias?")[10], o conceito da dívida com a sociedade tem alguns méritos.

É verdade que as empresas são "criaturas do Estado (...) que deviam ser incorporadas para o benefício do público"[11]. A sociedade lhe dá benefícios como a responsabilidade limitada e o direito de obter lucros. Muitos questionam legitimamente o que as empresas dão em relação ao que recebem e exigem da sociedade. Robert Reich, ex-secretário do trabalho dos Estados Unidos, pergunta por que se deve permitir que empresas gastem 100 milhões de dólares em esforços de lobby, dêem 350 viagens gratuitas a membros do congresso e gastem 50 milhões em propaganda, tudo para frustrar os esforços de Bill Clinton, em 1993-94, de proporcionar seguro saúde aos 40 milhões de norte-americanos desprovidos dele. "Onde está o benefício público disso? O que, afinal, as empresas devem à sociedade?"[12]

Concordemos ou não com qualquer queixa específica contra as empresas, a idéia central do conceito da dívida com a sociedade é que, ao final do dia, a sociedade preserve o direito de regular a empresa – e é assim que as coisas deviam ser. A empresa – como qualquer cidadão ou entidade – está sujeita às leis da sociedade. Todavia, as leis não podem fazer com que os homens ou as empresas sejam "bons". Só podem definir um mínimo denominador comum do comportamento aceitável.

A *ótica do valor para os acionistas* afirma que, como a função das empresas é gerar ganhos para os detentores de ações, é inadequado que elas assumam os custos associados à "bondade". As empresas, segundo essa ótica, contribuem para a sociedade oferecendo produtos e serviços úteis, proporcionando empregos, pagando impostos e gerando riqueza para os acionistas. Isso evidencia a necessidade de considerações éticas para além dos requisitos da lei.

O propósito da empresa, segundo esta concepção, é ganhar dinheiro, e não desperdiçá-lo. Como disse o rei das ferrovias, William Vanderbilt, em 1882: "O público que se dane. Estou trabalhando para meus acionistas." Ele emendou: "Não me envolvo neste negócio pelo bem de ninguém, exceto o nosso. (...) Ferrovias não são administradas com base em sentimentos, e sim em princípios de negócio, e devem render." Ou, como afirmou Robert C. Goizueta, ex-CEO da Coca-Cola: "Empresas são criadas para atender a necessidades econômicas". Quando "tentam ser tudo para todos, fracassam. (...) Temos uma função: gerar um retorno justo para nossos proprietários. (...) Devemos nos concentrar em nosso dever principal: gerar valor ao longo do tempo."[13]

O economista Milton Friedman, o mais cristalino e mais citado defensor desse conceito, é um alvo ideal para o veneno dos defensores da dívida com a sociedade:

> O que significa dizer que o executivo corporativo possui "responsabilidade social" em sua função de homem de negócios? Se essa afirmativa não for pura retórica, significa que ele deve agir de maneira não condizente com os interesses de seus acionistas. Que ele deve, por exemplo, refrear-se de aumentar o preço de um produto para contribuir com o objetivo social de evitar a inflação, ainda que o aumento seja interessante para a empresa. Ou que deve incorrer em despesas pela redução da poluição para além dos interesses da empresa ou do que é exigido por lei, para contribuir com o objetivo social de melhorar o meio ambiente. (...) Em cada um desses casos, o executivo corporativo estará gastando o dinheiro alheio pelo interesse geral da sociedade[14].

A conclusão lógica da ótica do valor para os acionistas é que, se for legal lançar poluentes e carcinógenos em um rio, e se isso aumentar os lucros, então será também a coisa certa a fazer. Se a escravidão infantil for legal na Costa do Marfim, então é correto uma fabricante de chocolates comprar sementes de cacau recolhidas por crianças escravizadas, mesmo sendo uma empresa global com sede em um país que proíbe o trabalho infantil e a escravidão. Se for legal fazer propaganda do fumo na China, então vá em frente. Assim, onde for legal causar prejuízos, como observa o Fórum Internacional da Globalização, tais decisões serão uma questão de custo/benefício.

A *ótica de ficar bem fazendo o bem* procura evitar o debate moral e defender as vantagens comerciais da cidadania corporativa. O "bom" comportamento é bom para a lucratividade. Isso é muitas vezes – e cada vez mais – verdadeiro, mas nem sempre. A Body Shop apresentava fortes valores e um comportamento socialmente responsável, mas, por outras razões, enfrentou problemas no mercado. As empresas devem levar em conta todos os fundamentos, e alinhar sua estratégia baseada em valores com sua estratégia geral de negócios.

A idéia de que as empresas ficam bem fazendo o bem vem recebendo muita atenção, em nossos dias. Mas o passado também oferece evidências do contrário –

de que aquilo que alguns chamam de comportamento irresponsável produz retornos saudáveis. Muitas empresas ficaram bem, às vezes por longos períodos, sendo "más" – tendo práticas trabalhistas brutais (a Sunbeam sob o comando de Al Dunlop), incorrendo em práticas monopolistas (a IBM, a AT&T e a Microsoft), negligenciando preocupações ambientais (a Exxon), explorando países em desenvolvimento (a Nestlé), pagando excessivamente aos executivos (você escolhe!) ou vendendo produtos que rotineira e previsivelmente matam os consumidores (a indústria de tabaco).

Esses também são exemplos de como o comportamento impróprio pode causar problemas às empresas. Mas, e quanto a práticas que não foram proibidas ou estigmatizadas? Considere as muitas atividades que, apesar de comprovadamente nocivas, enfrentam poucas restrições: fábricas de automóveis vendendo esportivos beberrões de gasolina, planejamentos tributários corporativos que transferem escritórios para o exterior, companhias alimentícias que não divulgam informações como a presença de produtos geneticamente modificados, empresas petrolíferas que pagam políticos para burlar acordos ambientais e companhias farmacêuticas que subornam médicos com amostras grátis e férias pagas.

Todas essas atividades são legais. Embora muitos abominem tais práticas, o consenso, entre os stakeholders, de que tais comportamentos deveriam ser detidos não chegou ao ponto de desequilíbrio. Os consumidores ainda compram esportivos utilitários, os portos tributários no exterior só recentemente foram trazidos à baila, as contribuições corporativas a políticos permanecem como parte do estilo norte-americano e as companhias farmacêuticas continuam a usufruir de suas liberdades comerciais.

Por outro lado, a boa cidadania pode prejudicar uma empresa. Pense em uma companhia energética que queime carvão para gerar eletricidade. Os poluentes do processo geram o que os economistas chamam de exterioridade negativa – uma despesa, neste caso para a sociedade, que pode não ser coberta pela empresa (e que, portanto, não se refletirá em seus preços). Uma empresa que decida voluntariamente absorver as despesas de tais exterioridades negativas pode se ver em desvantagem competitiva.

Outro obstáculo: partes envolvidas diferentes têm interesses concorrentes. Acionistas, consumidores e funcionários seriam todos lesados se uma companhia energética fosse a única do mercado a elevar seus preços de modo a custear as despesas adicionais do aquecimento global decorrente da queima de carvão em suas usinas. Todavia, assumindo o papel de cidadãos, estas mesmas pessoas enfrentam o custo da degradação ambiental, como o aumento dos problemas de saúde. Grupos variados de stakeholders podem ter idéias diferentes do que vem a ser "bom". Como resultados de ganhar ou ganhar nem sempre são possíveis, as empresas precisam escolher as perdas e os ganhos.

Em tais situações, os governos podem optar por intervir, impondo regras e nivelando o campo de atuação. Se todas as companhias energéticas tiverem de elevar as tarifas para dispensar o carvão ou custear o reflorestamento, isso simplesmente se tornará uma parte dos negócios. Os impostos sobre condicionadores de ar automotivos e motores beberrões são exemplos débeis desse tipo de ação.

Mas as ações do governo nem sempre nivelam o campo de atuação: elas também podem gerar ganhadores e perdedores. Considere o debate sobre o Protocolo de Kioto. A poluição das fábricas e dos veículos gera uma exterioridade negativa – o aquecimento global. Acordos governamentais como o Protocolo de Kioto exigem que as empresas interiorizem parte desses custos investindo na redução das emissões. As empresas petrolíferas podem sofrer devido ao uso reduzido de combustíveis à base de carbono. O princípio é o de que tais custos devem recair sobre o ponto de origem, para salvaguardar o bem-estar da sociedade. Custa menos à sociedade reduzir o uso de combustíveis à base de carbono do que lidar com as conseqüências do aquecimento global. Fazer correções depois do fato é difícil, talvez impossível, por isso o fardo recai sobre as empresas.

O mundo se beneficiará do Protocolo de Kioto em longo prazo, mas algumas empresas, inclusive seus funcionários e acionistas, perderão. Embora uma empresa abastada como a Shell possa sobreviver a um plano de transição de 20 anos para combustíveis sustentáveis, certas companhias pequenas terão de abandonar os negócios. Há muitas empresas do tipo no mercado petrolífero. Para elas, a sobrevivência vem antes do bom comportamento.

Na verdade, não são muitos os empresários que consideram o "bom" comportamento um imperativo estratégico. Quando se perguntou a 700 executivos dos Estados Unidos o que determinava suas iniciativas de envolvimento social ou cidadania, poucos mencionaram a estratégia de negócios (12%), a atração e retenção de clientes (3%) ou o atendimento das expectativas públicas (1%). A vasta maioria afirmou ser motivada por fatores não competitivos – e, portanto, opcionais –, como a melhoria da sociedade, as tradições da companhia ou seus valores pessoais[15].

Funcionários, consumidores, acionistas e outros sabem quando você está dormindo e quando está acordado; eles sabem se você foi bom ou mau, por isso é melhor ser bom. Claro que as empresas podem ser lesadas por incorrerem em atividades ou práticas inconsistentes com os valores de stakeholders importantes, como mostram os casos da Nestlé, da Tyco e da WorldCom. Mas, no passado, a punição, em vez de ser rápida, era normalmente glacial. Hoje, um concorrente, por exemplo pode se aproveitar de toda atitude que uma empresa toma. É difícil esconder as verrugas. George Carpenter, diretor de desenvolvimento sustentável da Procter & Gamble, observa: "Ainda não há evidências decisivas para a ótica de ficar bem fazendo o bem, mas está claro que as empresas podem ficar muito mal fazendo o mal".

"Evitar a maldade" cada vez mais "não é bom o bastante". Acumulam-se evidências de que as empresas podem se destacar no mercado por valores e comportamento éticos, ganhando a confiança de todos os stakeholders e conquistando vantagens competitivas como resultado.

Rumo a uma Nova Perspectiva

Os adeptos extremos das duas primeiras óticas – a dívida com a sociedade e o valor para os acionistas – podem parecer diametralmente opostos, mas, na verdade, defendem a mesma lógica: se uma empresa agir de maneira ética, só poderá ser por razões altruísticas ou éticas. Tais opções invariavelmente representam despesas, e por isso, quando as empresas investem no comportamento responsável, há sempre uma perda líquida para os acionistas.

Ambas as correntes têm a mesma concepção do impacto da responsabilidade social corporativa na lucratividade: ela é um sacrifício. A única diferença reside nas conclusões de uma e de outra. A turma da dívida com a sociedade diz que ela devia ser imposta às empresas pelo Estado; a facção do valor acionário afirma que isso é intolerável. Ambas ignoram que, em um mundo transparente, as empresas precisam equilibrar, cada vez mais, as disparidades entre os interesses das muitas partes envolvidas. Os stakeholders não-acionistas vêm ganhando poder, e isso significa que as empresas devem levá-los em conta para obter êxito. Forças de mercado estão exigindo que as empresas mudem seus valores e seu comportamento em relação a todos os stakeholders. Há crescentes evidências de que existe uma relação entre os valores corporativos e os lucros – uma relação positiva.

Quanto a ficar bem fazendo o bem, esta perspectiva, embora constitua um passo adiante, tende a banalizar o emergente relacionamento entre os valores e o sucesso corporativos. Ela presume que, se as empresas investirem em filantropia, cidadania corporativa ou iniciativas sociais corporativas, haverá compensações. Por exemplo, a filantropia é vista como um investimento de marketing ou um modo de proporcionar aos empregados uma razão de ser. Embora isso possa ser verdade – e a filantropia é realmente algo bom –, algo mais importante vem ocorrendo. Ser uma boa empresa não apenas traz benefícios. Isso é, cada vez mais, um requisito para o sucesso.

Uma nova arquitetura empresarial vem surgindo, e exige uma sólida fundação de valores corporativos éticos – valores não no antigo sentido maternal do termo, como implícito na empoeirada declaração de valores corporativos, e sim valores embutidos no DNA da empresa. Devem ser valores profundamente sustentados na cultura corporativa; valores que moldem produtos, serviços, operações de negócios, marcas, reputações, relacionamentos e interações pessoais cotidianas; e que determinem tudo o que uma empresa faz e o modo como atua. Por quê? Quando a empresa é transparente, os valores compartilhados são a precondição para estabelecer a confiança e firmar um desempenho comercial sustentável – são uma força, como veremos, que constituirá o *sine qua non* do novo ambiente de negócios e da empresa em rede.

Não significa dizer que os mercados bastam para que se atinja a justiça social na sociedade – visão acalentada pelos chamados fundamentalistas de mercado[16]. O setor privado não tem competência para abordar metas sociais como a redistribuição de riquezas. Tampouco tem esse direito. As empresas podem praticar a filantropia, mas a sociedade não lhes deu o direito de lidar com questões mais amplas de justiça social. Elas podem se comportar bem em relação aos diversos stakeholders por razão de necessidade econômica, mas os mercados são claramente insuficientes. As sociedades capitalistas usam o poder do Estado para definir e alcançar metas sociais. As empresas não são agentes da democracia, faltando-lhes, portanto, a governança representativa e os mecanismos de responsabilidade de que dispõem os governos para definir as prioridades sociais. Os cidadãos podem eleger governos que determinem suas prioridades sociais preferidas, mas não elegem conselhos de diretoria.

A Empresa Aberta

Cumpre haver uma nova perspectiva que vá além das três discutidas até aqui. As empresas precisam firmar relacionamentos de confiança para prosperar, e a transparência vem mudando a confiança.

Um novo modelo empresarial vem emergindo: a empresa aberta[17]. Empresas abertas são ativamente transparentes, ao mesmo tempo em que administram cuidadosamente suas informações competitivas críticas e sua segurança. Elas compreendem que a transparência é um valor corporativo que, para sustentar a confiança, deve se ligar aos princípios da honestidade, da responsabilidade e da consideração. Elas acolhem modelos de negócios em rede e compreendem que os relacionamentos – o comprometimento recíproco com clientes, funcionários, parceiros, acionistas e o público – são fundamentais para o sucesso. Sua meta é gerar valor para todos os grupos de stakeholders, adotando processos colaborativos para administrar as disparidades entre os diversos interesses dos stakeholders.

Como explicaremos, as empresas abertas terão melhores resultados financeiros do que as tradicionais, que, por falta de confiança e estratégias de negócios sustentáveis, ficarão pelo caminho. A transparência e a responsabilidade no mercado de capital oferecerão melhor desempenho acionário. Elas tenderão a gerar mais valor para os acionistas – o que é essencial em um mundo transparente em que os melhores, e não os necessários, têm mais chances de prevalecer. As empresas abertas envolvem seus parceiros em redes de negócios de grande transparência para gerar produtos e serviços com custos menores e diferenciação de mercado. Elas tratam os trabalhadores do conhecimento como investidores de capital intelectual, e criam lealdade por meio da abertura. Elas compreendem as conseqüências do crescimento da investigação pública e a importância da confiança societária, absorvendo os custos das exterioridades no arcabouço de uma estratégia saudável de negócios. A despeito do local da Terra onde façam negócios, elas atuam com o mais alto padrão de integridade e transparência, gerando confiança, estabilidade global e justiça social. Nossas pesquisas indicam que esses são os novos instrumentos da criação de riqueza em um mundo transparente e integrado.

A empresa aberta é ilustrada na Figura 3.1. Em um mundo transparente, os valores ensejam a geração de confiança. A confiança reforça o relacionamento com todos os stakeholders, o que, por sua vez, possibilita modelos de negócios em rede e a geração de valor – produtos e serviços competitivos para os clientes, funcionários motivados e eficientes, sociedades estáveis e apoiadoras e bons retornos para os acionistas. Chamamos esse relacionamento entre os valores corporativos e o valor para os stakeholders de "escada valores/valor". Cada passo é um requisito para o passo seguinte. Em um mundo transparente, o fracasso em qualquer um dos níveis pode ser fatal. Subiremos essa escada no restante deste capítulo.

Figura 3.1 A escada valores/valor.

PASSO 1: VALORES CORPORATIVOS

Concentramo-nos em quatro valores que formam a base da confiança. A honestidade, a responsabilidade, a consideração e a transparência constituem, juntas, o que chamamos de Nova Integridade nos Negócios, e a fundação da empresa aberta. Examinemos cada uma delas.

Honestidade

A honestidade não é apenas uma questão ética; tornou-se uma questão econômica. Para estabelecer relacionamentos de confiança com funcionários, parceiros, clientes, acionistas e o público, as empresas devem ser abertas e revelar informações às claras. Elas devem ser verdadeiras, precisas e completas ao se comunicarem. Não devem enganar, nem dar a impressão de que enganam. Em tudo, desde a motivação dos empregados, as negociações com os parceiros, a publicação de informações sobre produtos, a revelação de dados financeiros até a explicação do impacto ambiental de uma nova fábrica, espera-se que as empresas digam a verdade[18].

Como explicamos no Capítulo 1, no mundo integrado, pessoas e organizações têm um acesso sem precedentes à informação, além da capacidade de verificar, autenticar e avaliar o que as empresas dizem. Hoje, legiões de analistas céticos, reguladores arrojados, grupos de interesse fortalecidos, internautas desconfiados e jornalistas barras-pesadas ficam de olho em toda declaração ou asserção corporativa. Quer saber qual o salário de um CEO? Verifique os arquivos de 10Q ou 10K das empresas ou digite o nome do CEO no Google. Deseja informações sobre a veracidade de um anúncio no eBay? Consulte o fórum de comentários do eBay e saiba o que 4 mil pessoas dizem sobre o vendedor. Está em busca de sujeiras sobre uma empresa ou deseja receber "rumores de alerta" sobre um concorrente? Experimente o fuckedcompany.com. A Shell pode afirmar-se limpa enquanto a sujeira não bate à porta; mas, se não estiver limpa, as pessoas interessadas saberão.

Responsabilidade

Para estabelecer a confiança, as empresas devem assumir compromissos claros com partes envolvidas distintas e cumpri-los – fazer o que prometem fazer. E devem demonstrar que cumpriram seus compromissos por meio de uma comunicação clara e, de preferência, tendo o aval dos próprios stakeholders ou de especialistas externos independentes.

No passado, a responsabilidade era, em muitos casos, uma situação indesejável, que envolvia obrigações, testes e investigações. Era melhor manter a cabeça baixa, fugir ao radar e evitar fazer promessas. No mundo transparente, onde todo envolvido possui seu radar, a responsabilidade torna-se um requisito para a confiança. Na verdade, para aqueles que a acolhem como valor, ela é uma poderosa força para o sucesso nos negócios.

As pessoas aprendem com a história. A experiência passada estabelece a regularidade e a confiabilidade. A economia integrada possui um novo tipo de memória. A computação em rede cria um cérebro global cuja capacidade de memória expande-se exponencialmente. Conforme informações, transações e comunicações se convertem em bits, as empresas e seus stakeholders geram vastos bancos de dados de história empresarial. Existe um registro verificável com informações de toda sorte que antes eram relegadas ao "cinzeiro da história". Dados detalhados sobre quem disse o quê, o que foi prometido, o que foi feito e o que foi negociado encontram-se disponíveis à velocidade da luz. Nada mais de empurrar as coisas para baixo da mesa. Ela é feita de vidro.

A maioria das grandes empresas assina o Nexis; isso significa que seus parceiros potenciais podem acessar rapidamente um arquivo completo de todos os artigos publicados a seu respeito. Ex-empregados ou funcionários insatisfeitos podem abrir um site para veicular queixas. Seus memorandos internos podem ser publicados no internalmemos.com. Publicidade negativa pode ser reunida no CorpWatch.org. Seu registro é inevitável.

Cumprir os compromissos evidentemente não basta para estabelecer confiança; durante o *boom* dos anos 90, muitas empresas apresentaram, coerentemente, resultados trimestrais idênticos às expectativas dos analistas. Mas várias delas haviam utilizado a "engenharia financeira" e outras mirabolâncias para alcançar tal coerência. Revelações sobre esse fato destruíram a confiança, e os preços das ações despencaram quando os acionistas responsabilizaram as empresas. Esse exemplo sublinha a importância da honestidade na manutenção da confiança, e aponta, ainda, para o terceiro elemento desta última.

Consideração dos Interesses Alheios

Segundo nossa experiência, um pilar essencial da confiança é a crença de que uma empresa respeita os interesses, desejos e sentimentos alheios.

Um termo para designar isso é *benevolência*. Essa palavra tem, por vezes, uma conotação senhorial, pois costumamos acreditar que só pode ser benevolente quem se encontra em uma posição de poder ou superioridade. Mas todos podem agir com benevolência ou boa vontade para com os outros. Evidentemente, quando uma empresa demonstra boa vontade por meio de iniciativas filantrópicas, ela pode melhorar seus relacionamentos de confiança. Mas a boa vontade é relevante para todos os stakeholders. A empresa aumenta a lealdade dos funcionários quando estes acreditam que ela lhes será leal – que não os descartará no primeiro entrave, ou, pelo menos, que levará em devida conta seus interesses, utilizando a demissão apenas como último recurso, e nesse caso com critérios justos e eqüitativos.

Apesar da disponibilidade de mercados com preços mínimos na Internet, muitas empresas preferem manter-se com os fornecedores antigos, para proteger-lhes a viabilidade e a integridade da cadeia de suprimentos. Com isso, elas criam relacionamentos de confiança e efetivos negócios em rede. Além disso, em inúmeros exemplos, as empresas agem da forma que seria melhor para os clientes, apesar de isso prejudicar seus ganhos em curto prazo.

Quando companhias de extração, como a Rio Tinto e a Shell, se recusam a pagar subornos em países onde o suborno é a norma, elas ocasionalmente perdem oportunidades para concorrentes menos escrupulosos. Todavia, elas determinaram que os subornos são nocivos para as sociedades em que ocorrem, e concluíram que têm o dever de agir com consideração pelos interesses de longo prazo dos cidadãos desses países. Essa é, por vezes, uma decisão difícil, mas pode compensar, com o passar do tempo.

A Baxter aconselhou seus clientes a interromper o uso de suas unidades de diálise e suspendeu as vendas quando soube que elas *poderiam* estar associadas à morte de pacientes; ela não esperou maiores investigações. Claro que evitar processos era parte de sua motivação, mas a velocidade e a perfeição da decisão – que lhe causou uma perda significativa na receita – sugerem que havia por trás disso uma integridade empresarial mais profunda.

Transparência

Como é óbvio, a confiança depende da transparência. Às vezes, ela surge implicitamente: um bebê confia na mãe. Mas mesmo os genes de um bebê o levam a procurar evidências do comportamento materno. A confiança depende da transparência, e a transparência depende da confiança. Na verdade, conforme as pessoas aprendem a colaborar ao longo do tempo, a transparência e a confiança se reforçam mutuamente, gerando um ciclo virtuoso.

Abrimos este livro com a pergunta "O que a Fidelity está escondendo?". A pergunta "O que estão escondendo?" encapsula o relacionamento entre transparência e confiança. Ela implica que, se os executivos de uma companhia têm segredos, eles os têm por razões nefandas, sendo, portanto, indignos de confiança. Os stakeholders sabem que, quanto menos segredos uma empresa tiver, mais provável será que mereça confiança. Você estará menos inclinado a confiar em uma empresa que retém informações relevantes para seus interesses.

As empresas não podem ser transparentes quando não são dignas de confiança, pois a abertura as prejudicaria. Empresas confiáveis devem ser transparentes porque a abertura ajuda os stakeholders a validar sua integridade. Em um mundo cada vez mais transparente, a abertura ativa torna-se central para o estabelecimento de confiança entre stakeholders e empresas. Para cunhar uma expressão, as empresas devem *despir-se* para o sucesso.

PASSO 2: CONFIANÇA

Como as empresas abertas geram confiança e qual o papel dos valores nisso?

Sendo a confiança algo tão fundamental, fica difícil defini-la, mas em geral pode-se dizer quando ela existe. Procuramos a confiança em locais de trabalho íntegros, e deploramos sua fragilidade em nossas comunidades – locais e globais. Em nosso mundo empresarial progressivamente transparente e integrado, as empresas necessitam dela como nunca antes, só para continuarem vivas. Quando a confiança cai, as empresas afundam.

A EMPRESA ABERTA

Três séculos antes de Cristo, a *Retórica* de Aristóteles afirmava que o *ethos*, a confiança depositada em um orador pelo ouvinte, dependia da percepção de três elementos: a exatidão das opiniões, o caráter (confiabilidade, competência e honestidade) e a boa vontade (intenções benévolas com relação ao ouvinte)[19].

Mais de dois milênios depois, as palavras do grande filósofo servem de base concreta para nossas idéias. *A confiança é a expectativa de que os outros serão honestos, responsáveis, atenciosos e abertos.*

Historicamente, quando pessoas ou organizações tiveram confiança em uma empresa, elas esperaram que esta lhes dissesse a verdade, cumprisse seus compromissos e fizesse as coisas certas – que agisse com justiça e boa vontade, levando em conta seus interesses. Hoje, a transparência afeta profundamente esses três valores. Ela mesma é, também, um valor; no novo ambiente de negócios, a transparência é fundamental para gerar confiança. Em muitos sentidos, a transparência é o mais importante valor corporativo, porquanto obriga as empresas a abraçar os demais valores exigidos pelos diversos mercados de stakeholders. De fato, como observou o juiz Louis Brandeis, da Suprema Corte dos Estados Unidos, "a luz do sol é o melhor desinfetante". A transparência obriga ao comportamento confiável: se você se mostrar aberto, será menos provável que tenha algo a esconder.

Já observamos que a transparência é um novo e importante valor, capaz de gerar confiança. E ela também afeta o processo por meio do qual a confiança é gerada. A confiança se estabelece mediante quatro práticas – a existência de normas e valores compartilhados, da reciprocidade, da validação e da transferência. O ambiente transparente altera cada uma dessas práticas, aumentando a velocidade com que a confiança pode ser fortalecida ou enfraquecida, consolidada ou destruída.

a) **Normas e valores compartilhados:** Normas compartilhadas entre as partes sustentam a confiança. Essas normas podem ir desde práticas interpessoais até leis formais definidas por autoridades, como regras para a contabilidade de despesas ou regulamentos para relatórios de resultados financeiros. As normas muitas vezes refletem valores profundamente sustentados, como a crença essencialmente ocidental de que as pessoas devem ser deixadas de lado se não estiverem fazendo mal a ninguém.

Em um mundo transparente, os *valores* que sustentam as normas tornam-se cada vez mais importantes. O mundo dos negócios é muito mais complexo do que há uma geração. As transações cresceram exponencialmente. A comunicação explodiu e fragmentou-se, com dezenas de e-mails substituindo uma reunião ou permitindo uma colaboração global, até então impossível. Comunicamo-nos com uma gama maior de indivíduos. Os mercados são globais, trazendo à baila o choque de culturas locais. As empresas estabelecem e desmancham parcerias *ad hoc* da noite para o dia, ou seja, contratos elaborados são impraticáveis. Neste ambiente, não é possível antecipar, por meio apenas de regras formais, as permutações e combinações de escolhas que as pessoas têm de fazer. Na verdade, as organizações e parcerias mais eficazes são aquelas baseadas em valores comumente compartilhados. A confiança faz os custos de transação, interação e parceria caírem. Indivíduos e grupos autônomos são capazes de fazer negócios em uma plataforma de valores compartilhados.

No mundo transparente, os valores também ficam mais facilmente em evidência. Veja a história do coltan*, um mineral especializado, utilizado em equipamentos eletrônicos. Comenta-se que os ganhos da mineração de coltan financiam guerras civis e regimes brutais em Ruanda e Uganda. Para minerar o coltan, rebeldes devastaram parques nacionais no Congo, desmatando grandes extensões das luxuriantes florestas da região e matando, para obter comida, gorilas e elefantes ameaçados de extinção. No passado, nenhum fabricante de telefones móveis sonharia em expor sua política com relação ao coltan, nem os valores que a sustentam, em sua literatura de vendas.

Eis um recente diálogo ocorrido em um site de consumidores ativistas: "Minha esposa e eu temos dois filhos na escola e na creche, e regularmente desperdiçamos tempo (além de dinheiro e gasolina) que poderia ser poupado se tivéssemos celulares; o jeito será comprarmos celulares. Sabemos que devemos boicotar as empresas que usam o coltan congolês, mas quais são essas marcas? Há empresas que não usam o coltan congolês?" Um leitor respondeu rapidamente, citando uma história do site da Rádio Pública Nacional dos Estados Unidos. Ele explicou que todos os telefones utilizam coltan; por isso, a questão estava em descobrir um fabricante que não usasse o coltan africano. "Acho que a melhor escolha seria um Motorola."

A maioria dos informativos publicitários alardeia o tempo de bateria, o preço, as mensagens instantâneas, o acesso à Internet e os recursos de MP3. Mas este consumidor não liga para essas coisas. Ele quer saber se sua compra estará alimentando uma guerra civil. E pode descobrir.

---

* Forma contraída de colúmbio-tântalo. (N. do T.)

b) Reciprocidade: Relacionamentos de confiança engendram obrigações recíprocas. Isso pode ocorrer em uma situação específica – digamos, na venda de um artigo pelo eBay. A confiança que cada parte tem na outra é intensificada pela transação. Outro exemplo é que toda avaliação de desempenho positiva que um funcionário recebe contribui para sua sensação de obrigação recíproca de trabalhar bem pela empresa. A reciprocidade pode levar tempo para se desenvolver, podendo haver relacionamentos que, embora não correspondidos em um dado momento, acabam recompensados e equilibrados com o tempo. Uma vez mais, isso contribui para o desenvolvimento de obrigações de longo prazo entre as pessoas.

A transparência consiste em exigir que as empresas se comportem de maneira recíproca, e não autoritária. A alta administração da Procter & Gamble pode apresentar um plano operacional pronto a seus funcionários, ou pode envolver estes funcionários em processos colaborativos para determinar os planos e os compromissos. Ao agir assim, ela cria obrigações recíprocas. A moderna teoria da administração é rica em evidências de que a abordagem mais ampla funciona melhor em termos de motivação dos funcionários, de compreensão dos planos de trabalho, de desenvolvimento e de qualidade dos produtos[20]. A Shell poderia ter tentado impor à população sua decisão de construir uma unidade em Angola. Ela preferiu adotar uma abordagem diferente, envolvendo o governo e as comunidades locais, o que aumentou a confiança destes na proficuidade do projeto.

c) Validação: A visibilidade das operações e do comportamento das empresas permite aos indivíduos autenticar e validar declarações e afirmações corporativas, e até mesmo avaliar o valor dos produtos e serviços. A honestidade, a confiabilidade e a consideração devem ser verificáveis e, cada vez mais, verificadas. É por isso que existem auditores – e é por isso que sua integridade é tão importante.

A validação pode ser proporcionada por *uma autoridade independente* para um tópico específico. Você pode confiar na Associação Médica Americana para certificar as qualificações de um médico para praticar a medicina. Mas deveria confiar nas afirmações que a Kia faz sobre a segurança de seus automóveis? Verifique em www.crashtest.com ou em uma dezena de outros avaliadores independentes na Internet.

A validação também pode ser obtida por meio da *investigação*. Pacientes que serão submetidos a uma cirurgia ocular a laser são vulneráveis. Hoje eles podem decidir em quem confiar e reduzir sua vulnerabilidade por meio de uma investigação on-line sobre os fornecedores da área – consultando a incidência de fracassos e a satisfação dos pacientes. Muitas revistas americanas publicam artigos anuais sobre "Os Melhores Médicos da Cidade". Você pode, ainda, entrar no site Bestdoctors.com para verificar se o histórico de seu médico inclui ações disciplinares do conselho médico estadual americano, ou para descobrir um médico recomendado pelos pacientes.

Você está pensando em se mudar para uma nova vizinhança e quer saber se a escola local é boa. Verifique o vultoso banco de dados on-line das escolas norte-americanas, oferecido pelos Serviços de Avaliação de Desempenho da Standard & Poor. Vasculhe os dados de todas as escolas na região que possuam certas características. "Estamos no ramo da transparência", diz o presidente dos Serviços de Avaliação de Desempenho, Bill Cox.

d) Transferência: A economia integrada acelera o processo pelo qual a confiança ou desconfiança se transfere de uma parte para outra. Se você confia em um médico e um amigo confia em você, este amigo pode pôr a saúde nas mãos de seu médico. A confiança também pode ser transferida indiretamente para uma população dispersa. Redes relativamente grandes, como o eBay, um grupo religioso ou um partido político, o Greenpeace ou a National Rifle Association, podem dispor de uma confiança generalizada – capital social – sem um contato pessoal entre todos os membros.

A desconfiança, contudo, pode espalhar-se por um grupo de stakeholders como um incêndio no campo. Por alguma razão inexplicável, as más notícias parecem viajar mais rápido e ir mais longe do que as boas[21]. A evidência a favor dessa observação tem crescido. A Intel descobriu, já em 1994, como a desconfiança pode propagar-se em um ambiente de negócios transparente. Espalhou-se na Internet um rumor similar a um "marketing virótico" reverso, alegando que o chip do Pentium tinha problemas nos cálculos com pontos flutuantes. A confiança na marca Pentium evaporou, e bancos de dados com piadas sobre o chip começaram a proliferar. (Qual a diferença entre uma criança de nove anos e um Pentium? A criança sabe dividir.) A Intel, que ainda não havia descoberto as regras de um mundo transparente, reagiu com campanhas publicitárias e informativos à imprensa. Isso só inflamou e acelerou a transferência de desconfiança já existente. A Intel não sabia, na época, que manter a confiança dos consumidores é algo muito diferente quando há stakeholders bem informados, que conseguem filtrar informações e fazer suas próprias avaliações. Fatos são rapidamente checados: a perda da credibilidade pode ser instantânea, as segundas chances são raras e difíceis de obter, as jogadas ambiciosas precisam ser perfeitas, o lançamento de um público contra o outro é fácil de detectar, e as informações falsas ou os rumores precisam ser combatidos logo de início[22].

A EMPRESA ABERTA

No fim das contas, a Intel teve de suspender a produção do chip e abrir mão de 470 milhões de dólares. Todavia, graças a um desenvolvimento cuidadoso de relacionamento, a marca Pentium voltou com força total, e a maioria das pessoas esqueceu o incidente. A confiança, como se vê pela imagem dessa marca, pode existir hoje e desaparecer amanhã, para regressar uma vez mais – não no dia seguinte, mas após meses de fatigante trabalho. A Nike é outro exemplo. Depois de sofrer consideravelmente por seus padrões trabalhistas nos anos 80 e início dos 90, ela se tornou uma líder em promover os interesses de trabalhadores em países pobres. Essa promoção inclui medidas que exigem que seus contratados proíbam o trabalho infantil e paguem aos funcionários ao menos o salário mínimo ou o salário prevalecente no mercado – o mais alto dentre os dois. Mas velhas desconfianças tardam a morrer, e a Nike passou por maus momentos para se livrar de sua imagem negativa.

A confiança cega está desaparecendo. A visibilidade implica que a validação da confiança está a um clique de distância, assim como o poder de transferi-la ou destruí-la. Para estabelecer e manter a confiança, as empresas de hoje precisam comprometer-se com diversas classes de stakeholders para buscar normas comumente sustentadas, desenvolver obrigações recíprocas, gerar valores positivos e se comportar de maneira adequada.

PASSO 3: RELACIONAMENTOS

O passo seguinte na escada valores/valor são os relacionamentos de negócios. Conforme indivíduos e organizações ganham maior acesso à informação e uma visão mais ampla das operações das empresas, novos tipos de relacionamento se tornam possíveis e até mesmo necessários. Esses novos relacionamentos são possíveis, na empresa, de funcionário para funcionário e entre estes e a empresa. O trabalho do conhecimento exige uma colaboração desestruturada. No passado, todos os relacionamentos importantes eram internos à organização. As empresas falavam de "relacionamentos" ou "parcerias" com consumidores e fornecedores, mas esses termos eram tipicamente eufemismos para um jogo de pôquer em que o vencedor levava tudo. As cadeias de suprimentos, na maioria dos casos, eram vistas como adversárias. Similarmente, as empresas vendiam produtos e serviços aos consumidores – o que se chamava de criar relacionamento com os clientes. Mas as companhias automobilísticas, por exemplo, não possuíam um relacionamento com os consumidores em nenhum sentido significativo do termo. Elas faziam pesquisa de mercado para entender seus consumidores. Faziam propaganda massificada para firmar suas marcas. Vendiam e consertavam veículos. Mas poucos consumidores veriam nisso um relacionamento.

Os únicos relacionamentos importantes existiam dentro da empresa. Havia relacionamentos de subordinação, relacionamentos de cooperação e equipes de projeto cujos membros colaboravam uns com os outros. Tais relacionamentos muitas vezes eram cuidadosamente definidos; as pessoas faziam parte dos recursos humanos, com papéis, responsabilidades, sistemas de remuneração e coisas do tipo. Grandes praticantes da administração, como Alfred Sloan (que levou a GM à proeminência), desenvolveram teorias administrativas inteiras com base nesse paradigma.

Mas agora o ambiente transparente dos negócios torna obsoleta a empresa integrada verticalmente. Uma forma superior de geração de riquezas surgiu – a rede de negócios. Como a Internet minimiza o custo da partilha de conhecimento, da colaboração e da fusão dos processos de negócios nas empresas, estas podem agora concentrar-se em suas competências centrais e confiar o restante a parceiros ou empresas terceirizadas. Em mercado após mercado, as redes de negócios estão se mostrando mais flexíveis, inovadoras, econômicas e rentáveis do que suas tradicionais concorrentes com integração vertical.

Quando do entusiasmo inicial pelas companhias de software B2B, muitos entendidos previram que a promiscuidade entre parceiros, norteada pelos preços mínimos, seria o novo modelo – que todos os negócios fluiriam para quem pedisse menos. Artigos mais baratos, à distância de um clique, ganhariam o dia. Mas o preço não é tudo. Na maioria das vezes, é mais sensato trabalhar junto a fornecedores seletos. A Dell Computer, por exemplo, poderia desmembrar suas compras de peças entre muitos fornecedores, para mantê-los todos na ponta dos pés. Em vez disso, ela confia seus negócios a um pequeno grupo de fornecedores nos quais tem mais confiança, e eles trabalham juntos para produzir as melhores peças e os melhores computadores. Por meio da Internet, a Dell mune seus fornecedores de relatórios em tempo real com comentários sobre seu desempenho e dados sobre os clientes. Para um fabricante de peças, esse relacionamento é extremamente valioso; mesmo que as vendas para a Dell ocorram sob margens estreitas, as informações permitem que o fabricante altere seu composto de produtos e administre estrategicamente seus estoques.

Acima de tudo, os consumidores tornam-se parte da rede de negócios, interagindo com os serviços e até mesmo co-criando valor junto às companhias.

Pela primeira vez as empresas podem estabelecer, em grande escala, relacionamentos recíprocos, interativos e personalizados com todos os consumidores. Embora as virtudes dos relacionamentos profundos sempre tenham sido óbvias na teoria, elas não eram práticas na realidade. Hoje, porém, a onipresente, barata e interativa Internet, associada a enormes bancos de dados de baixo custo, permite que os produtores desenvolvam um relacionamento direto e significativo com cada um de seus clientes. Vendedores e compradores mantêm diálogos contínuos, estabelecendo a confiança por meio da reciprocidade.

Este conceito parece ter sido ignorado pela indústria da música, que abraçou um estilo combativo de relação com os clientes. Ela se opôs a muitas das grandes inovações tecnológicas que tornaram a música mais acessível e que envolviam a clientela em sua distribuição – dos toca-fitas ao MP3. Empresas que conquistaram a gratidão dos consumidores por trazer-lhes os Beatles e Simon and Garfunkel são, hoje, odiadas como inimigas.

A transparência vem promovendo, ainda, novos tipos de relacionamento com os acionistas. Estão chegando ao fim os dias em que o departamento de relações industriais se limitava a publicar informativos à imprensa, a atender ao telefone e a controlar os relatórios anuais.

Parcerias e outros relacionamentos tornam-se a fundação da criação de riquezas. Quanto mais fortes eles forem, mais provável será que as empresas gerem valor e tenham sucesso.

PASSO 4: VALOR

O passo final da escada é o valor. A nova integridade, como a definimos – honestidade, responsabilidade, consideração dos interesses dos stakeholders e transparência – é mais do que uma mera questão de valores. Cada vez mais ela se torna um fundamento da geração de valor, da estratégia competitiva e, com efeito, da vantagem competitiva.

Um termo normalmente utilizado para resumir o que significa uma empresa ser "boa" – demonstrar uma consideração genuína e duradoura por todos os stakeholders – é *sustentabilidade*. Uma definição bastante aceita de sustentabilidade é "o atendimento às necessidades da geração presente sem comprometer a capacidade das gerações futuras de atender às próprias necessidades". Não se trata apenas de ecossistemas saudáveis ou comunidades satisfeitas. A sustentabilidade também envolve o planejamento de grandes empresas que

Fundações Sustentáveis	Paz, ordem e boa governança	
	Licença para operar	
	Acesso ao capital	
Crescimento Sustentável	Recursos de primeira linha	Funcionários
		Parceiros
	Inovação de valores	
	Reputação da marca e lealdade dos clientes	
Eficiência Sustentável	Redução de risco	
	Melhorias de processos	Menores custos de transação
		Eficiência nos processos
	Administração da qualidade	Ecoeficiência
		Códigos e padrões
	Minimização de regras e litígios	

Figura 3.2 A integridade nos negócios e a geração de valor.

existirão por muito tempo, para o benefício de seus consumidores, empregados, parceiros de negócios e acionistas.

Eis aqui uma rápida análise. Uma estratégia de sucesso tem três partes elementares, duas das quais são familiares. Para superar consistentemente a concorrência, uma empresa pode crescer mais rápido (o que chamamos de "crescimento sustentável") ou administrar melhor seus custos (a "eficiência sustentável"). A terceira parte envolve a própria capacidade de existir da empresa; chamamos a isso "fundações sustentáveis" (Figura 3.2). Destacamos aqui o termo "sustentável" não somente por questão de retórica. Fatores econômicos sustentáveis estão sendo muito procurados, uma vez que diretores, executivos e acionistas institucionais concentram-se cada vez mais no desempenho de longo prazo, mais do que nos freqüentemente ilusórios resultados trimestrais.

Um parêntese: como no caso de qualquer abordagem geral para a criação de estratégias de negócios, nem todos os fatores competitivos se aplicam igualmente para todas as empresas ou situações. Algumas vezes apenas um ou dois fatores se aplicam, outras vezes, todos. Toda boa estratégia é exclusiva e específica.

Fundações Sustentáveis

A existência de qualquer empresa depende de três pedras angulares. As companhias podem negligenciá-las ao fazer o planejamento diário; muitas chegam a ignorá-las ao traçar estratégias de longo prazo. E o fazem por sua conta e risco.

1. *Paz, ordem e boa governança*

O primeiro fator é o ambiente social, político e legal como um todo, incluindo a paz, a estabilidade política, os mercados livres, os direitos de propriedade, o jugo da lei, a inexistência de subornos e assim por diante. Evidentemente, estamos em um período em que a paz, a ordem e a boa governança correm grande risco; e poucas empresas têm um bom desempenho sustentável em meio à guerra, ao terrorismo, à corrupção e ao caos político.

Muitos desses problemas são exacerbados pelas grandes iniqüidades, dificuldades e penúrias – reais e imaginárias – que separam países ricos e pobres. Quando as ações de governos dominantes (como os Estados Unidos) e agências globais (como o FMI) são culpadas por baixas econômicas locais (como na Argentina) ou coisa pior (como a guerra), as empresas ocidentais sofrem abalos. Elas enfrentam a realidade de que as próprias agências que representavam seus interesses e promoviam sua visão de mundo podem indiretamente deflagrar boicotes ou implosões econômicas. A vantagem competitiva depende de se saber quando e como os ventos da paz, da ordem e da boa governança estão mudando, e agir em conformidade com eles: ser o primeiro a sair de um país quando houver risco ou a voltar quando houver segurança. Ela também depende de se estar presente para melhorar a boa governança, de modo que, quando as oportunidades surgirem, o conhecimento e os relacionamentos já existam. Foi dessa maneira que a BP readentrou o mercado de petróleo russo em grande escala, em fevereiro de 2003.

2. *Licença para operar*

As empresas hoje enfrentam forças que, na prática, desafiam seu próprio direito de existir – ou, no mínimo, seu direito de fazer negócios em um mercado específico. Esse é um fator de confiança que afeta tanto empresas individuais como grupos de empresas – por exemplo, diversas companhias de um país específico ou de um dado mercado.

O McDonald's enfrentou esse problema tanto nos Estados Unidos como na Europa durante anos, e, no início de 2003, tais desafios tornaram-se uma desvantagem competitiva. Em 2003, a empresa declarou, pela primeira vez, um prejuízo trimestral. O McDonald's é uma consumada empresa de marketing. Ela distinguiu-se por associar sua marca à filantropia e ao envolvimento comunitário. Mas este desafio não pode ser superado somente pelo marketing e pelas boas ações. Os críticos questionam o produto básico da empresa (comida gordurosa, feita com vacas supostamente maltratadas) e consideram sua existência a incorporação das forças homogeneizantes da globalização.

De modo mais geral, a globalização enfrenta uma crise de legitimidade. O compromisso com os stakeholders locais – a genuína localização – é uma forma de lidar com esse problema.

Empresas globais que fincam raízes profundas, contratando localmente desde o nível executivo – e que firmam parcerias locais com fornecedores e comunidades de stakeholders – têm mais chances de ganhar uma licença sustentável de operação.

3. *Acesso ao capital*

Em 2002, o comportamento irresponsável de executivos e conselhos corporativos devastou os mercados de capital e destruiu a confiança dos acionistas. Reconquistar a confiança exigirá melhorias contínuas na governança corporativa, no comportamento, na transparência e na responsabilidade. Relacionamentos saudáveis com os investidores são uma via de mão dupla em que as empresas se comprometem diretamente com os acionistas, sobretudo com grandes instituições, como fundos mútuos e de pensão, que tendem a investir em longo prazo. Empresas abertas evitam subterfúgios em cartas aos acionistas, informativos à imprensa e relatórios anuais, e cada vez mais oferecem informações factuais e de fácil compreensão. Em lugar das orientações repetidamente enganosas e unidimensionais dos relatórios trimestrais, elas dão explicações claras do desempenho passado e dos desafios, estratégias e planos presentes.

Um resultado da crise de governança de 2002 foi que os investidores institucionais – particularmente os fundos trabalhistas, sociais e de pensão – ganharam força. Como veremos no Capítulo 8, eles também trarão progressivamente questões mais amplas, de ordem social e ambiental, ao programa dos acionistas; as empresas que procurarem resolver tais problemas estarão um passo à frente para conquistar e manter acesso ao capital dos acionistas.

Crescimento Sustentável

Destacam-se três importantes fatores competitivos:

- Recursos de primeira linha, incluindo a liderança, os funcionários e os parceiros de negócios;

- Inovação estratégica;

- Reputação da marca e lealdade dos clientes.

Para qualquer veterano do planejamento empresarial, esses conceitos são velharias. Todavia, todos eles vêm mudando, graças à nova integridade e ao novo enfoque na sustentabilidade.

A honestidade, a consideração dos interesses dos stakeholders, a responsabilidade e a transparência – todas são vitais para atrair, reter e assegurar um desempenho consistente, com base nos principais recursos de que as empresas precisam em um mundo cada vez mais interdependente. Conforme se concentrarem ainda mais estritamente naquilo que fazem melhor, as empresas necessitam de fornecedores, distribuidores e funcionários que compartilhem a responsabilidade de gerar valor para o consumidor final, de tomar a iniciativa na maximização da eficiência e de ser flexível mesmo quando as condições de mercado mudarem para melhor ou para pior. Tais *recursos de primeira linha* são difíceis de encontrar, mas, uma vez encontrados, tornam-se essenciais para o sucesso da empresa.

Entre empresas, a confiança reduz os custos de transação e permite o livre fluxo de informações, necessário ao desempenho das redes de negócios. Em locais onde as transações criam oportunidades para as falsificações, o não-cumprimento de compromissos ou a fraude, a confiança mútua diminui os custos de contratação associados aos acordos formais. Este capital social proporciona um eficiente mecanismo de cumprimento das regras, muito mais barato do que contratos elaborados, sistemas extensivos de rastreamento e litígios. O livre fluxo de informações, em uma atmosfera de confiança, também melhora drasticamente a produtividade e o desempenho dos processos colaborativos de negócios entre empresas.

Como observaremos no Capítulo 4, os funcionários são mais facilmente recrutados, mais produtivos e mais dispostos a se assentar em empresas que sejam ativamente transparentes ou responsáveis perante as equipes de trabalho. O banco de investimentos UBS Warburg conta como seu apoio à recuperação da região do East End, em Londres, melhorou perceptivelmente seu recrutamento, retenção e desenvolvimento de funcionários de primeira ordem. Por outro lado, um funcionário veterano da Nike comentou o impacto das acusações de exploração trabalhista que a empresa sofreu: "O assunto surge em todo jantar de negócios, e quando não surge, ronda como um elefante no canto do salão. A coisa vai desde 'você tem um emprego interessante' até 'hmmm, não estou tão certo disso'."

92　O IMPERATIVO DA TRANSPARÊNCIA

Dentro das companhias, a confiança aumenta a capacidade. Funcionários têm um acesso sem precedentes a informações sobre a empresa, já que os novos modelos de trabalho o exigem. Os sistemas de trabalho em empresas tradicionais eram hierárquicos, e os relacionamentos baseavam-se no controle e na autoridade. As empresas inteligentes de hoje criam sistemas colaborativos em que o trabalho em equipe aproveita melhor o capital humano. Elas substituem os elos da hierarquia tradicional por elos de confiança, incorporados em valores compartilhados, regras simples de comprometimento e processos empresariais de qualidade. A confiança gera motivação, segurança e lealdade. Ela reduz a inibição e as defesas – o que é essencial para o pensamento criativo e a colaboração. Sem relacionamentos de confiança, nenhuma empresa pode almejar altos desempenhos.

A capacitação é de pouca valia, contudo, se a empresa e seus parceiros estiverem voltados para a direção errada. É então que a *inovação estratégica* entra em cena. Em seu livro de 2002, *Walking the Talk* (*Fazendo o que se diz*), os presidentes da Anova Holding (Stephan Schmidheiny), da DuPont (Charles Holliday Jr.) e da Shell (Philip Watts) descrevem como a inovação estratégia decorre da nova integridade:

> O conceito relativamente simples da ecoeficiência já incentivou algumas empresas a fazer mudanças radicais, desde maximizar as vendas até não vender *coisa alguma* – tornando-se, no processo, mais limpas e mais rentáveis. Em vez de vender coisas, elas vendem serviços, ou alugam artigos, ou ambos. Empresas que outrora vendiam tinta para montadoras agora vendem o serviço de pintar carros. Assim, ao passo que elas antigamente aumentavam a rentabilidade maximizando o número de latas de tinta vendidas, agora elas a aumentam minimizando o uso de tinta por carro.[23]

No que se refere à *reputação da marca* e à *lealdade dos clientes*, a British Telecom (BT) fez uma pergunta interessante: será que o comprador realmente pára e pensa na responsabilidade corporativa antes de tomar cada uma de suas milhares de decisões anuais de compra? A pesquisa de mercado da empresa indica que um número grande e crescente de consumidores afirma levar em conta a responsabilidade social corporativa (RSC) em suas decisões de consumo. Todavia, observa a BT, "é somente em um número relativamente pequeno de casos (como na compra de produtos orgânicos) que o consumidor efetivamente considera o desempenho ambiental, social e ético do fornecedor. Mas nosso modelo mostra que a reputação das empresas tem uma influência significativa sobre o nível de satisfação do cliente, e, uma vez que a RSC é parte da reputação, conclui-se que existe um importante elemento subconsciente de RSC nas decisões de compra. (...) Se a BT encerrasse todas as suas atividades de RSC (parasse, por exemplo, de tratar os funcionários com respeito, ignorasse questões ambientais, deixasse de enfatizar a necessidade de agir com integridade, descontinuasse os serviços não lucrativos e cancelasse todas as atividades comunitárias), o índice de satisfação de seus clientes cairia 10%"[24]. Uma variação de tal magnitude é, muitas vezes, a diferença entre a liderança de mercado e o status de mero participante.

Não há iniciativa solitária que necessariamente mude a imagem que os clientes fazem de uma empresa. Todavia, a iniciativa agregada tem enorme importância. As empresas podem ser apreciadas, podem ser vistas de modo neutro, ou podem ser detestadas de forma ativa. E podem ignorar seu traslado de uma categoria para outra até que seja tarde demais para reparos simples.

Controle Sustentável de Custos

A típica discussão administrativa sobre o controle competitivo de custos envolve o tempo do ciclo de produção, os processos de negócios, as cadeias de suprimento e coisas do tipo. Como discutiremos em breve, as estratégias sustentáveis – relacionadas à ecoeficiência e a outros fatores – podem contribuir imensamente para essas áreas tradicionais de desempenho.

Mas começaremos com um fator de custo mais vibrante: o *risco*. Cada vez mais, executivos e diretores – por vezes com o estímulo de investidores institucionais – reconhecem que devem dedicar maior atenção ao risco. Eles devem identificar e controlar um imenso portfólio de riscos. Como? Podem tentar reduzi-los ou eliminá-los. Ou podem construir fundos de contingência ou contratar seguros que os minimizem. Alguns riscos, uma vez identificados, podem ser eliminados com custo irrisório ou de modo rentável. Outros exigem despesas – por vezes vultosas. As empresas enfrentam uma ampla e crescente variedade de ameaças potenciais decorrentes de novos problemas de integridade, como a perda de clientes, taxas legais e despesas com escândalos, ou mesmo crimes executivos ou turbulência pública (em alguns países).

Paul Taaffe, CEO da Hill & Knowlton, afirma que o risco de uma crise de confiança implica custos maiores do que as empresas admitem. "O custo não se limita a abalos nas cotações das ações. Sempre existe um profundo custo emocional. Por exemplo, depois do caso Brent Spar (o fiasco no anel petrolífero no mar do Norte), a Shell teve problemas para fazer recrutamentos em universidades. Ela era, até então, uma das empregadoras favoritas dos graduandos." O caso Brent

94   O IMPERATIVO DA TRANSPARÊNCIA

Spar foi um problema ambiental, mas acabou se mostrando um risco para a reputação da Shell. Riscos ambientais reais por vezes não são levantados por stakeholders, e, com isso, podem ser ignorados. Os administradores que tratam os danos ambientais como mera questão de reputação, ou como uma exterioridade com que a sociedade deve avir-se, ignoram perigosamente os revides da Mãe Natureza. Esse tipo de auto-ilusão é uma perigosa forma de opacidade.

As preocupações com o custo real do aquecimento e do clima globais, por exemplo, estão passando das barricadas das ONGs para os conselhos corporativos. Uma exposição dessas questões foi feita por duas das maiores companhias de resseguro do mundo (a Swiss Re e a Munich Re) e por empresas como a Abbey National, a Allianz Insurance, o Credit Suisse Group (CSFB), a ING, a Merrill Lynch, a Rabobank e a UBS.

Seu relatório diz que as evidências das mudanças estão por toda parte. Houve previsões de que os vendavais e as tempestades tropicais em 2003 aumentariam 25% em relação a 2002. Os anos mais quentes jamais registrados foram 2002 e 1998. Se a tendência persistir, os desastres naturais ligados ao clima logo gerarão 150 bilhões de dólares em perdas anuais (contra 10 bilhões durante os anos 90); dois terços não estarão cobertos por seguros[25].

Alguns exemplos de impactos, divididos por setor, são:

- Danos à lavoura, causados pela seca, vêm elevando o preço dos alimentos. Em 2003, as panificadoras norte-americanas pagaram pela farinha o maior preço em mais de 70 anos. A produtividade agrícola da Austrália caiu 12,5% durante os três meses anteriores a setembro de 2002, e os preços subiram 1,4%.

- Locais turísticos que dependem do clima, como estâncias de esqui, praias e a Grande Barreira de Corais correm o risco de perder popularidade.

- No final de 2002, o preço da eletricidade subiu em partes do oeste norte-americano, pois a escassez de água limitou a geração hidrelétrica.

- Incêndios ameaçam o setor florestal. Em 2002, mais de 70 mil incêndios consumiram 7,1 milhões de acres na América do Norte, quase o dobro da média decenal.

- Em 2002, furacões no Golfo do México causaram prejuízos de 700 milhões de dólares e reduziram a produção de petróleo e gás. Um blecaute de três dias ocasionou perdas industriais da ordem de 2 bilhões de dólares.

O relatório argumenta que, além dos danos que a mudança climática pode causar às companhias, os diretores e executivos dos setores que consomem altos índices de carbono correm o risco de processos legais por negligência, movidos por acionistas, funcionários ou comunidades.

Mitigar os riscos ambientais pode trazer uma nova dimensão ao controle sustentável de custos.

- A BP declarou economias líquidas de custo superiores a 650 milhões de dólares ao longo de três anos, graças à redução de vazamentos e queimas de combustíveis e gás.

- A STMicroelectronics, fabricante européia de semicondutores, declarou ter repagado, em dois anos, seus programas de conservação de energia, com economias de mais de 1 bilhão de dólares entre 1994 e 2010.

- A IBM prevê, de maneira conservadora, um retorno da ordem de dois para um sobre seus investimentos ambientais nos cinco anos desde que implementou o programa; em 2001, os benefícios líquidos foram de 140 milhões.

Vários aspectos da vantagem comercial do controle sustentável de custos se relacionam a três tipos de *melhorias nos processos*. A transparência e a responsabilidade aumentam a confiança, reduzindo, portanto, os *custos de transação*. Além disso, a partilha extensiva de informações tanto dentro da empresa como entre empresas de uma rede de negócios promove uma dramática *eficiência nos processos*: menores tempos de resposta e estoques reduzidos. A Procter & Gamble e a Gillette prevêem que a próxima revolução tecnológica na partilha de informações, baseada na etiqueta de identificação por radiofreqüência (uma versão eletrônica e sem fio do código de barras), poderia ocasionar reduções de estoque de 10% ou mais, o que resultaria em economias imensas.

Um terceiro fator envolve a *administração da qualidade*, que consiste essencialmente na redução de custos pela minimização de defeitos e refugos. A Toyota, líder mundial na administração da qualidade, aplicou seus protocolos qualitativos à economia de energia e recursos – simultaneamente melhorando seus processos de conservação ambiental e reduzindo o consumo de materiais, energia e esforço. O resultado: a Toyota é uma das companhias mais eficientes e lucrativas no setor automotivo.

Outro aspecto da administração da qualidade é o uso de *códigos e padrões* para definir como um trabalho deve ser feito, mensurar e relatar resultados e definir metas de aprimoramento. Historicamente, tais códigos (como o ISO 9000) concentravam-se estritamente na qualidade de produtos e serviços. Normas que regem a prática são, hoje, uma grande parte da nova integridade. Elas incluem declarações de valores corporativos, códigos de conduta social e ambiental e conjuntos de ferramentas cada vez mais sofisticadas para acompanhar e difundir o desempenho ambiental e social. Criados tipicamente para induzir o "bom" comportamento, tais códigos e padrões assumem, em pouco tempo, uma dupla função, sendo novas dimensões do grande arsenal da empresa para a administração da qualidade.

Uma última dimensão do controle de custos – a cobertura do bolo – é a *minimização de regras e litígios.* Quando as empresas assumem voluntariamente a nova integridade e um programa de sustentabilidade – e o demonstram por meio do comprometimento, da responsabilidade e da transparência –, a possibilidade de que o governo imponha regras, medidas, auditorias e penalidades onerosas e burocráticas é menor. No Reino Unido, por exemplo, uma alta porcentagem das empresas apresenta voluntariamente relatórios de responsabilidade corporativa, na esperança de que o governo não venha a impô-los legalmente, como fizeram os governos francês e japonês. E, como já sugerimos, as finanças ficarão menos expostas a processos movidos por stakeholders se as empresas lidarem com os riscos impostos pela mudança climática.

É muito provável que você seja uma combinação de acionista, consumidor, parceiro, funcionário e cidadão. Nos cinco capítulos seguintes, analisaremos em detalhes o modo como a transparência muda o comportamento das empresas em relação a você, em cada um de seus papéis.

PARTE II

Quando os Stakeholders Podem Ver

CAPÍTULO 4

DENUNCIADORES E OUTROS FUNCIONÁRIOS

A transparência para os funcionários percorreu um longo caminho, especialmente se comparada à dos dias que se seguiram à Segunda Guerra Mundial. Conflitos entre a administração e a força de trabalho proliferavam. Os doze meses posteriores ao Dia da Vitória testemunharam 4.630 paralisações trabalhistas envolvendo 5 milhões de grevistas e 120 milhões de dias de trabalho perdidos[1]. Um dos mais memoráveis confrontos entre a administração e os operários – o maior da história dos Estados Unidos – foi a greve, em 1945, promovida por 320 mil membros do UAW (United Auto Workers – Sindicato dos Operários da Indústria Automobilística) contra a maior empresa norte-americana, a General Motors. O líder do UAW, Walter Reuther, insistia em que a GM podia aumentar os salários sem aumentar os preços, e exigia que ela fosse mais transparente em suas finanças. Ele desafiou a GM a "abrir os livros" e provar que ele estava errado. Esse atrevimento por parte de um grande sindicato enfureceu a administração da GM.

O vice-presidente da empresa, Harry W. Anderson, disse aos negociadores do UAW que em circunstância alguma a empresa revelaria seus registros. Ele exclamou: "Não abrimos os livros nem para nossos acionistas!"[2].

O TRABALHADOR DO CONHECIMENTO

As empresas abertas de hoje permitem aos funcionários o acesso a uma vasta gama de informações sobre a empresa e a administração. Elas ganham a confiança dos funcionários por meio da abertura e de valores éticos. A transparência e os valores começam em casa. O indicador mais seguro de como uma empresa trata seus consumidores, acionistas, parceiros e outros stakeholders é o modo como ela trata seus funcionários.

Em seu papel de funcionário, você tem, hoje, um acesso sem precedentes a informações sobre seu empregador. Parte dessas informações você não precisa conhecer, como a vida sentimental, o salário ou o comportamento de outros chefes no trabalho. Um excesso de informações irrelevantes, embora atraentes, e até então inacessíveis, encontra-se hoje disponível à velocidade da luz, graças ao e-mail e a outras inovações tecnológicas.

Há também muita informação útil disponível. Você pode avaliar sua segurança no emprego investigando a posição financeira de sua companhia, o atual desempenho de seu grupo ou o seu próprio; muitas empresas disponibilizam tais informações. Você pode aumentar seu poder de barganha em negociações salariais sabendo mais sobre o que seus colegas, tanto dentro como fora da empresa, estão fazendo. Pode decidir se sua empresa é um bom lugar para investir seu capital intelectual, avaliando os valores corporativos e o comportamento da alta administração.

É do interesse de sua empresa ser aberta com você sobre muitas coisas. A idéia de transparência no local de trabalho é relativamente nova. Cientistas sociais, aficionados do aprendizado organizacional e peritos em administração de recursos humanos refletiram durante décadas sobre como novos modelos de trabalho exigem abertura e um livre fluxo de informações.

A empresa moderna exige transparência interna, porque ela é essencial para um eficaz trabalho do conhecimento. Os funcionários devem compartilhar e fazer uso dos novos conhecimentos, devem poder assumir responsabilidade por eles, e devem ser automotivados. A maioria das empresas precisa de valores, estratégias, processos comerciais e operações altamente visíveis, para que os trabalhadores cooperem e trabalhem com eficácia.

A TRANSPARÊNCIA E O TRABALHO DO CONHECIMENTO

Na antiga empresa, as informações fluíam verticalmente. As pessoas eram separadas em dois grupos – governantes e governados. O comandante supremo se encontrava em uma extremidade do espectro, e os permanentemente governados na outra. As informações fluíam, quando muito, imperfeitamente de cima para baixo.

Na antiga economia industrial, a ampla maioria daqueles que trabalhavam para grandes companhias verticalmente integradas contribuía com músculos, não com cérebro. A administração investia em grandes fábricas com processos de pro-

DENUNCIADORES E OUTROS FUNCIONÁRIOS 101

dução e máquinas sofisticadas que exigiam poucas decisões ou habilidades operacionais. Os funcionários eram extensões da máquina. Trabalhadores imigrantes nas fábricas da Ford falavam cinqüenta línguas diferentes e tinham pouca educação. Esperava-se que seguissem ordens e não tivessem muita iniciativa, se tivessem alguma. Não lhes cabia perguntar por quê. A administração era fundada na desconfiança, no comando e no controle, e seus processos decisórios eram totalmente opacos para os funcionários.

As coisas não eram muito melhores no mundo dos colarinhos brancos. A meta era ascender a escada e ter uma avaliação mais direta. Para aqueles externos à administração, o incentivo era o salário. As metas de trabalho eram estabelecidas mais acima. Esse era o mundo do "homem-organização".

Em contraste, as companhias modernas são fluidas e flexíveis. Muitos trabalhadores têm seus processos alterados com freqüência, e precisam aprender e se adaptar continuamente, enquanto trabalham. Imagine um emprego tão corriqueiro quanto trabalhar em uma central de atendimento. A todo momento, os consumidores levantam novas questões e problemas. Uma estrutura corporativa flexível é mais eficiente, mas isso também significa que as decisões de sim ou não de ontem se tornaram questões de múltipla escolha. Para realizar seu trabalho com eficácia, os trabalhadores necessitam de conhecimento.

O Google, como empresa privada, pode compartilhar mais informações com os funcionários do que uma empresa de capital aberto, inclusive seus dados financeiros, acordos em andamento e problemas atuais, segundo o CEO Eric Schmidt.

"A maioria das empresas utiliza a comunicação com os funcionários como um mecanismo de recursos humanos. Aqui estão seus benefícios, seus dias de férias e assim por diante. Essa é a visão clássica, e a visão errônea. A visão correta é como se pode difundir informações pela empresa de modo que os funcionários resolvam problemas sem precisar que os executivos se envolvam – uma espécie de estratégia de minimização do trabalho para os executivos. Cuide para que os funcionários façam o trabalho. Isso é muito mais eficiente. Eles ficam mais felizes e eu também." Mais que à administração do conhecimento, a prática do Google assemelha-se à liberação do conhecimento – a divulgação de informações antigamente secretas para todos os funcionários.

Pense em como as empresas modernas lidam com algo tão aparentemente finito como o conhecimento dos produtos. Um vendedor de mainframes da IBM, em 1970, conhecia em grandes detalhes os recursos e as funções dos produtos da empresa, mas não sabia quase nada sobre a estratégia da empresa para esse produto. A IBM nunca "preanunciava" seus produtos. A função de seu representante de vendas era comercializar os produtos existentes – quanto mais, melhor – e manter os concorrentes longe. Ele não sabia mais sobre o direcionamento da empresa do que seus clientes. Nem precisava. A tecnologia era estável e mudanças fundamentais na estratégia dos produtos eram raras. Os requisitos dos clientes eram geralmente simples e diretos. O vendedor obtinha margens brutas de 85% na venda de mainframes, o que permitia à IBM agregar ao produto um extensivo pacote de serviços e assistência. Hoje, em contraste, o vendedor trabalha em um ambiente volátil, em que os consumidores têm acesso a informações sobre qualquer concorrente. A tecnologia muda diariamente, assim como a organização dos clientes. O gerente de vendas precisa compreender plenamente a estratégia de negócios, os rumos futuros e a posição quanto a novas arquiteturas tecnológicas da IBM, para ajudar os clientes a planejar e implementar aplicações sofisticadas de tecnologia. Hoje, a IBM é muito mais aberta para discutir esses assuntos críticos com os funcionários, que, por sua vez, levam tais informações ao mercado. Embora a concorrência fique sabendo mais sobre sua estratégia, as vantagens de fortalecer seus próprios funcionários compensam para a IBM.

O novo vendedor precisa de muito mais do que dados sobre o produto. Como não terá uma resposta específica para cada pergunta, ele necessita de uma profunda compreensão das direções estruturais, da filosofia e dos princípios da IBM. Freqüentemente surgem questões delicadas acerca de parcerias com a concorrência, de politicagem dentro da empresa cliente, de comentários da mídia sobre a IBM, de processos dos stakeholders contra a empresa ou de declarações corporativas recentes. O vendedor precisa trazer nos ossos a filosofia e os valores da companhia para dizer e fazer a coisa certa. Nenhum manual de políticas pode dar conta de todas as possibilidades.

Mudanças freqüentes e erráticas na estratégia fundamental seguiram a trilha do dodô pontocom. Mas, graças a inovações contínuas e aceleradas na tecnologia e à pressão por atrair consumidores cada vez mais volúveis, os ciclos competitivos de produtos tornaram-se exigentes como nunca. Os administradores devem tomar decisões mais difíceis em menos tempo. Há uma década, os fabricantes de automóveis levavam até seis anos para trazer um novo veículo ao mercado. Hoje, isso costuma levar três anos, às vezes menos de dois, e em breve levará um. Em vez de empilhar carros em concessionárias, os fabricantes querem montar um veículo em uma semana, de acordo com as especificações de um comprador, e entregá-lo em sua garagem. No ramo dos eletrodomésticos, os ciclos dos produtos são medidos em meses. Mesmo na indústria alimentícia, o ritmo acelera-se continuamente: você verificou recentemente o balcão de tomates de seu mercado (para não falar das pizzas congeladas)? Produtores de praticamente todos os bens de consumo e serviços defrontam-se com a dupla ameaça do tempo reduzido de desenvolvimento e da vida mais curta na prateleira.

Peter Senge tinha razão ao afirmar que uma organização só permanece competitiva se aprender mais rápido que a concorrência. Toda empresa pode dispor da mesma tecnologia que outras; qualquer produto pode ser copiado. A vantagem competitiva é efêmera, ao passo que empresas buscam constantemente novas maneiras de gerar valor. O sucesso no mercado depende do conhecimento e do gênio criativo de estrategistas, desenvolvedores e promotores de produtos.

A General Electric leva muito a sério a partilha do conhecimento, utilizando métodos exclusivos para incentivar esse comportamento. Steve Kerr, ex-diretor de conhecimento da GE, diz que muitas reuniões da empresa nos anos 90 começavam com uma discussão em mesa redonda, durante a qual todos os presentes deviam compartilhar algo importante que haviam aprendido. "Você seria demitido se pegasse ativos da empresa, como dinheiro, e os depositasse em sua conta bancária pessoal. Da mesma forma, se acumulasse informações ou idéias em sua conta pessoal, também seria demitido. Esconder informação é uma violação da integridade."

A TRANSPARÊNCIA E OS EXECUTIVOS

Segredos corporativos surgem quando executivos sabem coisas que os funcionários ignoram. Zonas cegas surgem quando os funcionários sabem algo que os executivos ignoram. A liberação do conhecimento consiste em revelar o desconhecido tanto para executivos como para funcionários.

O gerente-geral do Microsoft.com, Tim Sinclair, favorece a empresa aberta. Desde 1994, ele vem desempenhando uma das funções das mais desafiadoras – administrar o terceiro maior site do mundo. Quando começou, o site todo rodava em um único servidor que dava conta de um milhão de acessos por dia. Conforme a Internet se expandiu, um número maior de grupos da Microsoft passou a contribuir para o conteúdo. Hoje, mais de 500 escritores e desenvolvedores em mais de 70 locais pelo mundo provêem informações para o site da Microsoft. Cinco centros de dados administram seu tráfego on-line. O Microsoft.com é a única Web corporativa a figurar entre as 100 mais, ostentando 20 milhões de acessos e 5,5 milhões de usuários por dia. Junto com os sites da CIA e do FBI, é um dos principais alvos de hackers. Eles sonham em romper a segurança do site e envergonhar a maior companhia de software do mundo. Incrivelmente, Sinclar tem alcançado um índice de confiabilidade que figura constantemente entre os três melhores da Web – 99,78% do tempo no ar.

Quando lhe perguntam como ele orquestra o capital humano para obter tamanho sucesso, seu mantra é a transparência: "Quando há boas notícias, todos ficam sabendo. Quando houver más notícias, conte a todos." Se houver um problema com o sistema, se Tim cometer um erro, se sua equipe não estiver se saindo bem, em vez de manter isso em segredo, ele permite que as pessoas certas na Microsoft fora de seu grupo o saibam – inclusive seu chefe. "Quando sou sincero sobre as más notícias, recebo o suporte e os recursos de que preciso." Tim observa que isso foi, a princípio, contra-intuitivo, e fez com que sua divisão parecesse fraca. Todavia, "em vez de me tornar vulnerável, essa filosofia de transparência me fortalece e à organização. As pessoas confiam em nós porque sabem que somos abertos e determinados a vencer."

Tim não está sozinho. Empresas como a Johnson & Johnson e a Seagate adotaram princípios de administração a livros abertos, por meio dos quais compartilham – em tempo real – os resultados da empresa com os funcionários, envolvendo-os em seu desenvolvimento e na realização de suas metas. Qualquer funcionário da Seagate Systems pode usar a intranet corporativa para verificar os objetivos do CEO, Bill Watkins, e como ele vem agindo para atingi-los. A IBM possui um painel em sua intranet que coleta mensurações internas e avalia o desempenho de funcionários e departamentos. Ele recebe mais acessos do que qualquer outra parte da intranet.

A TRANSPARÊNCIA E A CONFIANÇA DENTRO DA EMPRESA

Empresas abertas fomentam a confiança dos funcionários em relação à empresa. Elas também fomentam essa confiança internamente – de funcionário para funcionário.

Samuel Johnson disse: "Onde houver segredo ou mistério, o vício e a patifaria não estarão longe". Os trabalhadores do conhecimento por definição não são estúpidos. Eles sabem que, quanto menos segredos os executivos tiverem, mais dignos de confiança serão. As empresas não podem ser transparentes quando não são dignas de confiança, pois a abertura as prejudicaria. As que são dignas de confiança podem e devem ser transparentes, pois a abertura ajuda os stakeholders a verificar a honestidade, a confiabilidade e a consideração.

A opacidade promove comportamentos irregulares dentro da empresa. Um gerente da Xerox nos falou de uma expressão corrente na companhia nos anos 90: *"grin fucking"* ("ferrando com um sorriso amarelo"). Quando certos executivos de má fama diziam coisas que os subordinados julgavam errôneas ou mesmo ridículas, estes, em vez de contestarem abertamente a declaração, simplesmente davam um sorriso amarelo. Colegas executivos muitas vezes se tratavam da mesma maneira.

Em 1998, a Arthur Andersen pediu a seus parceiros de auditoria sênior que implementassem a estratégia 2X – obter duas vezes mais receita a partir de serviços não ligados à auditoria do que destes. Em seguida, ela aumentou o poder de seus parceiros na administração de unidades locais, cada qual tendo suas próprias metas de receita e seus balanços. Ela desmembrou o importante Grupo de Padrões Profissionais – um conselho de especialistas internos que lidava com problemas delicados da clientela –, transferindo muitos de seus membros para escritórios locais. A meta era dificultar que os auditores dissuadissem os clientes de afrouxar seus padrões contábeis. A Enron tornou-se a mais poderosa cliente da Andersen tanto para serviços de auditoria como de consultoria. Um membro do Grupo de Padrões Profissionais em Boston, Carl Bass, queixou-se, em um e-mail enviado em dezembro de 1999 a um colega de Chicago, de que seu conselho para que a Enron assumisse uma despesa contábil de 30 a 50 milhões de dólares em uma transação específica fora ignorado. Quatro meses depois, ele foi removido de seu papel de supervisão na Enron em resultado de reclamações feitas pelo então diretor de contabilidade da Enron, Richard A. Causey.

Um ex-funcionário da Andersen nos disse que, nas aulas ministradas nas instalações da empresa, em Chicago, se um aluno mencionasse um problema ou uma falha da Andersen no passado, os professores costumavam responder: "O passado não existe". Discutir problemas do passado era proibido – um grande dilema, já que aqueles que não aprendem história estão destinados a repeti-la.

Tanto na Xerox como na Andersen, uma cultura de uniformidade e opacidade comprometia a discussão aberta, o livre pensamento e os desafios ao *status quo* – com resultados desastrosos. Quando a opacidade reina, as culturas organizacionais incluem o negativismo, o descomprometimento, a resignação, a falta de envolvimento, a aversão ao risco, o mau aprendizado, a politicagem organizacional, a defensividade e outros sintomas que não se ancoram em valores positivos.

Em contraste, nas empresas abertas, os funcionários são engajados. Há maior lealdade e menor índice de rotatividade, e maior probabilidade de que eles façam a coisa certa. Funcionários em empresas abertas e fidedignas são mais motivados. Trabalhadores do conhecimento precisam ter plena motivação para alcançar o sucesso. Diversamente do que ocorre em uma linha de montagem, em que se pode aumentar a velocidade, a administração não pode simplesmente exigir quinze novas idéias mais brilhantes por mês. Se enumerarmos os fatores que motivam esses trabalhadores, porém, o dinheiro não será o mais importante – e, sim, conceitos como a confiança mútua, o respeito, o aprendizado, a capacidade de contribuir e de ter uma visão do quadro geral.

Michael Rice vem trabalhando com empenho para criar uma empresa aberta. Como diretor-executivo do Grupo de Clientes Privados da Prudential Securities, ele é responsável pela maioria dos negócios da empresa. Em 2000, ela encerrou suas atividades nos mercados institucional e de participações. Hoje, suas pesquisas são feitas em nome de clientes privados, eliminando-se os problemas de conflitos de interesse que outras corretoras de títulos enfrentam. As 8 mil pessoas do grupo de Rice geram 2 bilhões de dólares em receita anual, com mais de 2 milhões de clientes, e administram 120 bilhões de dólares em ativos.

A Prudential criou uma "arquitetura da transparência" para assegurar um espírito aberto com os stakeholders – de clientes a reguladores e a negociantes. Rice diz que procuram "viver segundo o espírito da lei, e não apenas de sua letra". A empresa "abre totalmente o quimono" para os funcionários, oferecendo aos Conselheiros de Finanças total acesso a informações sobre suas estratégias, seus dados financeiros e suas operações. Isso é feito por meio da intranet corporativa e de outras ferramentas de comunicação, e também por meio de um comitê que agremia dois conselheiros de cada dez regiões. Nas reuniões de conselheiros, Rice avalia os resultados financeiros em detalhe, discutindo quaisquer problemas.

"No início, foi uma luta", ele diz, "mas logo as pessoas perceberam que falávamos sério sobre a abertura. Hoje, elas sabem mais sobre a empresa, sobre nossos problemas, sobre por que fazemos as coisas e sobre como tomamos decisões do que eu jamais teria imaginado." O processo passou a abranger um comitê de administradores que discutem desde as estratégias e o estilo operacional até a comunicação e os produtos. "Essas seções deixaram de ser postos externos e se tornaram partes ativamente integradas à companhia."

A arquitetura da transparência resultou em comprometimento e lealdade. Rice diz que, em todas as organizações que conhece, a maioria dos funcionários acha que a administração não entende. Essa era a situação da Prudential no início dos anos 90. Com uma série de problemas graves, a empresa havia fraturado totalmente a confiança. "Hoje", diz ele, "temos uma cultura de confiança, e ela compensa". A empresa está alinhada a uma estratégia clara de que os funcionários criam em cooperação. A lealdade subiu às alturas. Antes de janeiro de 2000, seu índice de atrito anual era de 23%. Em 2002, era de 11%, caindo em uma época em que a empresa reduziu duas vezes o salário dos conselheiros, demitiu milhares de pessoas e cortou os custos em 250 milhões de dólares para permanecer viva. "As pessoas sabiam de nossa situação financeira. Sempre fomos muito francos a esse respeito." Seu conselho é: "Diga a verdade. Conte toda a história. Responda a qualquer pergunta com honestidade e franqueza. Faça o que você disse que faria. É isso que gera confiança e boa vontade." Rice diz que, hoje, a única disparidade entre as filiais e a matriz é geográfica. Quando a empresa começar a crescer de novo, ele acredita que a reputação de abertura atrairá as melhores e mais brilhantes pessoas. "Não tenho como expressar o poder da transparência", ele diz.

Diversos estudos demonstraram que o capital social e a confiança entre colegas são fundamentais para o alto desempenho. Uma cultura de abertura e confiança reduz os custos de transações em três áreas. Em primeiro lugar, ela reduz os custos de prospecção – as despesas para localizar as pessoas e os recursos certos. As recomendações são mais freqüentes e consideradas com mais atenção entre partes confiáveis. Em segundo lugar, a cultura aberta reduz os custos de coordenação e cooperação, já que a confiança é a base da colaboração efetiva. Equipes sem confiança são normalmente ineficazes. A confiança lubrifica os mecanismos da colaboração, reduzindo atritos ou panes. Em terceiro lugar, a confiança reduz os custos de contratação, eliminando a necessidade de acordos formais, contratos e procedimentos para soluções e litígios. Um aperto de mão, ou mesmo uma piscada de olhos, pode valer muito mais do que um documento minucioso, e poucos documentos prevêem todas as permutações possíveis de um relacionamento.

Por outro lado, a politicagem escriturária, as escaramuças e outros jogos em que as pessoas se envolvem e que prejudicam o desempenho proliferam em uma cultura de desconfiança. A abertura é o antibiótico para tais bactérias. Já em 1990, Peter Senge escrevia, em *A Quinta Disciplina*, que a transparência podia reduzir a politicagem e os jogos:

> Um clima sem politicagem exige "abertura" – tanto o princípio de falar de maneira
> aberta e honesta sobre questões importantes, como a capacidade de desafiar continua-

mente as próprias idéias. A primeira deve ser chamada de abertura participativa; a segunda, de abertura reflexiva. Sem abertura, geralmente é impossível pôr fim aos jogos arraigados na maioria das organizações[3].

Jogos – nesse caso, jogos reais – podem revelar muito sobre aqueles que as pessoas jogam na vida. Estivemos aconselhando uma empresa iniciante, que havia desenvolvido um jogo on-line chamado Office Politics, o qual simula e satiriza as extravagâncias de funcionários que tentam subir a escada executiva. O jogo oferece aos jogadores diversos artefatos e ferramentas para "puxar o saco, golpear pelas costas, contratar e abrir à força seu caminho para o topo". Como se trata "apenas" de um jogo, com poucas conseqüências para o mundo real e os jogadores (que não necessariamente se conhecem), seria de se esperar que prevalecessem comportamentos sujos e escusos. Pelo contrário. A descrição que um ganhador fez de seu segredo para o sucesso é simbólica: "Fazer amigos e alianças e manter um jogo relativamente limpo".

A transparência e a confiança no ambiente de trabalho também mudam a experiência do cliente. Na Prudential Securities, a qualquer momento os conselheiros podem ter de explicar questões delicadas envolvendo a abertura e os conflitos de interesse em seu mercado e sua empresa. Eles podem ter de explicar os motivos para a polêmica decisão da Prudential de retirar-se do setor de administração de investimentos. No minuto seguinte, um cliente pode perguntar-se por que a Prudential possui um centro de atendimento nacional (para pequenos clientes, com 25 mil dólares ou menos), querendo saber se isso não será um passo para a eliminação das sucursais. E quando um cliente importante pergunta por que sua sobrinha foi obrigada a negociar com o centro de atendimento nacional, o conselheiro possui o conhecimento da estratégia corporativa para a administração de bens e o traquejo necessários para corrigir a situação no ato. No caso de qualquer envolvido, a transparência, se bem utilizada, promove a confiança que resulta em relacionamentos e valor.

Desde 1983, o Great Place to Work Institute vem catalogando anualmente os 100 melhores empregadores dos Estados Unidos[4]. O programa é tão popular que o instituto colabora, hoje em dia, com diversas publicações na elaboração de listas para mais de oito países, tendo identificado ainda, em 2003, as melhores empresas em cada um dos quinze países da União Européia.

O instituto define um ótimo local de trabalho como aquele em que você confia nas pessoas para quem trabalha, tem orgulho do que faz e aprecia os colegas de trabalho. Segundo o instituto, as empresas deviam empenhar-se em se tornar bons locais de trabalho, não por razões nebulosas e imprecisas de funcionários felizes e mimados, mas por ser esta a maneira mais segura de se tornarem tão lucrativas quanto possível. Pesquisas do instituto demonstram que as empresas que proporcionam bons locais de trabalho conquistam diversas vantagens competitivas. Um fundo mútuo que congregasse somente empresas da lista do instituto superaria consistente e substancialmente o mercado. Essas empresas beneficiam-se de fatores como o baixo índice de rotatividade, menor uso dos serviços de saúde e maior número de currículos recebidos.

Qualquer empresa com mais de mil funcionários que já esteja em atuação há sete anos pode candidatar-se à lista dos melhores locais de trabalho. Em 2002, um total de 279 empresas inscreveram-se, e centenas de funcionários em cada uma delas responderam questionários sobre como se sentiam com relação à companhia. Algumas das afirmações com as quais os funcionários tinham de concordar ou discordar eram:

- A administração me mantém informado sobre problemas e mudanças importantes.

- As pessoas por aqui arcam com uma grande responsabilidade.

- A administração envolve as pessoas nas decisões que afetam seus empregos ou seu ambiente de trabalho.

- Recebo treinamento e oportunidades de desenvolvimento para melhorar profissionalmente.

O instituto diz que a confiança entre administradores e funcionários é a característica mais reveladora dos melhores locais de trabalho. Para avaliar o nível de confiança de uma empresa, o instituto avalia três dimensões: a credibilidade, o respeito e a retidão. A credibilidade refere-se ao modo como o funcionário vê as práticas de comunicação, a competência e a integridade da administração. O respeito examina o apoio, a colaboração e a preocupação que os funcionários entrevêem nas atitudes da administração para com eles. A retidão refere-se à igualdade, à imparcialidade e à justiça que os funcionários percebem no ambiente de trabalho.

As duas últimas dimensões do modelo do instituto envolvem o relacionamento profissional entre os funcionários e seu emprego ou empresa (orgulho) e o relacionamento entre um funcionário e outro (camaradagem). O orgulho é o sentimento que os funcionários têm por seu emprego, por sua equipe ou grupo de trabalho e por sua empresa, e a camaradagem é a hospitalidade, a intimidade e a comunidade no ambiente de trabalho.

Os melhores locais de trabalho preservam seus atrativos mesmo em épocas ruins. Em "How to Cut Pay, Lay Off 8,000 People, and Still Have Workers Who Love You" ("Como reduzir salários, demitir 8 mil pessoas e continuar com funcionários que o amam"), um artigo que acompanhou a lista de 2002 das Melhores Empresas em Que Trabalhar, a *Fortune* discutia a notável lealdade que os funcionários demonstravam em relação à Agilent em um período de dificuldades. Empresa de alta tecnologia nascida da Hewlett-Packard e especializada na fabricação de equipamentos de mensuração, teste e comunicação, a Agilent obteve o 31º lugar na lista das 100 melhores empresas. Em seu pico, em novembro de 2000, ela empregava 47 mil pessoas, 12% a mais do que no ano anterior. Então veio a baixa econômica de 2001, associada aos eventos de 11 de setembro. As vendas da Agilent despencaram. Apesar dos esforços corajosos para evitar demissões, como reduções salariais de 10% para todos os funcionários, a empresa acabou dispensando 8 mil trabalhadores de período integral e 5 mil temporários – cerca de um quarto de sua folha de pagamento.

A administração trabalhou incessantemente para tornar a redução de porte tão transparente quanto possível. Contatos constantes por e-mail, pela intranet e por reuniões – tanto grupais como individuais – mantiveram os funcionários informados durante o desenrolar do processo. O CEO da Agilent, Ned Barnholt, discursava com freqüência para os funcionários por meio de sistemas de comunicação direta implantados em suas instalações por todo o mundo. Como resultado, os funcionários permaneceram tenazmente leais e favoráveis à administração. "Sei que [a redução de porte] não condiz com o estilo HP, e não é o que Bill e Dave [Hewlett e Packard] teriam desejado", disse um funcionário à *Fortune*. "Mas se enfrentassem a mesma situação, eles teriam de fazer exatamente a mesma coisa."

O moral dos empregados é essencial para a sobrevivência da Agilent. As empresas hoje precisam cultivar funcionários de conhecimento e oferecer um ambiente adequado para suas reflexões – no que toca à solução de problemas, à inovação e à execução de funções empresariais complexas. Se os funcionários da Agilent se irritam, ficam magoados ou se sentem culpados – sentimentos que costumam aflorar após grandes cortes –, a capacidade de inovação e geração de valor da empresa padece. Diversamente das empresas industriais de ontem, a Agilent não possui

QUANDO A CONFIANÇA VEM ABAIXO: DENÚNCIAS

Quando as empresas violam a confiança, as conseqüências podem ser desastrosas. O mau comportamento não somente abala a motivação, a lealdade e a produtividade, como torna as empresas vulneráveis a comportamentos problemáticos como denúncias ou rebeliões.

Sherron Watkins, vice-presidente de desenvolvimento corporativo na Enron, era uma veterana com oito anos de casa. Margaret Ceconi era uma negociadora do grupo de Serviços Energéticos da Enron, e estava na empresa há menos de um ano. Como muitos funcionários, elas conheciam as práticas questionáveis do departamento de finanças da companhia, e haviam levantado o assunto com seus chefes. Ao contrário dos outros, porém, como não obtivessem resposta, elas botaram a boca no mundo. Poderiam ter recorrido ao *Houston Chronicle* ou ao *Washington Post*, mas Watkins e Ceconi preferiram enviar cartas ao CEO, Kenneth Lay, alertando-o para uma iminente difusão de escândalos contábeis que poderiam devastar a empresa e a vida de seus funcionários. Mal sabiam elas que essas cartas armariam o cenário para uma plataforma de "quem sabia o quê e quando" – plataforma da qual a sétima maior empresa dos Estados Unidos se precipitaria em seu mergulho mortal.

Watkins tornou-se uma celebridade depois que um subcomitê do Congresso americano difundiu sua carta e levou seu testemunho à TV em cadeia nacional. Ela deixou seu trabalho e entrou no ramo das conferências, discursando sobre as raízes do colapso da Enron – falando de ética em algumas das mais prestigiadas faculdades de administração dos Estados Unidos. Ela se encontrou com o presidente George W. Bush e publicou um livro sobre o colapso da Enron.

Em dezembro de 2002, a revista *Time* considerou Watkins, Coleen Rowley (do FBI) e Cynthia Cooper (da WorldCom) como suas Pessoas do Ano. Rowley havia escrito um memorando ao diretor do FBI, Robert Mueller, dizendo que o escritório central vinha rejeitando as solicitações de sua sucursal para investigar Zacarias Moussaoui, posteriormente indiciado como um dos conspiradores do 11 de setembro. Cynthia Cooper denunciou a WorldCom, informando ao conselho que a empresa havia ocultado, com fraudes contábeis, prejuízos de 3,8 bilhões de dólares.

A *Time* observou: "O emprego, a saúde, a privacidade, a sanidade – elas arriscaram tudo o que tinham para nos trazer informações muito necessárias sobre os problemas de instituições essenciais".

O destino da maioria dos denunciadores é muito menos glamoroso. Em fevereiro de 1999, três anos antes de o mundo ver a WorldCom cair de joelhos, Geraldine Kelly, uma analista de gestão de custos que trabalhava para a empresa em Londres, anteviu a queda. Frustrada pela apatia com que a WorldCom recebera suas preocupações, ela deixou o emprego e procurou o departamento londrino contra fraudes e o Departamento da Indústria e do Comércio. Suas declarações foram tidas como infundadas.

Em Richardson, Texas, vinte e dois meses depois, um analista orçamentário e financeiro da WorldCom, Kim Emigh, denunciou uma alteração na política interna que ele sabia ser fraude "pura e simples". Como não recebesse resposta de seus superiores, ele começou a subir pela hierarquia, atingindo finalmente o diretor operacional, que lhe disse: "Em meu nome e em nome da contabilidade corporativa, quero agradecer-lhe por nos cientificar disso (fique tranqüilo, pois seu nome jamais foi mencionado)". Ele foi demitido dez semanas depois. "É difícil ser pequeno e tentar dizer ao mundo que ele está seguindo na direção errada", disse Janet Emigh, sua esposa.

As denúncias ganharam destaque como fenômeno com o filme de 1999, *O Informante*, em que Jeffrey Wigand (interpretado por Russell Crowe) faz grandes sacrifícios pessoais para expor a Brown & Williamson Tobacco Corporation e toda a indústria do tabaco por sobrecarregarem de nicotina os cigarros. Denunciadores surgiram em centenas de empresas, não apenas em casos célebres como os da Arthur Andersen, da Quorum Health Services, da Xerox, da Morton Thiokol, da Halliburton, da Smith Barney, da Global Crossing, da Tyco e da Duke Energy.

O governo federal foi a primeira organização dos Estados Unidos a dar proteção aos denunciadores. Irritado com fornecedores inescrupulosos que muniam seus soldados de rifles estropiados e cavalos mancos durante a Guerra Civil, Abraham Lincoln persuadiu o Congresso, em 1863, a aprovar a Lei das Falsas Declarações, também conhecida como Lei de Lincoln ou Lei do Informante. Lincoln vinha experimentando em primeira mão o que Benjamin Franklin afirmara um século antes: "A desonestidade em que pessoas normalmente idôneas incorrem com mais facilidade e freqüência é a de defraudar o governo". A lei incentivava os cidadãos a denunciar empresas que pilhassem o dinheiro público. Cidadãos diligentes não apenas se sentiam bem com a possibilidade de ajudar o país, como recebiam 50% do dinheiro recuperado ou das indenizações recebidas. A principal deficiência da lei, contudo, era que o denunciante, para obter a recompensa, devia levar o trapaceiro pessoalmente ao tribunal. Por essa razão, poucos foram os cidadãos que efetivamente fizeram denúncias.

Cento e dezoito anos depois, em 1981, o Escritório Geral de Contabilidade calculou que o governo federal americano era defraudado anualmente em dezenas de bilhões de dólares. O Departamento de Justiça estimou que as fraudes representavam até 10% dos gastos do governo. Como resposta à constatação dessa irrefreada ilegalidade, o Congresso americano reforçou as recompensas por denúncias em 1986. Ele protegeu os funcionários de represálias por parte dos empregadores e concedeu ao denunciante de 15% a 25% dos fundos recuperados caso o governo levasse o vigarista a julgamento. O Congresso observou na época que, "se o governo puder aprovar uma lei que aumente os recursos disponíveis para combater as fraudes que sofre, sem recorrer ao dinheiro dos contribuintes, todos ganharemos. É exatamente isso o que [a Lei das Falsas Declarações] se presta a fazer: incentivar pessoas dispostas e capazes, que tenham conhecimento de fraudes contra o governo, a desempenharem um papel ativo e construtivo, trazendo à justiça, com suas indicações, os fornecedores que sobrecarregam o governo"[5].

Os cidadãos receberam a notícia com entusiasmo. Mais de 3.600 processos legais foram movidos desde as revisões de 1986. No ano fiscal de 2000-01, o governo americano recuperou aproximadamente 1,2 bilhão de dólares, sendo que mais de 210 milhões foram entregues aos indivíduos que revelaram as fraudes. O Escritório de Contabilidade Geral possui um site sobre fraudes em que os cidadãos podem apresentar exemplos de defraudação e abusos dos fundos do governo.

Com tanto dinheiro fluindo para cidadãos que denunciaram empresas que tentavam tosquiar o governo, não é surpresa que tenha surgido uma pequena indústria para incentivar essa prática. Dezenas de sites, em geral administrados por empresas de advocacia, tentam atrair denunciantes potenciais com ofertas de conforto e orientação. O site www.whistleblowerfirm.com diz:

> Se encontrou este site, então você já deu um primeiro passo significativo. Nossos clientes são funcionários e ex-funcionários de empresas que fazem negócios com o governo, direta ou indiretamente. São pessoas altamente capacitadas e éticas, que já

tentaram atrair a atenção de seus superiores para fraudes. Quase sempre ouvem (em expressões variadas) que devem tomar conta de sua própria vida. Nós compreendemos o que você passou ou ainda passa. É algo que experimentamos repetidamente com nossos clientes. Também sabemos o que é necessário para abrir e levar adiante um responsável e adequado... processo. Ligue para nós. Podemos ajudá-lo dentro e fora dos tribunais. Todas as comunicações serão respondidas com prontidão e sigilo.

Tais sites podem ser muito reconfortantes para um denunciante em potencial. "Ser um denunciante", escreve C. Fred Alford, "é deixar a Grande Cadeia do Ser, não para acolher meramente uma outra religião, mas um outro mundo. Por vezes, esse outro mundo é chamado de margem da sociedade, mas, para o denunciante, assemelha-se ao espaço sideral."[6] Agora que os trabalhadores têm pronto acesso a mecanismos de apoio, não é surpresa que o número de denúncias aumente a cada ano.

Quando a *Time* perguntou às denunciantes consideradas Pessoas do Ano se elas teriam agido de maneira diferente, Watkins respondeu: "Eu não deixaria de denunciar. [Mas] o que eu realmente não havia percebido era a seriedade do fenômeno 'o rei está nu'. Achei que os líderes surgiam em momentos de crise, e supus, ingenuamente, que eu estaria dando a Ken Lay [o presidente do conselho da Enron] seu momento de liderança. Acreditei honestamente que as pessoas se mobilizariam. Mas eu disse que ele estava nu e os ministros à sua volta asseguraram-lhe de que estava vestido."

Mais de uma década antes de a *Time* heroificar essas denunciantes, o Congresso estava tão tomado pela idéia de expor crimes *contra* o governo que tentou expandir o conceito e englobar crimes *dentro* do governo, dando proteção a funcionários públicos que revelassem delitos no setor executivo. A Lei de Proteção aos Denunciantes, de 1989, aprovada por unanimidade, proibia represálias contra burocratas que revelassem ilegalidade, má administração, abusos de autoridade, desperdício e riscos substanciais e específicos à saúde ou segurança pública. Decisões judiciais subseqüentes reduziram muito da proteção que o Congresso prometera aos burocratas, de modo que, em 1994, ele reaprovou a lei, mais uma vez unanimemente, com provisões mais rígidas. Todavia, o regulamento do Departamento de Segurança Nacional americano privava seus funcionários da proteção contra denúncias, desfrutada por outros servidores públicos.

Infelizmente, o impacto da Lei de Proteção aos Denunciantes foi limitado. O setor executivo não é muito afeito a divulgar delitos ou incompetência dentro de sua hierarquia. A má administração ou o desperdício está, muitas vezes, nos olhos de quem vê. Não impressiona que a burocracia prefira lidar com esses assuntos na surdina, distante dos holofotes da mídia, e de maneira a não prejudicar a administração corrente.

Grupos de vigilância dos contribuintes censuram o modo como as decisões judiciais e o comportamento do setor executivo depauperaram o propósito da Lei de Proteção aos Denunciantes. Em uma carta enviada ao presidente George W. Bush, o Government Accountability Project (Projeto de Responsabilidade Governamental) queixou-se de que "a menos que o denunciante vire uma celebridade por meio da exposição na mídia, como Colleen Rowley, do FBI, a burocracia rotineiramente os ignora, molesta ou silencia destruindo suas carreiras – na maioria dos casos restringindo seus passes de segurança e declarando-os inaptos a acessar informações confidenciais".

Se os denunciantes públicos ainda não têm a proteção que o Congresso procurou conceder-lhes, os denunciantes do setor privado têm ainda menos. Os funcionários são protegidos de represálias dos empregadores somente em algumas circunstâncias e setores, como em revelações envolvendo a segurança de aviões ou violações em usinas de energia nuclear. "Precisamos entender, nesta 'terra dos livres e morada dos bravos', que a maioria das pessoas está morrendo de medo", disse o Dr. Alford. "Cerca de 50% dos denunciantes perdem o emprego, aproximadamente a metade disso perde a casa, e metade destes perde a família."[7]

Mas não se engane: as denúncias não desaparecerão.

Denunciantes corporativos são tipicamente jovens e freqüentemente mulheres. Eles não constituem um grupo homogêneo. Alguns têm fortes valores, os quais conflitam com o comportamento da administração. Outros vêem um risco pessoal em tal comportamento, e tomam uma decisão calculada de denunciar para se proteger. Alguns gerentes financeiros, por exemplo, foram solicitados a assinar declarações que sabiam ser fraudulentas, e preferiram denunciar a arriscar sanções profissionais ou criminosas. Alguns, sem dúvida, são indivíduos perturbados que foram isolados da empresa. Outros têm motivos menos elevados, como a vingança.

Na Austrália, um grupo conhecido como Whistleblowers Australia utiliza a Internet para incentivar os cidadãos a falar sobre corrupção, riscos para o público e outras questões sociais, incentivando a auto-ajuda e o auxílio mútuo entre denunciantes. A organização oferece-lhes artigos e panfletos, e publica um boletim informativo. Ela também promove encontros entre denunciantes e simpatizantes, e oferece contato com pessoas e grupos de inclinações similares.

As empresas pagam um alto preço pela opacidade e por represálias contra os informantes. Se os funcionários sofrem injustiças e sentem que não têm a quem recorrer, ou que os mecanismos supostamente ativos são ineficazes, e então fazem uma denúncia, a história se espalha como um incêndio na mata. Se mesmo assim não forem levados a sério, o moral declinará por toda a organização[8].

O resultado é que algumas empresas estão recorrendo a terceiros para administrar linhas telefônicas confidenciais ou sites de intranet que os funcionários podem utilizar se quiserem denunciar comportamentos impróprios. A meta desses serviços é fazer com que os funcionários confiem que não haverá uma administração indiferente varrendo suas queixas para baixo do tapete. A National Hotline Services e a The Network têm, cada uma, centenas de clientes corporativos. Elas oferecem um portal seguro para que funcionários levantem questões éticas que vão desde alegações de assédio sexual, fraude e subornos até violações da segurança.

Ainda melhores, sem dúvida, são as empresas que criam culturas de confiança, onde as denúncias são desnecessárias. Todavia, toda empresa precisa oferecer aos funcionários um ombudsman, uma linha direta ou outros mecanismos de expressão que sejam fáceis de usar, bem conhecidos e demonstradamente livres de retaliação. A desconfiança é contagiosa e viaja rápido.

O CARÁTER CORPORATIVO

Comoas empresas podem melhorar suas culturas por meio da transparência ativa? Cientistas sociais e pesquisadores da área de negócios afirmaram que sociedades com alto índice de confiança geram grandes empresas com mais facilidade. Francis Fukuyama observa que sociedades com associações fundadas em elos familiares, de parentesco, religiosos ou governamentais, mas sem uma confiança generalizada (como a China, Hong Kong, Taiwan, França e Itália), tenderam a criar empresas menores e de menos sucesso. Sociedades com alto índice de confiança, como o Japão, a Alemanha e os Estados Unidos, foram mais bem-sucedidas em criar empresas de grande porte[9].

Todavia, as culturas corporativas variam muito entre e dentro do Japão, da Alemanha e dos Estados Unidos. Passamos mais de uma década demonstrando como empresas integradas e concentradas se saem melhor do que as tradicionais empresas com integração vertical[10]. Em empresas como a Kroger, a HP, a Johnson & Johnson, a Herman Miller, o Google e a Progressive, os elos de confiança informal tornam-se ainda mais importantes do que os elos formais ou a hierarquia. Os modelos de comando e controle, comuns no Japão e na Alemanha, tendem a ser menos eficazes do que os modelos de delegação dos Estados Unidos, do Canadá e da Escandinávia[11].

A confiança é fundamental para um trabalho do conhecimento distribuído, mas a confiança dos trabalhadores norte-americanos em seus empregadores vem sofrendo desde a baixa econômica iniciada em 2000, e a atitude positiva dos anos 90 em grande parte evaporou. Os trabalhadores ficam deprimidos com a fraca economia, com falências de grande porte como a da Enron e a da WorldCom e com os abundantes pacotes de remuneração de que muitos altos executivos desfrutam.

Uma pesquisa do *New York Times* e da CBS News descobriu, em outubro de 2002, que os trabalhadores dos Estados Unidos estão mais inseguros com a economia do que em qualquer momento desde 1993. A pesquisa descobriu que 56% consideravam a economia ruim ou muito ruim. Trinta e nove por cento disseram acreditar que ela piorará, e apenas 13% previram que ela melhorará.

O *Times* observou que "em grande contraste com os anos 90, quando os CEOs eram saudados como heróis, os trabalhadores vêm expressando uma sensação de raiva, e mesmo de traição, com relação a altos executivos. Um debate acirrado vem tendo lugar entre especialistas em recursos humanos para definir se o comprometimento dos trabalhadores para com seus empregadores minguou em resposta às reduções de porte e à impressão de que muitos executivos haviam traído funcionários e investidores."

De acordo com uma pesquisa da Rutgers e da Universidade de Connecticut, 58% dos trabalhadores acreditam que a maioria dos altos executivos está interessada apenas em si mesma, ainda que isso prejudique a empresa. Pela primeira vez em duas décadas, a maioria dos trabalhadores entrevistados disse que entraria em um sindicato se pudesse, vendo nisso um meio de obter maior segurança no emprego. Os sindicatos estão aproveitando esse espírito receptivo e utilizando tecnologias como a Web para falar diretamente com trabalhadores de uma maneira até então impossível.

As empresas não hierárquicas dos Estados Unidos se alimentam de confiança, e, com isso, ficam mais vulneráveis a crises nessa área. As hierarquias corporativas tradicionais possuem mecanismos de controle mais fortes. No Japão, por exemplo, existe reverência pela autoridade. A obediência, o medo da punição e o status baseado meramente na posição ajudam a assegurar a estabilidade. Muitos indivíduos trabalharam a vida toda em uma única empresa. A promoção muitas vezes se baseia mais no tempo de casa do que no mérito. Os funcionários trabalham em escritórios da empresa, raramente atuando a distância ou em casa.

Em empresas integradas e dispersas como as dos Estados Unidos, a confiança é mais implícita e menos embutida formalmente nas estruturas organizacionais. Com isso, ela é frágil. As culturas corporativas são mais meritocráticas[12]. A confiança se baseia no consenso tácito de que, se você seguir as regras e tiver bom desempenho, acabará tendo sucesso. Quando a confiança vem abaixo, os resultados são tipicamente desastrosos e imediatos. Hoje, as empresas enfrentam um perigo claro e presente: um declínio da confiança generalizada na sociedade, combinado com um comportamento que reduz a confiança no ambiente de trabalho. Pessoas que haviam tido bom desempenho em muitas empresas falidas ainda assim perderam tudo. Alguns dos que tiveram mau desempenho se safaram como bandidos (e alguns *eram* bandidos).

As empresas precisam ter bom caráter, assim como as pessoas. Quando pensamos em indivíduos de caráter, imaginamos traços como a honestidade, a confiabilidade, a benevolência e a integridade. Pessoas de bom caráter são idôneas, diretas e abertas em suas interações com os outros. Elas cumprem seus compromissos. Vivem com base em valores éticos. Esses são alguns dos aspectos que caracterizam a empresa aberta.

As pessoas de uma empresa determinam seu caráter. Mas a empresa também pode moldar o caráter das pessoas. A maioria presume que o caráter das pessoas já está formado antes de elas chegarem à idade adulta e ingressarem no mercado de trabalho. Alguns economistas diriam mesmo que o trabalho e a competição trazem à tona o interesse próprio dos indivíduos, e que a influência do ambiente de trabalho no caráter é, de certo modo, negativa. Mas Ralph Larsen, CEO da Johnson & Johnson, afirma que o trabalho nas empresas modernas pode ser uma experiência formadora de caráter.

> Afirmo que a influência não precisa ser negativa. E de fato, nossas empresas e nosso sistema de livre empresa estariam em apuros se assim fosse. Pelo contrário, nossa experiência ensina que o moderno local de trabalho pode ser uma instituição extraordinariamente poderosa e positiva para a formação de caráter. Parece-me que o caráter – tanto pessoal como corporativo – é o mais valioso recurso e atributo de uma empresa.

Nos anos 30, durante a Grande Depressão, o então CEO da Johnson & Johnson, Robert Wood Johnson, escreveu *Try Reality* (*Experimente a realidade*), um panfleto que exortava as empresas a adotar uma "nova filosofia industrial". Ele dizia: "A indústria só tem o direito de lograr sucesso se prestar um verdadeiro serviço econômico e for um real ativo social". Ele prosseguia enumerando as responsabilidades da empresa para com os diversos stakeholders. Johnson acreditava que, para que as empresas tivessem a licença do governo e da sociedade para atuar em um sistema de livre mercado, sem leis e regulamentos opressivos, cabia-lhes agir de maneira socialmente responsável. Poucos anos depois, ele incorporou essa idéia ao Credo da J&J.

Obviamente, o caráter corporativo não se define por um documento. Ele é definido pelas ações das pessoas. Nenhum documento pode prever todas as escolhas com que os empregados se defrontam em um mundo progressivamente complexo e transparente. Os valores precisam estar no DNA da empresa. A Johnson & Johnson chama isso, de modo canhestro mas cabível, de "credificação".

Um vendedor é chamado à suíte de um concorrente durante uma feira comercial. Um gerente precisa dispensar alguém, e a pessoa de pior desempenho é a única mulher em seu grupo. Uma funcionária recebe um e-mail divertido, mas sexualmente explícito de um colega. Um executivo pode aumentar o valor das ações e a confiança dos investidores de curto prazo por meio de demissões. Um gerente comercial tem a chance de sobretaxar um cliente e aumentar sua comissão. Um vendedor recebe um pedido de "favor" de um oficial do governo. Um gerente recebe um elogio do CEO pelo trabalho de outra pessoa. Um MBA recém-contratado está justificando resultados trimestrais insatisfatórios para um acionista institucional. Um comprador recebe de um fornecedor importante a oferta de ingressos para um jogo.

Quando os funcionários da J&J enfrentam tais dilemas, o Credo serve de guia para fazer a coisa certa. De acordo com Larsen, "ele ajuda as pessoas boas a ser o melhor que podem. Nesse sentido, (...) ele é um formador de caráter."

Cada vez mais, em um mundo transparente, este caráter corporativo é fundamental para o sucesso nos negócios. Diz Larsen: "Aprendemos que as ações baseadas em princípios não são apenas morais; são também a melhor decisão de negócios. Com cada decisão correta que tomamos, reforçamos a confiança que as pessoas têm em nossos produtos e em nós. Por outro lado, com cada transgressão, nós corroemos o caráter especial, tão necessário a nosso sucesso." Quando a integridade do Tylenol foi comprometida pelo escândalo da violação de lacres, em 1982, as ações da Johnson & Johnson caíram 18%. Mas elas se recuperaram rapidamente. Larsen reflete sobre a experiência: "Minha vivência ensina que as pessoas que têm o hábito de tomar decisões eticamente corretas nas incontáveis pequenas escolhas que fazemos na vida são também, na maioria dos casos, aquelas com quem podemos contar para tomar decisões eticamente corretas nos assuntos de grande monta – quando surge uma crise e a pressão se impõe".

O caráter de uma empresa aberta começa com o CEO. Tony Comper é CEO do BMO Financial Group, uma organização de serviços financeiros com 250 bilhões de dólares em ativos e 33 mil funcionários. O BMO oferece uma vasta gama de produtos e soluções na área de bancos de varejo, administração de bens e serviços de investimento no Canadá – e também nos Estados Unidos, por meio do banco Harris, situado em Chicago.

Como em qualquer empresa, situações delicadas surgem continuamente. Comper lida com elas de maneira diversa da maioria dos CEOs. Os funcionários contam que, quando vêm à luz informações capazes de embaraçar o banco, nunca o ouviram dizer: "Como vamos sair dessa?". Em vez disso, ele pergunta: "Qual a coisa certa a fazer?". Isso hoje faz parte do folclore do banco; uma cultura de fazer a coisa certa se desenvolveu. Parecia ser comercialmente vantajoso, em curto prazo, fechar a torneira do crédito para as pequenas empresas durante a baixa de 2001-02. Mas Comper preferiu ser leal com elas e assumir alguns riscos em curto prazo. Fazer a coisa certa, nesse caso, era estar ao lado dos clientes durante épocas difíceis. O resultado: o BMO mais do que dobrou sua participação no mercado.

Outras pessoas que não o CEO podem decerto influenciar o caráter de uma empresa. Mahatma Gandhi disse: "Você deve ser a mudança que anseia ver no mundo". Quando os indivíduos demonstram caráter em um mundo transparente, isso pode ser contagiante.

A TRANSFERÊNCIA DE PODER

Embora seja cada vez mais importante para o sucesso nos negócios, a transparência é uma faca de dois gumes, pois gera uma transferência de poder sem precedentes em favor dos funcionários, particularmente aqueles que são grandes colaboradores. Isso promete abalar a fundação das empresas, com a mesma magnitude com que o primeiro movimento sindical abalou a primitiva empresa industrial. Considerando-se o duro mercado de trabalho e os aumentos vultosos nos ganhos dos executivos nos últimos anos, pode parecer que os empregados estão perdendo terreno. Mas há mais aqui do que pode parecer. A transparência lança as forças de mercado sobre os mercados de mão-de-obra. O atrito nesses mercados está diminuindo, já que o pessoal assalariado tem um novo acesso a informações sobre empregos e empregadores graças a empresas como a Vault.com e a Monster.com. Quando o desemprego está em alta (como no Vale do Silício atualmente), o conhecimento dos mercados de trabalho é menos útil. Mas com níveis normais de desemprego, conhecimento é poder – especialmente para pessoas com talentos em demanda.

A CGI é uma empresa de serviços de tecnologia da informação em rápido crescimento, com mais de 21 mil funcionários por todo o mundo e receita acima de 2 bilhões de dólares. Mais de 80% dos funcionários – que ela chama de membros – são acionistas. Os membros podem alterar o comportamento da administração de diversas maneiras. Por exemplo, em cada região ocorre um encontro ou jantar anual a que todos compareçem. Ali, eles podem questionar a administração corporativa, no que o presidente Mike Roach chama de sessão da toca do urso. Roach diz: "Não se trata apenas de responsabilidade da administração, mas de responsabilidade dos membros. Se você é um dos proprietários da empresa, como a maioria dos membros, então tem a responsabilidade de proporcionar liderança." Como muitas empresas, a CGI pesquisa a satisfação dos funcionários a cada ano. A diferença é que a remuneração dos administradores depende, em parte, dos resultados. "Se tratar os funcionários como proprietários, você terá maior responsabilidade para com eles, e eles a terão para com você. A participação nos lucros incentiva a transparência", diz Roach.

A IBM, porém, geralmente vista como uma das melhores empregadoras e uma líder da revolução digital, vem sofrendo os efeitos da transferência de poder para os funcionários. Ela é vigiada de perto por uma série de grupos de funcionários on-line, preocupados com as tentativas da empresa de reduzir os benefícios de saúde e aposentadoria. Em maio de 1999, ela anunciou o projeto de mudar do plano de aposentadoria tradicional para um plano com saldo em caixa, dizendo que somente 30 mil empregados próximos à idade de aposentadoria poderiam manter o antigo esquema, mais generoso. Em meses, porém, a gigante dos computadores foi obrigada a mais do que dobrar o número de funcionários que preservariam o plano tradicional, pois trabalhadores irritados se organizaram pela Internet em grupos de discussão do Yahoo! e outros sites.

A IBM, para seu crédito, vinha enfrentando um difícil problema com seu programa de aposentadoria, pois precisava transferir recursos para a compra de ações, de modo a atrair profissionais de talento durante o *boom* da tecnologia. Quando ficou claro que o novo programa não ia decolar, ela adotou a abordagem correta para lidar com a crise, e se uniu aos funcionários para resolver a situação.

Diz o executivo Jon Iwata: "Concentramo-nos em estabelecer um diálogo. Temos uma rica tradição, estabelecida há muitas décadas, de permitir que os funcionários expressem genuinamente seus sentimentos sobre a situação, por meio de muitos canais. Temos um programa de livre expressão, o programa de portas abertas, diversos programas que permitem que os funcionários digam o que realmente pensam sobre coisas que englobam até a cúpula dos negócios, e, acredite em mim: às vezes, eles usam esses canais para dar voz a graves insatisfações." Hoje, Iwata não vê isso como "uma que a administração perdeu". Em vez disso: "Acreditamos que, para ter coerência com nossos valores e com nosso relacionamento com a força de trabalho, precisamos fazer os ajustes solicitados".

O McDonald's está descobrindo rapidamente o poder da maior transparência para com os funcionários e o público em geral. Até recentemente, a empresa vinha se submetendo à transparência forçada.

A estrutura difusa do McDonald's há muito vinha frustrando as tentativas de organização sindical de seus trabalhadores. Muitas vezes, quando uma loja formava um sindicato, a empresa retaliava fechando suas portas. Mas, com a chegada da Internet, os funcionários do McDonald's podem fazer contato uns com os outros, partilhar informações e se organizar de uma maneira como antes não se sonhava. Um dos mais conhecidos sites de funcionários é o McDonald's Workers' Resistance (Resistência dos Trabalhadores do McDonald's)[13]. De acordo com seu site, a Resistance não tem "líderes, campanhas pagas nem nada do tipo; somos apenas funcionários como vocês. A MWR só terá sucesso se os trabalhadores se envolverem, e isso quer dizer vocês! Se todo trabalhador do McDonald's que ler este site e concordar conosco se envolver, poderemos juntos fazer coisas maravilhosas. Precisamos de sua ajuda!"

O mais antigo e mais popular site contra o McDonald's é o McSpotlight, em operação desde 1996, oferecendo mais de 120 mebabytes de informações internas sobre as operações do McDonald's. Ele é destinado ao público geral, e não somente a empregados.

O McSpotlight faz mais do que seria possível a qualquer sindicato. Ele criou a McInformation Network, um grupo sediado no Reino Unido que agremia voluntários de 22 países em quatro continentes. A rede se dedica a "compilar e disseminar informações factuais, precisas e atualizadas – e a incentivar o debate – sobre os mecanismos, políticas e práticas da McDonald's Corporation e tudo o que eles representam. A rede também apóia a oposição ao McDonald's e a outras companhias transnacionais."

Tirando sua deixa do movimento ambiental, os sites de protesto contra o McDonald's incentivam os cidadãos a pensar globalmente e agir localmente. Partilhando experiências de todas as partes do mundo, os manifestantes sabem que integram um movimento muito mais amplo, e que seus esforços locais têm peso. Se quiser impedir que um McDonald's seja construído em sua vizinhança, você pode animar-se sabendo que centenas de outros bairros em dezenas de países estão fazendo o mesmo.

A que o McDonald's deve o prazer de ser alvo de sites de última geração vigilantes e estrepitosos? O McSpotlight explica: "Sim, sabemos que o McDonald's só vende hambúrgueres, e que muitas outras empresas são igualmente ruins. Mas não é esse o ponto. O McDonald's foi usado como símbolo de todas as multinacionais e grandes empresas que procuram o lucro à custa de tudo o que estiver em seu caminho.

"Ele foi escolhido para essa dúbia honra porque a) todo mundo o conhece, b) é um valentão que ameaça mover processos contra qualquer um que tente criticá-lo, c) há pilhas de informações aprofundadas a seu respeito (graças à pesquisa feita para o Caso McLibel), d) a natureza de seus negócios faz com que muitos temas contemporâneos sejam relevantes, e) eles foram pioneiros em muitas práticas malvistas que outras empresas imitaram, e f) eles se levam demasiado a sério."

O site atrai mais de um milhão de visitantes por mês, e não deixa nenhuma faceta das operações da empresa inexplorada. Antes que a World Wide Web surgisse, a maioria dos manifestantes media seu sucesso pela atenção que recebia da mídia. Como a árvore que tomba na floresta, se um protesto não aparece na televisão ou nas colunas dos jornais, ele não aconteceu. Mas os manifestantes ligam cada vez menos para a publicidade nos jornais locais; eles podem conseguir visibilidade por conta própria.

O dia 16 de outubro de 2002 foi o décimo oitavo Dia Internacional Anti-McDonald's anual, e o McSpotlight afirma que foi o mais bem-sucedido até o momento. Pela primeira vez, a McDonald's Workers' Resistance incentivou os funcionários a se unirem aos protestos. Eles foram incitados a não comparecer ao serviço, ou a aparecer e sabotar as operações. De acordo com o site da Resistance, houve notícias de protestos locais da Austrália ao México, da Rússia à África do Sul, no Brasil, nos Estados Unidos e em toda a Europa ocidental e oriental, incluindo a Irlanda e o Reino Unido. Nas palavras do site:

As ações do dia, de acordo com os informes recebidos, incluíram: greves em lojas em Paris e Norfolk; uma paralisação em Moscou; uma tentativa de greve em uma loja da Nova Zelândia e outra em Londres, Inglaterra; uma passeata em Nottingham; demissões coletivas em Glasgow; muitos atos de absenteísmo, rebeldia e desordem por parte de indivíduos e pequenos grupos de trabalhadores em muitos países, inclusive nos Estados Unidos, na Irlanda, na Austrália, no Canadá, na Dinamarca, na Espanha e na Alemanha. Além disso, houve ações de solidariedade por parte de manifestantes que apoiavam os funcionários do McDonald's no norte da Irlanda, na Alemanha, na Austrália, na Escócia, na Suécia, na Sérvia, na Inglaterra e especialmente na Itália (incluindo um bloqueio em Milão).

Em seis McDonald's de Paris, controlados pela CNT France, houve greves com reivindicações específicas por trabalho em tempo integral e níveis salariais padronizados. Os grevistas reuniram-se às 10 da manhã na Fonte dos Inocentes, sendo que às 3 da tarde se encontrariam com representantes do McDonald's, e, para a noite, elaboraram uma reunião pública.

Em Norfolk, uma greve paralisou uma loja, com um piquete que durou a maior parte do dia. Em certo momento, um gerente apareceu para se lamentar: "Por que estão fazendo isso?". "Leia o folheto." "Eu não vou ler essa coisa!", esbravejou ele, rasgando o folheto. Quando perguntaram ao escritório central por que a loja estava praticamente sem funcionários, responderam que era em função de "uns infelizes que estão tentando derrubar o McDonald's".

E há, ainda, as magníficas notícias de Moscou. Até onde entendemos, eles negociaram com um gerente "amistoso" para suspender o trabalho por algum tempo, sem conseqüências ulteriores. Embora carecendo de uma língua comum, o sentimento de solidariedade internacional, enquanto conversávamos ao telefone, era impressionante.

Você não precisa formar um movimento trabalhista para criar um site que critique seu chefe. Alguns trabalhadores frustrados vão em frente e fazem isso sozinhos. Considere a batalha entre a companhia farmacêutica Wyeth-Ayerst Canada Inc. e Louise Phaneuf, sua ex-gerente de treinamento e desenvolvimento. Phaneuf, uma mãe solteira, criou um site para divulgar seus esforços continuados por receber benefícios de incapacidade permanente, devido às dores crônicas que ela afirma terem começado quando trabalhava para a Wyeth-Ayerst.

"O tratamento desumano que me dispensaram enquanto eu estava gravemente doente proporciona uma leitura interessante e esclarecedora para qualquer pessoa que pense em seguir carreira na Wyeth-Ayerst, que use seus produtos ou que trabalhe atualmente para ela", diz Phaneuf em seu site. A Wyeth-Ayerst afirma que esse tipo de material lhe causa danos irreparáveis e prejudica sua capacidade

DENUNCIADORES E OUTROS FUNCIONÁRIOS 125

de atrair novos funcionários. Isso é, sem dúvida, verdade, no mínimo porque os visitantes do site acreditam que onde há fumaça, há fogo. A companhia farmacêutica pediu à Suprema Corte de Quebec que fechasse o site e exigisse de Phaneuf a importância de 100 mil dólares, como indenização por calúnia e por violar a privacidade de seus executivos, publicando seus endereços de e-mail. O caso foi indeferido, e Phaneuf prontamente atualizou seu site com o novo material proporcionado pelos procedimentos legais.

A transferência de poder é tão pronunciada que mesmo funcionários irracionais e marginais podem conquistar uma audiência e causar dores de cabeça para as relações públicas, talvez lançando uma empresa em uma crise de confiança. Se eles conseguem fazer isso, homens e mulheres racionais podem fazer muito mais.

Conhecimento é poder, e os funcionários hoje o têm em maior quantidade. Recado para a gerência: habitue-se a essa realidade; isso, na verdade, é algo bom. Esse é o mesmo tipo de poder que motiva a inovação e a vantagem competitiva. Em vez de lutar ou fugir, envolva-se.

CAPÍTULO 5

A TRANSPARÊNCIA ENTRE PARCEIROS DE NEGÓCIOS

Uma quitanda junto ao Boulevard St. Germain, em Paris, oferece um acervo modesto e cuidadosamente exposto de frutas e legumes. Atrás de cada artigo encontra-se uma plaqueta indicando a cidade do produto, talvez mesmo sua fazenda de origem. É muito possível que a *patronne* conheça pessoalmente o agricultor; talvez ele seja seu cunhado, ou talvez ela própria tenha comprado os produtos em uma feira nos arredores de Paris.

Sua Stop'n'Shop local não oferece nada disso, mas pode ter uma seleção decente de vinhos oriundos de todas as partes do mundo. Os melhores rótulos indicam a propriedade em que as uvas foram cultivadas, fermentadas e engarrafadas. A *appellation d'origine contrôllée* ("designação de origem controlada") é o inestimável presente que a França deu à indústria global do vinho. Ela garante que o que está na garrafa tem o toque pessoal de um produtor com um nome e uma reputação de destaque.

Essa transparência confiável na caixa registradora parece encantadoramente anacrônica em um mercado mundial massificado, e de bom grado pagamos por ela um preço premium. Estamos mais habituados a ouvir que um único hambúrguer de *fast food* contém carne de dezenas ou centenas de reses diferentes de muitos ranchos anônimos[1], ou que uma impressora de jato de tinta foi projetada em três continentes, que inclui peças e materiais de quatro, que foi montada em dois e que foi alterada por trinta ou mais empresas antes de chegar a nosso varejista local. Selos do país de origem nos produtos mascaram um complexo global que só podemos imaginar.

E de fato, a impressora de jato de tinta é um milagre da cadeia de suprimentos global. Sua eficiente coreografia permite que a Hewlett-Packard, a Canon, a Epson e a Lexmark lhes dêem um preço lucrativo inferior ao de muita garrafa de vinho[2].

Tais milagres modernos não impedem que haja muita gente insatisfeita na cadeia de suprimentos: as pessoas continuam a lutar com as sutilezas da colaboração e da competição simultâneas. Revendedores e lojistas digladiam-se em torno de custos ultrapassados e entraves que consomem tempo. As grandes marcas discutem com seus fornecedores e distribuidores terceirizados sobre quem deve pagar pelos erros e infrações. Inovadores lutam com problemas de colaboração e propriedade intelectual. Funcionários perguntam-se quando os empregadores ficarão mais inteligentes. Consumidores não confiam no que compram, por razões ligadas ao valor, à saúde, à segurança, ao meio ambiente ou à ética.

Velhos hábitos tardam a morrer: a desconfiança, a combatividade e as práticas autoritárias de consumo caracterizam a maioria das cadeias de suprimento em 2003. Apesar dos grandes progressos de inovadores como o Wal-Mart, a Procter & Gamble e a Cisco, os animadores das cadeias de suprimentos – executivos de associações comerciais, acadêmicos e consultores – ainda se vêem defendendo maior colaboração, confiança – e transparência.

A REVOLUÇÃO TECNOLÓGICA

Apesar dos malogros da mania por empresas eletrônicas durante a década de 1990, a tecnologia continua a alterar o modo como os negócios funcionam. Com efeito, a fabricação, a revenda e muitos setores de serviços vêm passando por uma revolução informativa que levará a transparência até os menores e mais difusos eventos de negócios. Isso é o resultado das tecnologias de auto-identificação (Auto-ID): microchips a rádio, menores que um grão de areia, que emitem um número serial exclusivo, como um código de barras falante[3]. A ferramenta mais comum de Auto-ID será a etiqueta de identificação por radiofreqüência (RFID). Já tendo custado 50 dólares a unidade – e custando hoje de 5 a 10 centavos de dólar –, em breve essas pequenas etiquetas inteligentes para a comunicação não custarão quase nada. Será vantajoso afixá-las em ou dentro de quase todo alimento, peça, artigo finalizado, pacote, palete ou contêiner que transite pela cadeia de suprimentos. Também serão etiquetados todos os objetos funcionais da cadeia, de carrinhos a separadoras e a robôs de precisão. Claro, os trabalhadores também portarão etiquetas de Auto-ID. Bits e átomos fundem-se; em breve tudo será conectado.

As etiquetas de RFID não são meros códigos de barra passivos; são inteligentes e falam. Cada uma contém um minúsculo microcomputador que compartilha informações por comunicação sem fio com leitoras de RFID nas linhas de produção, nos caminhões, nas revendedoras, nos domicílios e em palmtops. A etiqueta de um produto alimentício no mercado pode enviar dados a seu versátil assistente pessoal digital (PDA – personal digital assistant) sobre seu conteúdo calórico e colestérico (para pessoas em dieta ou diabéticos), riscos de alergia (como no caso de amendoins), conteúdo orgânico ou geneticamente modificado, e assim por diante. Na mesma hora, se desejar, você pode obter a avaliação de alguém de confiança sobre o produto, como um cozinheiro, um grupo de consumo ou uma organização ambiental de sua preferência. Alguns produtores utilizarão essa transparência para diferenciar seus tomates ou seus cortes de carneiro. A *apellation d'origine contrôllée* pode muito bem tornar-se uma nova força nos supermercados.

As com freqüência previstas compras sem o caixa podem finalmente tornar-se realidade: uma leitora na saída soma instantaneamente o preço de todas as etiquetas em seu carrinho, você autoriza o pagamento acionando um controle de chaveiro e vai direto para casa. O sistema envia um recibo detalhado para seu PDA e para seu site pessoal.

Por que produtores e revendedores gastariam tanto dinheiro para oferecer aos consumidores essa perigosa transparência? Eles adotarão os mecanismos de auto-identificação para poupar bilhões na cadeia de suprimentos. Estando o sistema implantado, dificilmente negariam aos consumidores uma transparência tão facilmente disponível. De fato, a visão que o consumidor terá da cadeia de suprimentos será um diferencial competitivo.

Que benefícios terão os vendedores? Para eles, as vantagens da Auto-ID são ainda mais drásticas do que para os consumidores. Assim que você puser um frango no carrinho, uma leitora próxima iniciará um processo que dirá aos funcionários quando reabastecer as prateleiras. A leitora também informará sua compra ao sistema de reabastecimento automático do mercado; quando um número limite for atingido, ele encomendará novas unidades de sua variedade favorita de frango: caipira "aeróbico", alimentado com milho orgânico A-1, e de linhagem pura, sem modificação genética (naturalmente!). Mecanismos de Auto-ID estarão por toda parte na cadeia de suprimentos. Todo frango receberá um deles ao nascer. A auto-identificação rastreará sua alimentação, os níveis de sua atividade, sua proporção entre proteínas e gordura, seu peso, a temperatura de seu corpo e outros indicadores-chave: ela também pode alertar o criador para a maioria das ameaças à saúde. Conforme o frango passa do abate ao processamento e à venda, sua existência, localização, temperatura e umidade serão monitoradas continuamente. Não há necessidade de abrir os engradados de frango quando chegam ao centro de distribuição; o sistema integrado de gestão da distribuição descreverá a carga, informará os indicadores de saúde de cada carcaça e dividirá o carregamento em caminhões com destino a diversos mercados. O mesmo ocorrerá no mercado: nada de checagem manual; a captação de dados por comunicação sem fio atualiza o estoque.

Revendedores e fornecedores de uma grande variedade de indústrias, desde a de matéria-prima básica até a de bens luxuosos sob medida, justificarão seu investimento na auto-identificação com a mera economia de custos. Graças ao reabastecimento automático, os dispendiosos "estoques de segurança" de produtos em lojas ou armazéns distantes já não serão necessários. A produção, a logística e a linha de montagem just-in-time, embora não estejam totalmente concebidas, estarão ao alcance até dos produtos mais imprevisíveis e complexos. Os estoques serão reduzidos para 5% a 25%, dependendo da categoria do produto[4]. As diminuições resultantes de perdas, roubos por parte de empregados e furtos em lojas serão eliminadas. A princípio, a maior parte da economia será dos consumidores, graças à concorrência acirrada; parte dela será, depois, recuperada nos lucros, já que a auto-identificação enseja novos serviços e ofertas personalizadas para clientes especiais.

Novos tipos de eficiência proliferarão. Caminhões, contêineres e paletes manterão a cadeia de suprimentos informada quanto a sua localização e destino; as taxas de utilização e a segurança melhorarão dramaticamente. Etiquetas de RFID automatizarão a reciclagem. Alguns itens traçarão suas rotas de retorno ao fabricante original, para a reutilização. Em outros casos, uma separação muito mais precisa – observando, por exemplo, as variadas fórmulas de vidro e plástico – ocorrerá no início do processo de reciclagem.

A *transparência* é a senha para a rede de negócios abertos baseada na auto-identificação. Na rara ocasião em que, por exemplo, um frango contaminado chegar ao consumidor, a fonte do problema será identificada de maneira rápida e precisa. Gerentes em todos os pontos da cadeia de suprimentos, desde a produção de matérias-prima até a logística e a revenda, terão uma visão em tempo real das demandas dos clientes, dos estoques, dos fluxos de produção e de quaisquer problemas que possam afetar o desempenho do todo. As redes de sucesso abandonarão as negociações mesquinhas e a opacidade operacional em favor de uma colaboração que maximize a eficiência, a participação no mercado, a receita e a vantagem competitiva.

A TRANSPARÊNCIA ENTRE PARCEIROS DE NEGÓCIOS   131

Os administradores, na verdade, não terão escolha, já que os seres humanos são incapazes de lidar com o volume de informações que as redes de Auto-ID geram. Eles dependerão de sofisticados programas de computação que tomem decisões combinando novas informações com dados históricos, metas de desempenho, previsões e complexos algoritmos de otimização. As cadeias de suprimento concorrerão com base na intensidade de informações. A transparência e a confiança não serão apenas boas maneiras. Elas definirão a diferença entre vencer e perder.

Sonhos de Aficionados?

Muitas empresas de ponta estão promovendo a auto-identificação como a onda do futuro. E há realmente um comprometimento mais disciplinado com essa tecnologia – nos altos círculos da indústria – do que nos dois ou três anos após o surgimento da Web.

O Auto-ID Center é um programa de pesquisas com subsídio industrial sediado no Massachusetts Institute of Technology, em Cambridge, Massachusetts (Estados Unidos), e no Cambridge Institute for Manufacturing, em Mill Lane, Cambridge (Reino Unido). Seu objetivo é "revolucionar o modo como fazemos, compramos e vendemos produtos, fundindo bits (computadores) e átomos (seres humanos) para alcançar uma intercomunicação otimizada. Tudo se interligará em uma cadeia de suprimentos dinâmica e automatizada, que una empresas e consumidores para o benefício do comércio global e do meio ambiente."

Os patrocinadores do centro incluem empresas e departamentos do governo que utilizariam a Auto-ID (como a Canon, a Coca-Cola, o Departamento de Defesa dos Estados Unidos, a Gillette, a Johnson & Johnson, a Target, a Tesco e o Wal-Mart) e fornecedores de tecnologia (como a Accenture, a AC Nielsen, a IBM, a Intel, a NTT, a Philips, a SAP e a Sun).

Essa iniciativa enfrenta os entraves comuns às inovações que abarcam todos os setores: os padrões tecnológicos, as mudanças organizacionais e nos processos, a definição dos prós comerciais, o paroquialismo competitivo, os estorvos regulamentares e a pura inércia. Mas os passos iniciais – e os nomes associados a eles – são promissores.

- Em novembro de 2002, a Gillette anunciou planos de comprar da Alien Technology 500 milhões de etiquetas de RFID para o uso em suas lâminas. A empresa pretende usá-las em lojas para a administração de estoques e a prevenção de roubos (se a prateleira constatar que grande quantidade de lâminas foi levada de uma única vez, ela notificará a segurança da loja), e também para rastrear os produtos conforme estes se movem da fábrica para o supermercado. Antes desse anúncio, o maior pedido de etiquetas de RFID jamais feito fora de 30 milhões, para o uso nos brinquedos Guerra nas Estrelas, da Hasbro[5].

- A Marks & Spencer substituiu o código de barras por etiquetas de RFID em 85 milhões de bandejas plásticas retornáveis para alimentos, entregues pelos fornecedores em seus seis depósitos de distribuição. A empresa economizará dinheiro em impressões, na mão-de-obra associada a fixar e ler rótulos e em uma variedade de atividades ineficientes. Sua meta é poupar 8,5 milhões de dólares por ano[6].

- A RFID melhorou a transparência, a saúde e a segurança de 37 mil corredores na Maratona de Chicago de 2002. Todos os corredores levavam nos tênis o ChampionChip RFID. Com umas poucas leitoras posicionadas estrategicamente ao longo do percurso, a maratona pôde, pela primeira vez, registrar os tempos exatos de largada, chegada e desistência de cada corredor. As leitoras também impediam a trapaça. Um benefício inesperado para a saúde e a segurança revelou-se no final da corrida. Até então, muitos corredores que aguardavam em fila pelos tempos oficiais de chegada – em vez de descansarem, como convinha – acabavam sob cuidados médicos. Agora, que obtêm os resultados no exato momento em que cruzam a linha de chegada, eles podem descansar imediatamente[7].

- Em junho de 2003, o Wal-Mart pediu a seus 100 principais fornecedores que instalassem etiquetas de RFID em todos os paletes de transporte até 2005. Seu CIO, Kevin Turner, disse: "A RFID dará um novo sentido à idéia de administração em tempo real. Enxergamos oportunidades em tudo – desde a visibilidade da cadeia global de suprimentos, passando pelo registro da disponibilidade dos produtos nas prateleiras e pela substituição de nossas atuais etiquetas contra furto, até a possibilidade de que os clientes não precisem ir ao caixa, quando saírem de nossas lojas."[8]

- O CEO da Grocery Manufacturers of America endossou enfaticamente a Auto-ID, dizendo que a Procter & Gamble espera usá-la para reduzir os estoques em 40%, ou 1,5 bilhão de dólares, por ano[9].

A ASCENSÃO DAS REDES DE NEGÓCIOS

O imperativo da transparência na cadeia de suprimentos é inequívoco. Mas não estamos falando da cadeia de suprimentos de seu avô nem da empresa de seu avô.

A ASCENSÃO DAS REDES DE NEGÓCIOS

No início do século XX, a idéia de Adam Smith de negócios compactos, administrados pelos proprietários, cedeu lugar ao capitalismo das grandes empresas de capital aberto com integração vertical. Essas empresas operavam com hierarquias de comando e controle focadas nos fornecedores, divisão do trabalho para a produção em massa, longos ciclos de planejamento e linhas de subordinação estáveis. A Ford Motor Company não se limitava a montar automóveis. Ela possuía plantações de seringueiras para produzir matéria-prima para pneus e frotas marítimas para transportar materiais nos Grandes Lagos. Hearst não se limitava a publicar jornais. Ele extraía o papel de impressão de seus milhões de acres florestais. Os produtos mais rentáveis da IBM durante a Grande Depressão eram cartões de ponto; ela montou e vendeu relógios até a década de 1970[10].

Embora empresas imensas e polivalentes parecessem naturais em meados do século XX, elas vão de encontro a um princípio-chave da economia liberal – o de que o mercado aberto e competitivo é a melhor fonte de valor para o dinheiro. A frota privada de Ford poderia superar empresas especializadas em transporte marítimo, como a American Steamship? Se não, por que Ford se envolveu nesse ramo, quando podia obter de terceiros serviços melhores, mais rápidos e mais baratos? Para ir um pouco mais longe, a integração vertical não é curiosamente similar ao planejamento central soviético? O economista (e socialista desiludido) Ronald Coase considerou essas questões durante os anos 30, e fez uma pergunta ainda mais fundamental: "Por que uma empresa existe?".

Sua resposta, que ganhou o Prêmio Nobel, envolvia os custos de transação, que surgem quando empresários gastam tempo e dinheiro buscando fornecedores, redigindo contratos, lidando com as complexidades da parceria, coordenando as atividades dos parceiros e verificando a qualidade de seu trabalho. Coase afirmou que uma empresa só cresce enquanto os custos internos forem menores que os externos[11]. Nos anos 30, era das máquinas de escrever manuais, do telex e dos telefones (sem computadores ou Internet), os custos de transação eram tão elevados que a integração vertical compensava.

A partir dos anos 70, as tecnologias da informação e da comunicação reduziram em tal medida esses custos que a lei de Coase reverteu o motor da expansão corporativa, e as empresas começaram a terceirizar atividades no mercado competitivo. Informações mais rápidas, melhores e mais baratas – em uma palavra, transparência – resultaram em menores custos de transação e no surgimento de um novo tipo de empresa. Descrevemos esse novo tipo de empresa – ou conjunto de empresas – com nosso co-autor Alex Lowy, no livro *Capital Digital.*

Os pesquisadores deram diversos nomes a esses agrupamentos – empresa virtual, ecossistema de negócios, rede de negócios (o nome que preferimos), rede de valores, rede de processos ou (mais prosaicamente) terceirização. Como quer que você os chame, a maioria dos observadores concorda em que as organizações vêm se concentrando cada vez mais naquilo que fazem melhor, e confiando em parceiros, fornecedores e clientes para o restante.

Os economistas que desenvolveram as idéias de Coase observaram que um dos custos da terceirização é o risco comercial de lidar com agentes externos que podem acabar competindo com a empresa em sua atividade principal, ou torná-la refém de suas competências exclusivas. Tais riscos existem especialmente nos casos em que um fornecedor pode monopolizar uma atividade essencial ao ramo da empresa. Isso ocorreu com a IBM, depois de lançar o que se tornaria o principal modelo de computador pessoal, em 1983. Seu projeto um tanto "aberto" utilizava o sistema operacional de uma nova empresa chamada Microsoft, e o processador feito pela Intel. No final da década, a IBM perdeu o controle do mercado de PCs para a Microsoft e a Intel, que passaram a dominá-lo e a capturar a maior parte dos lucros.

Tais riscos existem sobretudo em áreas altamente estratégicas da empresa. Há quem diga que as atividades estratégicas – a essência do que torna uma empresa única e competitiva – devem permanecer internas. Mas quem pode dizer o que é verdadeiramente estratégico? As condições de competitividade, bem como a nova flexibilidade resultante da diminuição dos custos de transação, podem justificar a terceirização de praticamente qualquer coisa.

Como diz o relatório anual de 2001 da IBM, a empresa "costumava ser a figura de proa da computação fechada e proprietária", algo que já esteve no cerne de sua capacidade para dominar o mercado e controlar a clientela. Ela acabou perdendo o PC para a Microsoft, enquanto seu software interno para computadores de grande porte passou às mãos do Unix, não-proprietário. Passados poucos anos, a IBM começou a sofrer de falta de ar. Então, sob a direção de Lou Gerstner, a empresa ajustou-se às mudanças e aos novos fatores econômicos da indústria de computadores, adentrando o ramo dos serviços profissionais e dos programas comerciais. Ela renunciou ao negócio de sistemas operacionais em favor do Linux. Hoje, a IBM preconiza um sistema operacional produzido por uma rede de negócios: uma reunião auto-organizada de indivíduos e empresas do setor (incluindo, evidentemente, a IBM).

Se a IBM pode assumir tais riscos, então talvez seja possível terceirizar tudo, exceto a supervisão e a coordenação estratégica e operacional. Uma empresa multibilionária pode consistir de pouco mais que um conselho de diretores comandado por um CEO, de um CFO e de um pequeno grupo de funcionários.

As redes de negócios estão por toda parte. As mais notáveis são comandadas por empresas da Internet que desafiaram os cínicos e obtiveram um crescimento imenso com ativos físicos mínimos e uma grande quantidade de parceiros comerciais. Um exemplo quintessencial é o eBay, um mercado de transações para milhões de vendedores e compradores, e hoje um dos principais agentes do mercado de revenda. Embora sua receita declarada em 2002 fosse de 1,2 bilhão de dólares, com um lucro de 250 milhões de dólares, seu mercado intermediou transações no total de mais de 15 bilhões de dólares. Com 4 mil funcionários, isso quer dizer que o eBay promoveu 3,75 milhões de dólares em leilões por funcionário, obtendo 300 mil dólares per capita em receita própria. Compare isso com o caso do Wal-Mart, com vendas de 220 bilhões de dólares e um lucro de 6,7 bilhões de dólares (uma margem geral de 3%, contra os 21% do eBay) e seus 1,3 milhões de funcionários; ele obteve 169 mil dólares em receita por funcionário.

As redes de negócios não são somente para empresas especializadas em comércio eletrônico; elas também estão por toda a parte nos setores tradicionais. Jovens empresas de tecnologia, como a Cisco e a Dell, foram adeptas precoces da Internet como meio de aumentar a eficiência e a inovação em suas redes de parceiros. Notoriamente, nenhuma das duas tem muito lucro naquilo que vende.

Empresas mais antigas, com legados de integração vertical, também se tornaram coreógrafas de redes de negócios. As Três Grandes de Detroit concentram-se, cada vez mais, em administrar as complexidades do setor automotivo, usando parceiros da rede de negócios para tudo o mais, desde o design e a seleção de cores até os serviços de tecnologia da informação e a fabricação de peças. A Daimler-Chrysler deixa até mesmo que a Magna International fabrique veículos inteiros. A Nike, por não fabricar nenhum dos calçados que desenha e vende, é às vezes criticada como marca vazia. As façanhas logísticas do Wal-Mart com empresas como a Johnson & Johnson permitem-lhe esmagar a concorrência qual fosse um tanque Sherman. Por toda a parte, a terceirização impera, promovendo o excepcional crescimento de empresas como a Accenture e a CGI (tecnologia da informação e processos de negócios), a Celestica e a Solectron (fabricação de peças eletrônicas), a UPS e a DHL (logística) e a Biovail e a GCI (testes clínicos de medicamentos).

A transparência tanto promove modelos de negócios em rede como é necessária a eles. Michael Roach, da CGI, explica: "Nós nos posicionamos como uma extensão da cadeia de capacitações de nossos clientes. Os processos de negócios deles são os nossos. Para manter uma parceria terceirizada, cada parte deve possuir muitas informações sobre os demais – sobre suas aptidões, sua história, seus processos, seus sistemas e mesmo sua cultura." Como 70% da receita da CGI origina-se desses relacionamentos de longa data, a transparência é uma condição permanente. Roach diz: "Para tornar-se uma extensão dos negócios de seu cliente, é necessário ser efetivamente aberto e alinhar sua estratégia e seu comportamento com os dele. Se seus clientes se saírem bem, você também se sai. Se eles se saírem mal, você se sairá mal. Perdas e ganhos são compartilhados ao longo da cadeia de suprimentos."

REDES DE STAKEHOLDERS NA REDE DE NEGÓCIOS

Como programa que faz um computador funcionar, o Linux é um produto tangível, embora "virtual". Mas nem todo valor origina-se de bens tangíveis, sejam eles rígidos, flexíveis ou virtuais. Também importantes – e cada vez mais importantes em uma economia fundada no conhecimento – são as transações de bens *intangíveis* (o que chamamos previamente de capital digital[12] e o que outros chamam de ativos do conhecimento ou de capital intelectual). O conhecimento, os relacionamentos, as idéias, os processos – e a confiança – são ativos que se comparam, em importância, aos bens, aos serviços e ao dinheiro. Muitos dos desenvolvedores do Linux defendem cuidadosamente o campo intelectual comum do código aberto, e esperam que grandes agentes, como a IBM, observem as regras da comunidade. Com isso, a comunidade do código aberto do Linux é, para a IBM, tanto uma rede de negócios (desenvolvendo um produto que ela leva a seus clientes) como uma rede de stakeholders (que avalia o comportamento da IBM como "gorila" do mercado). Nesse sentido, a rede de stakeholders (que discutimos no Capítulo 2) é uma dimensão da rede de negócios. Alinhar as esperanças, as expectativas e as demandas da rede de stakeholders com os imperativos econômicos da rede de negócios é uma estratégia vitoriosa.

A Hewlett-Packard reconheceu que sua rede de stakeholders vai muito além dos óbvios relacionamentos financeiros, e acredita que ela promove o crescimento de sua rede de negócios. Seu programa de inclusão digital "visa a preparar e a capacitar todas as pessoas do mundo para o acesso às oportunidades sociais e econômicas da era digital". O programa conta com parcerias com empresas, governos, agências de desenvolvimento, organizações sem fins lucrativos e indivíduos. Na verdade, uma de suas metas explícitas é converter essas parcerias em um ecossistema. A Hewlett-Packard congrega organizações como a McKinsey & Company, o Grameen Bank, o Departamento de Comércio dos Estados Unidos, o Freedom from Hunger e o Instituto de Recursos Mundiais, na tentativa de alinhar sua rede de negócios com uma extensa rede de stakeholders. Entre seus projetos, estão: uma iniciativa de microfinanciamento que oferece pequenos empréstimos (de 50 a 750 dólares) a mulheres carentes, para ajudá-las a montar negócios e tirar suas famílias da pobreza; a DevelopmentSpace Network, que faz uso da tecnologia para intermediar doadores (inclusive funcionários da HP) e empreendedores sociais; e a Iniciativa Global contra a Exclusão Digital, um projeto do Fórum Econômico Mundial destinado a promover o crescimento econômico e o empreendedorismo baseados na tecnologia nos países em desenvolvimento. Em todos esses projetos, a HP espera desenvolver simultaneamente novas habilidades, produtos e serviços; expandir seu mercado em economias emergentes; e ajudar a criar um mundo melhor.

Debra Dunn, vice-presidente sênior de assuntos corporativos da HP, comenta: "Fazemos isso por duas razões. Uma é aumentar a receita. A outra é que necessitamos de um contexto global estável para que nossos negócios prosperem. O mundo nunca se mostrou tão instável nos 18 anos de minha carreira na HP. Como empresa, precisamos ser parte da solução desses problemas."

O outro lado disso tudo é que as empresas devem reconhecer que mesmo seus oponentes na rede de stakeholders podem contribuir para as metas econômicas da rede de negócios. Como veremos no Capítulo 6, a People for the Ethical Treatment of Animals (PETA) pressionou a indústria do fast food em fins da década de 1990. Alguns tentaram ignorar a organização, sofrendo um impacto negativo em sua reputação e na lealdade dos clientes, enquanto outros (o Burger King, em particular) comprometeram-se com ela – para o seu próprio benefício.

A rede de negócios é um conceito expansivo. Dependendo do tipo de iniciativa ou do ramo, sua dimensão como rede de stakeholders – dependente, é claro, da transparência – pode incluir milhões de pessoas, todos os tipos de stakeholders e uma vasta gama de tópicos relevantes.

A CONFIANÇA E A TRANSPARÊNCIA NA REDE DE NEGÓCIOS

O Potencial

Quando os custos de transação são baixos, a rede de negócios prospera com mais facilidade e tem melhor desempenho. A confiança reduz os custos de transação; a transparência fomenta a confiança. Em uma rede de negócios, a transparência também melhora a eficiência operacional. Isso fica evidente quando as empresas utilizam novas técnicas para enxugar os custos de suas redes de abastecimento.

Não estamos propondo uma visão totalmente transparente do mundo, a ser aplicada em todos os casos. Como todas as coisas boas, a transparência obedece à lei de rendimentos decrescentes. Revelar segredos proprietários de negócios e de competitividade, ou dados sobre funcionários e clientes, pode lesar seriamente, e até mesmo destruir, uma empresa e sua rede de stakeholders. Há exemplos evidentes: um banco sempre deve salvaguardar o sigilo das contas de seus correntistas. Mas, às vezes, a atitude correta está longe de ser óbvia: é do interesse da Microsoft publicar o código-fonte proprietário do sistema operacional Windows? Solucionar esse tipo de dilema comercial, como veremos, é a função da estratégia competitiva em um mundo de redes de negócios.

Na antiga economia, os relacionamentos com os fornecedores eram normalmente combativos. As empresas lhes diziam que reduzissem seus preços ou abrissem mão do negócio. Compradores e vendedores utilizavam todo conhecimento privilegiado de que dispunham (o que os economistas chamam de assimetrias de informação) para obter vantagens imediatas no preço, no tempo de entrega ou na qualidade. Hoje, os fornecedores *participam* da rede de negócios. A competição freqüentemente ocorre entre duas redes de negócios, e não meramente entre duas empresas; nessas situações, os fornecedores funcionam como parceiros, e não como adversários. O sigilo indevido, as negociações em que um ganha e o outro perde e uma insistência na exclusividade tornam-se contraprodutivos.

A Cisco, por exemplo, sabe quanto seus fornecedores pagam pelas peças, pela mão-de-obra e por suas instalações. Ela enxerga através da cadeira de valores, negocia margens apropriadas com os parceiros e ajusta seu interesse de curto prazo em minimizar custos a seu interesse de longo prazo na robustez de seus fornecedores. Estes últimos têm um novo tipo de poder que decorre, ironicamente, de sua vulnerabilidade. A transparência lhes permite detalhar os custos de suas operações para obter tratamento justo no terreno estratégico.

"Estamos eliminando as fronteiras da empresa. O negócio de cada um é o negócio de todos", diz Eugene Polistuk, CEO da Celestica. A Celestica, a exemplo de seus concorrentes, como a Solectron, encarrega-se do processo de fabricação para a Cisco e outras empresas de nome no setor eletrônico. "Antigamente, tínhamos redes de dados: hoje temos sistemas inteligentes baseados em padrões. A abertura, a penetração, a velocidade e o mero volume de informações vêm redefinindo o modo como trabalhamos juntos."

Quanto mais rápidas as informações, melhor. Informações instantâneas sobre demanda, promoções especiais, qualidade, disponibilidade e problemas que surgem pelo caminho, todas promovidas por sistemas informatizados de última geração, garantem que os produtos certos estejam no lugar certo na hora certa, ao mesmo tempo em que mantêm os estoques no mínimo.

Administradores que ocultem ou careçam de informações sobre as operações de sua empresa não servem para gerir o capital humano e as relações de transparência em uma rede de negócios.

Bill Watkins é presidente e diretor operacional da Seagate Technology, empresa que fabrica dispositivos de armazenamento em disco rígido para computadores. É um negócio altamente concorrido. "Nossos ciclos de produtos duram de seis meses a um ano, mas exigem dois anos de desenvolvimento. Os preços estão sempre caindo, e a capacidade de armazenamento está sempre aumentando. Assim, para sobreviver, é necessário ter uma cultura em que não se ocultem problemas. Não temos tempo para isso." A empresa deve ser honesta com os clientes no caso de haver problemas, o que pode ser um desafio se outras empresas tiverem o hábito de tapear. "Complicações sempre surgem, mas podemos explicar que elas estão sob controle. E dizemos: 'Temos um problema aqui, mas não há razão para pânico'. Como agir desse modo quando os outros têm a tendência de distorcer os dados para encobrir seus problemas? Alguns clientes terão reações exageradas. A maioria reage da maneira devida. Em nossos relacionamentos de longa data, os clientes aprendem a confiar em nós. A abertura gera confiança."

Essa é a teoria e o potencial da transparência nas redes de negócios. A realidade demonstra esse potencial com freqüência, mas nem sempre.

A Realidade

A produtividade da mão-de-obra nos Estados Unidos começou a acelerar-se em 1995, paralelamente ao crescimento da Internet. A produtividade aumentou de uma média de crescimento anual na faixa de 1,5% para mais de 2,5%. Na recessão de 2002, as empresas reduziram os gastos e utilizaram o que o economista Robert Samuelson chama de técnicas darwinianas para extrair mais coisas de um número menor de empregados e de um investimento mais restrito em tecnologia da informação; a média de crescimento saltou para notáveis 4,8%[13].

A transparência e a confiança na rede de negócios eram fundamentais nos setores que haviam se favorecido com os grandes avanços na produtividade – como o setor de atacado e varejo (liderado pelo Wal-Mart), o dos semicondutores (Intel) e o da montagem de computadores (Dell). Pode parecer estranho que mecanismos de confiança só agora estejam sendo formalizados em diversos setores. Mas o legado da maioria dos parceiros de negócios é o da desconfiança e da ocultação. Somente no final da década de 1980, segundo a diretora de relações públicas globais da P&G, Charlotte Otto, "é que houve uma mudança de mentalidade, fazendo com que deixássemos de ver os revendedores como um mal necessário e os víssemos como nossos parceiros". E, de fato, a transparência da cadeia de suprimentos do Wal-Mart, que promove sua eficiência, não impede que ele seja acusado de práticas de trabalho injustas por sindicalistas, pela mídia e pelos defensores dos direitos humanos, enquanto muitos fornecedores se queixam de suas exigências intransigentes nas mesas de negociação.

A desconfiança – quando não a guerra aberta – ainda domina muitos relacionamentos entre empresas. De acordo com uma pesquisa setorial feita em 2001 com fornecedores (como a Allied Signal e a Monsanto), fabricantes (como a IBM, a Steelcase, a Whirlpool etc.) e revendedores (como a Amazon, a Eddie Bauer e o Wal-Mart) pelo Center for Advanced Purchasing Studies (Centro de Estudos Avançados de Compra):[14]

- Ninguém administra toda a cadeia de suprimentos de ponta a ponta.

- A maioria dos entrevistados considera a administração da cadeia de suprimentos estratégica, mas duvida dos esforços em fazê-la funcionar. Eles carecem de apoio administrativo interno e de influência externa sobre os parceiros de negócios.

- A maioria ainda opera no modo combativo, concentrando-se em levar a melhor nos preços ou em tapear a concorrência. A dúvida e a suspeita ainda estão por toda parte.

- A maioria das empresas faz parte de muitas cadeias de suprimentos diferentes. A complexidade resultante disso constitui um grande problema.

A TRANSPARÊNCIA ENTRE PARCEIROS DE NEGÓCIOS   141

- Os administradores não gostam de compartilhar informações vitais nem dentro de sua empresa – quanto mais com parceiros de negócios.

- Ferramentas, tecnologias e técnicas para colaborar, compartilhar informações e alinhar os processos de negócios ainda têm de ser adotadas em grande escala. As soluções tecnológicas implementadas são, muitas vezes, insuficientes, sobretudo com a ausência de relacionamentos de confiança e as mudanças nas operações diárias.

Os cínicos poderiam perguntar: e por que seria diferente? Afinal de contas, se as empresas querem relacionamentos de confiança, elas podem tê-los dentro de suas próprias paredes. Se os custos de transação são reduzidos o bastante para permitir que as empresas produzam bens e serviços externamente, isso decerto não implica que elas devem abrir mão de seu poder de negociação. Obter o máximo por seu dinheiro: é a isso que se resume o mercado competitivo. Fornecedores externos (e, nesse caso, consumidores externos) são "agentes" de mercado cuja meta legítima é usar as assimetrias de informação para maximizar seus próprios interesses, fazendo o mínimo possível de concessões.

Todavia, qualquer que seja a indústria, do varejo aos automóveis e aos fármacos, a alternativa das cartas cerradas leva ao notório *efeito chicote*. Executivos da Procter & Gamble cunharam o termo após estudarem a demanda por fraldas descartáveis Pampers. Os bebês, naturalmente, utilizam fraldas em um ritmo estável e previsível, o que resultava em tendências uniformes de revenda. Mas os pedidos de revendedores e distribuidores variavam, e os pedidos que a P&G enviava para seus fornecedores de materiais flutuavam ainda mais. Pequenos eventos – como um pedido adiado seguido de um pedido maior que o normal – eram muito amplificados ao mover-se em direção ao topo da cadeia. Daí o chicote.

O resultado é uma dispendiosa quantidade de estoques e um desequilíbrio nos prazos: muito plástico ou enchimento no depósito de um fornecedor e poucas fraldas na loja de seu bairro. Em indústrias (como a das fraldas) em que as margens de lucro sobre as vendas são normalmente de um único dígito, essa desorganização cheira muito mal. Em outras (como a dos eletrodomésticos) em que a vida de prateleira de um produto pode ser de seis meses, o efeito chicote pode ser catastrófico.

E a coisa vai daí para pior. O grande fiasco da cadeia de suprimentos das telecomunicações em 2000-01 resultou de projeções superotimistas em todos os níveis da cadeia. Distribuidores como a Techdata, a Ingram Micro e a Merisel enviaram grandes previsões a fabricantes como a Cisco e a Nortel, que, por sua vez, encomendaram mais conjuntos montados de fornecedores como a Celestica e a Solectron. Grande parte do superotimismo era de natureza defensiva: cada distribuidor estava "reservando para si" a produção de itens específicos, para ficar à frente dos demais. Similarmente, a Celestica e a Solectron sustentaram suas apostas enviando grandes previsões aos fornecedores de peças. Todos queriam certificar-se de que teriam bens suficientes para atender à demanda prevista, e ninguém percebeu que o volume total que estava sendo estocado no setor era muitas vezes superior ao que o mercado toleraria. Quando a demanda definhou, toda uma indústria veio abaixo. Neste e em outros casos, a causa fundamental do efeito chicote é a opacidade: participantes da cadeia de suprimentos não compartilham informações como deveriam.

Líderes Lideram com Transparência

Um estudo da McKinsey ilustra o modo como os líderes do setor aplicam a transparência a esses problemas. Ele constatou que o principal fator de produtividade é a inovação tecnológica bem dirigida, tipicamente na forma de aplicativos como bancos de dados de clientes, gestão de estoques, sistemas interativos de resposta falada e, no caso da indústria de semicondutores, ferramentas inteligentes para o projeto e a fabricação de microprocessadores. Vários desses aplicativos intensificam o fluxo de informações.

Uma nova atitude quanto a parcerias transparentes, fundadas na confiança, vem se espalhando lentamente do ramo de varejo para outros setores. O planejamento, a previsão e o reabastecimento colaborativos (CPFR, como o chamam) apóia-se em três princípios[15]:

1. O processo enfoca a demanda de consumo e o sucesso da cadeia de valores, e não os interesses particulares de participantes individuais.
2. Os parceiros desenvolvem, em conjunto, uma única previsão compartilhada que utilizam para planejar atividades ao longo da cadeia de suprimentos. Todos os stakeholders são responsáveis pelos termos que definem essas previsões compartilhadas com transparência.
3. Todas as partes se comprometem com a previsão, compartilhando os riscos existentes na remoção de impedimentos como o acesso a informações de vendas atuais ou conselhos sobre mudanças nas condições do

A TRANSPARÊNCIA ENTRE PARCEIROS DE NEGÓCIOS   143

mercado. Compartilhar a responsabilidade pela transparência fortalece o desempenho de curto prazo e a confiança de longo prazo.

Uma vez implementada a transparência, os revendedores podem confiantemente abordar outras áreas para melhorar a produtividade. Uma delas é um planejamento mercadológico mais preciso, que lhes permita ter o produto certo na prateleira certa na hora certa. Outra é a gestão de receita, que possibilita definir com precisão os preços de tabela e os preços de venda. As grandes empresas utilizam programas sofisticados tanto para o planejamento mercadológico como para a gestão de receita. Mas de nada servirá isso tudo se a rede de negócios for vítima do efeito chicote. Sem a confiança e a transparência, o desempenho da revenda pode ser dos mais incertos. E, todavia, pouquíssimas empresas vêm tirando proveito do CPFR. A maioria dos revendedores não deseja revelar à concorrência sua promoção de Pampers para a próxima semana. Por isso, eles mantêm as cartas contra o peito, enquanto o Wal-Mart os supera em volume com seu "preço baixo todo dia"[16]. Mark Letner, executivo da cadeia de suprimentos da Johnson & Johnson, descreve a dinâmica da transparência e da confiança entre parceiros da rede de negócios:

> Temos duas cadeias de suprimentos. A mais elaborada e sofisticada, e a que envolve mais investimentos, é a de materiais diretos – coisas que entram nos produtos finalizados. O objetivo final é que todos na cadeia de suprimentos compreendam as previsões de venda dos produtos finais – o modo como estes entram no mercado –, de maneira a minimizar seus riscos. Compartilhamos com eles informações sobre prazos e previsões de venda. Eles compartilham conosco informações sobre qualidade e, por vezes, custos – tudo isso é essencial para promover um fluxo contínuo de fornecimento diário, em vez do velho método de remessas mensais. No caso de materiais indiretos – tapetes, cadeiras, materiais de construção e tecnologia da informação, que compõem 2/3 de tudo o que compramos –, esperamos que o fornecedor providencie o produto e acrescente algum valor a ele, como a instalação dos tapetes ou a configuração dos computadores. Nesse caso, o nível de sofisticação e controle é menor. Não chega a ser nulo, mas compartilhamos muito menos informações táticas.

> A transparência muda a dinâmica das negociações de preço.

> A última coisa que queremos é que nossos fornecedores não ganhem dinheiro, e o Credo da J&J afirma que eles devem ter a oportunidade de lucrar. Na negociação ideal, todos sabemos quanto custa – ou deveria custar – ao fornecedor a entrega de um item, baseado

em dados do histórico, em especialistas e assim por diante, e negociamos o preço a partir daí. Leilões reversos ajudam-nos a ter ainda mais clareza quanto ao preço mínimo que um fornecedor pode suportar. Eu prefiro pagar 8 centavos a mais em lucros a ver o fornecedor enterrando essa margem em uma suposta estrutura de custos.

A transparência, especialmente no que se refere a fornecedores de materiais diretos, vai muito além disso – e envolve o cultivo de uma série de relacionamentos especiais:

Abusa-se muito da palavra parceria. Eu diria que menos de cem dentre nossos mais de 30 mil fornecedores são parceiros de fato. Mas, nos casos em que essa parceria existe, podemos discutir previsões de venda, pesquisas clínicas (como novas propriedades que estejamos tentando desenvolver para um medicamento) e mesmo campanhas publicitárias. Estamos tentando envolvê-los em nosso negócio.

Empresas corajosas também se sentem motivadas a contribuir para elevar a qualidade da concorrência em seu mercado.

Usaremos toda a perícia de que dispomos, inclusive nossa perícia processual, nossa tecnologia e assim por diante, para ajudar um fornecedor importante a ter sucesso. Afinal, se ele não tiver sucesso, nós tampouco o teremos. O que mais nos deixa felizes é vê-lo adotando algo que lhes ensinamos e o oferecendo a outras partes – mesmo que seja a nossos concorrentes. Isso porque, no final das contas, não concorremos com base em preços ou em uma técnica ou embalagem específicas, mas com base em nossa capacidade de execução.

Poderíamos contar histórias similares sobre líderes de transparência em outros setores – empresas como a Southwest Airlines, a General Electric, a Charles Schwab, a Federal Express e – o que não surpreende, se você parar para pensar – o exército norte-americano. Em geral, essas organizações desenvolveram vantagens diferenciais sobre a concorrência, ora em termos de preço, ora de inovação, e ora em ambos, concentrando-se especialmente em sistemas de informação em tempo real, que proporcionam dados atualizados e apoio à tomada de decisões para todo membro da rede de negócios que deles necessite. Usando seus conhecimentos para exigir qualidade e preço baixo de seus fornecedores, elas também fazem o máximo para promover o sucesso destes últimos. Uma vez implementadas, tais vantagens se tornam "críticas para a missão". Para os vencedores, a transparência é, cada vez mais, uma questão de sobrevivência.

CONECTORES-PADRÃO

Uma variedade especial de transparência reduz a possibilidade do trauma que a IBM sofreu durante os anos 80, quando perdeu o controle sobre o mercado dos PCs para a Microsoft e a Intel. Trata-se da transparência promovida pelos padrões abertos. Esses padrões não são nenhuma novidade. Eles fazem parte da sociedade industrial desde seus primórdios. O corriqueiro plugue elétrico é um bom exemplo. Você pode comprar qualquer aparelho elétrico sabendo que ele se conectará e funcionará em qualquer tomada-padrão. Ninguém "possui" as regras para fabricar plugues elétricos ou desenhar produtos que os utilizem. Nos Estados Unidos, a Underwriters Laboratories, uma organização independente sem fins lucrativos, testa e certifica a segurança de produtos elétricos. Quando o código elétrico muda, por exemplo, com o surgimento dos plugues tripolares, ele muda para todo mundo. Nenhuma empresa "controla" o projeto tripolar.

Essas regras abertas são mais comuns do que você imagina. O encanamento e a iluminação industriais, peças automotivas (como a ignição e os pneus), redes telefônicas, auditorias (princípios contábeis aceitos universalmente) e muitos outros bens e serviços baseiam-se em padrões abertos. Graças a esses padrões, as fábricas e as prestadoras de serviços sabem que peças oriundas de fontes diversas se encaixarão e funcionarão conjuntamente. Os padrões são mecanismos para certificar a compatibilidade (ou seja, a transparência) e gerar um campo de possibilidades para a inovação.

A adoção do Linux por parte dos fabricantes de computadores é uma estratégia competitiva, uma lição aprendida com o malogro do PC. A Hewlett-Packard e a IBM preferiram abandonar seus "herdados" sistemas operacionais internos em favor do Linux. Isso exige que o sistema operacional seja visto como um "conector-padrão" neutro, e não como uma base de diferenciação para a atividade competitiva. Muitas partes da Internet (como o e-mail) e tecnologias de conexão com a Internet (como as redes Wi-Fi) são similarmente abertas e padronizadas. Os benefícios de um Linux aberto são muitos:

- Ao excluírem os sistemas operacionais dos fatores de lucro, a IBM e a HP ganharam uma poderosa arma para concorrer com suas arqui-rivais – a Microsoft e a Sun –, que dependem de tais sistemas (o Windows e o Solaris, respectivamente) para definir suas metas financeiras. Um benefício colateral é o novo enfoque em outras áreas competitivas (serviços, programas comerciais e hardware).

- Ao longo de sua história, a IBM e a HP produziram e comercializaram diversos sistemas operacionais para computadores especializados e de grande porte. O Linux proporciona a vantagem econômica da simplicidade: um sistema operacional para todos os casos. Isso não sai a um custo zero: ambas as empresas investiram pesado para melhorar e adaptar o Linux. Ainda assim, elas também contam com o trabalho gratuito de voluntários externos que aumentam os recursos e a credibilidade do Linux.

- A Hewlett-Packard e a IBM ganharam um terreno econômico e moral junto àqueles clientes que preferem pagar pouco ou nada por uma tecnologia indispensável. O Linux vem tendo bom desempenho em governos e em mercados emergentes; e também prospera em Wall Street e nas indústrias do centro-oeste norte-americano.

- O Linux contribuiu para que essas empresas aprendessem a tirar proveito de conceitos inovadores e de última geração, tais como a computação em grade – conceitos que (como o próprio Linux) surgiram à margem da indústria dos computadores.

O Linux é um dos muitos conectores-padrão no ambiente computacional de hoje. Mas outros conectores – já comuns em setores que vão desde as ferrovias até o acondicionamento de carne bovina – continuam a aparecer em novas áreas, favorecendo a inovação e a redução de custos, ao mesmo tempo em que atendem às necessidades de diversos stakeholders:

- As etiquetas de RFID e seu precursor menos sofisticado, o código de barras, são conectores-padrão para companhias de varejo e logística. Órgãos neutros da indústria, como o Centro de Auto-Identificação do MIT e o Uniform Code Council, desenvolvem e administram suas regras de uso como padrões abertos e não-proprietários.

- O código genético é um conector-padrão da vida. A Celera Genomics, após uma breve e passional tentativa de privatizar a seqüência genética humana, desistiu do negócio. Ela deixou o campo aberto para o estatal Projeto Genoma Humano, muitos de cujos líderes mantiveram a seqüência em domínio público. Enquanto isso, empresas e universidades patentearam silenciosamente muitos genes humanos individuais. O Escritório de Patentes e Marcas

Registradas dos Estados Unidos possui um arquivo de pedidos com milhares de novas requisições de patentes genéticas. Os genes devem ser patenteáveis?

- Essenciais para a economia como um todo são as regras monetárias, o conector-padrão do comércio. Embora seja difícil sondar sua dinâmica interna, seus pressupostos básicos – como as taxas de transação e de juros – costumam ser bem conhecidos e definidos em um processo visível. Bancos centrais, como o Federal Reserve, definem as taxas de juros, enquanto as taxas de câmbio, definidas pelos negociantes em um mercado aberto, são conhecidas de todos.

As empresas favorecem a propriedade transparente e compartilhada dos conectores-padrão quando isso se mostra vantajoso para os negócios. A IBM pôs seu poder cerebral e mercadológico a serviço do Linux por razões competitivas. O Wal-Mart e a P&G apóiam a RFID porque empresas com alto desempenho (como eles) terão maiores chances de tirar vantagens competitivas da iniciativa. Uma derrota fez com que a Celera debandasse: incapaz de ganhar dinheiro com o genoma, ela se voltou aos produtos farmacêuticos.

Produção Conjunta

Os exemplos que discutimos ilustram um tipo especial e poderoso de mecanismo de produção, cuja vitalidade contínua depende da transparência dos recursos comuns intelectuais. Estamos habituados a conceber a produção e as cadeias de suprimentos como coisas que existem dentro de uma única empresa, ou como o resultado de transações de mercado – em ambos os casos, como algo administrado hierarquicamente por um chefe ou um comprador. Todavia, nem a transação hierárquica interna a uma empresa nem aquela entre a empresa e o mercado definem com exatidão os mecanismos de produção do Linux, dos padrões de RFID, da seqüência do genoma humano ou da evolução do arroz basmati ao longo dos séculos (Capítulo 1). Em todos esses casos, há em atuação um mecanismo cooperativo, auto-organizado, transparente e fundado na confiança, por meio do qual indivíduos e empresas abordam detalhes de um problema, procuram resolvê-los e oferecem os resultados a um grupo maior e com um certo grau de autonomia. A partir do acúmulo e da integração dessas contribuições individuais, novos resultados adquirem forma.

O Linux, um sistema operacional complexo e de qualidade industrial, pode ser o exemplo mais notável, sem ser, contudo, o único, daquilo que alguns chamam de "produção conjunta"[17]. Em *Capital Digital*, descrevemos esses modelos como redes de negócios por "aliança"[18].

A produção por aliança é especialmente adequada no caso de iniciativas do conhecimento, sobretudo para a inovação coletiva e as artes sociais (como o jazz e os jogos para múltiplos jogadores). As alianças freqüentemente proporcionam resultados melhores do que as hierarquias ou os mercados, especialmente quando um projeto é dividido em módulos a serem trabalhados por diversos colaboradores individuais ou empresariais. Por quê? As alianças fazem uso das diversas aptidões encontradas em um grupo seleto de colaboradores. Em vez de se confiarem tarefas a um indivíduo em virtude de um contrato ou por elas fazerem parte de seu trabalho, as pessoas se oferecem para a tarefa em questão com base na confiança que têm em sua aptidão pessoal. Em seguida, os colaboradores avaliam, com base no mérito, se a contribuição será implementada no esquema geral – só depois de o colaborador tê-la produzido. Devemos adotar o termo *rede de stakeholders* como novo jargão comercial? Este código para o Linux vai funcionar de fato? Essa seqüência genética é cientificamente confiável? Concordamos quanto ao uso da RFID para detectar o conteúdo de um carrinho de compras?

Tais mecanismos só funcionam se as informações fluírem com transparência e os relacionamentos favorecerem a confiança. A produção conjunta é especialmente útil quando a criatividade e a cooperação estão em alta. Com a revolução tecnológica, as informações se tornaram um fator de produção prontamente disponível. Diversamente de recursos físicos como máquinas e eletricidade, o conhecimento e a cultura têm a propriedade única de não serem rivais: o valor de uso do conhecimento (uma canção popular, uma parte de programa de computação, uma nova maneira de gerir estoques em uma loja de varejo) não se reduz quando ele é compartilhado. Em outras palavras, o conhecimento não se desgasta. Ao mesmo tempo, os recursos físicos para a produção de conhecimento – computadores e redes de comunicação – são baratos e onipresentes. Os recursos escassos de hoje em dia são a criatividade e a colaboração humanas, e é aqui que a produção conjunta resplandece.

O fundamental, na produção conjunta, é que o resultado do trabalho é compartilhado entre colaboradores e patrocinadores, e às vezes por outras pessoas, seja exclusivamente entre membros pagantes de um consórcio industrial (como no caso do grupo de auto-identificação do MIT), seja com o público em geral (como no caso do Linux ou da seqüência do genoma). Como discutiremos na próxima seção, estes "recursos comuns" são o fluido vital da produção conjunta. Pode-se

A TRANSPARÊNCIA ENTRE PARCEIROS DE NEGÓCIOS   149

dizer que a World Wide Web é uma extravagância colaborativa, cuja melhor ferramenta de consulta (o Google) utiliza mecanismos de análise conjunta.

Como seus resultados são compartilhados, somente umas poucas empresas conseguem ganhar dinheiro com a produção conjunta. Os recursos da Internet, que favorecem a transparência, tornam essa produção mais praticável. Não somente o Google, como também a Amazon e, de certo modo, o eBay, utilizam técnicas de produção conjunta. Outros exemplos incluem jogos on-line, grupos de bate-papo, Weblogs e o suporte e auxílio mútuos (seja de natureza pessoal, técnica ou médica). As empresas que "hospedam" esses serviços podem lucrar diretamente da produção conjunta (vendendo o acesso ou os resultados) ou de fontes associadas (publicidade ou venda de produtos).

Outras investem na produção conjunta para criar uma fundação para atividades lucrativas relacionadas. Quando uma IBM, uma Hewlett-Packard ou uma Oracle trabalha de graça para ajudar a desenvolver o Linux como "conector-padrão", elas o fazem na esperança de vender programas e serviços associados ao sistema. Quando o Wal-Mart e a P&G investem dinheiro e pessoal na nova geração de conectores-padrão de RFID, seu intuito é lucrar com uma cadeia de suprimentos mais eficiente. Quando a Pfizer disponibiliza seus cientistas para ajudar a decodificar o genoma humano, ela espera uma recompensa em patentes sobre medicamentos.

Mas o dinheiro não é a única razão para ajudar. As pessoas – e mesmo as empresas – podem envolver-se na produção conjunta por razões não materialistas, como diversão ou fama. Isso muitas vezes basta, especialmente se a atividade for de meio período e não interferir com as necessárias ocupações materialistas. Os desenvolvedores de software contribuem com o Linux porque gostam de criar códigos (diversão) e esperam conquistar renome e a confiança de seus colegas (fama). Alguns também comercializam seu renome (lucro) em contratos de consultoria, empregos, publicações e assim por diante. Para os pesquisadores acadêmicos, os fatores econômicos da produção conjunta são algo testado e aprovado. (O capital social pode perder valor quando dólares entram em jogo. "Um ato amoroso muda drasticamente de sentido quando, ao final, um dos parceiros oferece dinheiro ao outro, e um comensal que sacar um talão de cheques ao término de um jantar, em vez de trazer flores ou uma garrafa de vinho no início, provavelmente não voltará a ser convidado."[19])

O empolgante é que, sobretudo em função da penetração da Internet como ferramenta de colaboração transparente, a produção conjunta vem crescendo. Nossos principais exemplos – o Linux e o Projeto Genoma Humano – estão entre os mais poderosos. Linus Torvalds, criador e líder da iniciativa Linux, diz que, sem a Internet, um apanhado heterogêneo de hackers de diversas partes do mundo jamais teria criado um sistema operacional de nível industrial capaz de desafiar a Microsoft e conquistar o apoio da IBM e da Hewlett-Packard. O Dr. Eric Lander, diretor do Centro de Pesquisa do Genoma do MIT, disse-nos que a Internet abreviou em muitos anos o Projeto Genoma Humano.

A Transparência nos Recursos Comuns

A produção conjunta por aliança depende da confiança e do compartilhamento. Quando alguém dá livremente o melhor de si, precisa acreditar que isso não lhe será roubado nem será usado em seu prejuízo; precisa ter pleno acesso aos resultados. A parasitação deve ser algo raro. A avaliação e a integração da sua contribuição e da contribuição dos demais devem ser justas e efetivas. A reciprocidade engendra a confiança; os resultados estarão disponíveis para todos no clube.

Estamos descrevendo um "recurso comum" (*commons*). O *Oxford English Dictionary* (outro grande projeto de produção conjunta) associa *commons* a um recurso possuído "em comum" – "de uso ou propriedade conjunta; a ser mantido ou usufruído igualmente por uma série de pessoas". Como sugere o defensor dos recursos comuns digitais Lawrence Lessig, um recurso possuído em comum é "liberado" para essas "pessoas". Liberado, nesse caso, não significa que ele será concedido gratuitamente. Em vez disso, "um recurso está 'liberado' se (1) puder ser usado sem a permissão de outrem, ou (2) se a permissão necessária for concedida com neutralidade. (...) O recurso comum é um recurso ao qual todos os membros da comunidade em questão têm direito, sem obter a permissão de terceiros."[20] Informações comuns são transparentes, e informações transparentes são comuns.

Não é fácil proteger um recurso comum, seja físico, seja informativo. Parasitas tentam consumi-lo. Usurpadores tentam privatizá-lo. Quando isso ocorre, a confiança e o compartilhamento declinam.

Batalhas sobre recursos comuns significam trabalho para advogados. O Linux e outros programas de código aberto encontram amparo em um acordo especial de reprodução que todos os usuários devem assinar. Chamado de Licença Pública Geral (GPL – General Public License), ele disponibiliza o Linux a custo zero (incluindo nisso suas operações internas, ou "código fonte"), mas requer que todos os usuários partilhem – também a custo zero – quaisquer alterações ou melhorias que fizerem no código. Todos podem ter o código e melhorá-lo, desde que o compartilhem.

Você talvez imagine que a Internet sempre amplie os recursos comuns. Lessig (ele próprio advogado e professor de direito) concentra-se nas ameaças aos recursos comuns na produção conjunta e em fenômenos culturais altamente visíveis e de grande porte, como a música, os livros e a computação. Ele afirma, e nós concordamos, que, embora criadores e editores necessitem da proteção dos direitos autorais como incentivo para produzir, esta proteção deveria ter um limite de tempo e de escopo. Na década de 1790, 13 mil títulos foram publicados nos Estados Unidos, mas somente 556 solicitaram direitos autorais, e os que o fizeram conseguiram uma proteção limitada. Hoje, todas as obras automaticamente recebem tal registro. Inicialmente, os direitos autorais duravam apenas 14 anos, e só podiam ser prorrogados se o autor estivesse vivo. Desde então, o Congresso dos Estados Unidos entrou no negócio da prorrogação desses direitos. Ele ampliou retroativamente as leis de direitos autorais onze vezes desde o início da década de 1960.

A lei de 1998 amplia os direitos autorais para 70 anos (dos anteriores 50) após a morte do autor, e para 95 (de 75) após a publicação, no caso de obras possuídas por empresas. (A lei recebeu o nome de Sonny Bono, o falecido cantor pop e congressista que disse: "Os direitos autorais deviam durar para sempre menos um dia".) A Walt Disney e outras empresas de mídia fizeram grandes esforços de lobby em favor da medida, sem a qual o Mickey teria entrado no domínio público em 2003. O livre intercâmbio de músicas pelo Napster e seus sucessores na Internet só deixou o setor mais passional quanto à proteção dos direitos autorais.

Como Lessig observou, em abril de 2002, perante a Suprema Corte dos Estados Unidos, essas prorrogações recorrentes dos direitos autorais ameaçam manter a cultura em mãos particulares para sempre. Tais práticas reduzem a cultura a uma mercadoria. Mas a criatividade prospera em um espaço aberto e livre. Todo criador apóia-se nos ombros de outros artistas e de nossa herança comum. Nesse sentido, a cultura é, em parte, um fenômeno de produção conjunta. A Disney, segundo Lessig, "retalhou, misturou e queimou" lendas centenárias, como a Branca de Neve e a Bela Adormecida. O próprio Walt "roubou" o precursor do Mickey, Steamboat Willie, do personagem Steamboat Bill, de um filme de Buster Keaton feito em 1928. A abordagem preferida de Lessig – e a nossa – é retornar aos padrões dos Patriarcas Fundadores: as leis de direitos autorais deviam durar cerca de 14 anos. Tristemente, em janeiro de 2003, a Suprema Corte indeferiu o pedido de Lessig para anular a extensão de direitos de 1998.

Tais problemas não se limitam à música pop e aos filmes. O Escritório de Patentes e Marcas Registradas dos Estados Unidos vem, desde 1980, emitindo patentes para seqüências genéticas de seres humanos surgidas naturalmente. Até 2003, mais de dois mil genes humanos foram patenteados internacionalmente por empresas privadas, universidades, hospitais e agências do governo. Dezenas de milhares de outras requisições encontravam-se sob análise em diversos escritórios de patentes.

O resultado: uma recrudescente batalha para decidir se informações genéticas devem ser disponibilizadas para os stakeholders – pacientes, profissionais de saúde, patrocinadores e pesquisadores. Um caso importante é o da Myriad Genetics, empresa sediada em Utah, que patenteou, em 1997, o BRCA1, gene que prognostica a possibilidade de câncer de mama. A patente dá à Myriad o direito de decidir como outras empresas usarão o gene para diagnósticos e tratamentos, de cobrar direitos sobre seu uso em pesquisas e desenvolvimento e de proibir sua utilização. A empresa também patenteou (muito mais razoavelmente) um teste que inventou para o BRCA1 e outro gene relacionado. A patente resulta, na prática, quase em um monopólio sobre os testes de câncer de mama envolvendo o gene, e impõe termos aos acadêmicos que quiserem fazer novas pesquisas e desenvolver novos tratamentos. A Myriad protege com ferocidade seu multimilionário negócio de testes, que vende agressivamente a médicos e hospitais. Diversos pesquisadores, nos Estados Unidos e em outras partes, identificaram novas trilhas para pesquisas baseadas no BRCA1, mas a empresa sufocou seus planos de terapias aperfeiçoadas. Ela se recusa a aprovar – ou realizar – testes novos, e por vezes mais baratos, que utilizem "seus" genes.

Em janeiro de 2003, o governo conservador de Ontario, normalmente favorável ao livre comércio, resolveu desafiar a Myriad e utilizar um teste concorrente muito mais barato. O ministro da saúde da província, Tony Clement, referiu-se ao patenteamento genético como "abominável", dizendo: "Não aceitamos a reivindicação deles [da patente], e estamos desconsiderando-a. Esta é uma luta para ter acesso às mulheres que possam ter predisposição ao câncer de mama ou de ovário." Ele afirmou estar preparado para combater a patente canadense da Myriad "até o mais alto tribunal da Terra". A província de Ontario não estava sozinha, nem foi a primeira – os desafios à patente européia da Myriad começaram a surgir em 2001.

Como isso pôde ocorrer?, você talvez se pergunte. Como pode uma empresa obter direitos de patente sobre o código genético do corpo humano, a essência que define nossa herança comum? Normalmente, patentes são concedidas pela invenção de coisas novas, e não pela descoberta de coisas existentes. Patentes só costumam ser concedidas no caso de invenções, e não de fenômenos naturais; não se pode, por exemplo, patentear uma nova espécie de insetos que se descubra na selva. Se existe algo que seja parte do "recurso comum", sem dúvida é o nosso código genético. O que o Escritório de Patentes e Marcas Registradas tinha na cabeça?

Os defensores das patentes genéticas argumentam que a revolução genômica é, hoje, a base para o projeto de medicamentos e testes para a maioria das doenças. O custo de trazer novos remédios ao mercado pode ser de centenas de milhões de dólares. Sem a proteção de patentes para as descobertas na seqüência genética, as companhias farmacêuticas poderiam perder suas invenções para plagiadores. Elas estariam menos inclinadas a investir, e a humanidade é que sairia perdendo.

Para receber uma patente, a invenção precisa ser nova, inevidente e útil. Medicamentos e testes atendem a esse critério. Mas genes? A princípio, o Escritório de Patentes e Marcas Registradas mostrou-se rápido e cooperativo na concessão de patentes. Ele justificou a decisão de tratar as seqüências genéticas como invenções porque seus defensores sintetizavam as seqüências isoladamente de sua presença nas fitas genômicas. Além disso, até finais dos anos 90, isolar um gene era um trabalho lento, custoso e feito manualmente em tubos de ensaio: a Myriad gastou milhões para isolar o BRCA1. A "descoberta" do gene era claramente valiosa na prevenção de doenças. Sob tais circunstâncias, o argumento de que a "invenção" era nova, inevidente e útil era válido.

Todavia, graças à tecnologia, tudo isso mudou. Hoje, a maior parte das pesquisas genéticas é realizada em modelos computadorizados – *in silico*, e não *in vitro*. A pesquisa utiliza técnicas, ferramentas e bancos de dados padronizados. Em lugar de um cientista com Ph.D., um técnico treinado pode realizá-la. Uma seqüência genética já não é uma novidade inevidente. Ela não requer grandes investimentos. Muitas das requisições atualmente em escritórios de patentes, se não a maior parte delas, são de natureza defensiva: os requisitantes não conhecem necessariamente as funções da seqüência apresentada, nem podem explicar como a patente se mostrará "útil". Acredite ou não, a maior parte das informações genéticas humanas é um lixo inútil. Todavia, quanto mais patentes uma empresa possuir, mais provável será que tenha algumas úteis, ao passo que menos patentes úteis estarão nas mãos da concorrência.

O problema é que, como ilustra o exemplo da Myriad, em vez de promover a inovação e a prestação econômica de serviços de saúde, as patentes genéticas retardam a inovação e aumentam o custo para pacientes e prestadores. Elas são uma força em prol da opacidade.

Pesquisas feitas por Mildred Cho, uma bioeticista da Universidade de Stanford, demonstram que as patentes de seqüências genéticas reprimem novas pesquisas e o projeto de novos testes clínicos. Outra pesquisa revela que um número crescente de cientistas universitários incorrem no armazenamento de conhecimentos: eles ocultam ou retardam a publicação dos resultados de suas pesquisas. Pior ainda é a ameaça das novas patentes atualmente em forma de requisição. Cho observa que "o número de pessoas afetadas por uma patente existente é menor do que o número das que podem ser afetadas por uma patente futura, porque há aí mais fatores desconhecidos"[21]. Quando uma seqüência genética fica paralisada devido a uma requisição de patente, outros pesquisadores tendem a aguardar o resultado da requisição antes de trabalhar na seqüência. E isso, uma vez mais, em detrimento da inovação.

Graças à Lei Bayh-Dole, de 1980, que deu às universidades dos Estados Unidos o direito de possuir patentes, a industrialização da academia está tomando o lugar da ciência aberta. Uma análise deste problema, publicada no *Journal of the American Medical Association*, apresenta-o como uma questão essencialmente de transparência:

> A abertura na partilha dos resultados de uma pesquisa é um poderoso ideal na ciência moderna. (...) O comunalismo – a propriedade compartilhada e a livre troca de resultados e métodos – [é] uma norma fundamental sob a estrutura social da ciência. Esse compartilhamento é essencial para o progresso científico, já que sem ele os pesquisadores inconscientemente baseiam seu trabalho em algo menos que o total acúmulo de conhecimentos científicos, e o avanço da ciência é prejudicado por problemas cuja solução já existe, mas não se encontra disponível. O poder do ideal de abertura reflete-se na seguinte observação de Albert Einstein, inscrita em sua estátua em frente à sede da Academia Nacional das Ciências: "O direito de buscar a verdade também implica um dever: não se deve ocultar parte alguma daquilo que se reconhece ser verdadeiro". Todavia, pressões intensas, tanto pessoais como externas aos pesquisadores, podem fazer com que eles violem o ideal de abertura. As pressões pessoais incluem a competição entre os pesquisadores por prioridade e reconhecimento. As pressões externas incluem os requisitos do processo de promoção, a concorrência por patrocínio e os processos e procedimentos relacionados à comercialização das pesquisas universitárias[22].

Qual a solução? Em setembro de 2002, o Nuffield Council on Bioethics, sediado no Reino Unido, publicou recomendações feitas por um conselho internacional de especialistas. Ele observava que muitas das patentes sobre seqüências de DNA são "de validade duvidosa". O grupo recomendou que, no futuro, a concessão de patentes sobre seqüências de DNA fosse a exceção, e não a regra. Sua sugestão era a de que as patentes pudessem ser concedidas, e o fossem, para testes específicos de diagnose, baseados no conhecimento das seqüências de DNA. Ele conclamava os escritórios de patentes da Europa, do Japão e dos Estados Unidos a unirem forças para remediar a situação. Outra atitude foi um projeto apresentado em 2002 pela congressista Lynn Rivers para proteger pesquisadores médicos e diagnosticadores genéticos de processos legais por infração de patentes.

Como é óbvio, nem tudo deve ser um "recurso comum". Métodos padronizados para o uso de etiquetas de RFID por toda a cadeia de suprimentos devem. Informações competitivas sobre clientes e técnicas de logística não devem. Novas músicas e livros tampouco, mas devem-no após algum tempo. Nossa herança humana comum – o código genético – deve permanecer como "recurso comum". Mas novos testes de saúde, novos tratamentos e novos medicamentos não devem, pelo menos nos primeiros 20 anos, ou algo próximo a isso. Somos todos stakeholders nos artefatos científicos e culturais de que dependem a criatividade e a invenção. Devemos ser cuidadosos ao definir o que deve ser transparente e o que deve ser opaco, e por quanto tempo.

CAPÍTULO 6

CLIENTES EM UM MUNDO TRANSPARENTE

Mencionamos uma transferência de poder em prol dos funcionários. Existe uma outra transferência, motivada pela transparência, em prol dos consumidores. Mas ela se aplica nos dois sentidos. As empresas sabem ainda mais coisas sobre seus clientes. No passado, elas se valiam de pesquisas para descobrir as preferências do público. Hoje, bancos de dados maciços e esplendidamente detalhados rastreiam o comportamento dos consumidores. A todo momento, um grande varejista sabe quais modelos de jeans foram vendidos na loja de Cleveland ao longo da última hora. Se comprados com cartão de crédito, a empresa também fica conhecendo os hábitos de compra do consumidor – informações sob medida para campanhas publicitárias. Durante anos, os consumidores estiveram no lado errado de um espelho unidirecional.

Hoje, isso tudo vem mudando, com a clientela também observando e tomando atitudes com base no que sabe – com efeitos sísmicos. Os clientes têm maior acesso a dados sobre produtos e serviços, e podem identificar com maior facilidade seu real valor. Para competir, as empresas precisam, mais do que nunca, de produtos realmente diferenciados, de melhores serviços ou de menor custo, já que as deficiências no valor não podem ser ocultadas tão facilmente. Elas não podem fazer o lixo cheirar a rosas. E, cada vez mais, precisam da integridade nos negócios porque ela se torna parte da marca. Mais e mais o consumidor pode responsabilizar as empresas por tudo, desde a integridade até o valor de produtos e serviços. As empresas abertas compreendem esta transferência de poder e a acolhem.

Um vislumbre de um negócio em que os consumidores costumavam ficar totalmente no escuro vem bem a calhar. Certas revendedoras de câmeras por reembolso postal são famosas por táticas desonestas de venda e comportamentos fraudulentos. Elas normalmente divulgam preços promocionais de fazer cair o queixo nas páginas pares de revistas de fotografia. A meta é levar o consumidor a morder a isca, ou seja, discar um número 0800. Uma vez feita a ligação, seus vendedores empregam técnicas comprovadas para lograr o comprador incauto. Elas vão desde a mudança para um produto de maior preço até a separação de acessórios que normalmente vêm com o produto e sua venda a preços inflados. Fretes estratosféricos são outra tática favorita.

Para essas empresas escusas, a Internet é uma dádiva dos céus. Não mais forçadas a pagar por anúncios em revistas, elas criam sites atraentes a um custo relativamente irrisório. Afirmam estar entre as revendedoras mais ativas do país. Utilizam sites de comparação de preços para lançar suas iscas, já que seus preços ultrabaixos batem qualquer concorrente legítima.

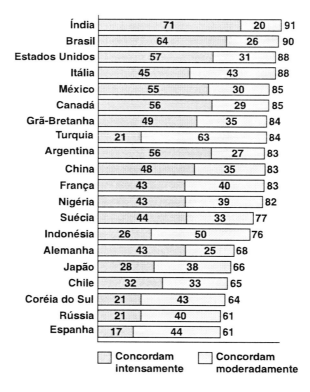

Figura 6.1 A coleta de informações antes de compras de grande valor.
Fonte: *Environics International*

O único recurso de que os consumidores realmente dispõem é utilizar a Internet para avisar uns aos outros. Um site popular para o arquivamento e o compartilhamento de informações é o www.photo.net, onde milhares de histórias terríveis vividas por consumidores são publicadas e organizadas de acordo com o nome da loja. O site também tem centenas de histórias de consumidores felizes que receberam grande valor e um bom serviço em lojas respeitáveis.

Em 2001, Don Wills, um programador e fotógrafo aficionado residente no Brooklyn, resolveu fazer algo para evitar que seus colegas de fotografia fossem logrados por lojas trapaceiras, das quais existem muitas em sua cidade. Wills identificou a localização física das empresas cujos sites apresentavam preços bons demais para ser verdade. Então saiu pelo Brooklyn de bicicleta, fotografando os prédios arruinados, pichados e por vezes interditados que essas empresas utiliza-

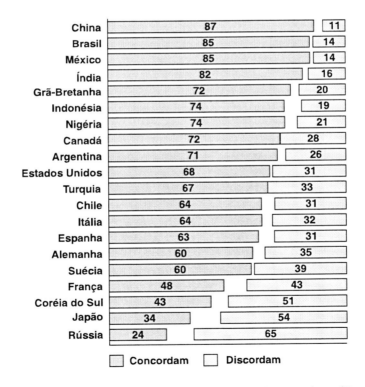

Figura 6.2 Os consumidores têm o poder de se proteger contra práticas.
injustas/desonestas por parte de empresas
Fonte: *Environics International*

vam. Muitas vezes, havia apenas uma caixa de correio com o nome da empresa escrito com pincel atômico. Às vezes, um único endereço correspondia a meia dúzia de diferentes lojas virtuais de câmeras. Wills publicou as fotos no atualmente extinto photopoint.com. Elas foram um sucesso arrasador, e logo se tornaram parte do folclore da Internet. Wills usou a mesma ferramenta – a Internet – para expor os truques que os trapaceiros usavam para perpetrar seus crimes.

A batalha entre a transparência e a opacidade vem tendo lugar em todos os setores da economia. Companhias alimentícias recusam-se a rotular seus produtos como geneticamente modificados. Empresas antiquadas ocultam as inadequações de produtos. Companhias com estruturas dispendiosas empenham-se em deixar os consumidores na ignorância. Mas as forças da opacidade estão retrocedendo. E as empresas inteligentes sabem disso.

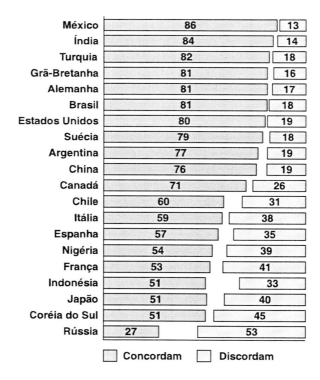

Figura 6.3 Não hesitam em reclamar junto às empresas.
Fonte: *Environics International*

CLIENTES EM UM MUNDO TRANSPARENTE   161

O consumidor tem uma compreensão crescente de seu poder. A maioria das pessoas nos países do G20 sente-se fortalecida como consumidor, segundo uma pesquisa feita em 2001 pela Environics International[1].

Dois terços dos entrevistados acreditavam que os consumidores têm o poder de se proteger de práticas injustas ou desonestas por parte de empresas. Na Rússia, no Japão, na Coréia do Sul e na França, somente uma minoria dos consumidores sentia-se fortalecida. Pessoas com mais de 65 anos também tendiam a se sentir menos capazes de se proteger.

Sete em cada dez pessoas não hesitariam em reclamar junto às empresas que produzem ou vendem os produtos que elas utilizam. Mais de um terço dos entrevistados são irredutíveis quanto a esse aspecto de seu comportamento de consumo. As pessoas com maior instrução, com níveis superiores de renda e com acesso à Internet estão mais inclinadas do que outras a repreender as empresas.

Ao longo da história, o consumidor demonstrou preocupar-se com questões de preço e valor (a utilidade, qualidade, grau de inovação, serventia e segurança do produto), e também com as marcas – no passado, "imagens" ou promessas de um produto ou empresa. Cada vez mais, existe um novo fator em campo – os valores –, e o consumidor prefere comprar de empresas que considera "boas", e que contribuem com a comunidade.

Aproximadamente oito em cada dez consumidores dos Estados Unidos dizem que podem fazer diferença ao exigir um comportamento corporativo responsável. Três de cada quatro consumidores também querem saber mais sobre como as empresas tentam ser mais responsáveis[2]. Essa combinação entre fortalecimento e desejo de saber cria o cenário para novos tipos de comportamento de consumo.

A TRANSPARÊNCIA E O VALOR

Os consumidores sentem-se fortalecidos porque têm maior acesso a informações sobre produtos e serviços, e podem discernir mais facilmente o verdadeiro valor. Mais do que nunca, eles podem descobrir quais carros têm melhor desempenho, são mais seguros e duram mais tempo; qual sabão em pó deixa as roupas mais brancas; qual vôo é o mais barato; qual empresa de celulares tem os melhores planos; qual livro apresenta boas idéias; e qual pacote de férias tem maior valor. O valor verdadeiro ganhou o primeiro plano, e a marca deixou de ser uma imagem para ser uma medida da confiança e dos relacionamentos[3]. As empresas precisam ser honestas, cumprir seus compromissos e demonstrar que se importam com os interesses dos clientes, oferecendo produtos superiores ou preços mais baixos.

Conforme os produtos se tornam mais complexos, seu ciclo de vida se reduz e as escolhas dos consumidores se expandem em virtude da Internet, o apetite do público por conselhos oportunos e desinteressados continua a crescer. Há muito fremem debates em grupos de discussão on-line sobre quais empresas têm os melhores produtos em áreas como a fotografia, os equipamentos de áudio e os automóveis. Mas poucos participantes procuram ser observadores imparciais; a maioria age como infatigáveis advogados de uma marca, defendendo resolutamente as decisões de compra que tomam e as razões por que os profissionais escolhem, digamos, a Canon em preferência à Nikon, ou um Porsche em preferência a um Corvette.

Em fins da década de 1990, uma série de empresas pontocom passou a oferecer fóruns mais neutros e mais estruturados para compartilhar idéias sobre produtos e serviços. O maior deles, o Epinions.com, trata de mais de 2 milhões de produtos e serviços em mais de 30 categorias diferentes. Além de eletroeletrônicos habituais como filmadoras e computadores, os colaboradores enviam conselhos sobre produtos mais exóticos, como vinhos, colônias masculinas, filmes e remédios para pé-de-atleta. A meta é dar confiança e informações ao consumidor com base nas declarações imparciais em primeira mão de outros consumidores, mais que nas opiniões de um suposto especialista.

O Epinions estimula os colaboradores com dinheiro e elogios. Se você apresentar continuamente avaliações de alto nível sobre produtos e serviços, consideradas úteis pelos compradores, o Epinions o remunerará. Você também será reconhecido pela comunidade como alguém cuja opinião deve ser respeitada.

A empresa afirma fazer o possível para destacar as pessoas por trás das resenhas, de modo que os visitantes saibam exatamente em quem confiar. Além de contar com páginas biográficas, listas de avaliações e recursos para comentar as avaliações, os usuários podem bloquear os avaliadores de que não gostam, e as avaliações destes sumirão da tela. Em contrapartida, o Epinions permite que todos os usuários criem uma "Rede de Confiança" – uma rede personalizada de avaliadores cujos comentários e classificações eles com freqüência julguem valiosos.

A empresa se empenha em assegurar aos visitantes que as opiniões são imparciais. As revistas tradicionais de negócios, que avaliam produtos como câmeras ou carros, muitas vezes se recusam a publicar críticas negativas. Se um produto for de má qualidade, o editor declara que "atuará junto ao fabricante" para melhorá-lo, em vez de publicar uma opinião negativa. Eles nem chegam a informar aos leitores que uma avaliação foi realizada. Insistem em que, em longo prazo, essa política da "ignorância bendita" serve melhor ao público. A verdade é que a típica revista para os entusiastas de automóveis depende da renda oriunda dos anúncios das montadoras, e não pode se dar ao luxo de perdê-los. Cada vez mais, os leitores inteirados enxergam essas políticas como elas são – editores humilhando-se aos pés de anunciantes. Algumas publicações, como a *Consumer Reports*, julgam que a única maneira de evitar esse conflito potencial é não publicar anúncios.

Um concorrente do Epinions é o ConsumerSearch.com, que agrega avaliações de produtos de outros sites e de publicações tradicionais. "Começamos procurando as melhores análises, tanto na Internet como fora dela, e as classificamos de acordo com a eficiência com que identificam os melhores produtos de cada categoria. Em seguida, desenvolvemos nosso relatório da História Completa, verificando se os especialistas concordam ou discordam. Quando discordam, tentamos determinar qual o trabalho com mais credibilidade. Finalmente, destilamos em nossas Respostas Rápidas os resultados sobre quais os melhores produtos em sua categoria."

O Epinions e o ConsumerSearch lidam com uma grande variedade de produtos. Alguns sites de compilação lidam com apenas alguns, como o www.rottentomatoes.com, que se especializa em filmes. Criado pelo cinéfilo Senh Duong em 1998, o Rotten Tomatoes tinha 2,7 milhões de leitores por mês, no início de 2003. Com mais de 87 mil títulos e 200 mil links para resenhas, o Rotten Tomatoes oferece um divertido sumário da reação que os principais críticos de cinema da mídia impressa e on-line tiveram em relação aos filmes, resumindo-a pelo Tomatômetro. Se mais de 40% dos críticos condenam um filme, este é rotulado de tomate podre.

O Rottentomatoes.com é um antídoto muito necessário aos anúncios dos estúdios. Nesses anúncios, todos os filmes são um sucesso "obrigatório" – opinião muitas vezes sustentada por meia dúzia de críticos. Não importa quão ruim o filme seja, os estúdios conseguem arrumar uns poucos comentários favoráveis. Aliás, como ilustrou uma infame fraude cometida pela Sony, volta e meia os comentários e o nome dos críticos são a mais pura invenção. Os executivos de publicidade da Sony criaram um crítico fictício chamado David Manning para promover seus filmes. Ele estava registrado como resenhista da inexistente *Ridgefield Press*, em Connecticut. Anúncios atribuíram a Manning falsas citações sobre filmes como *O Homem sem Sombra*, *Limite Vertical* e *O Animal*, de Rob Schneider. No

A TRANSPARÊNCIA E OS PREÇOS

Rotten Tomatoes, os usuários têm acesso a uma miscelânea representativa, com dezenas de resenhas.

A TRANSPARÊNCIA E OS PREÇOS

Você já fez suas pesquisas nos sites dos fabricantes, consultou serviços como o Epinions.com e escolheu o CD Player ou a filmadora que deseja. A próxima questão é: de quem comprar? Uma multidão de empresas on-line procura fortalecer o consumidor ao vascular a Internet em busca dos melhores preços para bens e serviços. Empresas como o BizRate.com, o MySimon.com, o Dealtime.com e o PriceGrabber.com oferecem conselhos sobre onde conseguir o melhor valor, que, em muitos casos, não significa a oferta mais em conta. Como vimos no caso das lojas de câmeras, qualquer patife pode criar um site e afirmar que oferece produtos excelentes a preços incrivelmente baixos. "O sujeito do menor preço é, freqüentemente, o que tem as práticas de negócios menos éticas", diz Chuck Davis, CEO do BizRate[4].

Para tornar seus serviços mais precisos e úteis, o BizRate oferece, agora, quatro critérios adicionais para separar os negociantes bons daqueles não tão bons: Prazo de Entrega Cumprido, Os Produtos Atenderam às Expectativas?, Assistência ao Cliente, e a pergunta definitiva: Você Compraria Aqui de Novo?. A maioria dos sites de comparação de preços oferece classificações similares.

Sites de comparação para compras, como o BizRate, compilam avaliações de lojistas em uma escala inimaginável antes da Internet. Em janeiro de 2003, o BizRate publicou uma lista com os sites que ofereceram os melhores serviços aos consumidores durante os feriados de final de ano de 2002. A lista se baseava em críticas oferecidas por mais de 1,5 milhão de compradores on-line entre 25 de novembro e 25 de dezembro de 2002. O BizRate é único não somente por entrevistar os consumidores no momento da compra, mas por fazer um acompanhamento por e-mail algum tempo depois do prazo para a entrega do produto, para verificar se os consumidores ainda estão satisfeitos.

Os sites de comparação de preços poupam andanças e dão aos consumidores a confiança de estarem tomando uma decisão inteligente. Vendo quão populares estes sites se tornaram, alguns negociantes on-line inovadores passaram a apresentar os preços da concorrência em seu próprio site, em vez de depender de sites de terceiros para validar suas afirmações de bom preço. A Progressive, uma seguradora de veículos, oferece um espaço on-line para comentários àqueles clientes que fornecerem detalhes sobre sua idade, estado civil, tipo de carro e assim por diante. Ela também calcula o que seus concorrentes cobram, tomando por base os dados que as companhias de seguro registram junto ao governo estadual. A Progressive, uma empresa de seguros para automóveis, faz cotações on-line para clientes que fornecem detalhes sobre sua idade, estado civil, tipo de carro e assim por diante. Ela também calcula o que seus concorrentes cobram, com base nos dados das taxas cobradas pelas empresas de seguro arquivados no governo. A Progressive afirma que procura tornar a comparação o mais precisa possível, pois confia que seus produtos estarão freqüentemente entre os de melhor valor. Por vezes, ela perde para concorrentes de preço mais baixo. Mas alguns clientes optam por suas mensalidades maiores, porque concluem que a Progressive é uma empresa diferente, digna de sua confiança e de seus negócios. Empresas abertas criam relacionamentos de confiança, em parte, porque exibem transparência.

Os compradores on-line não são os únicos que recorrem aos sites de comparação de preços; os principais usuários são aqueles que pretendem comprar em lojas físicas. Eles recorrem à Internet para descobrir quais preços são razoáveis em sua loja local, ou se uma promoção anunciada no jornal é, de fato, uma pechincha. Os sites de comparação de preços podem dar ao comprador uma genuína sensação de confiança, e logo estarão disponíveis por meio de dispositivos sem fio, enquanto ele faz compras em qualquer loja. Em 2002, o Pricegrabber.com associou-se à AT&T Wireless para disponibilizar suas classificações em qualquer lugar e a qualquer hora. Dezenas de milhões de pessoas não pensariam em comprar um carro até saberem o que a agência pagou por ele, e em breve essa informação estará prontamente disponível em aparelhos portáteis.

A DESCOBERTA DE PREÇOS: A ASCENSÃO DA ÁGORA

A transparência não apenas permite aos compradores saber mais sobre os vendedores e seus bens e serviços, descobrir as melhores ofertas ou mesmo agregar seu poder de compra, como também vem começando a mudar a maneira como os preços são estabelecidos. Em *Capital Digital*, nós discutimos como os novos meios de comunicação, em especial a Internet, facilitam a *descoberta de preços*, mediante a qual compradores e vendedores colaboram e concorrem para chegar a um valor mutuamente aceitável[5]. Nossa discussão não se restringia a transações on-line, mas englobava modelos de negócios que podiam transcender os mundos físico e digital.

Nós os chamamos de "ágoras", utilizando o termo grego para "mercado". Na Grécia Antiga, uma ágora era originalmente um ponto de reunião para assembléias; ela evoluiu posteriormente, tornando-se o mercado no centro das cidades. Hoje, o termo aplica-se a mercados em que compradores e vendedores se encontram para negociar livremente e, por meio disso, "descobrir" o preço dos produtos. As ágoras são possibilitadas pela transparência e, por sua vez, a promovem; elas funcionam melhor quando compradores e vendedores sabem mais acerca uns dos outros e sobre os bens e serviços comercializados. Desse modo, elas têm o poder de aumentar a *liquidez*: a facilidade de converter ativos em dinheiro. As ágoras promovem liquidez *associando* compradores e vendedores, e permitindo-lhes descobrir um preço mutuamente aceitável.

Historicamente, as ágoras serviram a uma função específica de distribuição para bens de valor incerto ou volátil. Estes eram tipicamente itens e produtos únicos, danificados ou perecíveis, cuja oferta e demanda flutuava sem cessar. Incompatível com os tradicionais modelos de preço fixo (não há lista de preços), o valor desses bens tinha de ser decidido – ou descoberto – por meio da negociação direta entre produtores e consumidores[6]. Com exceção das bolsas de mercadorias e dos mercados de ações, a maioria das ágoras tradicionais era limitada pelo tempo e pelo espaço – pelos custos de transação envolvidos na negociação do preço, ou seja, pelo tempo e esforço nela investidos. Na economia de escassez da Era Industrial, compradores e vendedores preferiam freqüentemente a previsibilidade dos preços fixos. Antes da Internet, leilões ou feiras de grande porte eram impraticáveis. O sucesso exigia uma massa crítica de compradores e vendedores que desejassem comercializar os mesmos bens no mesmo momento e utilizar o mesmo mecanismo para se comunicar e efetuar a descoberta de preço. Os únicos exemplos funcionais eram as bolsas de mercadorias e valores ou os leilões de alcance limitado. Mas hoje o escopo do apreçamento variável está se expandindo dramaticamente. Graças à transparência, transações negociadas entre compradores e vendedores vêm desafiando os hábitos de apreçamento e os modelos de alocação de valor em diversas indústrias.

Normalmente, uma empresa (ou um consórcio) atua como criadora do mercado, definindo suas regras gerais. Ela administra a natureza do campo de atuação, suas fronteiras, a escolha dos participantes e os processos de concorrência. Em seguida, os participantes tomam suas próprias decisões sem interferência.

Devido a sua natureza multifacetada e dinâmica, as ágoras oferecem oportunidades quase ilimitadas para a inovação na descoberta de preços. Alguns operadores de ágoras, como a Onsale.com ou a uBid.com, simplesmente promovem leilões para bens de varejo tradicionais. O Fxall.com descreve-se como um portal multibancário, mas, na verdade, representa o início de um mercado aberto para o câmbio de moeda estrangeira, e responde hoje por 9 bilhões de dólares em transações diárias.

O escritor e consultor Mohan Sahwney afirma que a abertura pode fortalecer relacionamentos, em vez de reduzi-los a mercadorias – mas somente se você, como vendedor, se concentrar mais no valor que no preço mais baixo. Ele diz: "A transparência só é inimiga do lucro se os consumidores ignorarem os valores que você oferece". Ele o estimula a avaliar se você estará melhor ou pior tendo clientes bem informados. Você precisa compreender o que os consumidores de fato valorizam; e pode concluir que o preço é apenas uma dentre diversas variáveis importantes. Uma estratégia é desenvolver ofertas flexíveis de mercado que permitam aos clientes escolher os serviços que valorizam e pagar somente por aqueles que utilizam. Então, "comunique sua proposta de valor", para assegurar que as variáveis não relativas ao preço sejam plenamente quantificadas.

Infelizmente, nem todas as ágoras se baseiam na idéia de aumentar o conhecimento dos consumidores. A Priceline.com os mantém deliberadamente no escuro quanto a preços e produtos. Os usuários fazem lances dizendo o que estão dispostos a pagar por um hotel de três estrelas no centro de Chicago, por exemplo. Os computadores da Priceline buscam uma combinação. Se o lance do comprador for alto o bastante, a Priceline confirma a reserva. Mas o consumidor jamais saberá se poderia ter feito um lance menor, ou que outros hotéis estariam interessados em hospedá-lo. Por outro lado, se o lance for muito baixo, o cliente não tem o direito de fazer outro. Isso evita que eles tentem descobrir o preço mínimo. Nem todos os consumidores toleram a estratégia de opacidade da Priceline. No www.biddingfortravel.com, os clientes da Priceline se reúnem para compartilhar informações (quando o visitamos, em março de 2003, ele trazia quadros que registravam reservas em hotéis de quatro estrelas, em Manhattan, por 75 dólares).

O campeão mundial das ágoras é, sem dúvida, o eBay. Rentável quase a partir do dia em que foi criado, o eBay está no cerne de uma rede de negócios quase perfeita: seus usuários, sejam vendedores ou compradores, assumem a maior parte do trabalho, do custo e do risco. Eles cuidam do estoque, fazem sua própria publicidade e providenciam o envio. Não custa quase nada ao eBay adicionar consumidores, e 85% das despesas da empresa são pré-pagas com cartão de crédito.

A fonte do sucesso do eBay é uma ferramenta de transparência: seu sistema de administração da reputação. A maioria das empresas deveria aprender com ele.

Trata-se de uma idéia simples. Sempre que você compra alguma coisa, o eBay lhe pede que avalie o vendedor: as ofertas de venda eram verdadeiras? Ele cumpriu seus compromissos? Ele deu aquele passo a mais para satisfazê-lo? Você também pode classificar seu desempenho em uma escala de −1 a +1. Em um exemplo notável de comunidade on-line em operação, cerca de metade das pessoas que compram ou vendem no eBay dedica algum tempo a fazer tais comentários. Alguns membros contam, hoje, com milhares e mesmo dezenas de milhares de comentários individuais – disponíveis para quem quiser lê-los.

Suponhamos que a General Motors ou o Wal-Mart tivessem algo parecido. Isso os ajudaria ou prejudicaria? O cientista político Richard Zeckhauser, da Universidade de Harvard, realizou, com seus colegas, um experimento no qual leiloaram pelo eBay diversos lotes de cartões do dia dos namorados. Um dos vendedores tinha um excelente e bem estabelecido histórico de avaliações. Outro, utilizando uma nova identidade, praticamente não tinha histórico. Depois de duzentas vendas de cartões, a identidade estabelecida havia proporcionado, em média, 7,6% a mais no valor das vendas. É difícil isolar uma reputação no mundo real (onde marcas famosas e contatos pessoais implicam uma série de variantes), por isso uma vantagem de 7,6% constitui um referencial admirável.

Empresas "reais" podem aprender com o eBay, e algumas já estão aprendendo. Um número crescente de grandes empresas possui minissites dentro do eBay para leiloar excessos de estoque e excedentes de mercadoria. A Dell e a IBM, por exemplo, leiloam computadores usados em uma "loja" exclusiva dentro do eBay. Elas se submetem à disciplina do sistema de avaliação, com as dores e os aplausos que isso envolve. Isso é ótimo para os consumidores. Eles não somente podem encontrar boas ofertas, como também podem saber o que outros compradores acharam do vendedor corporativo. Mas como poderiam obter isso na loja on-line do próprio vendedor?

Surpreendentemente, algumas companhias aprenderam bem a lição dos comentários dos clientes, e até a aprimoraram. Por exemplo, a Dell e a Apple promovem, em seus sites, uma grande variedade de conversas com os clientes, com liberdade de expressão (até onde se pode julgar). Na Dell, os clientes discutem se é aceitável falar mal da empresa em seu próprio site. A discussão converte-se rapidamente em uma acirrada batalha sobre os méritos relativos dos laptops da Dell e da Toshiba (batalha repleta de logotipos coloridos da Toshiba, colados por seus adeptos). Enquanto isso, na Apple, alguém reclama dos fones de ouvido de seu novo iPod, enquanto uma outra pessoa procura ajuda para eliminar os chiados que ocorrem quando o aparelho executa arquivos de MP3. Esse tipo de discussão desenfreada ajuda as empresas?

Dissemos que existem vários sites, como o Epinions.com, a que os clientes podem recorrer para avaliar produtos. Não é melhor abrir espaço para isso em seu próprio site, observando os acontecimentos e mostrando que você se importa com seus clientes? Você também pode aprender com isso. Por exemplo, a Dell afirma que os modelos aprimorados de laptop, anunciados em março de 2003, são uma resposta a reivindicações dos clientes feitas em seu fórum on-line.

Claro, convidar os clientes a se auto-organizarem em seu próprio site não deixa de ter riscos. E se eles se unirem contra você? A resposta é que, enquanto você atender a suas expectativas, demonstrar boa vontade e evitar desastres como o dos pneus da Firestone, isso será um bom mecanismo para mantê-lo alerta e em contato com os consumidores. Com efeito, o estudo de Zeckhauser descobriu que avaliações negativas não tinham impacto no desejo de comprar. Na verdade, fóruns transparentes para comentários do consumidor podem ajudar a elevar os preços. Como se costumava dizer em Hollywood, não me importa o que digam a meu respeito, desde que falem de mim.

A TRANSPARÊNCIA E OS VALORES DO CONSUMIDOR

Os diamantes sangrentos, também conhecidos como diamantes de conflito, são um exemplo ideal de um setor que fecha os olhos para as atrocidades em seu quintal – somente para ser exposto pela transparência. Por repetidas vezes, facções armadas em diferentes países africanos se apossaram de minas de diamante para converter as pedras em dinheiro para armas e munição. Embora os diamantes de conflito representem apenas 4% da oferta total de diamantes no mundo, eles são responsáveis por dores e sofrimentos imensos, com mais de 650 mil mortes apenas na guerra civil angolana, subsidiada por eles.

Que diferença pode fazer um pouco de transparência! Até 1996, o relatório anual da De Beers descrevia alegremente como seus recordes de compras de diamantes angolanos asseguravam a estabilidade global de preços[7]. A maioria dos leitores não sabia que o dinheiro da empresa subsidiava a compra de armas e munição. Todavia, conforme as reportagens da mídia e as organizações não-governamentais começaram a educar os consumidores sobre o assunto, a De Beers teve uma dramática mudança de atitude. Em uma carta pública enviada em junho de 2000 aos colegas da indústria dos diamantes, o presidente da De Beers, Nicky Oppenheimer, escreveu: "Vocês devem estar cientes de que o papel dos diamantes como subsídio para exércitos rebeldes e ditadores em diversos estados africanos tornou-se um assunto gritante na política e na mídia. Estamos certos de que vocês compartilham nossa profunda preocupação de que o papel, o atrativo e o valor dos diamantes como símbolos de beleza e amor não devem ser arruinados por essa conexão com as atrocidades da guerra."[8]

Todavia, em função de seu comportamento anterior, a De Beers acabou proibida pelo governo de Angola de negociar diamantes angolanos. Em uma tentativa de readentrar o mercado, ela insistiu em que se havia corrigido. Segundo o diretor-administrativo da empresa, Gary Ralfe: "Aquilo fez parte da velha De Beers. Não é parte da nova. Nosso negócio não é lavar diamantes no mercado externo."

O desafio para os grupos advocatícios é pôr fim ao comércio de diamantes de conflito sem comprometer o emprego de milhares de africanos no legítimo comércio de diamantes. Em vez de invocar boicotes, organizações não-governamentais exigem uma cadeia de fornecimento transparente para os diamantes, que dê aos consumidores a confiança de que suas compras não servem de subsídio à guerra. Elas também querem que os consumidores deixem claro para as companhias de produção de diamantes que a questão dos diamantes sangrentos é algo que os compradores finais levam a sério.

A solução do mercado – o chamado Processo Kimberly – foi endossada por governos de quase 40 países. Por meio dela, todas as nações produtoras monitoram e certificam que os diamantes provêm de minas aprovadas. Os países que compram diamantes têm um sistema similar para assegurar que somente produtos certificados sejam importados. Os diamantes de conflito foram proibidos.

O Processo Kimberly depende da transparência. Organizações não-governamentais querem que inspetores independentes auditem e verifiquem os sistemas implantados, em vez de simplesmente confiar nas companhias envolvidas. Elas temem que a tentação a que estão submetidos indivíduos e empresas de agir como canal disfarçado para os diamantes de conflito seja forte demais. Atualmente, a indústria vem se empenhando em demonstrar que o sistema é eficaz[9].

Cada vez mais, consumidores por todo o mundo estão punindo e recompensando empresas em função do desempenho social corporativo demonstrado por elas. De acordo com a Environics International, a proporção de norte-americanos que declaram ter punido uma empresa por ser socialmente irresponsável chegava a 58% em 2002, um aumento de 15 pontos em relação a 2001. Além disso, a grande maioria da população na maior parte dos países acredita que suas ações como consumidores pode influenciar o comportamento corporativo: 78% dos norte-americanos acreditam que podem fazer diferença, como consumidores, na responsabilidade com que as empresas se comportam.

Entre os consumidores norte-americanos com acesso à Internet, 17% dizem que recentemente buscaram informações on-line sobre o comportamento social corporativo[10]. Jovens de 18 a 24 anos com acesso à Internet são os mais inclinados a procurar essas informações on-line; a cada quatro indivíduos, mais de um declarou tê-lo feito.

Um estudo recente, feito pela New Economics Foundation (NEF), de Londres, em parceria com o Co-operative Bank, descobriu que o valor das compras éticas de combustível, habitação, bens pessoais, serviços de transporte e assinaturas é pequeno, mas vem crescendo rapidamente, com 18,2% de aumento entre 1999 e 2000 – de 4,8 a 5,7 bilhões de libras esterlinas. As compras éticas estão, hoje, crescendo seis vezes mais rápido do que o mercado em geral, atingindo uma participação de mercado de 1,6%. O total de compras éticas, incluindo-se investimentos e atividades bancárias, foi de 13,4 bilhões de libras esterlinas em 2000, um crescimento de 19% em relação ao ano anterior[11].

VALORES NA MADEIRA?

Neste novo ambiente, empresas aparentemente idôneas tornam-se repentinamente pára-raios para o ativismo político. O Home Depot tornou-se uma gigante de varejo vendendo martelos, pregos e madeira a preços baixos. Então – tcham! – a Rainforest Action Network apareceu. Seu objetivo é reduzir a derrubada de árvores em florestas tropicais no mercado norte-americano. Em vez de apelar para o governo, a rede organiza boicotes dos consumidores contra certos produtos. Como o maior varejista do mundo de madeira antiga – ele vende mais de 5 bilhões de dólares em madeira, compensado, portas e janelas a cada ano –, o Home Depot foi um alvo prioritário.

A Rainforest Action Network tem 30 mil membros e 150 grupos de adeptos em mais de 60 países. Ela utiliza a Internet para a instrução do público e para firmar alianças com grupos nativos, organizações ambientais e de direitos humanos, pequenas empresas e políticos locais. Durante a batalha com o Home Depot, os sites da Action Network publicaram estatísticas sobre o desmatamento em florestas tropicais, documentos sobre as atividades empresariais do Home Depot, listas de ações e protestos por toda a América do Norte e informações sobre outras organizações envolvidas na campanha. "Nossa extremamente eficaz rede de ativismo utilizou várias táticas, como a fixação de cartazes, a interdição de prédios e reuniões, o teatro de rua, protestos e o bloqueio de caminhões e navios que transportavam madeira. Essas ações não apenas chamaram a atenção para o suplício das florestas mundiais, como também ajudaram a deter a máquina da destruição em seu caminho."[12] A rede também remetia tópicos polêmicos aos ativistas, para o uso em entrevistas à mídia.

Após dois anos recebendo golpes de relações públicas negativas e de uma crescente resistência a novas lojas, o Home Depot se rendeu. A empresa anunciou, em 1999, que eliminaria a madeira antiga de sua linha de produtos até o fim de 2002. Em 2 de janeiro de 2003, a Rainforest Action Network publicou um informativo à imprensa avaliando os esforços do Home Depot. "O progresso do Home Depot em eliminar de suas prateleiras produtos oriundos de florestas ameaçadas é impressionante. A empresa conseguiu criar uma 'cadeia de custódia' para rastrear a origem de praticamente todos os seus produtos de madeira. Suas vendas de produtos de madeira ambientalmente certificados pelo Conselho de Intendência Florestal aumentaram drasticamente. (...) O Home Depot, contudo, ainda precisa dar o último e mais importante passo nesse comprometimento – usar seu poder como líder de mercado para promover mudanças em toda a indústria dos produtos florestais. Ele continua a fazer negócios com os piores agentes da indústria madeireira."[13]

De sua parte, o Home Depot diz que seus clientes apreciaram o progresso feito em busca de práticas florestais responsáveis. "Quando uma pessoa compra madeira do Home Depot, nosso desejo é de que ela imagine esse ato como o plantio de uma outra árvore em algum local do mundo", diz Ron Jarvis, vice-presidente de marketing do Home Depot[14]. A empresa insiste que cumpriu as promessas feitas em 1999. "Em nosso entender, e no entender da maior parte das pessoas com quem conversamos, nós chegamos mais longe do que a maioria supunha", disse Jarvis. Um porta-voz da Action Network disse que é possível que o grupo retome seus protestos.

"Essas empresas estão todas em uma espécie de nova trilha, por assim dizer, rumo a uma oferta de produtos de madeira que proporcione aos consumidores a confiança de que o material comprado procede de florestas bem administradas", disse Roger Dower, presidente da divisão norte-americana do Conselho de Intendência Florestal. A certificação pelo Conselho exige normas de padrão ambiental, diversidade biológica e a derrubada de maneira calculada para assegurar o contínuo crescimento da floresta. "Eles estão adiante da média no que se refere a essa trilha", disse Dower a respeito do Home Depot. "Há como chegar mais longe? Creio que sempre se pode chegar mais longe."[15]

A CO-CRIAÇÃO DE PRODUTOS

No mundo transparente, os consumidores podem descobrir coisas, informar uns aos outros e até se auto-organizar. Sejam adolescentes que compartilham músicas em MP3, sejam clubes de compradores que agregam poder de compra, sejam aficionados que desenvolvem programas para o Linux, sejam ainda solteiros solitários que criam um clube para se encontrarem, em vez de terem de recorrer aos classificados, os consumidores podem se organizar mais facilmente do que nunca. Isso representa desastre ou progresso, dependendo de as empresas verem a transparência como ameaça ou oportunidade. Sistemas auto-organizadores têm enormes implicações para os negócios. Administradores inteligentes estão se perguntando: "Há alguma chance de nossos clientes trabalharem juntos por meio da Internet para criar um produto que concorra com o nosso? Como evitaríamos isso, utilizando a energia e as idéias de nossos consumidores para co-criar nossos produtos ou serviços?"

Este fenômeno varreu a indústria da música tanto como qualquer outra. Em vez de comprar CDs em lojas, os consumidores preparam suas próprias listas de música digital baixadas da Internet. A cooperação entre consumidores – pelo compartilhamento on-line de arquivos digitais de áudio – cria uma alternativa para o mercado.

A indústria fonográfica é um exemplo perfeito de como os líderes do antigo paradigma são, com freqüência, os últimos a abraçar o novo. As empresas abertas, em vez de verem a auto-organização dos clientes como ameaça, deveriam tratá-la como uma oportunidade de envolvê-los profundamente em suas operações. Com isso, elas exploram o talento dos consumidores para gerar valor e desenvolvem com eles experiências de consumo melhores e relacionamentos mais fortes e mais duradouros. Até o momento, os exemplos disso são poucos e esporádicos.

Como observamos anteriormente, a empresa de brinquedos Lego escolheu o caminho da transparência, trazendo os clientes para dentro de seu processo de criação. Mais conhecida por fabricar tijolinhos encaixáveis de plástico, a Lego fabrica hoje brinquedos de alta tecnologia para crianças e adultos. Uma de suas novas linhas de produtos, a Mindstorms, combina centenas de tijolos Lego com engrenagens, motores, sensores táteis e luminosos e um microprocessador chamado RCX, que permite que os usuários montem seus próprios robôs.

A Lego e o Laboratório de Mídia do MIT escreveram o programa original do RCX. Todavia, logo após o lançamento, um aluno da Universidade de Stanford o destrinchou por engenharia reversa e divulgou-o pela Internet. Como o programa do RCX era registrado, uma decisão impôs-se à Lego: ela poderia agir como a indústria fonográfica e mover um processo legal contra o estudante, por atacar sua propriedade intelectual. Ou poderia recostar-se, sorrir e ver o que acontecia. Inclinando-se, a princípio, na direção errada, a Lego optou, em seguida, pela segunda atitude. Desde então, ela teve razões para congratular-se.

Depois que o aluno de Stanford expôs na Internet o código do RCX, um sujeito de Illinois publicou projetos baseados no programa, e um estudante alemão fez o mesmo. Em seguida, outras pessoas começaram a baixar o programa e alterá-lo. Em pouco tempo, programadores amadores estavam usando o Mindstorms para criar aparelhos que iam desde fotocopiadoras e caça-níqueis até um cachorro chamado Grrr. (Grrr é uma criatura notável, que consegue distinguir cores e responder a comandos de voz.) Hoje, a Lego usa o mindstorms.lego.com para incentivar as alterações no programa do RCX. O site oferece um kit gratuito de desenvolvimento de software, que pode ser baixado; os clientes da Lego, por sua vez, usam o site para expor descrições de suas criações para o Mindstorms – e o código do programa, as instruções de programação e as peças da Lego que o aparelho requer. É como se a Lego houvesse convertido seus clientes em parte de seu departamento de projetos.

A empresa tira imensos benefícios do trabalho dessa rede voluntária de negócios. Cada vez que um cliente desenvolve e divulga um novo uso para o Mindstorms, o brinquedo torna-se mais valioso. Um resultado direto desse envolvimento dos clientes é um mercado de consumo muito mais amplo para a Lego. A princípio um brinquedo infantil, hoje o Lego Mindstorms tem um amplo atrativo, particularmente para estudantes universitários e profissionais de negócios. Soren Lund, diretor da Lego na Dinamarca, comentou: "Isso fez com que o produto permanecesse vibrante e vivo até hoje", quatro anos após seu lançamento. "Ainda me impressiono quando vejo o que está ocorrendo por aí."[16]

Logo, ferramentas mais sofisticadas para a colaboração e a administração do conhecimento estarão disponíveis, e projetos muito mais complexos serão possíveis. É fácil imaginar qualquer conteúdo digitalizado sendo desenvolvido dessa maneira – como, por exemplo, um livro didático.

O modelo poderia ser transferido para muitos outros setores. Engenheiros voluntários poderiam colaborar pela Internet, oferecendo auxílio no projeto de automóveis de nova geração. Uma empresa automobilística como a GM poderia utilizar a criatividade de seus próprios clientes para co-projetar um veículo. Ela poderia criar uma arena de colaboração on-line que apresentasse protótipos visuais em 3D. Os participantes poderiam ser clientes preocupados com o estilo, compradores de frotas, técnicos especializados, parceiros da cadeia de suprimentos, revendedores, aficionados e projetistas industriais. Esses participantes se sentiriam motivados a oferecer seus conselhos de graça, já que adoram carros, gostam de interagir com outros membros da comunidade on-line e sentem prazer em influenciar o projeto de um futuro veículo. Quando adotasse uma idéia, a GM poderia divulgar a notícia para a comunidade, promovendo a reputação do colaborador. O fabricante retribuiria o favor oferecendo descontos com base na qualidade e na quantidade das colaborações.

A INTEGRIDADE CORPORATIVA E A MARCA

O investidor Warren Buffett comenta: "Se você perder dinheiro da empresa ao tomar más decisões, serei muito compreensivo. Se perder a reputação dela, serei implacável."

Para uma classe crescente de produtos e empresas, a integridade – honestidade, confiabilidade, consideração e transparência – é a fundação da arquitetura da marca. No passado, a maioria das marcas incluía alguns desses valores, mas nem todos. A Coca-Cola apresenta-se como confiável – proporcionando o mesmo sabor no mundo todo. Ela transmite consideração – controle de qualidade, sabor, conveniência, segurança, benevolência filantrópica e mesmo a promessa de melhoras no estilo de vida – "Tudo Vai Melhor com Coca-Cola".

Mas valores como a honestidade e a transparência nunca foram, de fato, necessários para a marca da Coca-Cola. Na verdade, a empresa sempre se gabou da opacidade, pelo menos quanto à fórmula de seus ingredientes secretos (nesse caso, com justiça). Nos últimos anos, a Coca-Cola defrontou-se internacionalmente com o assassinato de líderes sindicais e com o uso aberto do terror contra trabalhadores em suas unidades de engarrafamento na Colômbia. Ela insiste que apóia os direitos humanos e que as engarrafadoras são independentes da Coca-Cola

Company. Notícias desses crimes levaram o Fundo Internacional pelos Direitos Trabalhistas e o United Steelworkers of America a abrir um processo histórico, em Miami, em nome do sindicato colombiano, contra a Coca-Cola e seu engarrafador na Colômbia.

Os adversários da estratégia de indiferença da Coca-Cola com respeito a seus fornecedores dizem que "empresas globais, como a Coca-Cola Company, têm a responsabilidade de garantir a proteção dos direitos e a segurança de todos os trabalhadores que produzem, empacotam, engarrafam ou distribuem seus produtos. Assim como tem a responsabilidade de garantir que os produtos que vende são seguros, a Coca-Cola tem a responsabilidade de garantir que as condições em que são produzidos são seguras."[17] Os críticos alegam que "o quê da questão" são as injustas práticas trabalhistas da Coca-Cola.

Adicionar honestidade e transparência à fórmula gera defesas mais fortes e uma arquitetura de marca mais complexa. Hoje, a Coca-Cola precisa empenhar-se em se comportar e se apresentar como uma líder em cidadania corporativa e uma empresa de grande integridade. Ela deu início a programas ambientais (nas áreas de água e recursos naturais, mudanças climáticas, educação ambiental e administração de resíduos). Investiu consideravelmente no combate à AIDS com programas para os funcionários e para seus parceiros de engarrafamento. Ao longo dos últimos anos, investiu, ainda, dezenas de milhões de dólares em programas educacionais nas muitas comunidades em que atua. Todavia, ela teve pouco sucesso em convencer os críticos de que tomou medidas adequadas para melhorar as práticas trabalhistas em suas unidades de engarrafamento, ou mesmo de ter assumido a responsabilidade por este desafio. A empresa tem telhado de vidro, e os consumidores, especialmente em certos mercados importantes (como os jovens e os países em desenvolvimento), podem transferir sua lealdade enquanto a arquitetura da marca Coca-Cola vem abaixo.

Alguns empresas incluem a responsabilidade em suas marcas como modo de conquistar o apoio dos consumidores, mesmo nos setores mais surpreendentes. Em 2001, o grupo de direitos dos animais People for the Ethical Treatment of Animals (PETA) organizou cerca de mil manifestações em unidades do Burger King por toda a América do Norte, criticando a gigante do fast food pelo tratamento cruel que seus fornecedores davam aos animais. Um ano depois, o site da PETA exortou estridentemente seus adeptos a pôr de lado as placas de protesto e comer no Burger King. Por quê? Em junho de 2001, após a campanha de seis meses da PETA, a gigante do fast food concordou em exigir dos fornecedores padrões mais elevados no tratamento dos animais. E o Burger King também se tornou o primeiro restaurante de fast food a oferecer hambúrgueres vegetarianos (já disponíveis na Europa e no Canadá) em todas as lojas dos Estados Unidos. O Burger King vem se tornando uma empresa aberta – uma empresa que serve carne para milhões, mas que também é responsável perante os amantes dos animais.

A Royal Dutch Shell enfrentou o que chamamos de crise de confiança – para o prejuízo de sua marca – ao tentar mandar para as profundezas oceânicas uma plataforma de perfuração obsoleta, chamada Brent Spar, na costa norte dos Estados Unidos. A pressão pública obrigou a Shell a reverter sua decisão, e a pagar para desmontar a plataforma na costa. A marca Shell sempre significou confiabilidade (combustíveis consistentes e de boa qualidade) e consideração (locais convenientes, preços competitivos). Hoje, a Shell põe a integridade no centro de sua marca. Ela pede que os consumidores confiem que não apenas oferecerá boa gasolina, mas também favorecerá o meio ambiente e será socialmente responsável. Ela se apresenta como uma cidadã corporativa honesta e transparente. Alguns críticos alegam que isso é puro disfarce, e que o comprometimento da Shell com a divulgação de seu bom comportamento é maior do que com o bom comportamento em si. Mas não há comparação entre a legítima mudança de pensamento e atitude da Shell e a mentalidade de outras empresas, como a Exxon, que estão apenas começando a fazer a transição.

A Clarica Life Insurance gaba-se de ser "uma das companhias de seguro de vida nos Estados Unidos que crescem mais rápido". De origem humilde, fundada em 1930 como a Midwest Mutual Life Insurance Company, em Fargo, na Dakota do Norte, ela vinha crescendo lentamente até há pouco, quando parece ter descoberto as chaves do sucesso. Hoje, a empresa é licenciada em 48 estados americanos e no Distrito de Colúmbia, tem mais de 6 mil agentes e serve mais de 225 mil segurados. Em maio de 2000, a Clarica foi vendida para a Sun Life Financial por 6,8 bilhões de dólares. Desse valor, a marca Clarica foi avaliada em 700 milhões de dólares.

Como uma marca pode ter um valor relativo tão alto? De acordo com Hubert Saint-Onge, ex-estrategista da Clarica, a marca baseava-se em valores profundamente sustentados por todos os funcionários da empresa. Ela definia o caráter corporativo da Clarica, a forma como os funcionários se davam uns com os outros e, finalmente, como eles interagiam com o mundo externo e construíam relacionamentos com os clientes. Segundo Saint-Onge: "Se você quiser uma marca autêntica no setor de serviços financeiros, a pessoa que presta o serviço

INJETANDO NA MARCA A FRANQUEZA COM O CLIENTE

A abertura é essencial para a marca da Progressive Corporation e para seu sucesso no mercado. Seu CEO, Glenn Renwick, explica que as assimetrias de informação no mercado de seguros para automóveis eram um impedimento para a confiança. "O ramo dos seguros para veículos nem sempre foi compreendido pelo consumidor. Você tem todas as cartas. As empresas dizem: 'Este é meu preço, e estes são os termos do contrato'. Mas o consumidor fica no escuro quanto ao cálculo do preço e ao que outras empresas estão cobrando." A Progressive criou uma marca fundada na abertura – em dar todas as informações de que um cliente necessita para tomar sua decisão. "Se só oferecer um referencial ao cliente, você valerá tanto quanto este referencial. Mas se apresentar o preço da Progressive e contextualizá-lo com o que outras empresas estão cobrando, você criará algo novo. Em primeiro lugar, uma metodologia de compra que não existia no ramo dos seguros para automóveis – mediante a qual os consumidores podem consultar vitrines, como se estivessem comprando um DVD. Em segundo lugar, você constrói um relacionamento. Você pode perder aquela venda, mas a franqueza abre as portas para um relacionamento."

A análise de risco de crédito é outro assunto delicado no ramo dos seguros. "As pessoas se sentem incomodadas com isso, pois parece que estamos lhes perguntando quanto dinheiro possuem", diz Renwick. Por isso, a Progressive decidiu ser aberta – explicar aos possíveis segurados como exatamente suas análises de risco de crédito afetam os preços e como eles podem, pela correção de erros ou pelo aprimoramento da análise, reduzir o custo dos seguros. Os consumidores apreciam isso. Segundo Renwick, "a transparência tornou-se parte de nossa marca".

As companhias telefônicas têm uma reputação de opacidade. As contas telefônicas são obscuras. A burocracia das empresas é impenetrável quando temos um problema. Por isso, é impressionante ver a British Telecom (BT) como líder mundial na revolução da transparência.

Os últimos 20 anos foram tempos empolgantes para a BT. Em 1984, a empresa foi convertida de um monopólio governamental em uma empresa do setor privado. Apesar do imenso choque com a cultura corporativa, a BT passou pela transformação com elegância. Em seus primeiros 15 anos no setor privado, a vida era boa. Os dividendos por ação subiam freqüentemente, chegando ao ápice no ano fiscal de 1999-2000. Então, como ocorreu com muitas outras companhias de telecomunicação no mundo, o lucros despencaram após um investimento desastroso em licenças para telefones móveis de terceira geração. Em uma tentativa de restaurar os lucros e a confiança dos investidores, a administração da BT anunciou uma série de iniciativas norteadas por uma nova prioridade: a satisfação do cliente. Ben Verwaayen, o CEO, prometeu "superar consistentemente a concorrência e reduzir o número de clientes insatisfeitos em 25% a cada ano".

Reduzir o número de clientes insatisfeitos em 25% por ano é um empreendimento vultoso. Pesquisas feitas pela empresa mostram que os clientes esperam melhorias contínuas no tratamento que recebem e na qualidade dos serviços. Em outras palavras, com expectativas sempre crescentes, a BT precisa melhorar continuamente seus produtos só para manter os níveis de satisfação. Aumentá-los é uma outra história.

A BT chama isso de "franqueza com o cliente". O primeiro passo é oferecer um produto superior. As pesquisas de mercado da BT deixam claro que serviços superiores não precisam ter o menor preço. Os clientes querem ter certeza de que estão sendo tratados com honestidade e consideração.

A empresa procura manter os clientes informados quando surgem problemas. Ela os avisa quando uma manutenção tem início e os mantém inteirados até que ela se conclua satisfatoriamente. Os clientes podem acompanhar a manutenção por meio de mensagens SMS em seus celulares. Se o serviço for interrompido por um período prolongado e o cliente não possuir um celular de reserva, a empresa o providencia. Ela se compromete a fazer negócios de maneira a:

- Maximizar os benefícios que os indivíduos extraem das tecnologias da informação e da comunicação.

- Contribuir com as comunidades em que opera.

- Minimizar impactos adversos que possa produzir no meio ambiente.

A BT elaborou uma declaração de práticas comerciais, *The Way We Work* (Como Nós Trabalhamos), e a disponibiliza em grande escala. A declaração define os princípios de negócios a serem adotados mundialmente por todos os funcionários, agentes, subcontratados e outros que a estejam representando. A declaração também define aspirações e compromissos específicos que se aplicam ao relacionamento da empresa com clientes, empregados, acionistas, parceiros e fornecedores, bem como com as comunidades em que ela atua.

Na área do meio ambiente, por exemplo, a empresa tem dezenas de programas que demonstram seu comprometimento com a sensibilidade ecológica, incluindo detalhes como a proibição de anúncios em telefones públicos localizados em áreas de notável beleza natural, em parques nacionais, em campo aberto ou em territórios do Patrimônio Mundial. No que se refere ao relacionamento com fornecedores, ela se compromete a assegurar que todas as negociações – desde a seleção e a consulta até o reconhecimento e o pagamento – sejam conduzidas de acordo com os princípios do comércio justo e ético. A iniciativa da empresa para a cadeia de suprimentos, "Comprando com Dignidade Humana", segue padrões baseados na Declaração Universal dos Direitos Humanos da ONU e em convenções da Organização Internacional do Trabalho. "Pretendemos conquistar o apoio de nossos fornecedores diretos para promover estes padrões por toda nossa base de suprimento."

Pesquisas recentes demonstraram que os habitantes do Reino Unido têm a convicção generalizada e crescente de que as empresas devem agir de maneira socialmente responsável. Essas pesquisas também demonstram que os consumidores mais interessados no comportamento socialmente responsável tendem a ser os mais abastados. Estes consumidores são exigentes, e estão muito mais dispostos a abandonar a empresa em caso de insatisfação. A conclusão da BT é que a responsabilidade social corporativa (RSC) contribui solidamente para a lucratividade[18].

O NOVO RISCO PARA AS MARCAS GLOBAIS

Em um mundo de valores locais diversificados, há crescentes evidências de que as marcas globais nem sempre prosperarão.

Pela primeira vez, existe uma considerável inquietação entre executivos de marketing a respeito das marcas globais. A ativista anticorporativa Naomi Klein afirmou, em seu best seller *Sem Logo*, que empresas como a Nike, a Shell, o Wal-Mart e o McDonald's tornaram-se metáforas para um sistema econômico global impróprio. Para os adeptos de sua concepção, essas marcas tornaram-se símbolos de desconfiança e alvos de ataques. Ela prediz que a indignação contra tais marcas mudará a maneira como as empresas se apresentam.

CLIENTES EM UM MUNDO TRANSPARENTE 181

Alguns especialistas em marcas estão se empenhando em determinar se as qualidades globais de suas marcas são positivas ou negativas. Outros estão tentando mensurar o impacto dos valores corporativos sobre as marcas globais. De acordo com o Research International Observer (RIO), os consumidores globais de hoje se apegarão a suas marcas favoritas e fecharão os olhos para as incorreções políticas e éticas das empresas[19]. A maioria dos consumidores nos 40 países estudados adora marcas norte-americanas, ainda que condene a política dos Estados Unidos. Mas até mesmo esse estudo testemunha contra marcas globais homogêneas e estratégias padronizadas. Segundo o diretor global do RIO, Malcolm Baker, "as marcas estão se deixando guiar por uma necessidade de restabelecer raízes locais e por uma espécie de autenticidade explícita que procura negar a construção de mercado. (...) Os consumidores querem descobrir a marca, e não o contrário."

Todavia, evitar chamar a atenção não é sempre a melhor estratégia. A Monsanto, desmoralizada após sua tentativa desastrosa de introduzir alimentos geneticamente modificados na Europa, é um exemplo revelador. Nos Estados Unidos, a empresa tem clientes felizes e uma marca forte, mas, quando tentou levá-la para a Europa, aterrissou em uma tempestade de protestos. Os europeus são muitíssimo sensíveis a alimentos geneticamente modificados, diversamente dos norte-americanos. A Monsanto possuía uma ativa rede de stakeholders e não sabia disso.

Ao explicar por que a empresa estava tão alienada do sentimento público europeu, Hendrik A. Verfaillie, seu antigo vice-presidente e CEO, observou: "Não havíamos compreendido que, em casos que envolvem grande preocupação pública, quanto mais você se empenha em extrair lucros do mercado, menos credibilidade desfruta no mercado de idéias. Quando tentamos explicar os benefícios, a ciência e a segurança, não percebemos que nosso tom – e nossa própria abordagem – eram vistos como arrogantes. Ainda estávamos no modo 'confie em mim', quando do a expectativa era a do 'mostre-me'."

A Monsanto personificou a atitude errada quanto a marcas para qualquer empresa em uma sociedade cada vez mais transparente. Sua administração pressupôs que, sendo líder em pesquisas, a empresa estava em melhor posição para julgar se seus produtos eram seguros. Sabendo que o assunto era polêmico, ela preferiu evitar espalhafato e atrair o mínimo possível de atenção. Alimentando este ponto de vista estava a dolorosa complexidade do assunto. Não há respostas simples para as questões que envolvem organismos geneticamente modificados. Na verdade, já é difícil chegar a um consenso quanto às perguntas que devem ser feitas. Todavia, a empresa devia ter reconhecido a enorme contribuição que poderia trazer ao debate, e ter participado plenamente.

A Monsanto não é a única empresa a sofrer prejuízos imensos e a ter sua marca prejudicada por subestimar o apetite público por "bons" valores e por um comportamento responsável. Diversamente da BP e da Shell, a ExxonMobil, até recentemente, preferiu ignorar a crescente preocupação pública com a indústria do petróleo e o meio ambiente. Seus defensores elogiavam seu enfoque singular nos rendimentos dos acionistas, dizendo que isso demonstrava como o suposto comportamento responsável dos concorrentes não contribuía para a receita, e possivelmente a prejudicava.

Todavia, uma pesquisa feita pela MORI Social Research para o Greenpeace, em novembro de 2002, revelou que um milhão de motoristas no Reino Unido dizem estar boicotando a Exxon devido a sua postura quanto ao aquecimento global.

Outro relatório, publicado em maio de 2002, afirmou que a atitude da ExxonMobil com relação às mudanças climáticas é repleta de "perigos desnecessários e oportunidades perdidas" que, em longo prazo, poderiam pôr em risco mais de 100 bilhões de dólares em ganhos acionários. O relatório, intitulado "Risking Shareholder Value? ExxonMobil and Climate Change: An Investigation of Unnecessary Risks and Missed Opportunities" ("Arriscando o valor acionário? A ExxonMobil e as mudanças climáticas: uma investigação dos riscos desnecessários e das oportunidades perdidas"), foi encomendado pelo ativista acionário Robert Monks, pela Coalition for Environmentally Responsible Economies (CERES – Coalizão por Economias Ambientalmente Responsáveis) e pela Campaign ExxonMobil.

O relatório conclui: "Embora a ExxonMobil continue a conquistar respeito, em muitos trimestres, por seu desempenho financeiro, ela também adentrou um potencial campo minado de riscos para a reputação, de futuro prejuízo para os acionistas, de exposição a litígios e de custos políticos em razão da mudança climática. (...) Acreditamos que riscos reais e cada vez mais sérios para os acionistas se originaram da maneira como a ExxonMobil destacou-se na multidão e deixou-se estigmatizar como a grande 'vilã das mudanças climáticas'."

Comentando as descobertas do relatório, Monks disse: "Este relatório sugere que a ExxonMobil tem pouco a temer e muito a ganhar com uma atitude significativamente mais construtiva no que se refere às mudanças climáticas. Faço uma solicitação respeitosa à ExxonMobil: vocês dizem que estão certos quanto às mudanças climáticas; todavia, o modo como falam parece gerar conflitos desnecessários. Vocês dizem que têm planos de emergência no caso de se demonstrarem errados nos próximos cinco ou dez anos; todavia, não os compartilham com o mundo. Sabemos dos esforços feitos por empresas comparáveis para reduzir as emissões de carbono; de vocês, temos não apenas silêncio, mas também rejeição. Vocês se recusam a tomar parte em um diálogo com as outras instâncias interessadas – ou seja, todos nós. Este estudo é um esforço para iniciar tal diálogo."

A Exxon pode estar começando a mudar sua visão, mas as evidências são esparsas. Em novembro de 2002, ela doou 100 milhões de dólares a um programa decenal de 225 milhões da Universidade de Stanford para pesquisar tecnologias que ajudem a reduzir as emissões de gases estufa. A General Electric doará 50 milhões. A ExxonMobil justificou sua doação dizendo que novas técnicas de produção de energia que reduzam as emissões de gases estufa são "vitais para atender às necessidades energéticas no mundo industrializado e em desenvolvimento".

Até o momento, muitas empresas globais que enfrentaram crises de valores danosas para suas marcas estão tendo dificuldade para reagir. O McDonald's fincou pé no debate sobre a globalização para se defender. Em abril de 2002, a empresa publicou seu primeiro relatório sobre o estado da responsabilidade social corporativa, utilizando algumas diretrizes da Iniciativa Global de Relatórios. A Iniciativa congrega um grupo de empresas, governos, organizações não-governamentais, sindicatos, contadores e acadêmicos para desenvolver medidas padronizadas do desempenho social, ambiental e financeiro das empresas.

Elaborar seu relatório foi um exercício complexo e dispendioso, que levou quase dois anos, mas o McDonald's afirma ter valido a pena, pois espera que o resultado acalme seus críticos.

Todavia, até o momento, ele atraiu mais chumbo do que outra coisa. Paul Hawken, autor de *The Ecology of Commerce* (*A ecologia do comércio*) e *Natural Capitalism* (*O capitalismo natural*) e fundador do Natural Capital Institute, em Salsalito, desferiu uma crítica devastadora contra o relatório do McDonald's, chamando-o de "o ponto mais baixo do conceito de sustentabilidade e da promessa de responsabilidade social corporativa. É uma miscelânea de sermões, generalidades e asserções pálidas que não oferecem medidas sólidas da empresa, de suas atividades ou de sua influência na sociedade e no meio ambiente."

Hawken não dá descanso ao McDonald's. "Um relatório honesto (...) detalharia os efeitos externos sofridos por outras pessoas, locais e gerações: a drenagem de aqüíferos, os canais contaminados, os solos exauridos, os perigosos abatedouros onde se empregam trabalhadores migrantes, os desumanos e insalubres empregos de beco destinados a prover carcaças de frangos para os Chicken McNuggets, o gás estufa metano emitido globalmente pelos milhões de vacas de hambúrguer encurraladas."

Hawken publicou na Web uma lista de 47 problemas que o McDonald's evitou em seu auto-retrato corporativo. Exemplo: "Um quarto das vacas abatidas égado leiteiro extenuado, animais com grande probabilidade de portar doenças, cânceres e resíduos de antibióticos. O McDonald's faz um uso pesado de velhas vacas leiteiras porque elas têm menos gordura, são mais baratas e lhes permitem dizer que todo seu gado é criado nos Estados Unidos."

Apesar dos esforços do McDonald's, e não importa quantos relatórios ele venha a publicar, a lista dos 47 problemas de Hawken não desaparecerá. Ela paira qual um pesadelo das relações públicas, esperando para revirar o estômago do próximo visitante. Hawken representa um ponto de vista compartilhado por muitos críticos. Para silenciá-los, o McDonald's precisará renovar seu modelo de negócios ou mostrar por que sua contribuição geral para a sociedade é positiva. Ignorar o assunto não resultará em nada.

No mundo transparente, as empresas precisam de um novo etos. A verdade virá à tona – ainda que não seja tão extrema como alegam seus oponentes. O McDonald's não pode eliminar as críticas feitas à indústria do fast food simplesmente registrando quantos quilos de papelão cada franquia recicla por semana. Aos olhos dos críticos extremos, servir "bilhões e bilhões" de hambúrgueres é um imenso abuso dos recursos naturais, e a empresa precisa envolver-se nesse debate.

O valor da Internet não está na construção de sites belicosos, cada um atirando acusações contra os demais. Ela é uma ferramenta de diálogo. Se o McDonald's acredita que seu uso dos recursos e suas práticas comerciais são defensíveis, ele não deve se esquivar aos sérios problemas que acompanham a indústria do fast food.

O LADO NEGRO: A PRIVACIDADE

A transparência tem um lado negro. Não somente as empresas estão se tornando cada vez mais transparentes para os consumidores, como estes também estão se tornando mais transparentes para as empresas. Conforme a Internet vai se consolidando como base do comércio, do trabalho, do entretenimento, da saúde, do aprendizado e de grande parte da comunicação humana, cada um de nós vai deixando uma trilha de migalhas digitais, já que passamos um período crescente de nosso dia acessando redes.

Os livros, as músicas e as ações que você compra on-line, os legumes consultados no supermercado ou comprados pela Internet, as pesquisas de seu filho para um trabalho de escola, a leitora de cartão no estacionamento, a comunicação de seu carro com um banco de dados via satélite, as publicações on-line que você lê, a camiseta que compra em uma loja de departamentos com cartão da loja, os medicamentos controlados que adquire – e as centenas de outras transações em rede feitas em um dia típico – apontam para o problema. Os computadores podem, a custo irrisório, associar e traçar referências cruzadas entre esses bancos de dados, para picotar e recompilar informações sobre os indivíduos em centenas de diferentes maneiras.

No passado, temíamos apenas que governos ao estilo do Grande Irmão reunissem dossiês detalhados a nosso respeito. Mas hoje as ameaças vêm, também, de empresas individuais e seus dados: o Pequeno Irmão[20]. Uma competição intensa está fazendo com que os departamentos de marketing procurem toda a vantagem que puderem. As empresas não podem se dar ao luxo de desperdiçar dinheiro fazendo propaganda para gente que não pretende jamais comprar seus produtos.

Isso significa que elas desejam saber mais e mais sobre o que estimula cada um de nós – nossas motivações, nossos comportamentos, nossas atitudes e nossos hábitos de consumo. A boa notícia é que elas podem nos oferecer serviços altamente personalizados com base nesse conhecimento íntimo – e criar relacionamentos de confiança. A má notícia é que, conforme esses perfis são compilados, o resultado líquido é o potencial da destruição de tudo aquilo que conhecemos como privacidade.

Para complicar ainda mais a questão, cada um de nós tem uma idéia (muitas vezes inconsistente) do que constitui a privacidade e as intromissões permissíveis. Enquanto alguns exigem o direito de permanecer anônimos, outros desejam, por exemplo, trocar cada detalhe de seu comportamento on-line por vale-brindes ou milhas aéreas. Claro que isso é uma opção de cada um. A privacidade depende da liberdade de escolha.

Em janeiro de 2003, o Departamento de Veículos Automotores da Califórnia (DMV) revogou o acesso eletrônico da Allstate Insurance Company a informações confidenciais sobre carteiras de motorista e registros de veículos; segundo o governo, a empresa não observara as leis e regulamentos estaduais relacionados ao acesso a tais registros.

A Allstate, a oitava maior seguradora de veículos da Califórnia, tinha – como outras companhias de seguro têm – acesso on-line aos registros do DMV para ajudar a investigar solicitações de reembolso e estabelecer valores com base no histórico pessoal do motorista. O Departamento afirma que o motivo da revogação do acesso on-line da Allstate foi o fato de que a empresa vinha incorrendo em violações contínuas e sistemáticas das provisões de segurança dos dados.

Uma auditoria do DMV em sete dos escritórios da Allstate na Califórnia descobriu que os empregados da empresa rotineiramente violavam os requisitos de confidencialidade constantes em seu contrato com o governo. Em um caso, um funcionário revelou um endereço residencial confidencial, permitindo que um motorista enfurecido enviasse a outro uma ameaça por escrito. O motorista ameaçado queixou-se ao DMV, que investigou o caso. Embora não tenha conseguido identificar a pessoa que revelara o endereço, o DMV descobriu outras 131 violações das regras de confidencialidade, incluindo a falsificação, por parte dos funcionários, de números de solicitações de seguro para acessar os registros de amigos ou familiares no DMV. "As violações eram gravíssimas, e, na ausência de uma firme declaração de que elas não voltariam a ocorrer (...), tivemos de desconectar a empresa", disse a um jornal local Steven Gourley, diretor do DMV[21].

A Allstate não somente violou as regras de privacidade, como também resistiu às tentativas do DMV de investigar e corrigir o problema. "Havia uma cultura tão frouxa na Allstate que eles nem sabiam como a empresa era regulada", disse Gourley. "Às vezes, eles não nos deixavam entrar [para investigar], e outras vezes nos expulsavam." O porta-voz da Allstate, Mike Trevino, designou as ações de um número não revelado de funcionários como sendo "uma infração da política interna" que a empresa "lamenta". Ele acrescentou que a Allstate havia tomado "medidas decisivas" para assegurar que tais infrações não voltassem a ocorrer, mas não pôde dizer de imediato que medidas seriam essas[22].

Quase sempre as violações corporativas da privacidade dos clientes têm boas intenções, mas o incidente da Allstate demonstra que as empresas podem ser espantosamente descuidadas com relação à privacidade. Elas precisam entender os princípios que devem ser respeitados em boas políticas corporativas de privacidade:

Consentimento. As pessoas devem concordar com a compilação de informações a seu respeito.

Limite de coleta. A coleta de tais informações deve restringir-se ao necessário.

Identificação de propósito. O propósito para a coleta de informações pessoais deve ser deixado claro.

CLIENTES EM UM MUNDO TRANSPARENTE   187

Limite de uso, de revelação e de retenção. A menos que o indivíduo autorize, as informações não devem ser usadas senão para os propósitos para que foram coletadas. E só devem permanecer no arquivo pelo tempo que for necessário.

Seria um grande erro se as empresas concluíssem que a transparência corporativa deve ser aplicada a indivíduos – que os consumidores devem se habituar a ficar nus. Até onde se pode prever, os consumidores desejarão estar vestidos, e as empresas devem respeitar sua privacidade. Se a transparência corporativa é fundamental para a confiança, o mesmo vale para a privacidade individual. Quando se trata do consumidor, a privacidade é um bom negócio.

CAPÍTULO 7

COMUNIDADES

A idéia de "comunidade" é rica e multifacetada, designando antes uma coleção ou um sistema do que indivíduos em papéis definidos (como consumidores ou acionistas). Funcionários buscam segurança, bom salário e satisfação no emprego. Consumidores esperam obter valor em troca de seu dinheiro. Fornecedores esperam relacionamentos duradouros e negócios justos. Acionistas querem que as ações subam. Mas o que querem as comunidades?

Quando a Starbucks abre uma nova loja, ela pode alterar o caráter de um bairro. Quando compra mais café da Fair Trade, pode mudar a dinâmica social, política, econômica e ambiental de uma cidadezinha em El Salvador. Quando instala Internet sem fio em uma lanchonete, esta pode tornar-se o ponto de encontro de uma comunidade local de negócios – ou de uma manifestação pela paz. A cada uma dessas pequenas mudanças, há vencedores e perdedores na comunidade – e cada um é afetado em escala muito maior do que o valor de suas transações financeiras com a empresa.

As comunidades são diversificadas e têm muitas camadas. Você é membro de várias – cada uma com interesses exclusivos que, por vezes, concorrem entre si. Há seu núcleo familiar e seus parentes, sua vizinhança local, sua cidade e assim por diante, incluindo até a "comunidade" global de organismos vivos. Você pode pertencer a uma variedade de grupos de interesse – um grupo de apoio a solteiros gays, uma liga informal de golfe, um lobby comercial, uma ONG ambiental internacional saída da igreja, talvez um partido político. Embora tais grupos tenham, por vezes, objetivos conflitantes, essa miscelânea é um reflexo de sua personalidade e de suas necessidades. As empresas enfrentam as mesmas complexidades e necessidades de conciliação, por vezes em grande escala. Uma empresa poderia, com a mesma medida, apoiar as metas e os valores de uma de suas comunidades e ofender os de outra.

Os seis bilhões de pessoas nas comunidades do mundo têm um papel sem precedentes nas atitudes das empresas. Desde o colapso do comunismo, em 1989, o capitalismo de mercado consolidou progressivamente sua posição nos níveis nacional, regional e global. O comércio, os fluxos financeiros e as formas corporativas mudaram em escala e em volume, passando do local e do nacional para o regional e o global.

Ao mesmo tempo, os governos perderam terreno para as empresas internacionais. As empresas estão crescendo mais rápido do que eles. Em 1990, o valor conjunto das 100 maiores multinacionais do mundo correspondia a 3,5% do produto interno bruto mundial; dez anos mais tarde, passou a corresponder a 4,3%. Em 2000, 29 das 100 maiores entidades econômicas do mundo eram companhias multinacionais, e não países – um aumento em relação às 24 de 1990. As duas maiores empresas por valor agregado eram a Exxon (número 45) e a General Motors (47). Eram comparáveis, em tamanho, ao Chile e o Paquistão, mais de 50% maiores que Israel, Irlanda e Malásia (entre outras), e maiores do que países como o Peru, a Nova Zelândia, a República Tcheca, os Emirados Árabes Unidos, a Hungria, o Kuwait, a República Dominicana e a Guatemala[1].

Ao mesmo tempo, muitos governos voluntariamente cederam poder aos livres mercados. Eles privatizaram indústrias estatais, como as telecomunicações e as viações aéreas, ao mesmo tempo em que terceirizaram para o setor privado a prestação de serviços públicos. Eles aceitaram reivindicações de desregulamentação e auto-regulação em setores que vão desde os serviços financeiros, passando pelo setor alimentício e de proteção ambiental, até os serviços de saúde. A pressão por manter baixos os impostos e o déficit – seja interna (por parte de empresas e cidadãos abastados), seja externa (provocada pela concorrência com zonas de baixos impostos ou por exigências de agências financeiras internacionais) – afetou os serviços públicos e sua capacidade de regular as atividades empresariais.

O resultado é que as empresas estão mais visíveis do que nunca, mais propensas a atrair críticas (e elogios) e mais inclinadas a estar "no comando" para resolver os problemas do mundo. Os problemas são grandes:

- Os conflitos étnicos, religiosos e nacionais, juntamente com o terrorismo, aumentaram durante a última década, e não dão sinais de redução. A riqueza global está aumentando, mas a disparidade de renda está cada vez maior – tanto entre países como dentro de cada país. Mais de 4,5 bilhões de pessoas são pobres (com um poder de compra inferior a 3.470 dólares por ano). Na Índia, mais de 80% da população vive com menos de 2 dólares por dia, enquanto, nos Estados Unidos, a disparidade de renda e a pobreza estão entre as piores em países ricos do mundo. Embora o mundo consiga produzir alimentos suficientes para todos, 800 milhões de pessoas são subnutridos. A expectativa de vida no mundo aumentou drasticamente, enquanto o HIV vem provocando um holocausto na África, com milhões de mortes também na China e na Índia. O maior fator de morte no mundo é o tabaco: atualmente responsável por uma em cada dez mortes de adultos, com previsões de chegar a uma em cada seis até 2030. Setenta por cento dessas mortes ocorrerão em países de renda baixa e média. Um em cada cinco adultos – 880 milhões de pessoas – é analfabeto funcional.

- A capacidade mundial de inovar e produzir continua a aumentar, mas à custa do meio ambiente. A produção mundial de energia subiu 42% entre 1980 e 2000, e crescerá entre 150% e 230% até 2050, agravando o aquecimento global. Emissões de poluentes, como o enxofre e o óxido sulfúrico, estão aumentando por todo o mundo; as melhorias no mundo desenvolvido podem ser obscurecidas pelo aumento de resíduos no mundo em desenvolvimento. As estimativas são de que entre 2% e 6% das doenças em países da OCDE (Organização para a Colaboração e o Desenvolvimento Econômico) sejam resultantes da degradação ambiental: poluição do ar e substâncias químicas. A produção e a reciclagem eficientes melhoraram muito o desempenho de muitas economias de países ricos, moderando e mesmo reduzindo o uso de materiais físicos. Mas o desafio só se agrava. A agricultura está lançando pressão sobre o estoque de água, o número de peixes, as florestas e as terras aráveis. Mais de um bilhão de pessoas vivem sem acesso a água salubre, e mais de 2,5 bilhões não possuem instalações sanitárias higiênicas; até 2050, 7 bilhões de pessoas podem sofrer de falta de água. O atual crescimento anual de 60 milhões de novos cidadãos urbanos equivale a acrescer-se mensalmente ao mundo a população urbana de Paris, Pequim ou do Cairo. Cerca de 50% dos cidadãos do mundo nunca usaram um telefone, apenas 7% têm acesso a computadores pessoais e só 4% têm acesso à Internet.

A exclusão digital tem um corolário: a *exclusão da transparência*. Onde pessoas e comunidades têm acesso limitado ou nulo às ferramentas da transparência – uma imprensa livre, a Internet ou mesmo serviços telefônicos –, elas ignoram informações vitais que afetam seus próprios interesses. Elas têm uma capacidade limitada para se informarem ou se organizarem em defesa de seus interesses, especialmente quando comparadas com empresas, governos e organizações que dispõem abundantemente de tais ferramentas. Naturalmente, em tais comunidades a corrupção e a discriminação tendem a manter um curso desenfreado.

Nos centros públicos da eSeva, no estado de Andhra Pradesh, na Índia, os funcionários utilizam a Internet para ajudar cidadãos a pagar contas de serviços públicos, registrar nascimentos e óbitos e fazer uma série de outras transações com o governo. Os usuários, poupados de muitas visitas a órgãos públicos, mostram-se muito satisfeitos. Chandrababu Naidu, o principal ministro de Andhra Pradesh, diz que as principais metas são "a transparência, a responsabilidade e a rapidez" e a "redução do número de intermediários" entre o governo e os cidadãos. Traduzindo: computadores raramente aceitam subornos. Eles também reduzem a corrupção, por exemplo, deixando os documentos de licitação mais prontamente disponíveis para todos os licitantes[2].

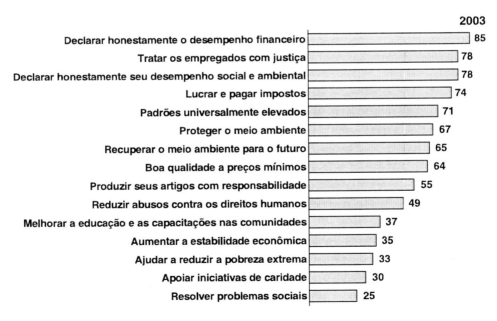

Figura 7.1 Pesquisa nos Estados Unidos: as empresas são consideradas totalmente responsáveis.
Fonte: *Environics International*

COMUNIDADES

193

Quem é responsável por tudo isso? Os governos, sem dúvida, mas as pessoas observam cada vez mais as empresas. De acordo com dados do Painel de RSC de 2003 da Environics International (Figura 7.1), a maioria dos entrevistados norte-americanos julga as empresas "responsáveis" por resultados específicos como a declaração honesta do desempenho social e ambiental, a proteção e recuperação do meio ambiente, a produção de seus artigos com responsabilidade e a redução dos abusos contra os direitos humanos. É interessante notar que há menos entrevistados sugerindo que as empresas apóiem iniciativas de caridade do que esperando que elas atinjam metas de sustentabilidade, mais exigentes do ponto de vista operacional.

Aos líderes corporativos que afirmam que os resultados sociais e ambientais são preocupações do governo, e não das empresas, nós dizemos: "Cuidado com o que desejam, pois vocês podem conseguir". Lobbyies comerciais solicitaram aos governos que reduzissem seus investimentos sociais e que deixassem as empresas agirem com retidão e se auto-regularem. Essa pesquisa parece dizer que os norte-americanos levaram a "proposta" a sério.

A desconfiança está em alta. A Environics descobriu que seis em cada dez norte-americanos disseram que sua confiança nas empresas norte-americanas decaiu com relação ao ano anterior, o que é um número significativamente maior do que o de outros países pesquisados[3].

PARA ONDE VAI O CAPITAL SOCIAL?

Em *Bowling Alone* (*Boliche solitário*), o professor de Harvard Robert Putnam elabora uma defesa bem documentada para a idéia de que o capital social diminuiu nos Estados Unidos, conceito que passou a integrar a sabedoria convencional.

> Durante os primeiros dois terços do século [XX], os norte-americanos tiveram um papel cada vez mais ativo na vida social e política de suas comunidades – em igrejas e sindicatos, em pistas de boliche e salões de clubes, à roda de mesas de comitê, de jogo e de jantar. Ano após ano, contribuímos com crescente generosidade para iniciativas de caridade, envolvemo-nos com mais freqüência em projetos comunitários e (até onde podemos confiar nas evidências) comportamo-nos de modo mais confiável para com os outros. Então, de maneira misteriosa e mais ou menos simultânea, começamos a fazer tais coisas com menos freqüência[4].

Putnam identifica muitos declínios:

- Nas eleições, na adesão a grupos políticos ou comunitários, no comparecimento a comícios ou discursos, na assinatura de petições.

- Na adesão e participação junto a organizações capitulares (como o B'nai Brith, o Knights of Columbus, a Associação de Pais e Mestres), embora os grupos de apoio e auto-ajuda estejam em alta.

- No comparecimento à igreja (com a exceção dos evangélicos conservadores).

- Na adesão a sindicatos e associações profissionais nacionais.

- Nas visitas e recepções caseiras, nos jogos de cartas, no envolvimento informal e – sim – nos jogos de boliche (embora os cassinos, videogames e esportes estejam em alta).

- Na filantropia e na participação em projetos comunitários (embora o voluntariado entre os jovens esteja em alta).

- Na percepção da honestidade e da moralidade alheias, na obediência aos sinais de trânsito.

Embora reconheça o surgimento de novas formas de mobilização social, como o "crescimento explosivo de organizações nacionais em prol do meio ambiente", Putnam afirma que, na maioria dos casos, a adesão a tais grupos não resulta em participação ativa. Ela envolve pouco mais do que uma inscrição e a assinatura de um cheque. Os plebiscitos estaduais também proliferaram, mas em maioria são promovidos por empresas profissionais e interesses específicos; as pesquisas indicam níveis ínfimos de sofisticação do eleitorado com relação aos assuntos em pauta. Putnam manifesta certa esperança de que a Internet e outros novos meios de comunicação possam servir como mecanismo de reenvolvimento, mas duvida que eles causem maior impacto do que o telefone.

Nisso, talvez ele se engane. Uma colega de Putnam em Harvard, Pippa Norris, em um livro igualmente documentado, *Democratic Phoenix* (*A Fênix Democrática*), trata da ascensão do movimento ambientalista, analisando-o como exemplo de uma mudança maior. Ela o descreve como "a conversão das políticas de lealdade [aos tradicionais partidos políticos, clubes e igrejas] em políticas de escolha [de

COMUNIDADES

questões e interesses alinhados com valores]". Norris diz que os movimentos sociais e as redes advocatícias internacionais de hoje são

muito mais amorfos e difíceis de compreender. A capacidade de cruzar fronteiras nacionais dos movimentos sociais envolvidos com questões como a globalização, os direitos humanos, o perdão da dívida e o comércio mundial pode indicar a emergência de uma sociedade cívica global. Agências em rede são caracterizadas por estratégias de ação direta e comunicações via Internet, por coalizões livres, por estruturas organizacionais relativamente planas e por modos de envolvimento mais informais, que enfocam preocupações comuns acerca de questões variadas e políticas identitárias. As tradicionais organizações hierárquicas e burocráticas persistem, mas os movimentos sociais podem se tornar o meio mais popular para a mobilização política, o protesto e a expressão informais.[5]

Norris documenta a contínua expansão de tais movimentos com a história dos crescentes alcance geográfico, diversidade de temas abordados e porte numérico das manifestações entre os anos 50 e 90. Seu livro foi publicado cedo demais para incluir o maior protesto global da história (pelo menos até o momento em que escrevemos este livro): os 10 milhões de pessoas ou mais – a maioria na Europa, mas acima de 350 mil nos Estados Unidos – que protestaram, em 15 de fevereiro de 2003, contra a guerra no Iraque. Com efeito, como sugere Norris, não mudaram somente os modos de organização (de hierarquias tradicionais para redes amorfas e ONGs – o que chamamos de redes de stakeholders), mas também os métodos (da política tradicional para as manifestações, a transparência forçada pela Internet, o envolvimento direto com empresas e agências do governo e a ação direta para melhorar as condições nas comunidades). Na verdade, seus alvos também mudaram: ao passo que a participação política, por intermédio de partidos e grupos comunitários, visava quase exclusivamente a governos e políticos, os ativistas de hoje também visam empresas, agências internacionais, associações comerciais e, nesse caso, ONGs.

Norris descobriu que as pessoas que apóiam o ativismo ambiental são menos inclinadas a votar do que a média, porém mais propensas a favorecer protestos na forma de manifestações, abaixo-assinados e boicotes. Também são mais passíveis de tomar parte em grandes atividades cívicas, como clubes de esportes e de arte, associações profissionais e sindicatos. Isso tudo ocorre especialmente na Escandinávia, na Austrália, na Nova Zelândia, na Alemanha e nos Estados Unidos (os dados de Norris não incluem o Reino Unido, a França nem o Canadá).

Por que isso vem ocorrendo? Com o declínio do poder e da função do Estado, as diversas redes comunitárias do mundo foram chegando à conclusão de que, para que seus interesses sejam levados em conta, elas devem lidar diretamente com empresas e instituições internacionais. Chame-as como quiser – grupos da sociedade civil ou ONGs –, elas estão em uma alta explosiva por toda a parte. A União das Organizações Internacionais vem acompanhando o desenvolvimento de redes não-governamentais, especialmente associações voluntárias e sem fins lucrativos, desde 1907. Hoje, ela acompanha mais de 45 mil grupos, em contraste com os menos de 10 mil anteriores a 1980. As ONGs recebem mais de 150 bilhões de dólares em doações anuais; cerca de 80% disso provém de indivíduos, e o restante de heranças, fundações e corporações[6].

Podem-se entrever ONGs por trás das barricadas que expõem as empresas a um novo tipo de investigação, exigindo responsabilidade e mudanças nos valores e comportamentos. Mas essas ações de grande porte são a ponta do iceberg. A parceria é a verdadeira norma, pois as ONGs oferecem conselhos e perícia, ajudam a fortalecer relacionamentos comunitários e participam como terceiros fidedignos na monitoração do comportamento das empresas. Nos locais onde esses relacionamentos dão certo, os resultados práticos são substancialmente melhores, e todos conquistam credibilidade de mercado e fortalecem suas marcas.

A NOVA SOCIEDADE CIVIL E O PODER DA TRANSPARÊNCIA

As ONGs emplacaram algumas vitórias impressionantes:

- A Campanha pelo Desarmamento Nuclear, iniciada no Reino Unido durante os anos 50, foi o trampolim para um movimento global cujos esforços culminaram na ratificação, em 1996, do Tratado de Proibição dos Testes Nucleares por 136 países.

- Uma grande coalizão de ONGs ambientais, do Greenpeace ao Sierra Club, foi um dos principais agentes na elaboração do Protocolo de Kioto, em 1992. Membros dessa coalizão passaram a década seguinte fazendo campanhas pela ratificação do acordo por parte de países individuais e firmando tratados para alterar os produtos, serviços e processos industriais de negócios e indústrias com alto consumo de carbono.

COMUNIDADES

- O Fórum Social Mundial, encontro anual de milhares de ONGs e grupos políticos de todas as partes do planeta, promovido em Porto Alegre, no Brasil, coincide com o Fórum Mundial Econômico, principal conferência dos líderes empresariais e políticos do mundo, em Davos, na Suíça. Davos vem demonstrando um crescente respeito por Porto Alegre, procurando atrair palestrantes e membros destacados das ONGs. Em 2003, o novo presidente do Brasil, Luís Inácio Lula da Silva, discursou em ambos, tendo-se incumbido de trazer ao Fórum Econômico a mensagem do Fórum Social.

- Inúmeras empresas, como enfatizamos ao longo de todo este livro, mudaram seus produtos e serviços, alteraram suas práticas trabalhistas e empregatícias e mesmo redefiniram suas estratégias centrais de negócios como resposta a campanhas ou recomendações das ONGs. Algumas, como o McDonald's e a Nike, pagam um alto preço por sua incapacidade de atender visivelmente às exigências e expectativas das ONGs e da sociedade civil.

As ONGs, à primeira vista, são um fenômeno peculiarmente moderno, mas seus antecedentes incluem comunidades religiosas milenares. Há meio século, existiam algumas poucas; hoje, há dezenas de milhares. Cada uma delas enfoca tipicamente um único assunto ou um grupo de assuntos, na maioria das vezes efeitos colaterais da economia global moderna. A informação – e, portanto, a transparência – é particularmente importante para as ONGs. Elas não possuem o poder financeiro de outros stakeholders. Em geral, só o que podem fazer é aprender, informar, congregar voluntários, persuadir, organizar-se e manifestar-se. Em casos extremos, elas tentam convencer pessoas que realmente possuem poder econômico a utilizá-lo – em boicotes dos consumidores, por exemplo. As ONGs envolvem-se em diversas formas de ação, todas no contexto das redes de stakeholders que constroem, lideram ou integram:

- A realização de pesquisas e a produção e divulgação de informações.

- O trabalho junto a empresas e líderes políticos no intuito de informá-los, educá-los e aconselhá-los.

- Campanhas em apoio a membros comunitários, empregados, acionistas ou outros stakeholders. Uma vez mobilizado, tal apoio pode influenciar as decisões e ações de empresários e políticos.

- A promoção de campanhas objetivas, voltadas a um assunto específico, utilizando uma variedade de táticas que vão desde a disseminação de informações até a desobediência civil.

- O tratamento direto de problemas. Algumas ONGs, como a ActionAid, põem os trabalhadores em campo para lidar com problemas sociais ou ambientais. Cada vez mais, as empresas integram – e subsidiam – tais atividades como parceiras das ONGs. A TakingITGlobal, fundada por Michael Furdyk e Jennifer Corriero, empreendedores canadenses da geração Net, utiliza tecnologias digitais para ajudar jovens em mais de sessenta países a criar redes sociais, políticas e criativas.

- A prestação de serviços especializados, como a auditoria dos relatórios de responsabilidade corporativa das empresas.

- O envolvimento com outras organizações para desenvolver redes de ONGs, estratégias comuns, ferramentas e assim por diante.

Às vezes, as ONGs, como quaisquer outras organizações, perdem de vista sua missão e se convertem em instituições autoperpetuantes e mesmo corruptas. E muitas ONGs não têm a transparência que exigem de seus alvos. No geral, porém, o histórico delas é bom, até mesmo exemplar. As grandes ONGs superam muitas marcas comerciais. Cabe às empresas fazer uma escolha deliberada sobre com que ONGs trabalhar; ignorá-las, porém, não é uma opção. É melhor envolver-se com elas, já que as ONGs e outros grupos da sociedade civil podem mobilizar redes de stakeholders para apoiar – ou desafiar – a própria licença de operação de uma empresa.

A HISTÓRIA DA CHIQUITA

Pode um leopardo mudar suas manchas? Talvez não. Mas uma banana pode. Veja o caso da Chiquita.

A banana é a fruta mais popular do mundo: os norte-americanos consomem, individualmente, 250 g de banana por semana. A Chiquita Brands International (que também vende outras frutas frescas e vegetais enlatados pela Stokely), com 2,2 bilhões de dólares em receita anual, é a maior produtora do mundo. A maior parte de seus empregados e de sua produção vem de países da América Latina, como Costa Rica, Guatemala, Panamá, Nicarágua e Colômbia. Carmen Miranda, cantora e estrela de cinema latino-americana dos anos 40, inspirou a difundida personagem da empresa "Miss Chiquita Banana", além da popular canção "Chiquita Banana". A empresa foi pioneira em muitos campos. Em 1904, ela aperfeiçoou a primeira rede de comunicações sem fio entre os Estados Unidos e a América Latina, permitindo que seus navios de carga se comunicassem com suas instalações. Em 1910, a United Fruit Company (como ela se chamou até 1989) deu início a pesquisas sobre bananas na América Latina, procurando desenvolver novas variedades resistentes a doenças. Em 1963, ela foi a primeira fornecedora a pôr etiquetas de marca em seus produtos. E, em 1992, a Chiquita começou a trabalhar com a ONG ambiental Rainforest Alliance no Projeto Bananas Melhores.

Tudo isso desmente o passado viscoso do "Octópode", como a empresa costumava ser chamada. Em seu novo espírito de transparência, a Chiquita assume, hoje, a responsabilidade por antigas transgressões e atitudes. Fundada em 1899, a United Fruit Company (seu nome original) freqüentemente utilizava forças armadas para manter os empregados na linha. Seu nome está eternamente associado à expressão pejorativa "república de banana", que descreve um país latino-americano cujo ditador figura na folha de pagamento da empresa[7].

A United Fruit esteve diretamente envolvida em diversas intervenções e golpes de Estado dos militares norte-americanos, inclusive a notória derrubada, apoiada pela CIA, do governo democraticamente eleito da Guatemala em 1954 – época em que o Secretário de Estado dos Estados Unidos, John Foster Dulles, era acionista da empresa. Vinte e um anos depois, seu então presidente, Eli Black, saltou para a morte pela janela de seu escritório em Manhattan; uma investigação da Comissão de Títulos e Transações revelou que ele havia subornado o presidente de Honduras com 1,25 milhão de dólares (e a promessa de mais 1,25 milhão de dólares) para obter uma redução nos impostos sobre a exportação, tendo subornado, ainda, diversos políticos europeus com o montante de 750 mil dólares.

No início de 1990, a Chiquita antevia um grande mercado para bananas na Europa oriental pós-comunista. Ela investiu maciçamente em navios e instalações, incorrendo em uma dívida de longo prazo de um bilhão de dólares. Todavia, em vez de adentrar um mercado em expansão, a empresa escorregou. O mercado não se concretizou. Sobreveio a superabundância global do produto e os preços caíram. O CEO Carl Lindner atribuiu os subseqüentes maus resultados da empresa ao tempo ruim e a pragas da lavoura[8].

Então, em 1993, a União Européia decidiu fortalecer o tratamento preferencial que dava a ex-colônias africanas (como a Costa do Marfim) e a ilhas caribenhas (como a Jamaica) no tocante à importação de bananas. Ao passo que a Dole havia investido nesses países e tinha negócios mais diversificados, a Chiquita foi pega, uma vez mais, de calças curtas.

Carl Lindner, também presidente do conselho e maior acionista da empresa, decidiu atacar o problema. Enquanto circulava pela Casa Branca e pelo Congresso norte-americano, ele conquistou a reputação de pioneiro naquelas sutis contribuições políticas. Entre 1993 e 1999, as doações feitas por Lindner, por membros de sua família, por suas empresas e por seus executivos excederam os 5 milhões de dólares[9]. Ele foi convidado diversas vezes à Casa Branca de Bill Clinton, inclusive para um pernoite na suíte de Lincoln. Políticos republicanos e democratas, a começar pelo presidente, fizeram intervenções agressivas em prol da Chiquita. O governo norte-americano levou o caso das bananas diversas vezes à Organização Mundial do Comércio. Esta decidiu a favor da queixa norte-americana, mas a Europa não se demoveu. Conseqüentemente, em 1999, os Estados Unidos impuseram tarifas punitivas sobre nove variedades de artigos europeus, prejudicando gravemente milhares de pequenos importadores norte-americanos. Em 2001, a Europa rendeu-se. Todavia, ao longo da década, a Chiquita perdeu muitas centenas de milhões de dólares.

Um divisor de águas sobreveio em 3 de maio de 1998, quando o *Cincinnati Enquirer* publicou uma reportagem de 20 páginas sobre a sede local da companhia. Comandada pelo repórter investigativo Mike Gallagher, a matéria pintava um retrato detalhado de uma empresa envolvida com perigosas práticas trabalhistas e ambientais, desvarios financeiros, corrupção política e uma má administração que beirava o crime. Baseada em um ano de pesquisas aprofundadas – que incluíam as próprias mensagens internas de correio de voz da Chiquita, acessadas indevidamente por Gallagher – e exibida na Internet para que o mundo a visse, a série demonstrou como a transparência pode devastar uma empresa na era da informação.

A introdução do artigo arrolava as seguintes acusações[10]:

- A Chiquita controla, em segredo, dezenas de empresas de bananas supostamente independentes. Ela o faz por meio de emaranhadas estruturas comerciais, destinadas a contornar restrições sobre as leis de propriedade de terras e de segurança nacional em países da América Latina. A estrutura também se destinava a coibir o sindicalismo em suas fazendas.

- A Chiquita e suas subsidiárias utilizam pesticidas de modo ameaçador para a saúde dos trabalhadores e dos moradores próximos, apesar do acordo firmado com um grupo ambiental para respeitar determinados padrões de segurança.

- Apesar desse acordo ambiental, as subsidiárias da Chiquita utilizam, na América Latina, pesticidas proibidos nos Estados Unidos, no Canadá e em vários dos 15 países da União Européia.

- Um trabalhador de uma fazenda subsidiária da Chiquita morreu, no final de 1997, após ser exposto a substâncias químicas em uma plantação de bananas, segundo o relatório de um médico legista local.

- Centenas de pessoas em um arrabalde costa-riquenho foram expostas a um produto químico tóxico emitido pela fábrica de uma subsidiária da Chiquita.

- Empregados da Chiquita e de uma subsidiária foram envolvidos em um esquema de suborno na Colômbia que chamou a atenção da Comissão de Títulos e Transações dos Estados Unidos. Dois funcionários foram obrigados a se demitir.

- Os navios para transporte de frutas da Chiquita foram usados para contrabandear cocaína para a Europa. As autoridades apreenderam mais de uma tonelada de cocaína (no valor de até 33 milhões de dólares em sua forma pura) em sete navios da Chiquita, em 1997. Embora a empresa não estivesse ciente disso nem aprovasse as remessas ilegais, os problemas foram atribuídos ao relaxamento da segurança em suas docas colombianas.

- Seguranças usaram de força bruta para impor sua autoridade em plantações administradas ou controladas pela Chiquita. Em um caso internacionalmente polêmico, a Chiquita convocou militares hondurenhos para fazer cumprir uma ordem judicial que determinava o despejo dos habitantes de uma vila rural; a vila foi devastada por tanques e os habitantes fugiram sob mira de fogo. Em uma plantação de palmeiras controlada por uma subsidiária da Chiquita em Honduras, um homem foi morto a tiros e outro foi ferido por guardas que empunhavam uma arma automática ilegal. Um agente da concorrência abriu um processo federal afirmando que homens armados pagos por executivos da Chiquita haviam tentado seqüestrá-lo em Honduras.

O artigo também descrevia os acessos de contribuição eleitoreira do ex-CEO Carl Lindner. O novo CEO da Chiquita, Stephen Warshaw, um veterano na empresa, reagiu furiosamente à matéria. Embora o *Enquirer* dissesse, a princípio, que um funcionário da empresa havia fornecido as mensagens de correio de voz ao repórter Mike Gallagher, descobriu-se que ele havia mentido ao jornal, tendo, na verdade, invadido o sistema da Chiquita para acessar as mensagens. Isso serviu de base para a ofensiva legal da empresa. O jornal publicou uma apologia na primeira página e, para o desalento dos defensores da livre expressão, desmentiu a história toda. Ele removeu a matéria de seu site, demitiu Gallagher e concordou em pagar à Chiquita 14 milhões de dólares de indenização. Gallagher declarou-se culpado de intercepção ilegal de mensagens e de acesso não autorizado a sistemas de informática. Ele foi sentenciado, em 1999, a cinco anos de prisão. Superficialmente, a Chiquita parecia ter vencido. Mas o desmentido do jornal não convenceu ninguém de que as acusações do artigo eram falsas. Diversos observadores chamaram a atenção para o fato de que a empresa jamais as refutou. E a matéria, embora removida pelo jornal, continuou disponível em outros sites.

A Chiquita matou o mensageiro, mas não a mensagem. Essa mensagem teve efeito em sua rede de stakeholders. Seus funcionários não precisavam que alguém lhes dissesse quais partes da matéria eram verdadeiras e quais partes eram falsas, exageradas ou fora de contexto. Acionistas, credores, fornecedores e revendedores estavam preocupados. Agências do governo, a mídia, sindicatos e ONGs também começaram a dar nova atenção à companhia.

O *Enquirer* projetou luz sobre questões que persistem em muitas facetas da indústria das bananas. Nos países ricos, padrões mínimos de trabalho protegem todos os trabalhadores – sindicalizados ou não. Mas, em muitos países produtores de banana, os direitos e os salários se reservam aos que possuem dinheiro e poder. No Equador, ainda em 2002, seguranças ameaçaram grevistas que buscavam reconhecimento sindical em uma fornecedora da Dole, enquanto 350 capangas, alguns armados, atacaram trabalhadores em greve em uma plantação da Noboa (que produz as bananas da marca Bonita) em duas ocasiões distintas. A Noboa demitiu centenas de funcionários, mas foi obrigada a readmiti-los e a reconhecer o sindicato depois que seu proprietário perdeu a eleição para a presidência do Equador. Na Colômbia, em 2002, guerrilheiros assassinaram sete sindicalistas do negócio de bananas (além de dois espectadores)[11]. Na Guatemala, em 2001, 22 homens foram condenados pela violência contra grevistas em uma plantação da Del Monte. Em uma cultura industrial dessas, e na ausência de um

COMUNIDADES 203

rigoroso código de conduta empresarial, era de se esperar que os administradores da Chiquita agissem mal.

O grupo administrativo da Chiquita viu-se em uma encruzilhada. Ele não era totalmente culpado, é óbvio. A Chiquita comprometera-se com a ONG Rainforest Alliance no Projeto Bananas Melhores já em 1992. Ela tinha, de longe, o maior índice de sindicalização (70%) do setor, e mantinha um relacionamento decente com muitos sindicatos. Mas estava longe de estar totalmente limpa.

Jeffrey Zalla, hoje executivo de responsabilidade corporativa da Chiquita, estava profundamente envolvido com essas questões na época. Como ele mesmo diz: "A cultura não era a do 'Quero que vá tudo pro inferno', mas a empresa não se comprometia com a comunidade externa de stakeholders, nem levava em conta os padrões que se esperavam de companhias globais respeitáveis. Sua característica dominante era a insularidade. Ela não se comunicava bem, e era reativa demais. Isso acontecia porque estava freqüentemente sob ataque; ela tinha toda uma história e era o ponto focal de uma guerra internacional de comércio. Havia interesses comerciais em dirigir-lhe críticas. Por isso, a empresa normalmente era fechada e defensiva".

A Chiquita enfrentou dívidas de um bilhão de dólares, anos de prejuízos, uma guerra comercial de mais de seis anos e uma força de trabalho confusa.

Seu CEO, Stephen Warshaw, iniciou um período de reflexão. Segundo Zalla: "Os administradores pensavam: 'Acho que fizemos as coisas certas. Como as pessoas chegaram a essas conclusões a nosso respeito? Fizemos o bastante para compartilhar um conjunto comum de valores e educar as pessoas para viver de acordo com eles?' Tudo se tornou uma questão de governança e processos, de padrões, de viver de acordo com os valores. A responsabilidade social tornou-se um veículo para a fixação de valores, disciplinas e responsabilidades definidas por toda a empresa. Ele dizia: 'Não me falem de sustentabilidade ou RSC – falem de códigos de conduta. Quero que as pessoas sejam responsáveis, sem mais desculpas. Ou se comportam dessa forma, ou estão na rua'".

O grupo de trabalho inicial de Warshaw incluía ele próprio, Zalla e o vice-presidente de recursos humanos. Durante o verão de 1998, eles se encontraram com diversas pessoas da área de responsabilidade corporativa. Zalla destaca a orientação dada por Robert Dunn, CEO da Business for Social Responsibility (BSR). "Ele nos permitiu compreendeu o que significa ser um líder ético e ter padrões elevados." Em outubro de 1998, Zalla formou um comitê de responsabilidade corporativa. Seu primeiro projeto foi redefinir os valores centrais da empresa.

Hoje, a Chiquita responsável baseia-se em uma corrente com cinco elos: valores, padrões, observância, transparência e comprometimento.

Os **valores** são um conjunto de princípios simples e de fácil comunicação, como "tratamos as pessoas com justiça e respeito". Por mais simples que sejam, tudo o mais depende deles. E criá-los não foi tão simples. "Subestimamos grosseiramente o esforço necessário para implementar esse tipo de mudança cultural", diz Zalla. "Ela exigiu de nós dez meses. Steve Warshaw queixava-se de que nos concentrávamos demais nos processos, que a coisa não devia levar tanto tempo. Mas acabamos tendo um processo de discussão e debate em três níveis da organização. E chegamos a três declarações de valores.

"Havia grande consenso com relação a diversos tópicos: à comunicação aberta, honesta e direta, e a atitudes éticas e legais. Mas somente os empregados sugeriam que devíamos reconhecer a importância da família em suas vidas. Era um processo vital para estabelecermos o alinhamento: hoje já não resta discussão a esse respeito. Se qualquer funcionário julgar que a empresa não cumpre com seus valores, é função deles questioná-la. Isso acabou se mostrando um investimento de imensa importância".

Os **padrões** convertem os valores em regras para o dia-a-dia. O código de conduta da Chiquita garante a liberdade de associação e a não discriminação, e estipula um limite máximo para as horas de trabalho. Este código foi baseado em dois padrões internacionais rígidos e em contínua evolução. A Responsabilidade Social 8000 (baseada em normas da ONU, da Organização Internacional do Trabalho e da ISO) é o principal padrão trabalhista da Chiquita, e o Projeto Bananas Melhores (da Rainforest Alliance) define as regras para as práticas ambientais e trabalhistas.

Todos os funcionários – especialmente os administradores – são responsáveis pela **observância** dos valores e padrões. Os administradores foram instruídos no relacionamento entre valores, padrões, desempenho de negócios e melhoria contínua. São avaliados com base na observância desses tópicos, e sua remuneração depende, em parte, dela. A empresa produziu uma versão em quadrinhos de seus valores e de seu código de conduta em espanhol para os trabalhadores de suas plantações. E também os treinou. A observância é rigorosamente avaliada – não apenas internamente, mas por diversos grupos de auditores externos, independentes e profissionalmente qualificados. Além disso, os funcionários são entrevistados (também por auditores externos, para que falem livremente) acerca de como vêem a observância da gerência.

COMUNIDADES   205

A **transparência** da Chiquita é profunda. Muitas empresas esperam que os funcionários pratiquem uma comunicação aberta, honesta e direta, tanto interna como externamente. Na Chiquita, este é um conceito inovador. Em vez de simplesmente pedir aos funcionários que digam sempre a verdade (o que, em si, já constitui, muitas vezes, uma façanha), a Chiquita pendura sua roupa suja para que todo o mundo a veja. Na época em que este livro estiver chegando às lojas, a empresa terá publicado seu terceiro relatório de responsabilidade corporativa. Cada edição apresenta e explica com clareza os resultados de suas auditorias externas e das pesquisas com os empregados; o relatório define objetivos específicos para o ano seguinte e comenta as metas anteriores.

Esses relatórios, como outras coisas, encontram-se publicamente disponíveis no site da Chiquita. O relatório de 2001 revela, por exemplo, que a divisão da empresa em Costa Rica "continua utilizando agrotóxicos em excesso para o controle de pragas", enquanto "diversas trabalhadoras alegaram assédio sexual" na Guatemala. (O relatório contém mais notícias positivas que negativas; escolhemos as negativas para ilustrar nosso argumento).

A velha Chiquita fazia suas próprias regras. A nova reconhece que a confiança depende da reciprocidade e do **comprometimento** com sua rede de stakeholders. Zalla orgulha-se, acima de tudo, de um acordo firmado em 2001 com o movimento sindical do setor – o primeiro do tipo, feito por uma empresa multinacional para contemplar os trabalhadores dos países em desenvolvimento. Cerca de seis semanas antes da história do *Enquirer*, em maio de 1998, uma tropa de choque com 350 policiais armados havia prendido 62 sindicalistas em uma plantação da Guatemala, de propriedade da Cobigua, fornecedora exclusiva da Chiquita. Isso resultou em uma passeata maciça, em centenas de demissões e em uma prolongada disputa repleta de truques sujos. A Cobigua era uma empresa à parte, e a Chiquita não assumiu a responsabilidade.

Em julho de 1998, o sindicato (a Colsiba) levantou a bandeira da paz, propondo formalmente uma conciliação. A Chiquita não respondeu. Em 10 de setembro, 60 organizações religiosas, trabalhistas e de direitos humanos dos Estados Unidos publicaram uma carta admoestando a empresa. A coalizão elaborou informativos à imprensa na Europa e na América Central. A empresa aceitou a conciliação, o pequeno primeiro passo em uma cuidadosa e circunspecta trilha de consultoria e colaboração que acabou levando a um acordo pioneiro sobre direitos trabalhistas e sindicais, em junho de 2001. Como costuma ocorrer nessas situações, uma ONG independente (a U.S. Labor in the Americas Project e seu líder, Stephen Coats) desempenhou o papel de intermediária, facilitadora e publicista. Além disso, tão logo a IUF, um grande órgão sindical internacional, entrou em jogo, o processo, no dizer de Zalla, "ganhou velocidade e enfoque".

O acordo não é um contrato sindical, mas um arcabouço que garante a liberdade de associação e padrões mínimos de trabalho nas operações da empresa. Ele traz assinaturas da Chiquita, de dois sindicatos (a Colsiba e a IUF) e da Organização Internacional do Trabalho (uma agência da ONU). O comprometimento é muito mais do que superficial, e prevê um comitê conjunto da empresa e do sindicato que se reúne no mínimo duas vezes por ano para avaliar a observância do acordo e discutir tópicos preocupantes.

Zalla faz dois comentários importantes sobre o acordo. Em primeiro lugar, ele se baseia em padrões da OIT – como a liberdade de associação, a negociação coletiva e os direitos humanos fundamentais. "Foi mais fácil elaborá-lo porque um ano antes já havíamos adotado as convenções centrais da OIT presentes na RS8000." Em segundo lugar, o acordo prevê um extraordinário comprometimento com negociações justas, com melhorias contínuas e com o benefício mútuo. Ambos os lados prometem abster-se de táticas desleais (como campanhas públicas contra a empresa ou retaliações anti-sindicais) até que as negociações à mesa tenham sido esgotadas. Por sua parte, o sindicato concorda que o relacionamento eficaz entre os trabalhadores e a administração depende do sucesso comercial e da sustentabilidade da Chiquita.

Durante o período em que a cadeia de valores abertos da Chiquita evoluía, a empresa passou por uma falência (entre novembro de 2001 e março de 2002). Resultado: a empresa permaneceu na ativa e seus credores acabaram como proprietários majoritários. Durante esse processo, a empresa trabalhou duro para estabelecer "um justo equilíbrio entre os interesses dos muitos stakeholders afetados pelo processo"[12]. A transparência – a comunicação aberta, honesta e direta – foi fundamental para cruzar esse abismo com sucesso.

De modo mais amplo, houve uma mudança drástica na reputação pública da empresa. A Chiquita ganhou diversos prêmios e é freqüentemente citada como líder em responsabilidade corporativa – uma mudança colossal para uma empresa que poucos anos antes vinha se arrastando na lama. Mas essa é apenas a fundação; cada um dos stakeholders da Chiquita trouxe um retorno significativo ao investimento que ela fez em valores e responsabilidade.

Os funcionários mantiveram seus empregos. Para ser mais claro, eles não pediram demissão; durante a falência, a empresa conduziu os negócios como de costume, e vivenciou níveis normais de rotatividade. Zalla fez questão de desenvolver o primeiro relatório de responsabilidade corporativa durante a falência; ele foi publicado em junho de 2002. O consultor Neil Smith, a quem Zalla atribui o crédito de ter orientado a empresa durante o processo de formulação dos valores, temia que a publicação fizesse da empresa um alvo de críticas. Mas Zalla insistiu – acertadamente – que publicar os compromissos do relatório fortaleceria sua credibilidade e influência internas.

A empresa também usou processos transparentes para atender aos interesses de outros stakeholders importantes. No fim das contas, os credores ofereceram 960 milhões de dólares em dívidas da antiga empresa em troca de 95,5% das ações pós-falência e 250 milhões em novas dívidas. Os parceiros ficaram ao lado da companhia: a Chiquita os manteve informados durante todo o processo, pagou seus fornecedores e conservou seus consumidores. Os antigos acionistas tiveram de se contentar com 2% das novas ações ordinárias da empresa, além de algumas garantias. Mas os grandes continuaram presentes. Como observa a Chiquita, esse foi um bom negócio, se comparado com a típica reestruturação prevista no Capítulo 11 do Código de Falências dos Estados Unidos (em que os acionistas costumam acabar sem nada).

Zalla enumera outros benefícios tangíveis da Chiquita comprometida, responsável e transparente. Os cuidados ambientais reduziram os gastos com agrotóxicos em 4,8 milhões de dólares. A reciclagem reduziu as despesas em 3 milhões. Em 2002, os padrões aprimorados de trabalho pouparam às instalações costa-riquenhas 500 mil dólares em despesas com indenizações trabalhistas.

Zalla insiste que os grandes benefícios – como atravessar o abismo da falência – são os mais difíceis de mensurar. Disputas trabalhistas e greves tornaram-se mais raras e mais curtas. Uma greve no Panamá durou 58 dias e custou à empresa 21 milhões de dólares; Zalla acredita que, na antiga Chiquita, as coisas teriam sido muito piores. Os problemas trabalhistas no Panamá provaram ser intratáveis, por isso a empresa decidiu desmantelar suas operações. Zalla afirma, persuasivamente, que uma abordagem transparente e comprometida a essa má situação trouxe resultados menos custosos e dolorosos para todos os envolvidos.

É bom administrar despesas e riscos, mas onde está a vantagem disso? Na Europa, onde a Chiquita é a número um, a integridade vende bananas. Ela vendeu 54% de seu volume, em 2002, a revendedores que se comprometeram com ela nas questões de responsabilidade social. Alguns eram diligentes: auditavam as instalações da Chiquita ou faziam com que preenchesse um questionário detalhado. Nos Estados Unidos, a história é outra. Poucos consumidores norte-americanos atualmente tomam suas decisões de consumo com base na responsabilidade social, e somente 7% do volume da empresa vai para revendedores que se preocupam com essa questão. Zalla gostaria de encontrar algum apoio externo – seja do governo, seja da comunidade de investimentos sociais – para os revendedores e administradores de plantio que desejarem apostar no assunto.

No fim das contas, diz Zalla, "não temos, no papel, um argumento comercial tão elegante ou convincente quanto eu desejaria. Esse esforço foi feito com base em valores. Não se atribui um preço à honestidade: muitas empresas desmoronaram por falta de integridade".

Normalmente se diz que a confiança leva anos para ser construída e pode ser destruída em segundos. A história da Chiquita é o reverso da medalha: onde a desconfiança está entrincheirada, uma virada genuína pode, em pouco tempo, operar maravilhas. A velocidade dessa mudança também traz consigo riscos: ela durará o bastante para firmar raízes, ou estratégias improvisadas de curto prazo voltarão a dominar? Como quer que seja, a nova estratégia da Chiquita de transparência e responsabilidade perante os stakeholders dos campos comunitário e ambiental é tão boa quanto possível nos dias de hoje: não é perfeita, mas é uma referência. Ela é, também, uma comovente história de redenção. A conversão da Chiquita ilustra, de maneira simples e tocante, o valor da integridade, do comprometimento e da responsabilidade para com todos os stakeholders.

Será a Chiquita uma anomalia, uma aberração? Poucas empresas têm a história e a reputação de uma United Fruit, e menos ainda um histórico comparável de má administração e quase colapso. A Chiquita não teve escolha senão entrar na linha. Todavia, muitas empresas estáveis e bem-sucedidas têm histórias similares (algumas delas igualmente dramáticas) de crises assustadoras, que constituem um bom argumento comercial em prol da responsabilidade social e ambiental.

- Sir Philip Watts, presidente do conselho da Royal Dutch/Shell, disse que "o desenvolvimento sustentável – integrar considerações econômicas, sociais e ambientais a todas as nossas atividades – tornou-se fundamental para o modo como fazemos negócios". A Shell não adotou tais princípios sem atrito; eles surgiram após "experiências amargas" durante meados da década de 1990: fiascos na área de direitos humanos na Nigéria (incluindo o assassinato de Ken Saro-Wiwa) e o boicote ambiental da Brent Spar comandado pelo Greenpeace no Mar do Norte. Após esses eventos, a Shell acrescentou dois novos compo-

COMUNIDADES

nentes a seus valores corporativos: a Declaração Universal dos Direitos Humanos da ONU e os princípios do desenvolvimento sustentável. Ela também assumiu a responsabilidade por seu desempenho social e ambiental – para o bem e para o mal – com o *Relatório Shell*, auditado externamente; a sexta edição foi publicada no início de 2003.

A Shell apóia o Protocolo de Kioto, que exige que os países desenvolvidos limitem as emissões de gases estufa em 5,2%, em média, entre 1990 e 2010. Embora seus negócios tenham crescido 30%, ela conseguiu uma redução de 10% nas emissões em 2002 – o dobro da meta de Kioto, com anos de antecedência. Este programa de conservação ajudou-a a atingir sua meta de redução de despesas de 3% ao ano por toda a empresa. A sustentabilidade converge com os cenários comerciais da Shell; ela está se preparando para o dia em que combustíveis sem carbono, como as células combustíveis elétricas e à base de hidrogênio, se tornarão uma parte significativa do mercado. Uma medida polêmica da transparência da Shell é o fato de que ela revela anualmente quaisquer infrações de sua rígida política contra subornos. Os subornos são um grande problema em todas as indústrias de extração, e acontecem em muitos países onde o jugo da lei é fraco.

- O Citibank, a maior companhia financeira do mundo, já vinha sendo investigado – juntamente com outros bancos, como o Morgan Stanley – devido ao financiamento de projetos social e ambientalmente nocivos, como a barragem das Três Gargantas, na China. Ele também vinha sendo acusado de práticas predatórias de empréstimo ao consumidor por algumas subsidiárias dos Estados Unidos. Então, em 2002, sua cumplicidade no desastre da Enron e seus conflitos de interesse, que custaram milhões de dólares aos investidores, converteram a investigação em crise. Os acionistas puniram a empresa duramente; na época em que escrevíamos, suas ações, embora tivessem melhorado após o colapso de 2002, ainda bamboleavam muito abaixo dos valores históricos normais. O banco fez várias mudanças na governança corporativa e comercial, incluindo a formulação de políticas para avaliar os riscos sociais e ambientais de novos financiamentos. Em uma apresentação feita em outubro de 2002, a vice-presidente sênior de relações comunitárias globais, Pamela Flaherty, observou que, em um negócio descentralizado como o Citibank, os princípios de sustentabilidade começam no nível corporativo. "Injetar sustentabilidade em um grande negócio é um desafio." Ainda não se sabe se e quando o Citibank constituirá um bom argumento comercial ou mesmo terá um programa consistente, com responsabilidades bem definidas. Presume-se que qualquer coisa que a empresa puder fazer para restabelecer a confiança contribuirá para a cotação de suas ações.

Outras empresas julgaram essa estratégia interessante para os negócios, mesmo na ausência de crise. Ou talvez sua crise fosse indireta, perdida nos redemoinhos da história. A Hewlett-Packard e a Johnson & Johnson atribuem sua ética e sua responsabilidade social arraigadas a patriarcas que viveram durante a Grande Depressão.

O panfleto de Robert W. Johnson, em 1935, incitava seus colegas empresários a adotar uma "nova filosofia industrial" que implicasse a responsabilidade perante clientes, funcionários, comunidades e stakeholders. Ele acreditava que os escândalos corporativos que haviam levado à Depressão poderiam fazer com que a sociedade contestasse a licença de operação das empresas. A recompensa? A Johnson & Johnson goza de um registro de desempenho comercial invejável e, de acordo com uma pesquisa da Harris, encomendada pelo *Wall Street Journal*, manteve a mais alta reputação comercial dos Estados Unidos durante quatro anos, de 1999 (o primeiro ano de realização da pesquisa) até 2002[13].

Bill Hewlett e David Packard fundaram sua empresa em uma garagem de Palo Alto, em 1939. Jerry Porras, co-autor, juntamente com Jim Collins, de *Built to Last: Successful Habits of Visionary Companies* (*Criadas para durar: hábitos de sucesso de empresas visionárias*), perguntou certa vez a Hewlett o que ele e Packard tinham em mente quando abriram a empresa. Hewlett respondeu: "Bem, éramos uma dupla de jovens recém-saídos de Stanford. Nós nos julgávamos inteligentes, e achávamos que poderíamos contribuir de alguma forma".

A idéia de contribuição – e humildade – permaneceu com a empresa. Essa idéia evoluiu e transformou-se em uma perspectiva conhecida como HP Way ("Estilo HP"), um dos principais legados de Bill Hewlett: respeito pelo indivíduo, contribuição para os clientes e a comunidade, integridade, trabalho em equipe e inovação. A Hewlett-Packard foi a fonte ou uma praticante precoce de estratégias inovadoras de administração como o horário flexível, a "administração ambulante", as portas abertas e os cubículos. Muitos previram que a CEO, Carly Fiorina, abriria mão desses valores com a atribulada aquisição da Compaq, em 2001. Mas a HP mostrou-se uma líder resoluta – embora ainda buscando seu caminho – na responsabilidade social e ambiental e na abertura globais. A HP também deseja um retorno: os bilhões de pessoas empobrecidas de hoje, que representam o mercado para a tecnologia da informação do século XXI.

O DESAFIO GLOBAL

Os problemas nesse campo valem para todas as partes do mundo, mas seu caráter nos países ricos é bem diferente do que em economias emergentes.

- No nível macroeconômico, os países ricos ficam com a maior parte dos recursos mundiais e geram os maiores volumes de poluição global – mais especificamente, de gases estufa, que causam o aquecimento global. Esses são também os países em que o jugo da lei é mais universal; a corrupção é menos prevalecente; e quase todo mundo, mesmo os mais pobres, consegue ter suas necessidades básicas atendidas. Apesar de exceções notáveis, esse ambiente macroeconômico implica – ou impõe – um campo de atuação com padrões elevados para todos os concorrentes. No nível microeconômico, as leis e regulamentos exigem que as empresas atendam a padrões relativos a empregos, à segurança de bens e serviços, a transações comerciais e assim por diante.

- O ambiente operacional das empresas nas economias emergentes é muito mais variado e complexo. Umas poucas nações – como a China e Cingapura – têm governos fortes. Outras – como o Brasil – são mais fracas, porém determinadas. Muitíssimas carecem da firmeza, da maturidade e de recursos para administrar os complexos sistemas jurídico, social, ambiental e econômico necessários para utilizar e controlar os impactos da globalização.

Neste domínio mais amplo, o argumento em prol da nova integridade – e da sustentabilidade – funda-se, como já discutimos, na confiança. Mas a confiança é insuficiente para um argumento comercial válido para todos, sobretudo quando há opções que promovem a sustentabilidade. Nesse campo, cujo princípio central é alinhar as soluções presentes com as necessidades futuras, as empresas precisam, muitas vezes, servir de guia para seus clientes, acionistas e outros stakeholders, em vez de simplesmente preservar sua confiança.

O PARADOXO DA SUSTENTABILIDADE

Muitas empresas destacam as compensações tangíveis resultantes de uma estratégia social e ambiental alinhada com sua estratégia de negócios. Todavia, o argumento comercial paradigmático para comprovar essas compensações continua a escapar-lhes, e por uma boa razão. As compensações por tratar bem clientes, funcionários e acionistas são freqüentemente óbvias. Mas e quanto às compensações sociais e ambientais? Por que não ser um parasita e deixar que outros salvem o mundo?

As empresas abertas são uma minoria: poucas adotam genuinamente a honestidade, a responsabilidade, a consideração e a transparência como meios de fazer negócios. Menos ainda remodelam suas estratégias comerciais tendo em mente a sustentabilidade global. E ainda menos atendem plenamente às expectativas da sociedade civil e de outros stakeholders sociais e ambientais. A BP, empresa responsável e de alto padrão, continua a buscar concessões de perfuração em áreas ambientalmente sensíveis, como o Alasca e a Rússia; ela evidentemente acredita que não tem escolha, e quem há de contestar sua lógica comercial? Se o argumento em prol de sempre "fazer o bem" fosse de ofuscante evidência, um número muito maior de empresas o seguiria[14]. Esse problema faz lembrar um debate de mais de 20 anos na área da tecnologia da informação. As empresas investem em tecnologia da informação presumindo que ela compensará: reduzirá custos e talvez ajude a aumentar as vendas. Mas o retorno sobre os investimentos nessa área permaneceu invisível por muito tempo. Desde meados da década de 1970, economistas e executivos observaram que, embora os custos essenciais da tecnologia da informação estivessem subindo visivelmente e os benefícios parecessem intuitivamente óbvios, ninguém podia identificar com segurança – e menos ainda mensurar – suas vantagens. Esse problema existia tanto na economia geral como no nível das empresas individuais. Embora os gastos com tecnologia da informação estivessem crescendo muito, o aumento de produtividade permanecia congelado em uma média nacional de 1,5% ao ano. E, nos casos em que este aumento se acelerava, ninguém conseguia demonstrar alguma correlação com a nova tecnologia. Este paradoxo da produtividade não impediu as empresas de comprar computadores. Com efeito, durante os anos 80, elas o fizeram desenfreadamente, com departamentos individuais adquirindo PCs, impressoras e redes locais.

Em 1995, paralelamente à ascensão da Internet, os aumentos de produtividade subitamente decolaram. Médias de 2,5% persistiram até pelo menos 2002, muito depois da queda das empresas pontocom. Economistas e entendidos ofereceram toda sorte de explicações para essa súbita onda. Uma foi simplesmente a Internet – a nova maravilha que parecia estar mudando todas as coisas. Outra era mais prosaica: não se tratava da Internet, mas do fato de que, após trinta anos de gastos, passou a haver tecnologia suficiente no mundo para fazer uma diferença.

COMUNIDADES   213

Uma terceira explicação era mais sutil: as empresas finalmente haviam compreendido como alterar seu modo de fazer negócios para gerar capital com a tecnologia. A explicação mais consistente baseia-se nesta última. Uma pesquisa feita pelo McKinsey Global Institute (divisão da empresa de consultoria) demonstra que um mero punhado de setores e umas poucas empresas nesses setores ficaram com a maior parte dos benefícios da produtividade provocados pela tecnologia da informação. Três setores da alta tecnologia – semicondutores, montagem de computadores e telecomunicações – responderam por 35% do aumento composto de produtividade dos Estados Unidos entre 1993 e 2000. E apenas três setores externos à alta tecnologia – o varejo, o atacado e as transações de títulos – responderam por outros 40%. Os 52 outros setores responderam pelos 24% restantes do crescimento. A McKinsey confirmou a idéia com estudos na França e na Alemanha. A conclusão: somente uns poucos setores determinam o desempenho de produtividade de um país em qualquer momento.

Como esses setores superpoderosos tiveram êxito em seus países? A pesquisa sugere que seus executivos resolveram o paradoxo da produtividade usando seus investimentos em tecnologia da informação para objetivos comerciais, e não tecnológicos.

Os líderes, segundo a McKinsey, acertaram em três coisas. Em primeiro lugar, ajustaram seus investimentos em tecnologia da informação muito especificamente a seu setor, inclusive ao exclusivo estilo de negócios de sua empresa. Em segundo lugar, asseguraram que os projetos ocorressem na ordem correta, das operações fundamentais às cotidianas e às futuristas – gerando habilidades ao longo do tempo. Em terceiro lugar, seus estrategistas encararam as decisões envolvendo a tecnologia da informação como quaisquer outras decisões de negócios. A estes fatores, adicionaríamos um quarto: uma mudança ocorreu em um setor inteiro quando um líder intensamente motivado decidiu mudar as regras em uma época em que um número suficiente de concorrentes dispunha dos meios e do conhecimento competitivo para seguir seu exemplo.

Práticas sociais e ambientais sustentáveis não são um remédio secreto, não mais do que a tecnologia da informação. Todo argumento e plano comerciais devem ajustar-se às particularidades de cada empresa. Com isso, o segredo está no detalhe da liderança executiva e na implementação paulatina.

Mais de 700 milhões de veículos rodam por nosso planeta, e 150 mil são adicionados a cada dia. A maioria das montadoras embarcou no trem ambiental. Mas algumas – especialmente as sediadas em Detroit – o fizeram com relutância, ao mesmo tempo em que montavam e vendiam carros esportivos ainda mais monstruosos e ineficazes. Esse problema não se resolve facilmente: muitos consumidores são simplesmente vidrados em carros grandes. Em 2002, os compradores fizeram fila para adquirir o lote inicial de 20 mil unidades do Hummer 2, da GM, veículo de 4 toneladas que custa 55 mil dólares e faz 4 quilômetros por litro. Na verdade, as vagas na lista de espera do Hummer eram vendidas no eBay por 7 mil dólares ou mais[15].

Previsivelmente, quando o presidente Bush, em seu discurso "O Estado da União", de 2003, propôs um subsídio ao desenvolvimento de tecnologias de hidrogênio e um corte incremental de 7% nos padrões de economia de combustível dos grandes esportivos e das caminhonetes até 2007, a General Motors objetou prognosticando desastres: uma perda de 105 mil empregos em todo o setor, redução da segurança em função de veículos mais leves, um aumento de custos de 275 dólares por veículo e uma perda de 1,1 bilhão de dólares em receitas para a GM[16]. Essa é uma resposta de perder ou perder. Se a GM estiver correta, esse é um triste comentário sobre as capacidades tecnológicas e adaptativas do mercado de automóveis dos Estados Unidos; se estiver errada, está obstinadamente errada.

A Toyota adotou uma posição bastante diversa. A empresa apoiou, de imediato, os 7% de redução no consumo propostos pela administração Bush, julgando-os uma boa idéia para atingir resultados "desejáveis"[17]. Por quê? Em vez de uma ameaça, a Toyota vê na revolução tecnológica dos combustíveis uma oportunidade de fortalecer sua posição competitiva como líder em eficiência na relação custo/desempenho, com uma participação sempre crescente no mercado automotivo. Poderíamos contar uma história similar sobre a Honda.

A Toyota deseja alcançar a liderança de mercado na tecnologia automotiva de baixo consumo da próxima geração, do mesmo modo como alterou as regras do mercado automotivo com a revolução da qualidade dos anos 70. Em suporte a sua estratégia, a empresa vem aprimorando o motor de combustão interna, desenvolvendo um motor híbrido a gasolina e eletricidade e aguardando ansiosamente um futuro de energia à base de hidrogênio.

Como observa James Olson, vice-presidente sênior da Toyota na área de questões externas e regulamentares na América do Norte: "Podemos pôr três frangos na panela de hoje, dois na panela dos híbridos e um na panela da célula combustível. Tudo o que temos a fazer, conforme progredimos, é mudar a fonte de energia".

A prova aparece na prática. Os japoneses foram os primeiros a comercializar, nos Estados Unidos, veículos híbridos que os consumidores de fato comprariam –

um Honda Civic especialmente adaptado e o Toyota Prius. Esses são experimentos de provável sucesso em um nicho de mercado ecoconsciente, mas é bem provável que, no momento em que você ler isso, o Lexus híbrido da Toyota já esteja em seus salões. Olson comenta: "O Prius não é somente um resultado da ética; ele também é altamente competitivo. A indústria automobilística precisa agir rápido para tornar-se limpa e eficiente – pondo-se na liderança para definir e controlar as soluções em proveito próprio. Também precisamos estar adiante das intervenções do governo".

De acordo com um estudo feito pela Union of Concerned Scientists, a Honda e a Toyota já superam as Três Grandes no controle das emissões de gases do aquecimento global e de poluentes que geram fumaça. Será porque as Três Grandes vendem montanhas de caminhões inerentemente "sujos"? Segundo os cientistas, "a Nissan e a Ford estão acima da GM [e da DaimlerChrysler] em nossa análise – apesar de venderem mais caminhões do que carros –, pois seus caminhões geram menos emissões geradoras de fumaça. Altas vendas de caminhões não precisam ser um problema ambiental[18]".

As japonesas também comandam Detroit na atitude de tornar suas fábricas e seus fornecedores eficientes em matéria de recursos e poluição, embora hoje em dia o setor esteja progredindo como um todo nesse sentido. Talvez a Toyota ainda se sinta estimulada pelas medonhas crises que envolveram seu nascimento como empresa: a derrota do Japão na Segunda Guerra Mundial e a necessidade de restabelecer a capacidade industrial do país. Talvez seja a cultura rigorosa da eliminação de desperdício, que está no centro do *kaizen*. Hoje, montadoras de veículos por todo o mundo investem pesado na eco-eficiência e promovem alucinadamente a abertura por meio de seus relatórios de sustentabilidade e de seus sites. Todas concordam que a redução de desperdícios fabris elimina despesas. Quanto aos veículos de baixo consumo, seu ponto de transição já assoma no horizonte; este setor, com sérios problemas de excesso de capacidade, será obrigado, cada vez mais, a responder pura e simplesmente a seus consumidores – e a liderá-los.

A questão é que as Toyotas e Hondas do mundo estão a caminho de obter uma nova espécie de vantagem mercadológica. Salvo que, desta vez, isso se deve ao fato de elas haverem internalizado a convergência entre a nova integridade e a vantagem competitiva sustentável. Em vez de vociferar que a eficiência energética ameaça os empregos e os lucros, a Toyota tenta o impossível. Eliminar todas as formas de desperdício – nos esforços humanos, nos materiais, nos custos energéticos e em exterioridades negativas – não somente contribui para a economia em curto prazo, como é uma expressão essencial de um comprometimento convicto com a qualidade, tão necessário ao sucesso duradouro das empresas. Isso, por sua vez, leva a uma substancial vantagem nos custos, o que se traduz em lucratividade e crescimento invariavelmente superiores ao da concorrência norte-americana.

Tudo isso se congrega em um plano estratégico para o valor acionário sustentável. O presidente da Toyota, Cho Fujio, comentou, no início de 2002: "Estamos determinados a fazer das 'recompensas de longo prazo aos acionistas' uma prioridade. Creio que o melhor é proceder sem dar muita atenção ao estilo norte-americano de governança corporativa, nem ficar obcecado com 'estruturas superficiais' como as cifras de curto prazo."[19] Talvez o argumento comercial paradigmático estivesse o tempo todo à vista; só precisávamos de uma década de contemplação para enxergá-lo.

CAPÍTULO 8

OS DONOS DA EMPRESA

Desde seus primeiros dias, no século XIX, a Bolsa de Valores de Nova York e foi o centro financeiro do capitalismo dos Estados Unidos. Acordos encobertos, trapaças, fraudes e parasitação estavam em alta. Os membros da bolsa pagavam impostos de transação menores que os não-membros. As cotações raramente eram reveladas ao público ou à imprensa. Até que a Dow-Jones fundasse o *Wall Street Journal*, em 1889 – que passou a trazer o Índice Dow Jones diariamente a partir de 1896 –, a maioria dos jornais financeiros eram porta-vozes pagos por pessoas que queriam promover as ações. Essa prática só se encerrou após a quebra de 1929.

A transparência só surgiria como resultado de uma vigorosa intervenção estatal. Ninguém fazia idéia do papel central do financista J. P. Morgan no mundo bancário e comercial, até que uma investigação do Congresso americano, em 1912, revelou que ele e uma dúzia de parceiros comandavam 72 diretorias em 47 grandes empresas. No total, os executivos do banco Morgan e de outros três bancos detinham 341 diretorias em 112 empresas, com recursos de 22 bilhões de dólares (o que excedia o valor estimado de todo o patrimônio dos 22 estados e territórios a oeste do Mississippi). Em um depoimento ao Congresso, Morgan negou ter conhecimento de suas próprias relações e acordos. Até aquele momento de transparência, e mesmo depois, Morgan e seus parceiros negaram a existência de um truste financeiro[1].

Foi necessário o pior colapso comercial da história moderna – a Grande Depressão – para impor a transparência ao grande mercado financeiro. A Lei dos Títulos de 1933 foi a primeira de alcance nacional nos Estados Unidos a ser aprovada pelo Congresso.[2] Durante as duas décadas anteriores, cerca de vinte estados haviam aprovado um amontoado de leis que supostamente preveniam a venda fraudulenta de ações para regulamentar a emissão de títulos, mas estas eram repletas de brechas. Os mercados financeiros dos Estados Unidos, tanto no setor bancário como no de títulos, operava, em grande parte, livre de regulação e visibilidade, até Franklin Roosevelt entrar em cena.

A lei exigia que os vendedores registrassem os novos títulos e fornecessem informações à Comissão Federal do Comércio. Os emissores de títulos estrangeiros (também objetos de diversos esquemas fraudulentos) tiveram de fazer o mesmo.

Em seguida, a Lei das Transações de Títulos de 1934 criou a Comissão de Títulos e Transações. Pela primeira vez, os banqueiros de investimento eram responsáveis perante uma agência do governo. Uma vez mais, a transparência foi essencial. Qualquer empresa ou banco de investimentos que fizesse um registro fraudulento na Comissão seria processado. Todas as empresas de capital aberto teriam, dali em diante, de registrar-se e apresentar relatórios financeiros trimestrais e anuais. Para ter o direito de registrar ações recém-emitidas de outras empresas, os bancos teriam, ainda, de fornecer informações financeiras a respeito de si mesmos. Isso foi algo revolucionário, já que a maioria das empresas – a começar pela casa de Morgan – jamais havia publicado relatórios anuais.

A questão estrutural subjacente foi a separação entre propriedade e controle. Ela teve início com a capitalização das ferrovias, no século XIX, e tornou-se dominante na maioria dos setores nos anos 20. Adolf A. Berle e Gardiner C. Means foram os primeiros a analisar essa mudança, em 1933[3]. Conforme empresas de capital aberto cresceram e investidores passaram a negociar ações entre si, o mercado de ações ganhou vida própria. Milhares e, depois, centenas de milhares de indivíduos passaram a comprar ações. Em geral, ninguém chegava a possuir nem mesmo 1% de qualquer empresa. Como resultado disso, os acionistas se enfraqueceram como classe, enquanto os administradores internos às empresas assumiram o controle. Berle e Means explicaram o risco daí resultante para os acionistas: "O grupo controlador (...) pode servir melhor a seus próprios bolsos lucrando às expensas da empresa do que gerando lucros para ela[4]".

Esse problema básico vem existindo desde então. Em teoria, os administradores dos florescentes anos 50 e 60 pensavam nos acionistas; afinal de contas, eles mensuravam seu sucesso pelo aumento das cotações. Mas o lado prático da responsabilidade perante os acionistas inexistia. Peter Drucker, em 1974, temia que os conselhos tivessem se tornado "uma ficção". Eles são "ou meros comitês administrativos [ou seja, controlados por diretores internos], ou órgãos ineficazes"[5]. Ele listou três causas que ainda têm validade hoje em dia: a dispersão da propriedade acionária

OS DONOS DA EMPRESA

(a causa fundamental), a separação entre propriedade e controle (o resultado) e o fato de que a alta administração não deseja um conselho realmente eficaz:

> Um conselho eficiente faz perguntas comprometedoras. Um conselho eficiente exige um bom desempenho da alta administração e elimina os executivos que não dão bons resultados – esse é seu dever. Um conselho eficiente insiste em ser informado antes dos eventos – essa é sua responsabilidade legal. Um conselho eficiente não aceitará, sem questionamento, as recomendações da alta administração, e desejará saber os porquês. (...) Um conselho eficiente, em outras palavras, insiste em ser eficiente. E isso, para a maioria das altas administrações, parece ser um estorvo, uma limitação, uma interferência nas "prerrogativas administrativas", em resumo, uma ameaça[6].

Acionistas que não concordassem com isso só poderiam "votar com os pés" e vender as ações. A administração coreografava rigorosamente as reuniões anuais e as votações. O acionista típico não se importava, já que ele (na época, normalmente um homem) era apenas um entre milhões de especuladores isolados, donos de pequenos lotes. Ele não queria se incomodar com a governança corporativa. Desde que suas ações subissem, ele estava satisfeito. Não havia nada de errado com a opacidade.

Nos anos 70, as práticas administrativas dos Estados Unidos foram abaladas pela estagflação e pela surpreendente ascensão dos concorrentes japoneses (apesar de livros sobre o "estilo japonês", era impossível que as empresas do ocidente imitassem as complexas redes de inter-relacionamentos do Japão – em razão, quando mais não fosse, de sua opacidade). Com sua credibilidade desmoronando uma vez mais, as empresas norte-americanas pagaram caro pela falta de transparência e responsabilidade nos ataques corporativos dos anos 80 e na onda da reengenharia na virada dos anos 90. Na raiz desses eventos estavam duas novas mudanças estruturais. Em primeiro lugar, uma nova revolução industrial: uma economia exigente e ávida de inovações, possibilitada pelas tecnologias da informação e das comunicações. Em segundo lugar, o surgimento do capitalismo dos investidores: os acionistas, incluindo investidores tradicionais e agentes do mercado (como os atacantes corporativos dos anos 80 e os capitalistas de risco dos anos 90), contestavam a separação entre propriedade e controle.

A onda de fusões e aquisições dos anos 80 foi um rearranjo forçado pelo excesso de capacidade e pela ineficiência burocrática do capitalismo administrativo. Houve 35 mil negociações de fusão e aquisição entre 1976 e 1990, com um valor total de 2,6 trilhões de dólares (em moeda de 1992)[7]. Muitos descreveram essa onda – juntamente com as imensas indenizações que a acompanharam – como uma manobra gananciosa por parte de bárbaros corporativos que sugavam as inovações e os investimentos da economia, degradavam a competitividade do país e destruíam as vidas de centenas de milhares de funcionários demitidos. Os críticos detrataram técnicas exóticas como as aquisições alavancadas e os títulos de alto risco, que eliminavam o porte como obstáculo à aquisição, e permitiam que raposas indigentes penetrassem o galinheiro corporativo. Sem dúvida, os atacantes corporativos ganharam toneladas de dinheiro, enquanto empregados leais perdiam seus empregos e pagavam caro por uma situação que poucos deles haviam provocado.

Todavia, por trás de todo o fogo e fúria, os investidores estavam finalmente fazendo mais do que votar com os pés. Atacantes corporativos e investidores institucionais reafirmaram o direito dos acionistas de opinar sobre o destino da empresa. A visibilidade empresarial aumentou drasticamente, já que os fracassos, a ineficiência, os ardis e a defraudação dos agentes eram investigados como nunca antes.

Chegou-se, finalmente, ao consenso de que o derramamento de sangue devia ter um fim. Ele era, como alguns disseram eufemisticamente, "demasiado destrutivo". No início de 1990, a onda de fusões e aquisições chegava ao fim. As comunidades corporativa e fiduciária chegaram a um novo consenso: a responsabilidade perante os investidores, sobretudo aqueles de longo prazo (como os fundos de pensão), seria melhor atendida se houvesse uma supervisão constante por parte de gerentes e diretores dentro da empresa e de investidores institucionais fora dela. Atividades de governança corporativa se tornariam a norma, em lugar das batalhas pelo controle corporativo. E então, em meio à exuberância do fenômeno pontocom, a tão esperada supervisão não veio. Resultado: a crise da governança corporativa de 2002.

A bolha da Internet alavancou a crise da governança, mais visivelmente no caso da Enron, desviando a atenção dos antiquados padrões de lucratividade e governança e propalando "novas regras para uma nova economia". Mas os negócios escusos nas empresas de contabilidade, os desfalques multibilionários em mais de 150 empresas e os conflitos de interesse em corretoras não podem ter sido culpa da Internet.

Em abril de 2003, dez empresas de Wall Street concordaram em rachar o pagamento de penalidades no total de 1,4 bilhão de dólares, um resultado relativamente indolor, considerando-se como elas vaporizaram a integridade dos mais importantes processos no âmago do capitalismo de mercado. As corretoras negaram-se a assumir a culpa por práticas corruptas, como a publicação de relatórios de análise falsamente favoráveis, o envio antecipado de cópias dos relatórios a clientes e o uso de ações em badaladas ofertas públicas iniciais para subornar CEOs de empresas clientes, e seus executivos safaram-se de processos legais. Cerca de 40% das multas foram mitigadas pela dedução tributária ou por seguros. E, como observou o *Economist*, o montante equivale ao lucro coletivo de uns poucos dias e a uma porcentagem mínima do que as empresas ganharam durante a onda[8]. As duas entidades que deviam ter policiado essas empresas – a Bolsa de Valores de Nova York e a Associação Nacional dos Negociantes de Títulos – também escaparam da condenação. Processos civis, movidos pelos investidores, estavam por vir.

No fim das contas, a bolha meramente exacerbou o problema perene – ou seja, a separação entre propriedade e controle. Quando o ganho pessoal entra em jogo, um número altíssimo de executivos corporativos faz um ajuste em seus valores para racionalizar a prevaricação.

A transparência demonstrou-se uma força construtiva. Denunciadores mobilizaram-se contra a Enron, a Andersen, a WorldCom e outras. A mídia veiculou a história. Investidores institucionais, como a CalPERS, pressionaram o Congresso a agir e enrijeceram suas diretrizes operacionais. Investidores deixaram o mercado; isso resultou em um colapso maciço das cotações e indicou claramente a urgência de uma mudança visível. Muitas empresas começaram a repensar e remodelar sua governança.

A história do século passado mostra que a onda de poderosas forças de mercado, originada pela transparência, não é suficiente para mudar o comportamento corporativo. Por mera necessidade econômica, muitas empresas podem adotar normas de franqueza e integridade que excedam os requisitos mínimos legais. Mas os parasitas tirarão proveito do sistema enquanto o aparato legal os proteger; e muitos, como vimos, estão mais do que dispostos a burlar a lei.

Com isso, os mercados livres necessitam de governos fortes. Os interesses públicos são maiores do que a soma dos interesses privados. E as economias de mercado aberto dependem de regras claras, impostas com rigor.

QUEM POSSUI AS EMPRESAS?

As últimas décadas trouxeram à tona cinco mudanças drásticas na propriedade corporativa.

Em primeiro lugar, a propriedade acionária tornou-se a forma dominante de riqueza líquida (ações, títulos e dinheiro), que, por sua vez, vem crescendo rapidamente. O estoque mundial de ativos financeiros líquidos multiplicou-se por sete entre 1980 e 2000 – de 11 para 78 trilhões de dólares. As ações cresceram, nisso, de 25% para 40% do bolo[9]. Desde a quebra do mercado de 2001, muitos investidores converteram parte de seus ativos em títulos e outros ativos de menor risco. Este, porém, é um abalo ligeiro em meio à tendência geral. A transição histórica para as ações significa que uma proporção maior da sociedade está apostando na propriedade corporativa para gerar riquezas.

Em segundo lugar, as ações cada vez mais são possuídas por instituições. Nos primeiros dias do capitalismo, magnatas de chapéu de seda eram os donos das empresas. Até os anos 70, um número relativamente pequeno de indivíduos ainda possuía quase 80% das ações nos Estados Unidos. Hoje, as instituições são as principais proprietárias das empresas. Fundos de pensão, fundos mútuos, companhias de seguro, outros investidores institucionais e uma vasta gama de indivíduos possuem ou administram a maior parte das ações públicas. Em 1987, as instituições possuíam, em média, 47% do total de ações nas mil maiores empresas dos Estados Unidos. Esse número subiu para 60%, em 1997, e, em 2003, havia chegado a 64%. Em 1987, apenas 4 dentre as mil maiores empresas tinham mais de 90% de suas ações em mãos de instituições. Hoje, são 60. Em 1987, 45% das empresas tinham 50% ou mais de suas ações sob propriedade institucional, mas hoje o número ultrapassa os 66%.[10] Hoje, existem mais fundos mútuos do que companhias de capital aberto[11].

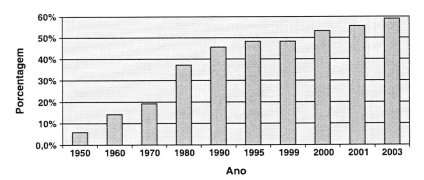

Figura 8.1 Participação dos investidores institucionais na propriedade de ações, 1950-2003.
Fontes: *The Conference Board, CIBC World Markes*

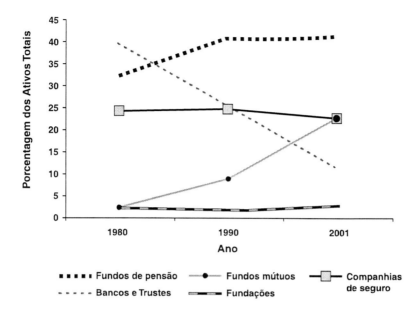

Figura 8.2   Porcentagem dos ativos institucionais por categoria, 1980-2001.
Fonte: *The Conference Board*

Em terceiro lugar, os fundos de pensão, que aplicam economias pensionárias em nome dos funcionários de empresas, agências do governo e outras organizações – economias que serão sacadas na aposentadoria –, são o maior grupo de investidores institucionais. Eles cresceram de 32,5% dos ativos institucionais (868 bilhões de dólares), em 1980, para 41,5% (7,87 trilhões de dólares), em 2001. Durante esse período, os fundos mútuos também cresceram muito, enquanto os ativos possuídos por bancos e trustes caíram de 39,9% para 2,7%. Internacionalmente, os fundos de pensão possuem mais de 12 trilhões de dólares em ativos[12]. (Ver Figura 8.2.)

Fundos de pensão possuem 13% da Microsoft (quase o mesmo que Bill Gates), 17% da IBM, 18% da GE, 19% da Exxon, 20% da AT&T e 45% da British Telecom[13].

Muitos fundos de pensão são imensos. O fundo da GE tem 59 bilhões de dólares em ativos, o Texas Teachers Retirement tem 70 bilhões, o da General Motors tem 87 bilhões, o New York State Retirement Fund tem 100 bilhões, o California Public Employees Retirement tem 133 bilhões e o Stitching Pensionenfonds ABP (da Holanda) tem 160 bilhões[14].

	Porcentagem do total de ações em mãos de investidores institucionais
1. General Electric Co.	51,1
2. Microsoft Corp.	41,8
3. Pfizer Inc.	59,8
4. ExxonMobil Corp.	49,0
5. Citigroup Inc.	69,7
6. Wal-Mart Stores Inc.	33,8
7. Intel Corp.	46,2
8. American International Group Inc.	56,8
9. Merck & Co. Inc.	56,3
10. IBM Corp.	47,4
11. Cisco Systems Inc.	56,9
12. SBC Communications Inc.	45,1
13. Johnson & Johnson	56,7
14. Verizon Communications Inc.	43,5
15. Coca Cola Inc.	52,9
16. Bristol-Myers Squibb	60,5
17. Philip Morris Cos. Inc.	59,6
18. Oracle Corp.	42,4
19. Home Depot Inc.	56,7
20. Time Warner Inc.	67,7
21. Procter & Gamble Co.	48,8
22. Eli Lily & Co.	65,9
23. EMC Corp.	64,9
24. AT&T Corp.	41,7
25. Wells Fargo & Co.	60,0
Total das empresas	63,4

Figura 8.3 Concentração da propriedade por parte de investidores institucionais nas 25 maiores empresas (classificadas de acordo com a capitalização de mercado).
Fonte: *The Conference Board*

Os fundos de pensão são, hoje, os principais proprietários da economia dos Estados Unidos.

Muitos fundos afirmam carecer da perícia ou dos recursos para administrar seus investimentos, e por isso contratam outros para tomar suas decisões diárias de investimento – conferindo parcelas substanciais de seus ativos a outros agentes fiduciários, como administradoras de capital, companhias de seguro e bancos. Em 2001, os fundos de pensão detinham 41,5% de todos os ativos de investidores institucionais, mas administravam somente 21,1% – cerca da metade[15]. Essa estratégia passiva abala a influência que eles teriam para tornar as empresas transparentes e responsáveis perante os acionistas.

Em quarto lugar, o número de norte-americanos que possuem ações subiu muito durante as quatro últimas décadas. Hoje, mais da metade de todas as famílias dos Estados Unidos possui ações empresariais ou unidades de fundos mútuos[16]. A propriedade direta ou indireta de ações como parte dos ativos familiares saltou de 34%, em 1992, para mais de 56%, atualmente[17]. Muitos milhões de famílias norte-americanas têm um grande envolvimento no mercado de ações e em seu desempenho, muito embora a média de propriedade *direta* por família monte a apenas 6 mil dólares. A mesma família possui *indiretamente* cerca de 77 mil dólares somente em ações intermediadas por fundos de pensão[18].

Essa "revolução dos fundos de pensão", como Peter Drucker adequadamente a chamou em 1976, deu, hoje, a mais de 100 milhões de norte-americanos um interesse pessoal no mercado de ações e no desempenho das empresas por todo o mundo[19]. Sua maior dependência dos mercados de capital afetou outros aspectos de suas vidas, notavelmente seus planos de aposentadoria, sua satisfação no emprego e sua produtividade no trabalho. Eles se concebem como investidores. Caso possuam ações ou opções na empresa em que trabalham, eles se sentem mais motivados a fazer um bom serviço e tendem a identificar-se mais intensamente com a companhia[20]. E, à luz do desastre pós-tecnológico, muitos deles passaram a prestar atenção ao impacto que têm as baixas de mercado na erosão das riquezas em seu portfólio de aposentadoria.

Uma outra tendência vem obrigando os pensionistas a se preocuparem – a transição histórica para planos de contribuição definida, pelos quais o indivíduo assume um risco maior e tem vantagens ou prejuízos maiores. Os planos de benefícios definidos, como o nome implica, especificam o nível de benefícios a serem colhidos pelo funcionário na aposentadoria. Os planos de contribuição definida, também como diz o nome, especificam o nível da contribuição, mas não o benefício a ser recebido. Com isso, oferecem menos segurança com maior potencial tanto para ganhos como para prejuízos. O número de funcionários nesses planos excede, hoje, na ordem de dez para um, o de funcionários em planos de benefícios definidos[21].

Em quinto lugar, a despeito da distribuição mais generalizada da propriedade acionária, não existe uma democratização universal da riqueza nos Estados Unidos, como alguns sugeriram. De acordo com uma investigação confiável, durante a última década a parcela da riqueza total dos 1% mais ricos subiu 5 pontos percentuais, enquanto a parcela dos 40% mais pobres apresentou um declínio absoluto[22].

A maior mudança, porém, não é que o quintil do topo esteja ganhando uma parte maior do bolo, mas que existe uma elite super-rica prosperando mais rapidamente do que os ricos normais (e do que todos os demais). Dentre os 20% que mais ganham dinheiro, os maiores beneficiários são os 5% do topo. De acordo com um estudo extensivo, realizado por Thomas Piketty e Emmanuel Saez, em 1970, os 0,01% maiores pagadores de impostos tinham 0,7% da renda total; ou seja, ganhavam 70 vezes mais do que a média. Mas, em 1998, esses mesmos 0,01% receberam mais de 3% de toda a renda. Isso significa que as 13 mil famílias mais ricas dos Estados Unidos ganham quase o mesmo que os 20 milhões de famílias mais pobres; essas 13 mil famílias tinham rendas 300 vezes superiores às das famílias médias[23].

Essa mudança levou muitos, como o crítico liberal Paul Krugman, a concluir que existe uma crise de desigualdade nos Estados Unidos:

> Esta transformação [ricaços ficando cada vez mais ricos] ocorreu muito rapidamente, e ainda ocorre. Pode-se pensar que 1987, ano em que Tom Wolfe publicou o romance *A Fogueira das Vaidades* e Oliver Stone lançou o filme *Wall Street*, assinalou a maré alta da nova cultura monetária da América. Mas, em 1987, os 0,01% do topo ganhavam apenas cerca de 40% do que ganham hoje, e os altos executivos ganhavam menos de um quinto. A América de *Wall Street* e de *A Fogueira das Vaidades* era decididamente igualitária, em comparação com o país em que vivemos hoje[24].

Essa situação deixa o país vulnerável ao aumento de conflitos entre duas classes de acionistas — os que detêm riquezas maciças e os que possuem pouco —, exacerbando as reivindicações de transparência e responsabilidade.

Essas cinco tendências abriram as portas para uma nova onda de transparência. O colapso do mercado de ações em 2001 e a crise da governança corporativa comprometeram a capacidade dos fundos de pagar suas dívidas, gerando uma crise de confiança. Alguns fundos vêm enfrentando esses problemas há anos. Eles ganharam visibilidade graças à crise. Além disso, uma parcela inédita da população quer estar mais informada sobre as empresas, pois são acionistas. Muitos investem por meio dos chamados fundos de investimento socialmente responsável (ISR), que são muito mais ativos do que o fundo mútuo típico.

Em teoria, a operação dos negócios é função dos executivos, enquanto assegurar a transparência e a responsabilidade perante os acionistas é função do conselho. Na prática, contudo, muitíssimos conselhos não passam de uma extensão da administração. Resultado: investidores "possuem", administradores "controlam" e não existe uma comunicação substancial entre os dois. Se os investidores estiverem insatisfeitos, sua única opção efetiva é votar com os pés e vender suas ações.

O QUE OS ACIONISTAS SABEM?

Embora ainda haja considerável opacidade nos mercados de capital, a Internet proporciona aos acionistas um acesso sem precedentes a informações, e lhes permite compartilhá-las entre si. Infelizmente, grande parte dessas informações ou não se encontra imediatamente disponível para o indivíduo médio ou não é particularmente confiável nem útil. Observadores bem informados apontaram as fraquezas da Enron em seus grupos de bate-papo muito antes de ela desmoronar. James Felton, professor adjunto de finanças na Universidade do Centro de Michigan, e Jongchai Kim, professor assistente de finanças na Universidade Xavier da Louisiana, examinaram centenas de milhares de mensagens anônimas nos quadros de aviso da Enron, no Yahoo! (YHOO) Finance. Eles encontraram alegações condenatórias e surpreendentemente detalhadas sobre as finanças da Enron, aparentemente enviadas por funcionários frustrados da companhia.

Em 1º de março de 2000, quando a Enron era negociada a 68 dólares, uma mensagem de "arthur86plz" alertou: "Analise bem os detalhes financeiros da Enron e você encontrará uma montanha crescente de dívidas encobertas que acabará engolindo a empresa. Há uma razão para eles acumularem tantas subsidiárias e filiais. Tenha cuidado." Antes, em 17 de junho de 1998, "JanisJoplin298" escreveu que a estrutura financeira da Enron era enganosamente complexa. A Enron "poderia, com a mesma facilidade, proporcionar maior valor acionário simplificando sua estrutura de capital e articulando com clareza seus acordos".

Felton e Kim concluem que, longe de serem fontes inúteis de informações falsas, "os quadros de aviso contêm dados melhores do que se imagina"[25]. Isso pode ser verdade, mas como os acionistas individuais separariam o joio do trigo – neste caso, dezenas de milhares de opiniões inquestionavelmente positivas sobre a Enron?

O problema é que as salas de bate-papo são apenas um outro lado da opacidade acionária. A maioria dos acionistas, em especial os aproximadamente cem milhões de pequenos acionistas que operam no mercado por meio de fundos mútuos e de aposentadoria, nem mesmo sabe em que empresas seus agentes fiduciários investiram. Os economistas chamam isso de um "problema de agenciamento em cascata", em que, no presente caso, o acionista individual está afastado da ação por diversas camadas – investindo por meio de fundos de pensão, que investem por meio de administradoras de capital, que, por sua vez, dependem dos conselhos de diretores das empresas para supervisionar o CEO e seus subordinados. Eles podem ficar sabendo do estado das ações no final do trimestre, do ano ou nunca.

Além disso, poucos dentre os pequenos acionistas individuais têm tempo, competência ou atenção para acompanhar o desempenho corporativo. Mesmo se tivessem, não conheceriam a história verdadeira. Nenhum dos escândalos de 2001-02 começou com informações originadas por acionistas.

Finalmente, muitos fundos mútuos e de pensão são indexados pelo S&P 500 ou outros grandes índices. Como resultado, seus acionistas têm menos interesse ainda no sucesso de empresas específicas. Em vez disso, confiam na economia e no mercado de ações como um todo.

São as instituições, e não os indivíduos, que possuem (ou deviam possuir) as ferramentas, os recursos, o acesso e o poder na batalha que se desenvolveu entre as forças da transparência e as da opacidade. Todavia, fundos passivos, em particular aqueles que utilizam a indexação, não tiram vantagem desse poder. Felizmente, uma nova safra de investidores ativos está se empenhando para compreender o que realmente acontece com as empresas em que investem. Com isso, esses investidores estão preparando o cenário para a responsabilidade corporativa perante os acionistas.

Considere o Ontario Teachers Pension Plan, um fundo de 50 bilhões de dólares, responsável pela aposentadoria de 154 mil professores em atividade, 83 mil professores aposentados e 92 mil ex-professores. O fundo tem uma história de sucesso, com uma média de retorno anual de 11,7% desde 1990.

Diversamente de muitos outros fundos, o Teachers usa seu próprio corpo de funcionários, com 200 pessoas, para pesquisar as empresas e tomar a maioria das decisões de investimento. Bob Bertram, vice-presidente-executivo de investimentos, diz que há muito mais informações publicamente disponíveis do que antes. Mas, para ele, o conhecimento adicional é obtido quando pessoas dedicadas dialogam com a administração e os conselhos das empresas. Os analistas do Teachers compreendem profundamente os produtos, a estratégia de negócios, os recursos humanos, os planos de marketing, os ativos financeiros e os concorrentes das empresas, para citar apenas alguns fatores. Mas sabem ainda outras coisas. "Nós temos, sem dúvida, muita informação factual. Mas, ao passar um tempo com a administração, chegamos a conhecer seu processo de pensamento. Temos um conhecimento íntimo das pessoas que tomam decisões. Sabemos muito sobre sua cultura e sobre o que as motiva".

Este nível de investigação tem seu próprio risco moral: informações fornecidas por gente de dentro. "Se obtemos informações importantes e não publicadas sobre uma empresa, evitamos negociar com ela até que as informações venham a público", diz Bertram. "Isso não é problema".

O Teachers, porém, faz parte de uma minoria de agentes fiduciários. Tais fundos necessitam de pesquisas intensivas para compreender as empresas em que investem, e ainda assim, quase nenhum deles possui um pessoal adequado de pesquisa. A combinação entre mau comportamento e negociações baratas on-line destruiu as margens que subsidiavam as pesquisas dos corretores de Wall Street. Mesmo se os volumes negociados voltassem ao normal, seria difícil encontrar um modelo de negócios que sustentasse pesquisas inteligentes e confiáveis. Ironicamente, este problema é um resultado da transparência – a transparência que as redes baratas impõem à compra e venda de ações.

Um estudo feito pela empresa de consultoria Shelley Taylor & Associates demonstra que muitas empresas resistem à sede por informações confiáveis a seu respeito[26]. O estudo, em seu décimo ano, examinou informações sobre operações, resultados e governança corporativa em sites e relatórios anuais de 50 das maiores empresas globais. Uma minoria de empresas forneceu aos acionistas informações sobre tópicos como desafios e riscos, novas linhas de produtos, detalhes administrativos, política do conselho para a avaliação do CEO e objetivos. Os pesquisadores identificaram um declínio acentuado na disposição das empresas para discutir "más notícias" com relação a dois anos antes. "As pessoas simplesmente não querem ser responsabilizadas", disse Taylor.

Algumas empresas de capital aberto têm pensado em recolher as ações para evitar o olho público. Atualmente, os mercados de capital aberto são uma zona morta, enquanto os de capital fechado estão florescendo. Especialmente na faixa mediana, as empresas estão procurando fechar seu capital para escapar aos custos, regulamentos e investigações do novo ambiente. Seus administradores não apreciam estar sob o microscópio. Claro que podem correr, mas não podem se esconder. Embora fechar o capital signifique que a empresa pode evitar a investigação de acionistas, isso não diminui a crescente investigação dos outros membros da rede de stakeholders.

A opacidade prejudica as cotações e dificulta o levantamento de fundos. "O capital acionário é dispendioso porque os investidores têm dúvidas sobre a transparência das empresas", diz Joel Kurtzman, sócio da PricewaterhouseCoopers. "Os mercados de capital estão em baixa devido a receios envolvendo a transparência – mais de um trilhão de dólares perdidos em valor acionário. Tome uma grande empresa, como a GE. Suas cotações são menos da metade do que já foram, em grande parte porque muitos acionistas perderam a fé na companhia em matéria de abertura, honestidade e favorecimento de seus interesses".

Os advogados são a linha de frente na batalha entre a abertura dos acionistas e a opacidade da administração. O defensor da transparência Robert Monks observa que, nos 70 anos, desde a lei da Comissão de Títulos e Transações de 1933, "os advogados inventaram jargões e convenções acerca da transparência e dos relatórios que chegam a ser orwellianos, de tão enganadores". Aludindo à revelação do complexo esquema salarial de Jack Welch, que só ocorreu graças a seu divórcio, Monks diz: "Todos saem por aí sacudindo a cabeça e dizendo 'Meu Deus, não é maravilhoso termos toda essa abertura?', e então descobrimos que não sabemos coisa nenhuma". Isso gerou, para os acionistas, um "vasto mundo de suposta transparência", um mundo ilusório e perigoso. (Monks graceja que, se todos os CEOs fossem obrigados a se divorciar, os acionistas podiam descobrir a verdade sobre seus salários.)

Mas, avançando, provavelmente devemos rejeitar o conselho de Shakespeare de matar todos os advogados. Do lado da transparência, existe um pequeno, mas crescente batalhão de advogados que acorre aos tribunais em defesa dos acionistas. Os advogados do governo têm sido muito ativos, como também os contratados por diversos grupos de direitos dos acionistas, por acionistas institucionais, por ONGs e por diversas outras organizações da sociedade civil. O próprio Monks deixou a arena da política pública e retomou sua função de advogado para fazer uma campanha em prol das empresas abertas.

Os acionistas estão se mobilizando pela transparência. Mas essa é a ponta do iceberg. Eles estão se organizando para responsabilizar as empresas de muitas outras maneiras.

Um Beco sem Saída Institucional:
Por Que Somos Investidores Passivos

Os conselhos deveriam representar os acionistas. Os investidores institucionais possuem a maior parte das ações. Mas muitas instituições são investidoras passivas, e recusam-se a se envolver com governança, quanto mais se sentar em conselhos. O resultado é que a maioria dos stakeholders acaba sem voz. Dependendo da pessoa com quem você conversa, há diferentes razões para isso.

Muitas instituições selecionam as ações de seu portfólio com base em uma fórmula predeterminada, em vez de em uma avaliação das perspectivas de cada empresa. A palavra *índice* é tirada de grandes índices como o S&P 500 ou o Dow-Jones, que alguns fundos tentam espelhar. A instituição, seja um fundo mútuo, seja um fundo de pensão, imagina que, se corresponder ao desempenho do índice, estará se saindo bem. Fundos indexados geralmente têm desempenho tão bom quanto fundos ativamente administrados.

- O envolvimento ativo nas empresas poderia gerar um problema de marketing para os investidores institucionais. Isso não se aplica aos fundos de pensão, mas aplica-se a fundos do setor privado, como a Fidelity. Os fundos de pensão investem centenas de milhões – ou mesmo de bilhões – em fundos privados, que teoricamente dispõem do conhecimento necessário para administrar bem tal investimento. Mas empresas como a Fidelity também administram pensões (como os planos 401(k)) para empresas – as mesmas em que podem estar investindo em nome, digamos, do fundo de pensão dos funcionários da cidade de Nova York. Em outras palavras, eles enfrentam um conflito de interesses muito real. Como a Fidelity pode entrar em uma batalha acionária com a administração de uma Enron ou de uma General Motors, se ela também espera renovar junto a elas seu contrato de planos de aposentadoria para os funcionários – que fica a critério da administração?

- É uma trabalheira envolver-se ativamente nas empresas. Um fundo de pensão comum pode investir em mais de 3 mil delas, e, todavia, contar com apenas 60 funcionários. Um administrador disse-nos: "Já é difícil acompanhar estas empresas, quanto mais tomar parte em sua governança!".

- Fundos que sacodem seu portfólio (que compram e vendem ações com freqüência) evitam conexões próximas com empresas individuais. Tomar parte em um conselho, segundo eles, os qualificaria como gente de dentro – restringindo sua capacidade de comprar e vender as ações da empresa, devido aos períodos de desinformação que os internos enfrentam. Balela, segundo Monks. "Eles não dão a mínima. Há mil jeitos de contornar esse problema. Na realidade, eles estão ganhando toneladas de dinheiro sem fazer nada. Querem fazer o mínimo possível sem irritar clientes corporativos potenciais ou atuais."

A Antiga Visão da SEC: Manter os Acionistas sob o Escuro e Adormecidos

Desde o dia em que foi fundada, em 1934, a Comissão de Títulos e Transações [SEC, na sigla inglesa] descartou a idéia de que os acionistas tinham o direito de conhecer e influenciar o comportamento das empresas. Todavia, após batalhas nos tribunais, pressão pública intensa e fiascos como a Enron e a WorldCom, em setembro de 2002, ela finalmente pareceu aceitar a idéia de que o ativismo dos acionistas é uma boa influência no mercado.

O tempo dirá quão genuína é, de fato, a conversão da SEC. Durante as primeiras sete décadas de sua existência, o princípio básico que norteou sua estratégia era o de que a administração devia cuidar sozinha das empresas. Se um acionista não gostasse do que a empresa estava fazendo, a solução era simples: vender as ações. Se muitos seguissem o mesmo caminho, as cotações da empresa cairiam e a administração provavelmente retificaria suas atitudes. Essa era a visão que a SEC tinha da democracia corporativa.

Uma arma importante do ativismo acionário é sua capacidade de estimular os acionistas a propor resoluções a serem avaliadas durante a reunião anual das empresas. Em 1942, a SEC promulgou a Regra 14a-8 da Lei das Transações de Títulos, comumente conhecida como regra das propostas dos acionistas. Ela permitia a estes últimos distribuir propostas, desde que "devidamente estruturadas", às expensas da empresa, juntamente com o material de procuração que esta última enviava aos acionistas antes da reunião anual[27]. A SEC especificava que os únicos tópicos de resolução permitidos eram os que abordassem "assuntos apropriados para detentores de títulos". Ainda assim, pela lei do Estado, a maioria das resoluções não teria vigor sobre as empresas, porque a autoridade do conselho de diretores é vista como suprema. Isso se mostrou particularmente problemático quando os conselhos se precaviam contra a dominação externa, nos casos em que os acionistas, sobretudo os investidores institucionais, não concordavam com suas decisões. A questão do equilíbrio de autoridade entre os acionistas, o conselho de diretores e a administração corporativa é algo que os primeiros desejam ver esclarecido nos tribunais. Eles se sentem frustrados com os muitos conselhos, que acreditam que o jugo da maioria pode ser uma bela maneira de governar um país, mas é radical demais para uma empresa.

O que constitui um "assunto apropriado" para as resoluções dos acionistas, no entender da SEC, ficou claro em 1951. A Greyhound recusou-se a distribuir, entre seus materiais de procuração, uma resolução exigindo que ela parasse de segregar racialmente os passageiros de seus ônibus. A SEC concordou com a Greyhound e determinou que a resolução era inapropriada. Para que não houvesse mal-entendidos e para proteger outras empresas do aborrecimento de tais solicitações, em 1952 a SEC criou uma emenda para a Regra 14a-8 para excluir quaisquer resoluções em que "transparecesse claramente que a proposta fora apresentada (...) com o propósito de promover causas econômicas, políticas, raciais, religiosas ou sociais em geral"[28].

Isso foi um profundo abalo para os direitos dos acionistas. Se o co-proprietário de uma empresa não pode comentar, junto a outros co-proprietários, a atitude destes últimos com relação a questões políticas e sociais, quem pode? Do ponto de vista da SEC, a resposta parece ser ninguém.

Essa alienação levou Adolf A. Berle a observar, em 1954:

> Com efeito, quando um indivíduo investe capital em uma grande empresa, ele concede à administração corporativa plenos poderes para usar o capital para criar, produzir e desenvolver, abandonando todo controle sobre o produto. (...) Ele é um beneficiário quase totalmente inativo. Pode gastar seus dividendos ou vender suas ações em dinheiro, satisfazendo suas necessidades de consumo e lazer. Mas deve buscar em outros lugares as oportunidades para produzir ou criar[29].

A filosofia da SEC permaneceu inconteste até 1969, o ápice da Guerra do Vietnã. O Comitê Médico dos Direitos Humanos, um grupo de jovens médicos, pediu à Dow Chemicals que divulgasse uma resolução entre os acionistas em que instruíam a empresa a deixar de fabricar o napalm, uma terrível arma química usada pelas forças norte-americanas. A Dow recusou-se, a SEC apoiou a empresa e o comitê levou a SEC aos tribunais. No verão de 1970, o Tribunal de Apelação do Circuito dos Estados Unidos, no Distrito de Colúmbia, deu o veredicto a favor do comitê. A decisão endossava enfaticamente a idéia de que os acionistas tinham o direito de avaliar decisões corporativas com implicações políticas.

A decisão da Dow coincidiu com ações similares contra a General Motors. Um grupo de advogados do interesse público formou a Campaign GM e apresentou uma série de resoluções envolvendo a cidadania corporativa da montadora. A Campaign GM conseguiu atrair imenso interesse da mídia, e a SEC acabou decidindo que duas das resoluções deviam ser votadas na reunião anual geral[30]. O ativismo acionário tinha surgido.

Isso agitou imediatamente os fundos de pensão, as universidades, as fundações e outros grandes acionistas. Estudantes de Harvard, por exemplo, pressionaram a administração da universidade a vender suas ações da Gulf Oil, porque a empresa apoiava o regime repressivo de Angola. Quando o presidente de Harvard, Derek Bok, recusou-se a atender às exigências, os alunos tomaram à força seu escritório. Depois da ocupação, o assistente particular de Bok, Stephen Farber, foi a Angola recolher informações que ajudassem a universidade a determinar suas futuras ações como acionista responsável da Gulf. Pouco depois, Harvard criou seu Centro de Pesquisas sobre a Responsabilidade dos Investidores, voltado a investigar questões similares.

O movimento se acelerou. Em 1972, Yale publicou um relatório declarando que a universidade deveria considerar e apoiar resoluções razoáveis dos acionistas. A Fundação Ford elaborou um relatório concluindo ser inadequado, para uma instituição como a Ford, não votar as novas resoluções sobre política social.

Todavia, embora os acionistas se mobilizassem, a SEC não se deixaria curvar facilmente. Após tentar, sem sucesso, proibir resoluções a respeito de questões sociais ou políticas, ela passou a proibir aquelas "relativas à condução dos negócios ordinários do emitente".

A idéia era evitar que os acionistas atulhassem o programa da reunião anual com questões operacionais do dia-a-dia. Se a administração quisesse lançar um novo produto ou contratar um diretor de marketing, a decisão caberia somente a ela, e não aos acionistas. Parece simples, mas as gerências dispostas a evitar a investigação e os votos dos acionistas tornaram-se mais e mais agressivas em sua definição de "negócios ordinários", indo muito além do que os defensores dos direitos dos acionistas julgavam apropriado.

Questões como o trabalho infantil na cadeia de suprimentos, as políticas ambientais ou a diversidade no local de trabalho são essenciais para a reputação e, portanto, para o futuro financeiro de uma empresa. Elas podem ser determinantes para seu progresso, e é um grande equívoco dispensá-las simplesmente como "negócios ordinários". No início dos anos 90, a Citicorp e o Bank America usaram as provisões dos "negócios ordinários" para descartar resoluções que envolviam desfalques na dívida do Terceiro Mundo, e a DuPont livrou-se de uma resolução para eliminar os clorofluorcarbonos – um assunto altamente controverso[31]. A Cracker Barrel Old Country Stores, uma cadeia de restaurantes do Tennessee, afirmou que a demissão de 11 funcionários homossexuais também era um negócio ordinário, apesar dos argumentos de que a discriminação dificilmente cairia nessa categoria[32].

Em setembro de 2002, Harvey Pitt, então presidente da SEC, endossou as resoluções dos acionistas, dizendo que elas "davam aos acionistas a chance de informar a administração sobre o que acham das grandes questões com que se defrontam as empresas". Pitt anunciou ter pedido ao diretor de finanças corporativas da comissão que "considerasse a possibilidade de eliminar a 'exceção dos negócios ordinários' da lista de razões que justificavam a exclusão de propostas que, de outro modo, seriam promulgáveis. É minha esperança que possamos [fazer do] sufrágio acionário uma realidade[33]"

Os defensores dos acionistas querem mais que isso. Eles querem que as resoluções dos acionistas tenham vigor legal. O Interfaith Center on Corporate Responsibility (ICCR) é uma associação trintenária que congrega 275 investidores institucionais protestantes, católicos romanos e judeus, com um portfólio conjunto estimado em 110 bilhões de dólares. Seus membros incluem denominações e comunidades religiosas, fundos de pensão, empresas hospitalares, fundações, dioceses e editoras. A cada ano, os investidores institucionais que integram o ICCR pressionam centenas de empresas a melhorar seu desempenho social e ambiental. "Usamos a resolução dos acionistas como meio de transparência", diz a diretora-executiva do ICCR, a Irmã Patricia Wolf. "A maioria de nossas resoluções solicita um relatório. Este relatório serve como meio de obter informações sobre a empresa, e então travar com ela um diálogo direto. As resoluções também servem para educar o público." Wolf diz que resoluções sem vigor legal conseguem suscitar algumas mudanças, mas ela deseja uma real democracia dos acionistas. "Eu adoraria ver as empresas tendo de tomar atitudes se os acionistas conseguissem mais de 50% dos votos".

Uma questão central para os acionistas ativistas, como ilustra a história da Fidelity no Capítulo 1, é a de se os fundos mútuos devem ser obrigados a revelar como votam as resoluções. Até recentemente, eles não tinham de revelar tal informação, e somente uma minoria a oferecia de forma voluntária. Os ativistas viam nisso um grave impedimento para a transparência e a responsabilidade corporativa, mas a maioria dos fundos prefere o atual sistema opaco. "O propósito da abertura é fornecer informações significativas, que os investidores possam usar para tomar boas decisões de investimento", diz Chris Wloszczyna, porta-voz do Investment Company Institute, grupo que faz lobby em nome do mercado de fundos mútuos. "Isso inclui informações sobre taxas, riscos, estratégias de investimento. Mas é necessário colocar alguns limites, e os votos por procuração não têm tanta importância[34]".

"Há muito acreditamos na diplomacia discreta (junto às empresas), e achamos que ela funciona bem para nossos acionistas", disse Vincent Loporchio, porta-voz da Fidelity. "Se estas informações, reveladas publicamente, tiverem um efeito negativo nas ações, terão também um efeito negativo para os acionistas." David Weinstein, chefe da administração da Fidelity, ecoa essa idéia: "Os acionistas nos contratam para administrar seu dinheiro, e conseguimos fazer isso da melhor maneira sem revelar os votos".

Apesar de tais concepções, no início de 2003, a SEC determinou que os fundos mútuos teriam de revelar os votos. O presidente Harvey Pitt, então deixando a SEC, justificara a medida ao observar que a abertura dos votos "dá aos investidores informações fundamentais sobre as práticas das pessoas que votam em seu nome. Isso também desincentiva ou expõe os conflitos de interesse nas votações. Os títulos pertencem aos investidores dos fundos, que têm o direito de saber como sua propriedade está sendo administrada[35]".

RECONQUISTANDO O DIREITO DE VOZ

Os escândalos corporativos de 2001-02 podem vir a mostrar-se um marco no desenvolvimento da economia dos Estados Unidos. Em resposta aos comportamentos criminosos, às más decisões e aos excessos grosseiros nas primeiras páginas dia após dia, o número de resoluções dos acionistas para as duas mil empresas monitoradas pelo Centro de Pesquisas sobre a Responsabilidade dos Investidores subiu de 802, no ano todo de 2002, para mais de 850, apenas nos dois primeiros meses de 2003. A maioria delas tratava da governança corporativa.

Isso é um motivo para esperança. Ele sugere que um número maior de acionistas compreende que o bem-estar das empresas exige que eles desempenhem um papel maior no sistema do que o de meramente fornecer capital. Para que o sistema ande nos eixos, eles devem exercer uma vigilância constante sobre a conduta corporativa. Caso contrário, desastres acontecem.

Até há pouco, os administradores corporativos vinham andando à rédea solta, sendo que muitos conselhos não impunham disciplina alguma aos negócios das empresas. Muitas vezes, os membros do conselho provinham da administração ou eram amigos do CEO. Eles fomentavam uma ilusão de governança corporativa. A contabilidade criativa entrou na ordem do dia. Em 2002, mais de 250 empresas redeclararam seus ganhos. Livres de impedimentos, os pacotes salariais dos executivos subiram a alturas injustificáveis. Em 1970, o trabalhador médio de período integral ganhava 32.522 dólares, enquanto o salário médio entre os cem maiores CEOs era de 1,25 milhão de dólares, de acordo com a pesquisa anual da revista *Forbes*. Até 1999, os ganhos do trabalhador médio haviam subido pouca coisa, chegando a 35.864 de dólares. O salário médio dos cem maiores CEOs havia aumentado mais de 2.800%, chegando a 37,5 milhões de dólares[36].

Grande parte da culpa pelos delitos corporativos recai sobre os ombros dos grandes investidores institucionais. Em vez de ativos e diligentes, eles são passivos e negligentes. Conforme se tornavam as principais detentoras da riqueza, as instituições evitavam as responsabilidades daí advindas. Em *Fair Shares – The Future of Shareholder Power and Responsibility* (*Partilha justa – O futuro do poder e da responsabilidade dos acionistas*), Jonathan Charkham e Anne Simpson afirmam persuasivamente que os grandes acionistas devem reconhecer e exercer suas responsabilidades para assegurar o funcionamento apropriado de nosso sistema econômico:

O bom funcionamento do sistema de mercado exige isso, por razões econômicas, sociais e políticas. A razão econômica é que cumpre haver um mecanismo para controlar os conselhos com mau desempenho, de modo a evitar o desperdício desnecessário de recursos; a razão social é que as companhias listadas são uma parte crucial e integral do tecido da sociedade moderna, e seu sucesso reduz a alienação; a razão política é que as companhias de responsabilidade limitada realizaram os objetivos de seus ambiciosos originadores para muito além do que estes sonhavam, gerando uma grande concentração de poder e recursos, sendo que as pessoas que exercem tal poder devem ser efetivamente responsáveis pela forma como o fazem[37].

A necessidade de acionistas ativos não deve ser confundida com a idéia de ativismo dos acionistas, discutida anteriormente. Acionistas ativos asseguram uma boa governança corporativa e conselheiros independentes, para ajudar a garantir que os interesses acionários sejam plenamente representados no conselho. Todavia, como vimos, em seus esforços canhestros (e equivocados) para evitar que as empresas se envolvessem em questões sociais ou políticas, a SEC dissuadiu ardilosamente os acionistas da idéia de que eles tinham um papel a desempenhar na conduta corporativa.

Muitos investidores institucionais estavam satisfeitos com a idéia da SEC de impotência dos acionistas. Eles não queriam responsabilidade pelo comportamento corporativo. Isso exigiria julgamento, esforço e tempo. Investidores de longo prazo, em particular os fundos de pensão, queriam comprar ações, sentar-se e relaxar. Todavia, como mostraram os escândalos corporativos de 2001-02, essa é uma receita para o mau comportamento da administração. Cada vez mais, os investidores institucionais compreenderão a necessidade de terem um papel ativo nas redes de responsabilidade das empresas em seu portfólio.

Os poucos investidores institucionais que põem mãos à obra dizem que seus fundos melhoraram com isso. O State of Wisconsin Investment Board (SWIB) é o décimo maior fundo de pensão dos Estados Unidos e o décimo nono no mundo entre os fundos públicos ou privados. Assim que investe em uma empresa, ele acredita ter a constante responsabilidade fiduciária de ajudá-la a obter retornos maximizados. Cynthia Rich é a diretora de governança corporativa do fundo, responsável por assegurar a existência de estruturas saudáveis de governança em todas as empresas em que o fundo investe. Em empresas de pequeno porte, o SWIB é, muitas vezes, o maior ou o segundo maior investidor. Cynthia nos contou que procura tomar cuidado para que sua meta de boa governança não se torne uma "microadministração", mas que o fundo tem uma participação efetiva e ajuda, por exemplo, no recrutamento de membros do conselho, se sentir que isso é necessário. Suas responsabilidades fiduciárias não exigem menos.

O Ontario Teachers Pension Plan, já discutido, tem praticamente a mesma filosofia. Bob Bertram defende a lógica irrefutável de que ser um investidor ativo se aplica às administradoras de fundos indexados. Só porque são obrigadas a manter as ações não quer dizer que elas tenham de aceitar passivamente o que a administração deseja. Com efeito, como não podem votar com os pés e vender as ações, os incentivos – e as necessidades fiduciárias – para que se tornem ativas são ainda maiores. "Votar, no caso dos fundos indexados, é, a meu ver, muito mais importante, já que sua estratégia de investimento não inclui a opção de fugir de uma situação ruim".

Bertram diz que a atitude participativa oferece uma série de outros benefícios, explicando por que ela vem superando as médias do mercado. "O investimento ativo incentiva o desenvolvimento de melhores técnicas administrativas, pois nos proporciona oportunidades para contribuir. E ele tem o benefício adicional de ser uma estratégia de longo alcance, o que obriga a organização a maximizar os resultados em longo prazo".

INVESTIMENTO BASEADO EM VALORES

Em 2002, muitos investidores de fundos mútuos cortaram suas despesas e correram. De acordo com a Lipper Inc., os fundos norte-americanos de ações diversificadas declararam saídas de caixa de 10,5 bilhões de dólares no ano. Mas um grupo proeminente de fundos mútuos foi contra a corrente. Os chamados fundos de ISR tiveram um crescimento de 1,5 bilhão de dólares. O número de fundos com filtro social, bem como os ativos que administram, foi às alturas em meados da década de 1990, sobretudo aqueles com ênfase ambiental. Em um mundo de transparência crescente, os fundos de investimento socialmente responsável estão atraindo novos adeptos.

A maioria dos investidores institucionais vê esses fundos como opções de segunda importância ou, pior, como perigosos para os acionistas. Eles afirmam que seu dever fiduciário é maximizar o desempenho de seu fundo, e não melhorar a sociedade. Mas os fundos de ISR estão apresentando bons resultados financeiros e provocando muita preocupação. Isso vem gerando amplas mudanças nos critérios utilizados por muitos investidores para selecionar empresas, o que, por sua vez, impõe transformações às próprias empresas.

No nível mais elementar, os fundos mútuos de ISR usam uma filtragem "negativa". Eles se recusam a investir em empresas que atuam em mercados como o do tabaco, do jogo, das armas de fogo ou do álcool. Fundos mais sofisticados também praticam uma filtragem "positiva", procurando empresas com boas relações trabalhistas, bons históricos de envolvimento comunitário, políticas e práticas excelentes quanto ao impacto ambiental, respeito pelos direitos humanos e produtos úteis e seguros[38].

Hoje, centenas de fundos de ISR competem pelo interesse dos investidores. A maior família de ISR é o Calvert Group. Embora pequenos fundos de ISR tenham existido por décadas, o Calvert deu nova força ao conceito em 1982, quando criou fundos tanto mútuos como de mercado monetário com filtros sociais. Ele foi também o primeiro fundo mútuo a se opor ao apartheid na África do Sul e, subseqüentemente, um dos primeiros a reinvestir em uma África do Sul livre, em 1994, após a vitória eleitoral de Nelson Mandela.

O Calvert não somente exige transparência das empresas em que investe, como procura ele próprio ser um modelo de transparência. Isso é típico do setor de ISR. Os sites de fundos de ISR muitas vezes trazem longas explicações de sua postura quanto a questões polêmicas de política pública. Eles se esforçam por explicar como chegam a suas decisões. Os investidores podem evitar um fundo, a despeito de um desempenho financeiro brilhante, se seus administradores tiverem uma atitude errada ao se defrontarem com uma decisão difícil. Quando um fundo diz que não investirá em empresas que produzem tabaco, ele também deveria rejeitar as cadeias de varejo que vendem a erva? Um fundo que evite o álcool deveria afastar-se de uma cadeia de restaurantes que vende vinho?

O site do Calvert contém resumos detalhados sobre temas de interesse para seus investidores. A lista inclui, atualmente, o álcool e o jogo, o bem-estar dos animais, a diversidade dos conselhos, as relações comunitárias, o meio ambiente, as armas de fogo, a alta tecnologia, os direitos humanos, os direitos de povos indígenas, as demissões em massa, a energia nuclear, a abertura das atividades de procuração, o tabaco, os armamentos, as mulheres, questões do ambiente de trabalho e da violência no trabalho.

Tão importante quanto a abordagem do fundo com relação a uma questão qualquer são os critérios que ele utiliza para determinar se uma empresa é aprovada quando passa por um filtro de investimento. Muitas empresas se afirmam favoráveis ao meio ambiente, por exemplo, mas poucos fundos de ISR têm recursos para investigar, de forma independente, o comportamento ambiental das empresas pelas quais se interessam. Eles confiam em avaliações de terceiros, feitas por organizações como o Fundo Mundial para a Natureza ou o Sierra Club.

Tudo isso também se aplica ao investidor individual. Com a Internet convertendo a tela dos computadores em um chafariz de informações, os investidores individuais podem saber tanto quanto os administradores de fundos. O maior site para investidores individuais de ISR, o SocialFunds.com, inclui mais de 10 mil páginas de informações sobre fundos mútuos de ISR, investimentos comunitários, pesquisas corporativas, atividades de acionistas e notícias diárias sobre investimentos sociais. Grande parte dessas informações provém das crescentes redes de responsabilidade das empresas. Infrações ambientais podem ser descobertas em relatórios governamentais e publicadas na Web. Fóruns permitem que investidores em potencial troquem idéias e discutam meios de investigar temas possivelmente preocupantes. Apesar dos esforços corporativos em prol da opacidade, o investidor individual nunca esteve mais bem equipado para julgar se seus investimentos o ajudarão a ganhar dinheiro enquanto promovem o avanço (e *por meio* desse avanço) de metas sociais mais amplas.

A Responsabilidade Social e o Desempenho das Ações

Muitas administradoras de investimentos evitam os fundos de ISR, pois a sabedoria convencional afirma que tais empresas têm desempenhos inferiores ao do mercado. Em outras palavras, um investidor socialmente responsável abre mão do lucro para promover outras metas societárias. "Tenho um grande problema com as empresas que não dizem que sua principal prioridade são os acionistas", observou um executivo de pensões. O Departamento do Trabalho dos Estados Unidos considerou o ISR impróprio para os investimentos da Lei de Seguridade da Aposentadoria dos Funcionários (ERISA) (seu próprio fundo de pensão), afirmando que o dever do procurador é investir "somente (...) e para o benefício exclusivo dos" participantes do plano.

Os administradores dos grandes fundos acham que questões de ISR os arrastam para a arena política, que não é o seu lugar. Eles são administradores de dinheiro, e não políticos. Questões de política pública estão sujeitas a julgamentos e interpretações, exigindo habilidades que não costumam estar no âmbito do administrador monetário. A estes últimos, como quer nos convencer o argumento, cabe interpretar questões comerciais sólidas, e não adivinhar os caprichos do sentimento público. O valor acionário é gerado pela maximização dos lucros. Os lucros são maximizados quando se excluem fatores irrelevantes como a responsabilidade social. A bem dizer, quanto mais uma empresa puder delegar legalmente seus custos para a sociedade – como os custos da poluição –, melhor será para sua rentabilidade.

Essa impressão é aparentemente reforçada pela teoria financeira, que prevê que os retornos sobre o investimento serão menores se limitados por diretrizes de ISR. Ao excluir algumas empresas por produtos imorais e favorecer outras por bom comportamento, os fundos de ISR reduzem artificialmente o número de empresas elegíveis para investimentos. Em um mercado teoricamente eficiente, os fundos de ISR perderiam o benefício da diversificação. Por conseguinte, as restrições do ISR são incompatíveis com a meta de maximizar os retornos.

Todavia, se os filtros de responsabilidade e valores corporativos identificam as empresas com maiores chances de acompanhar ou superar o mercado, as fundações do pensamento convencional começam a ruir. E, como discutiremos em breve, é exatamente isso o que muitos estudos demonstram. As implicações são profundas, se associadas à clara tendência dos sentimentos dos investidores. Vemos que os fundos de ISR são cada vez mais populares, mesmo quando a massa de investidores evita o mercado de ações. O número crescente de resoluções de acionistas demonstra que os investidores estão preocupados com a conduta e a governança corporativas. Conforme intensificam sua busca por evidências da integridade corporativa, eles passarão a utilizar algumas das ferramentas de detecção de ISR atualmente disponíveis. A justiça e a retidão com que a empresa trata seus funcionários são bons indicadores de seus valores corporativos. O mesmo vale para sua atitude com relação a questões ambientais. E, cada vez mais, estratégias de produtos, serviços e operações que levem em conta fatores social e ambientalmente sustentáveis terão maior probabilidade de resultar em aumento de vendas e redução de custos. As empresas que reconhecerem esses fatos se mostrarão mais e mais atraentes para o capital. Empresas que não passarem por esses filtros serão rejeitadas. O resultado é que um número crescente de empresas desejará parecer favorável ao ISR, a despeito de passarem ou não pelos filtros dos fundos de ISR.

Em seu abrangente livro de 1995, *Corporate Responsibility and Financial Performance: The Paradox of Social Cost* (*A responsabilidade corporativa e o desempenho financeiro: o paradoxo do custo social*), Moses Pava e Joshua Krausz analisaram 21 estudos e concluíram que os filtros de ISR, longe de prejudicarem, *melhoram* o desempenho dos investimentos[39]. Em 2001, Joshua Daniel Margolis e James Patrick Walsh examinaram 95 estudos sobre a relação entre o desempenho social e o desempenho financeiro das empresas. Entre suas descobertas, estava a de que, nos casos em que o desempenho social corporativo era visto como uma variável independente, adotada para prever ou preceder de modo causal o desempenho financeiro, ele mantinha, com este último, uma relação positiva em 42 dos estudos (53%), uma relação nula em 19 estudos (24%) e uma relação negativa em 16 estudos (19%)[40].

Um estudo feito em janeiro de 2003 pelo Fórum de Investimento Social[41] avaliou o desempenho de fundos mútuos socialmente responsáveis até o final de 2002, utilizando dados da Lipper Inc. e da Morningstar, as maiores agências de avaliação de fundos mútuos nos Estados Unidos. As avaliações da Morningstar comparam os retornos históricos de cada fundo com sua mensuração de riscos, tomando por base a volatilidade histórica. Os fundos que apresentavam os maiores retornos em proporção ao risco levavam as cobiçadas cinco estrelas da Morningstar; os que tinham as menores proporções levavam uma estrela. O sistema de avaliação da Lipper atribui um A ou B aos fundos de melhor desempenho.

As descobertas mais importantes da análise do Fórum incluem:

- Aproximadamente dois terços dos fundos sociais ganham a nota máxima. Dos 51 fundos com filtros sociais avaliados pelo Fórum de Investimento Social com desempenho registrado durante três anos, 33 (65%) receberam a nota máxima tanto da Lipper como da Morningstar. De acordo com o Fórum, 25 (49%) dos fundos avaliados receberam da Lipper a nota A ou B, com base nos retornos totais de um e/ou de três anos dentro de suas categorias de investimento. Um total de 22 fundos com filtro social (43%) ganharam quatro ou cinco estrelas da Morningstar, no mínimo pelo desempenho trienal em comparação com os riscos.

- Aproximadamente três em cada quatro dos maiores fundos socialmente responsáveis conseguiram classificação máxima. Dos fundos com filtro social com mais de 100 milhões de dólares em ativos, 13 em 18 (72%) receberam a nota máxima da Lipper, da Morningstar ou de ambas.

- Um índice socialmente responsável superou o S&P 500 tanto no ano de 2002 como nos retornos totais da década. Para o período decenal encerrado em 31 de dezembro de 2002, os retornos totais para o Domini 400 Social Index (um índice de 400 empresas norte-americanas, em maioria de grande capitalização, comparável de certo modo ao S&P 500, selecionado com base em uma vasta gama de critérios sociais e ambientais) apresentaram um ganho anual de 9,99%, enquanto o S&P 500 subiu 9,35% no mesmo período. Em 2002, o Domini Index caiu 20,10%, enquanto o S&P caiu dois pontos percentuais a mais, perdendo 22,09%.

O presidente do Fórum de Investimento Social, Tim Smith, observou: "Podemos dizer categoricamente que os fundos socialmente responsáveis podem concorrer no mesmo nível com o amplo universo dos fundos mútuos e, de fato, superar outros tipos de fundos".

Um estudo feito em 2003 pela GovernanceMetrics International, uma agência independente de avaliação da governança corporativa sediada em Nova York, descobriu uma estreita correlação entre o desempenho corporativo e uma boa governança. A empresa lançou o conceito de avaliação da governança, na premissa de que "as empresas que enfatizam a governança e a transparência corporativas terão, com o tempo, maiores retornos e melhor desempenho econômico, e reduzirão seu custo de capital. O oposto também vale: as empresas fracas em governança e transparência corporativas terão maior risco nos investimentos e maior custo de capital".

A GovernanceMetrics toma por base 600 quesitos, como as práticas trabalhistas e ambientais, as chamadas pílulas envenenadas para evitar aquisições e a independência do conselho. A empresa classificou as empresas do S&P 500 de acordo com sua governança, e em seguida, comparou essa classificação ao desempenho acionário em períodos de um, três e cinco anos. As empresas de melhor classificação em governança superaram significativamente o índice, enquanto as de pior classificação ficaram muito abaixo. No S&P 500, o declínio médio das ações ao longo dos três anos encerrados em 20 de março de 2003 foi de 2,3%. Mas as ações das cinco empresas que conquistaram a maior nota em governança haviam subido, em média, 23,1%. As 15 melhores empresas tinham retornos médios totais de 3,4%. As ações das 50 empresas com pior governança caíram 11,1%. Aquelas com melhor governança também superaram a concorrência em quesitos como o retorno sobre os ativos, o retorno sobre os investimentos e o retorno sobre o capital[42].

Filtragem da Integridade

Como se explica isso? Por que as empresas que se comportam de maneira socialmente responsável têm melhor desempenho? Alguns teóricos da administração afirmam que a responsabilidade social não se relaciona de modo causal com o desempenho financeiro, mas se correlaciona com outros fatores que constituem a verdadeira raiz do sucesso:

- O comportamento socialmente responsável pode ser simplesmente um indicador da competência administrativa[43].

- A responsabilidade social pode ser um subproduto da prosperidade e do sucesso financeiro, e não sua causa. As empresas com bons resultados têm mais dinheiro para investir em fazer o bem[44].

- Os fundos de ISR são administrados ativamente com maior freqüência. Já se demonstrou que o envolvimento ativo dos agentes fiduciários nas empresas em que investem melhora o desempenho corporativo.

- Administrações inovadoras e interessadas no crescimento talvez sejam mais inclinadas a ter boas relações com os funcionários, programas ambientais e cidadania corporativa[45].

Algumas pesquisas sugerem que, mesmo quando se levam em conta tais variáveis, os fundos que utilizam filtros de responsabilidade social ainda se saem melhor do que a média. Este é um ponto altamente discutido, e ainda há muito a aprender[46]. Mas uma tendência inicial vem emergindo com profunda relevância. Nem todos os fundos são iguais. Eles filtram fatores diferentes. Os fundos que filtram a responsabilidade social podem ser divididos em duas grandes categorias:

1. Alguns fundos utilizam filtros que não possuem nenhum relacionamento visível com fatores determinantes para o desempenho comercial sustentável, como, por exemplo, filtros contra ou a favor do aborto, do jogo ou do álcool. Tais fundos podem ou não ter desempenho melhor do que o mercado. Caso se saiam melhor, isso se deverá provavelmente a razões indiretas, como as já citadas antes.

2. Outros fundos têm filtros que refletem os valores da nova integridade comercial – a honestidade, a responsabilidade, a consideração e a transparência. Eles incluem fatores como a consideração do meio ambiente, o desenvolvimento dos empregados, o favorecimento dos direitos humanos, relacionamentos abertos com parceiros de negócios e comunidades, e uma franca abertura financeira. Nesses casos, o comportamento responsável é um sucedâneo da integridade comercial.

Há evidências crescentes de que o segundo grupo tende a ter melhor desempenho, sobretudo em longo prazo.

As empresas administradas de acordo com os princípios da nova integridade serão provavelmente mais eficientes. Elas também evitam regulamentações que impõem despesas. Por exemplo, Robert Repetto e Duncan Austin utilizaram modelos de fluxo de caixa descontado e análise de cenários para demonstrar que, nos próximos anos, o impacto financeiro da futura regulamentação ambiental pode ser muito significativo (até 11% do valor de mercado) para as empresas norte-americanas de papel e celulose[47].

Empresas abertas estão menos sujeitas a investigações ou processos. Elas economizam dinheiro pela ecoeficiência. Códigos e padrões de conduta ajudam a assegurar a responsabilidade e o controle de custos. A integridade propicia processos comerciais bem-sucedidos, que requerem honestidade, responsabilidade e transparência. A confiança reduz os custos de contratação, de colaboração e de transação. A transparência da cadeia de suprimentos reduz os custos de estoque e outras despesas operacionais.

Benefícios como esses influem diretamente na lucratividade e afetam o desempenho das empresas em que se investe. Os fundos com filtros de responsabilidade social podem estar filtrando implicitamente o risco – evitando investir em negócios insustentáveis que exteriorizem despesas e se exponham a processos, escândalos ou penalidades legais.

O próspero fundo Calvert Social Equity favorece as empresas que:

- Promovem regularmente auditorias ambientais em suas instalações, especialmente as que publicam relatórios descrevendo os resultados dessas auditorias.

- Adotam padrões rigorosos para reduzir ou evitar a poluição e para o uso responsável dos recursos naturais em todas as suas instalações pelo mundo.

- Utilizam programas inovadores para evitar a poluição ou proteger os recursos naturais.

- Tomam atitudes ambientalmente positivas, inclusive a participação em programas do governo, do setor privado e de iniciativa interna.

- Responsabilizam a alta administração pelo desempenho ambiental e têm programas internos que recompensam os funcionários por melhorias ambientais.

- Contratam e favorecem ativamente as mulheres e as minorias, pagam salários justos a seus trabalhadores, procuram desenvolver e preservar boas relações entre a administração e os funcionários, oferecem programas e benefícios que apóiam os trabalhadores e suas famílias, e proporcionam um ambiente de trabalho seguro e saudável.

Políticas internas, especialmente as de contratação e demissão, também são indicadores importantes. Um estudo avaliando o histórico social das empresas, divulgado no livro *Built to Last* (*Criadas para durar*), de James Collins e Jerry Porras, descobriu que as empresas com um bom histórico social tinham um histórico superior nos campos do relacionamento com os funcionários e da diversidade[48].

O fato de que as empresas íntegras são mais capazes de inspirar confiança e orquestrar seus parceiros parece refletir-se nas cotações. Essa maior capacidade resulta em inovações, diferenciação dos produtos e bom desempenho. Os padrões ambientais não se limitam a reduzir custos; eles podem promover o crescimento e o aumento do valor acionário. Um estudo demonstrou que, entre 1994 e 1997, as empresas multinacionais norte-americanas que adotavam altos padrões globais com relação ao meio ambiente tinham uma proporção maior entre cotação e valor contábil do que as que adotavam padrões ambientais locais, mesmo levando-se em conta fatores como a participação de mercado, a intensidade em pesquisa e desenvolvimento e o peso publicitário[49].

As marcas corporativas têm valor acionário. Sandra Waddock e Sam Graves demonstram uma forte correlação entre as avaliações de reputação na lista das empresas mais admiradas da *Fortune* e as avaliações de responsabilidade social corporativa[50]. O filtro social pode ser um sucedâneo do filtro do sucesso.

Isso tudo significa que os administradores de fundos, para cumprir suas obrigações fiduciárias para com os investidores, devem usar o filtro da integridade comercial e/ou utilizar o sucedâneo da responsabilidade social. Na era da abertura, isso se torna possível, e a recompensa para os investidores é significativa.

Durante o pico da euforia pontocom, nós escrevemos: "No futuro, ninguém falará de *e-business* – já que todo negócio será *e-business*". Nós mantemos essa previsão. Do mesmo modo, acreditamos que, no futuro, os investidores não falarão de investimento socialmente responsável. Investimento responsável e investimento rentável serão sinônimos. Claro, haverá fundos que, por razões sociais, religiosas ou outras, filtrarão fatores não relacionados com o desempenho financeiro. Mas, se os defensores do ISR continuarem a demonstrar, como agora, que os fundos socialmente responsáveis têm desempenho melhor que o do mercado, os administradores de investimentos terão o dever fiduciário de adotar os métodos de operação destes fundos.

Isso traz implicações profundas para a administração corporativa. Os fundos de pensão constituem um enorme bloco de capital que não pode ser ignorado, e as empresas abertas estarão em primeiro lugar na fila de candidatas a investimentos.

Investindo Quando se É Dono da Economia

Conforme crescem, os fundos institucionais alteram a natureza da economia, já que alteram fundamentalmente a natureza da propriedade corporativa. James Hawley e Andrew Williams cunharam a expressão "capitalismo fiduciário[51]"para descrever esta nova era, seguindo nos calcanhares do capitalismo administrativo de Alfred Dupont Chandler e do capitalismo corporativo empreendedor praticado antes deste. Hawley e Williams descrevem o fenômeno dos "proprietários universais" que estão, hoje, no núcleo da nova economia. Estes fundos institucionais detêm essencialmente todo um filão econômico, seja por seu grande porte ou por ser esta sua estratégia de alocação de ativos. Já não faz sentido e nem é possível, para os proprietários universais, ficar escolhendo entre empresas bem ou malsucedidas; seu interesse fundamental é a saúde da economia como um todo, o que inclui, obviamente, sua sustentabilidade em longo prazo. A única coisa capaz de levantar todos os barcos corporativos é uma maré econômica alta; por isso, os administradores de fundos responsáveis devem assegurar que não somente as empresas atuem em plena forma, como também a economia.

O proprietário universal tem propósitos muito diversos dos de um investidor que simplesmente joga com o mercado. Quem possui todas as empresas já não avalia isoladamente cada uma delas. É mais sensato considerar o impacto de uma empresa na economia como um todo do que simplesmente sua lucratividade. Um comportamento corporativo irresponsável, que aufira lucros momentâneos gerando altos custos exteriores, não deve ser tolerado por um proprietário universal prudente. Fiduciariamente, isso não faria sentido. O proprietário universal prudente só deseja as empresas que tragam à economia um retorno líquido positivo. Isso alinha seus interesses estreitamente com os dos defensores do ISR.

CERES: TOMANDO UMA ATITUDE

O aumento do conhecimento dos investidores individuais, o crescimento dos fundos de ISR, o poder da integridade comercial determinando o desempenho financeiro, e os interesses de longo prazo do proprietário universal são forças complementares que promovem os interesses da empresa aberta.

Um caso interessante é o da CERES (Coalition for Environmentally Responsible Economies – Coalizão de Economias Ambientalmente Responsáveis). Sediada em Boston, ela inclui grupos ambientalistas, advocatícios e de investimentos que atuam junto a empresas que endossaram os Princípios CERES, um rigoroso código de conduta ambiental. Ao endossar tais princípios, a empresa faz mais do que implementar um programa de caixa azul. Ela afirma que a consciência ambiental será imbuída em cada faceta de suas operações, entrando até mesmo no processo seletivo para membros do conselho. Seria inconcebível, há duas décadas, que uma grande empresa prometesse comportar-se de tal maneira. Mas as empresas abertas sabem que satisfazer a esses requisitos facilita a atração de capital e a prosperidade de maneira geral.

A idéia básica é a de que exterioridades negativas, como a destruição do meio ambiente, podem não ser tão "exteriores" como se costumava acreditar. Há riscos imensos na exteriorização de custos ambientais. Empresas e agentes fiduciários precisam tomar uma atitude e criar medidas para mitigar tais riscos, para o bem da vantagem competitiva e do bem-estar econômico de todas as empresas.

Os Princípios CERES foram formulados em 1989, por ocasião do desastre do *Exxon Valdez*. A princípio, as grandes empresas não demonstraram interesse, e eles foram adotados, principalmente, por empresas que já possuíam uma forte reputação "verde", como a Ben & Jerry's e a Body Shop. Todavia, ao longo dos anos 90, o movimento pela transparência foi ganhando força. Em 1993, a Sunoco tornou-se a primeira empresa da Fortune 500 a endossar os Princípios CERES. Outras empresas, como a AMR, o Bank of America, a Bethlehem Steel, a Coca-Cola, a Ford Motor Company, a General Motors, a Green Mountain Power Corporation e a Polaroid, imitaram o exemplo. No final de 2002, mais de 50 empresas haviam endossado os Princípios CERES, incluindo 13 membros da Fortune 500. De acordo com a CERES, mais de duas mil empresas em todo o mundo publicam regularmente relatórios ambientais.

Em 2002, a CERES publicou um estudo histórico – *Value at Risk: Climate Change and the Future of Governance* (*Cotações em risco: a mudança climática e o futuro da governança*) – apresentando evidências cumulativas de que a passividade frente aos riscos da mudança climática pode resultar em prejuízos multibilionários para as empresas e os portfólios de investimentos dos Estados Unidos, e afirmando que este desastre poderia representar uma infração dos deveres fiduciários dos diretores corporativos e dos estrategistas da área de investimentos. O relatório é um dos primeiros a estabelecer um elo direto entre a mudança climática, a responsabilidade fiduciária e o valor acionário. Ele foi escrito para a CERES pela Innovest Strategic Value Advisors, uma empresa de pesquisas e consultoria em investimentos.

Os adeptos corporativos da CERES comprometem-se com dez princípios:

1. PROTEÇÃO DA BIOSFERA

Nós reduziremos e faremos um progresso contínuo no sentido de eliminar a liberação de qualquer substância que possa causar danos ambientais ao ar, à água ou à terra, ou a seus habitantes. Defenderemos todos os habitats afetados por nossas operações e protegeremos os espaços abertos e as áreas selvagens, preservando, ao mesmo tempo, a biodiversidade.

2. USO SUSTENTÁVEL DOS RECURSOS NATURAIS

Faremos um uso sustentável dos recursos naturais renováveis, como a água, os solos e as florestas. Conservaremos os recursos não renováveis por meio de uma utilização eficiente e de um planejamento cuidadoso.

3. REDUÇÃO E DESCARTE DE RESÍDUOS

Reduziremos e, quando possível, eliminaremos os resíduos por meio da redução na fonte e da reciclagem. Todos os resíduos serão tratados e descartados por métodos seguros e responsáveis.

4. ECONOMIA DE ENERGIA

Economizaremos energia e aumentaremos a eficiência energética de nossas operações internas e dos bens e serviços que vendemos. Faremos todo o possível para utilizar fontes de energia ambientalmente seguras e sustentáveis.

5. REDUÇÃO DE RISCOS

Colocaremos esforços na minimização dos riscos ao meio ambiente, à saúde e à segurança de nossos funcionários, bem como das comunidades em que atuamos, recorrendo a tecnologias, instalações e procedimentos operacionais seguros, e estando prontos para emergências.

6. PRODUTOS E SERVIÇOS SEGUROS

Reduziremos e, quando possível, eliminaremos o uso, a fabricação ou a venda de produtos e serviços que causem danos ambientais ou que constituam risco à saúde ou à segurança. Informaremos nossos clientes dos impactos ambientais de nossos produtos ou serviços, e tentaremos corrigir seu uso inseguro.

7. RESTAURAÇÃO AMBIENTAL

Corrigiremos pronta e responsavelmente as condições por nós provocadas que ponham em risco a saúde, a segurança ou o meio ambiente. Na medida do possível, repararemos os prejuízos que causarmos a pessoas ou os danos que infligirmos ao meio ambiente, e restauraremos o meio ambiente.

8. TRANSPARÊNCIA I – INFORMAR O PÚBLICO

Informaremos oportunamente todas as pessoas sujeitas a serem afetadas por condições causadas por nossa empresa que possam pôr em risco a saúde, a segurança ou o meio ambiente. Procuraremos regularmente aconselhamento e sugestões por meio de diálogos com membros das comunidades próximas a nossas instalações. Não tomaremos nenhuma atitude contra funcionários que revelarem à administração ou às autoridades competentes incidentes ou condições perigosas.

9. TRANSPARÊNCIA II – AUDITORIAS E RELATÓRIOS

Realizaremos uma avaliação anual de nosso progresso na implementação destes Princípios. Favoreceremos a criação oportuna de procedimentos universalmente aceitos para auditorias ambientais. Preencheremos anualmente o Relatório CERES, que será disponibilizado para o público.

10. COMPROMETIMENTO DA ADMINISTRAÇÃO

Implementaremos estes princípios e adotaremos um processo que assegure que o Conselho de Diretores e o CEO estejam plenamente informados de problemas ambientais pertinentes e sejam totalmente responsáveis pela política ambiental. Ao selecionar nosso Conselho de Diretores, levaremos em conta o comprometimento demonstrado com o meio ambiente.

James Martin, diretor do conselho da Innovest e ex-diretor de investimentos da TIAA-CREF, um dos maiores fundos de pensão dos Estados Unidos, explicou por que o ambientalismo se encontra, hoje, inextricavelmente ligado aos investimentos. "Há evidências cada vez mais persuasivas de que o desempenho das empresas no que se refere a questões ambientais afeta efetivamente sua competitividade, sua rentabilidade e o desempenho de suas ações", diz Martin. "Como a mudança climática é provavelmente o problema ambiental mais preocupante no mundo, a seqüência lógica é que a reação – ou falta de reação – das empresas às ameaças e oportunidades dessa mudança podem ter um efeito material sobre seu desempenho financeiro e, com isso, sobre o valor acionário[52]".

"Uma vez que a mudança climática influirá em todos os setores econômicos, os riscos associados ao clima hoje encontram-se embutidos, em certa medida, em todos os negócios e portfólios de investimentos nos Estados Unidos", diz Robert Massie, ex-diretor-executivo da CERES. "Os riscos são dois: primeiro, o risco econômico/financeiro decorrente dos danos causados pela mudança climática em si; segundo, a exposição aos custos decorrentes da emissão de gases estufa, na forma de regulamentações sobre a mudança climática e possíveis litígios. Esse é outro tipo de risco não declarado que não figura nos relatórios enviados aos acionistas." Ao mesmo tempo, Massie explica: "ações proativas no que tange à mudança climática representam oportunidades para novas e mais amplas atividades comerciais, para a redução de custos e para o aumento do valor acionário, resultando em um benefício econômico líquido[53]".

O relatório documenta os riscos da mudança climática para uma grande variedade de setores industriais. "Uma de nossas principais conclusões é que o risco climático não se limita a um único setor", diz Massie. "Atualmente, é difícil identificar um setor da economia que não seja afetado de alguma maneira pela mudança climática. A questão já não é se um dado portfólio comporta ou não riscos climáticos, mas em que proporção os comporta." Os setores tratados no relatório incluem o dos serviços de fornecimento de eletricidade, do petróleo, da gasolina, da agricultura, das manufaturas, do turismo, da água, das florestas, dos aparelhos eletrônicos, da construção, dos imóveis e dos seguros.

Os agentes fiduciários favoráveis à CERES exigem das empresas maior franqueza, honestidade, responsabilidade e diligência dos investidores. Esta é uma excelente notícia para as empresas que possuem integridade comercial. Seus esforços serão cada vez mais recompensados.

A GOVERNANÇA DA EMPRESA ABERTA

Se você tomasse 99% dos conselhos de diretores e os dissolvesse, não haveria mudanças perceptíveis na governança corporativa ou na influência dos acionistas sobre as empresas.

– Roger Martin[54]

O surgimento de acionistas ativos que buscam integridade e exigem abertura tem implicações imensas no modo como as companhias se governam. As discussões sobre governança corporativa têm se concentrado em como criar conselhos melhores. O analista de governança Jeffrey Sonnenfeld, por exemplo, tem defendido eloqüentemente um conselho que promova um clima de abertura e franqueza, que fomente a discussão aberta entre seus membros, que adote um portfólio fluido de papéis, em que os diretores não sejam estereotipados, que assegure a responsabilidade individual dos integrantes e que avalie seu próprio desempenho[55].

Quando se trata de fortalecer os acionistas, contudo, regras mais duras são necessárias. A Lei Sarbanes-Oxley, de 2002, provocada pela ruína da Enron, foi um passo na direção correta, mas mostra-se insuficiente nas reformas críticas necessárias à responsabilidade. Essas reformas incluem maior independência do conselho, a abolição de conselhos cambaleantes, a contabilização das opções de ações como despesas e maior abertura no tocante a questões ambientais e sociais.

Os acionistas precisam ser capazes de afetar significativamente a composição do conselho, algo que hoje não são. Pense em como é difícil, para eles, nomear um diretor. Eles devem elaborar e distribuir materiais de procuração a expensas próprias, em alguns casos para dezenas de milhares de outros acionistas. Devem contratar advogados, já que a remessa tem de ser aprovada pela SEC e pode ser contestada pelos advogados da empresa. Uma nomeação em uma grande empresa de capital aberto pode custar mais de 1,5 milhão de dólares. Isso é um bocado de dinheiro mesmo para um grande fundo mútuo ou de pensão, quanto mais para um acionista individual. Como resultado, a chapa de candidatos da administração sempre é eleita. Esses obstáculos logísticos e financeiros que se impõem a um candidato estranho à administração fazem da idéia de democracia acionária uma piada. Imagine um país em que o "candidato da oposição tem de custear sua campanha do próprio bolso, ao passo que o candidato do governo usa o tesouro público", diz Guy Adams, diretor-administrativo da GWA Capital Partners, administradora monetária sediada em Los Angeles. "Você veria que bela república de banana ele seria[56]".

Ativistas acionários propuseram uma série de reformas para dar aos proprietários maior voz nas eleições para o conselho. Na reunião geral da Verizon de abril de 2003, uma resolução exigia que o conselho nomeasse duas vezes mais candidatos do que cargos, proporcionando, assim, uma opção aos eleitores. O proponente da resolução queixava-se de que o sistema atual significava que os diretores "só se reportavam a outros diretores". O pronunciamento da Verizon rejeitou a proposta: "Não há nada na lei que obrigue uma eleição a oferecer opções de candidatos, nem que os acionistas tenham o 'direito' de nomear candidatos". Se houvesse candidatos concorrentes, acrescentava a Verizon, "seria difícil prever quais deles seriam eleitos"[57]. Precisamos dizer mais?

Uma proposta similar, feita pela American Federation of State, County and Municipal Employees, requeria que se incluíssem candidatos independentes a postos do conselho se os proprietários de pelo menos 3% das ações da empresa os nomeassem. "Esta é uma tentativa de romper o sistema de coroação e convertê-lo em um sistema, se os acionistas assim o quiserem, de legítima eleição e escolha", disse Michael Zucker, diretor de assuntos corporativos da AFSCME, que procurou promover a idéia em seis eleições corporativas este ano, inclusive a do Citigroup[58].

Leis que facilitassem aos acionistas incluir seus nomeados nas declarações das assembléias retificariam a situação com facilidade. Por exemplo, se um grupo de acionistas representando de 10% a 15% das ações estivesse insatisfeito com os candidatos da administração, ele poderia incluir uma nomeação na declaração administrativa. Tal lei não admitiria aquisições nem imobilizaria a companhia. Mas os acionistas só teriam o poder de nomear uma minoria do conselho. Segundo Damon Silvers, associado do conselho geral da AFL-CIO, qualquer nova lei deve ser um "veículo para a voz, não para o controle". As empresas precisam assumir a liderança, nesse caso. E as empresas inteligentes sabem que é do seu interesse fazê-lo – não somente para evitar novas leis, mas também para engajar os acionistas e outros stakeholders na busca pelo sucesso.

Um estudo recente descobriu que os investidores pagam mais por empresas bem governadas[59]. A McKinsey & Company entrevistou mais de 200 investidores institucionais, os quais compõem, conjuntamente, cerca de 3,25 trilhões de dólares em ativos. Descobriu-se que três quartos dizem que as práticas do conselho são, no mínimo, tão importantes quanto o desempenho financeiro, quando estão avaliando empresas para seus investimentos. Mais de 80% dos investidores dizem que pagariam mais pelas ações de uma empresa bem governada do que pelas de uma mal governada[60]. O excedente que eles se disporiam a pagar por uma empresa bem governada varia de 18% nos Estados Unidos a 27% na Venezuela.

Compreendendo isso, as empresas abertas são governadas de forma diferente das empresas tradicionais, e atraem o envolvimento dos acionistas de várias maneiras:

OS DONOS DA EMPRESA

- Elas buscam o aconselhamento dos acionistas acerca da composição do conselho. A administração reúne-se com investidores institucionais importantes para discutir o conselho e ouve sugestões sobre os critérios a serem utilizados para a escolha dos membros, bem como sobre nomeações específicas.

- Os conselhos das empresas abertas oferecem liderança em valores corporativos e em benefício dos acionistas, de modo a promover os elementos da nova integridade comercial – honestidade, responsabilidade, consideração e transparência. Eles verificam periodicamente se a empresa vem se comportando de acordo com as regras. Eles perguntam "Qual a coisa certa a fazer?", em vez de "O que é conveniente fazer?". Tais conselhos adotam seus próprios filtros de integridade em tudo, desde a seleção do CEO até o desenvolvimento de estratégias de negócios.

- Os conselhos das empresas abertas compreendem que o valor dos envolvidos é parte do valor acionário. Na Johnson & Johnson, o acionista vem em último lugar, atrás dos clientes, dos funcionários e da sociedade. Nas palavras do CEO Bill Weldon: "Tamanho era o gênio do general Johnson que ele percebeu que, ao colocar o acionista em último lugar, colocava-o em primeiro".

- As empresas abertas também sabem que os proprietários da riqueza – os cem milhões de norte-americanos que possuem ações – são stakeholders da empresa, sob a forma de clientes, funcionários, parceiros e membros da sociedade – criando suas famílias, respirando o ar e nutrindo esperanças de um mundo seguro, pacífico e próspero.

A PROGRESSIVE: DESNUDANDO-SE POR DIVERSÃO E DINHEIRO

Glenn Renwick, CEO da Progressive Insurance, personifica os sonhos do acionista inquisitivo. Sua filosofia é dizer aos acionistas tudo quanto possível, com o máximo de clareza e freqüência. O relatório anual da empresa de 2002, intitulado *Bare All* (*Mostre tudo*), inclui fotos vanguardistas de um homem nu. A Progressive é a única empresa da Fortune 500 a declarar mensalmente seus resultados operacionais. Há quem possa dizer que, para evitar a doença dos desempenhos de curto prazo que vem afligindo o mercado, as empresas deviam fazer declarações menos freqüentes do que os tradicionais relatórios trimestrais, e não o contrário. Renwick replica que um fluxo contínuo de informações confiáveis ajuda os acionistas a avaliar se a empresa está seguindo as estratégias de longo prazo. Ele diz: "Por que oferecer informações mensais? Porque as temos. Eu as vejo como informações dos proprietários. Se você dispõe de informações, é seu dever revelá-las exatamente como são, quer boas, quer ruins."

Renwick diz que, quando se sentou pela primeira vez para escrever um informativo à imprensa explicando por que a empresa não corresponderia às previsões dos analistas, ele achou que aquela era uma situação absurda. "Eis-me aqui tentando explicar por que não atingirei uma meta que nem fui eu que estabeleci." A Progressive não publica diretrizes de espécie alguma. "Não sei o que faremos no mês que vem. E acho que seria arriscado, em nosso ramo, fornecer diretrizes em que as pessoas possam ou devam confiar. Mais do que isso, vejo minha função, antes de mais nada, como a de um estrategista. Devo ser avaliado em longo prazo, de acordo com todo um corpo de trabalho e com um conjunto de resultados, e não com uma estimativa trimestral."

Essa postura contribui para a honestidade e a franqueza. A empresa não tem necessidade de enfeitar ou enfear nenhum mês em particular, pois deixou a entender que dirá exatamente como as coisas estão indo. "Não fazemos previsões e nem geramos expectativas, por isso não temos problemas em compartilhar informações. Se não atendemos às expectativas que outras pessoas geraram, isso não é problema nosso. Estamos preocupados com o longo prazo."

Renwick procura disponibilizar continuamente informações úteis e reveladoras na declaração mensal da empresa – informações que ajudem quem quer que se interesse em analisar a empresa. Isso inclui o número de normas vigentes de relação com os clientes. "Algumas empresas preferem mantê-las em segredo, mas não imagino por quê."

A Progressive, em uma atitude radical, também é cristalina com os acionistas no que se refere à dimensão das reservas financeiras que segrega. "Em nosso ramo, as reservas são a lata de biscoitos em relação à administração da receita." Alguns sugerem que as empresas utilizem suas reservas nas declarações trimestrais para aumentar ou reduzir a receita e, com isso, arredondá-la de modo a corresponder às estimativas de Wall Street. "Seguimos exatamente o curso oposto. Acreditamos ser nosso dever administrar nosso negócio diariamente, procurando ser o mais íntegro possível. Por isso, não vemos problema em dizer regularmente quais são nossos ajustes de reserva." Dessa forma, as reservas são feitas para atender a necessidades de negócios, e não para modelar os resultados financeiros. "Com uma filosofia da administração tão pessoal, é fácil compartilhar com os acionistas informações sobre nossas reservas".

Renwick diz que é "liberador" administrar uma empresa desse modo. "Uma vez feita a declaração, acabou. Não me preocupo todos os meses sobre se ajustaremos ou não as cifras de nossa receita. Elas são o que são, e não tenho necessidade de manipulá-las. Meu estilo é o de declarar a realidade, e não amaciá-la, e isso nos permite concentrar-nos na estratégia de longo prazo".

Superficialmente, compensa ser aberto. A abertura promove a confiança na administração e acrescenta um verniz de franqueza ao considerável sucesso da empresa no mercado e a seu sólido desempenho para os acionistas. (Suas cotações aumentaram de 10 para 60 dólares na última década.) Mas a transparência vai mais fundo que isso; ela é parte do caráter corporativo da empresa. Segundo Renwick: "No ramo dos seguros, a fundação do sucesso é a confiança. Para merecer confiança, você precisa de integridade e abertura. É agradável administrar em um ambiente em que se está sempre compartilhando o que se sabe. Isso é parte do que somos".

PARTE III

Agindo com Abertura

CAPÍTULO 9

FAZENDO USO DO PODER

Em junho de 1998, a Royal Caribbean Cruise Lines (RCCL), empresa liberiana sediada em Miami, declarou-se culpada de conspiração e obstrução da justiça. A corte norte-americana obrigou a empresa a pagar 9 milhões de dólares em multas depois que uma investigação da Guarda Costeira demonstrou que ela havia lançado de propósito e repetidamente volumes imensos de óleo queimado no oceano – empesteando as mesmas águas cuja pureza imácula ela louvava em seus panfletos turísticos.

A RCCL tinha condições de evitar esse fiasco. Ela havia instalado dispositivos especiais em seus navios de cruzeiros para separar o óleo queimado da água e então filtrar esta última para lançá-la sem riscos no oceano, armazenando o óleo para o descarte legal no porto. Mas o pessoal operacional das linhas de cruzeiro havia evitado sistematicamente os filtros, adaptando desvios com tubulações improvisadas e lançando o composto contaminado de água e óleo diretamente no oceano.

A empresa prometeu tomar medidas para que isso não voltasse a ocorrer. Jack Williams, o novo presidente, publicou uma declaração dizendo: "Lamentamos profundamente nosso papel na poluição do ambiente marinho e estamos particularmente arrependidos pela tentativa de ocultar essa poluição. Esses atos foram imperdoáveis, foram um grande equívoco, e assumimos plena responsabilidade pelas violações".[1] Todavia, surpreendentemente, apenas um mês depois descobriu-se outro navio da RCCL vertendo resíduos de óleo. Passado um ano, a empresa voltou a declarar-se culpada, desta vez de 23 acusações de poluição ilegal do oceano e da tentativa de encobrir evidências em navios que operavam no Caribe, nos portos de Nova York e de Miami e nas águas do Alasca. Ela pagou outros 18 milhões de dólares em multas. A RCCL também admitiu despejar regularmente outros poluentes no mar (inclusive substâncias químicas resultantes do processamento de fotos, da lavagem a seco e de impressões). Williams responsabilizou um "grupo de funcionários que violou conscientemente as leis ambientais e as diretrizes de nossa empresa" pelos problemas. Ele acrescentou: "A maioria dessas violações reflete um lapso em nossos esforços por impor diretrizes – e não um lapso em nossa consciência corporativa ou em nosso comprometimento em proteger o oceano[2]".

O tribunal rejeitou a afirmação do presidente de que as mãos da empresa estavam limpas e de que a culpa cabia aos funcionários. Ele achou que as violações "eram tão sistêmicas, repetitivas e insistentes que a conduta criminosa tornou-se uma prática rotineira de negócios para a RCCL".

A própria política salarial da empresa efetivamente levava funcionários de alto escalão a poluir o oceano. O uso dos separadores de óleo e o descarte dos resíduos em portos custavam aos navios centenas de milhares de dólares por ano. Os bônus dos comandantes dos navios dependiam de eles manterem os custos reduzidos, e com isso, aqueles que queriam alcançar as metas de desempenho, mostrar que se empenhavam na função e receber os prêmios de fim de ano tinham pouca escolha exceto lançar óleo no oceano.

A história da RCCL demonstra que uma coisa é adotar um conjunto de valores e outra é criar uma empresa que viva segundo eles. Para que a nova integridade finque raízes, deve haver uma liderança, uma supervisão e um trabalho destinado especificamente a assegurar que os resultados baseados em valores estejam embutidos no plano de desempenho de cada funcionário. A nova integridade deve ser parte da organização, assim como os recursos humanos, as finanças, a tecnologia da informação, as vendas ou o marketing. Essas funções corporativas podem parecer naturais, hoje em dia, mas algumas tiveram de abrir caminho para ganhar legitimidade, autoridade, responsabilidade, recursos e um lugar na mesa executiva.

Neste capítulo, discutiremos os meandros práticos para criar-se um espaço significativo para a nova integridade e, com isso, construir uma empresa aberta. Nele adotaremos uma abordagem bipartida (ou "*yin* e *yang*") para o desempenho baseado em valores. O *yin* (o princípio feminino na filosofia chinesa) corresponde a relacionamentos produtivos e sustentáveis com os stakeholders; o *yang* corresponde a práticas de negócios competitivas sustentáveis. A integridade requer relacionamentos comprometidos e de confiança – baseados na transparência – com uma vasta gama de stakeholders. Ela também requer o remodelamento de produtos, serviços e operações comerciais para que se maximizem os objetivos financeiros, sociais e ambientais. Motivação, força de vontade, liderança, planejamento e trabalho duro o farão chegar lá.

TRANSPARÊNCIA MÍNIMA *VERSUS* MÁXIMA

As empresas, ou mais especificamente suas diversas operações, atuam em um dentre três níveis de transparência (extraídos do projeto comandado por nosso colega David Wheeler; ver Figura 9.1)[3].

- As empresas do nível 1 concentram-se na *observância*. Elas obedecem às leis e seguem as normas comuns de conduta na sociedade. Tais empresas podem maximizar seu desempenho comercial, mas só minimizam as exterioridades negativas quando precisam ou quando isso não exige esforços. Empresas concentradas na observância das leis vêem a maioria das transações como confrontos de vitória, derrota ou empate, nos quais sua função é buscar a máxima vantagem ao menor custo possível. (Infratores enrustidos que fingem ser do nível 1 podem ser, na verdade, do nível menos 1.)

- As empresas do nível 2 cumprem as leis, mas vão além disso em sua *gestão de relacionamentos*. Elas investem no fortalecimento das relações com os stakeholders

Figura 9.1 Três Níveis de Valores da Empresa[4].
Fonte: *Wheeler, Colbert e Freeman*

diretos e importantes, sejam clientes, funcionários, comunidades ou parceiros de negócios. Evitando a mentalidade grosseira de ganhar ou perder do nível 1, os gestores de relacionamentos adotam a posição paternalista de "confiem em nós, pois sabemos o que é bom para vocês"; eles adotam a análise de compensações no caso de decisões difíceis. Normalmente oferecem aos parceiros de negócios recompensas pelo bom comportamento, praticam alguma filantropia e estimulam "estratégias de comunicação" entre todos.

* *As empresas abertas do nível 3* vêem a transparência, os relacionamentos com os stakeholders e a sustentabilidade como fontes de vantagem competitiva. Elas redefinem seus produtos, serviços e processos de negócios para fortalecer relacionamentos duradouros com os stakeholders e alinhar-se com metas sociais e ambientais mutáveis. Elas demonstram transparência e comprometimento nos encontros com os stakeholders, promovem um diálogo genuíno em uma atmosfera igualitária e se responsabilizam pelos compromissos assumidos. Frente a decisões difíceis, elas procuram soluções inovadoras que maximizem o valor para todas as partes.

Nenhuma empresa situa-se exclusivamente em um ou outro desses níveis em todas as suas operações; muitas atuam vigorosamente em todos os três. Em meados dos anos 90, a Chiquita estava, quando muito, às margens da legalidade em suas relações trabalhistas e em suas contribuições políticas, ao mesmo tempo em que mantinha um relacionamento com a Rainforest Action Network com respeito a certas questões ambientais. Quando a empresa passou pelo Capítulo 11, em 2001, ela atuava com credores, acionistas e funcionários em algum ponto entre os níveis 2 e 3. Hoje, ela é uma empresa aberta, atingindo altos níveis de desempenho, transparência e envolvimento em seus padrões trabalhistas e em seus cuidados ambientais.

Neste capítulo, tratamos a empresa aberta como nosso alvo, e descrevemos as características dessas empresas sustentavelmente competitivas.

O QUE ESTAMOS ADMINISTRANDO AQUI?

A nova integridade precisa ser administrada de cima: governança no nível do conselho, liderança no nível dos executivos e assim por diante. Uma série de empresas já fez isso. Algumas elegeram altos executivos, como o vice-presidente de assuntos corporativos, de recursos humanos ou de estratégias, para serem responsáveis pelos objetivos que implicam a sustentabilidade e os stakeholders. Outras chegaram ao ponto de criar funções de tempo integral para isso, como a de executivo de responsabilidade corporativa ou de vice-presidente de sustentabilidade. Será essa uma moda passageira, como a dos "diretores do conhecimento" que proliferaram durante a década de 1990 em resposta às teorias do aprendizado organizacional? Obviamente, as empresas podem e devem mostrar integridade mesmo sem ter um executivo em tempo integral. Mas, para que questões mais amplas sejam trazidas ao centro do programa corporativo, cumpre haver um cargo executivo de, no mínimo, meio período, senão de período integral.

Quais as vantagens de um executivo dedicado, além da integridade básica? Lembre-se de onde vem a nomeação dos executivos. Toda grande empresa possui um diretor-financeiro e um vice-presidente de recursos humanos (RH); a maioria concorda basicamente com o escopo dessa funções. Isso ocorre porque vemos o dinheiro e as pessoas como recursos essenciais que requerem supervisão cuidadosa. Justificar um diretor-financeiro é fácil: alguém tem de acompanhar o fluxo de caixa e cumprir as milhares de incumbências que vão desde o pagamento de impostos até as declarações aos acionistas. O departamento financeiro se paga por si, ao minimizar os impostos e obrigar os gerentes a reduzir despesas. Da mesma forma, o RH desempenha tarefas administrativas corriqueiras, como as que envolvem contratações e benefícios. O departamento agrega valor ao assegurar que a empresa possui as pessoas corretas, que delicados problemas pessoais são solucionados e que a administração de desempenho ajuda a manter os funcionários concentrados no que importa.

Para dizer de forma simples, o departamento financeiro cuida do dinheiro da empresa, enquanto o RH cuida das pessoas. E do que cuida a "integridade corporativa"? Será esse "quê" tão intuitiva e distintivamente fundamental para o desempenho da empresa como o dinheiro e o pessoal?

Essa questão vem ficando cada vez mais clara. Para dizer de forma simples, o departamento de "integridade corporativa" cuida de dois conjuntos de recursos estratégicos: o relacionamento com os stakeholders (*yin*) e as práticas de negócios sustentáveis (*yang*). Serão esses recursos intuitiva e distintivamente fundamentais para o desempenho comercial? Isso é algo que já se demonstrou em muitas empresas.

> Lise Kingo, vice-presidente-executiva de relacionamento com os stakeholders, é um dos seis membros do comitê de administração executiva da Novo Nordisk, uma companhia

farmacêutica dinamarquesa de 3,5 bilhões de dólares. Suas funções compreendem (a) "um comprometimento com os stakeholders" que "nos permita manter-nos alinhados com preocupações e problemas emergentes"; e (b) "o objetivo de equilibrar as questões sociais, ambientais e econômicas em toda decisão de negócios", de modo a "traduzi-las em metas tanto corporativas como individuais"[5]. Kingo resume isso tudo na idéia da licença para operar, "um parâmetro-chave para as companhias farmacêuticas nos dias de hoje; por isso, a confiança e a transparência são tão importantes".

E quanto ao nome da função? Muitos dos nomes atualmente em uso parecem vagos (vice-presidente-executivo de assuntos corporativos) ou limitados (vice-presidente executivo de relacionamento com stakeholders). Adaptando o título de "diretor-financeiro", propomos um novo título que pode ser mais objetivo: Diretor de Integridade Comercial (*Business Integrity Officer* – BIO). A expressão subentende o comprometimento com valores e princípios, com uma gestão efetiva de riscos e com o alto nível da governança – todos elementos vitais para o cargo. E é também um acrônimo atraente. O restante deste capítulo descreve a mecânica do cargo de BIO.

DEZ CARACTERÍSTICAS DA EMPRESA ABERTA

Empresas abertas exibem características similares – dez grupos de práticas que, em conjunto, se destacam. Em cada uma delas, a empresa injeta os valores da nova integridade: honestidade, cumprimento dos compromissos, consideração, transparência e maximização do valor econômico, social e ambiental.

1. *Liderança.* Ela começa com o CEO e o conselho, e fica visível para todos.
2. *Governança e relatórios.* Longe de serem um fardo, a boa governança e a transparência promovem o envolvimento, a clareza, a integridade e um desempenho bem direcionado.
3. *Estratégia e empreendedorismo.* A nova integridade tem implicações únicas para cada setor, empresa e atividade de negócios. Em empresas abertas, todos os planos levam em conta os critérios da nova integridade com clareza e especificidade – tanto no modo como o planejamento é conduzido (pela inclusão dos stakeholders) como em seu conteúdo.
4. *Caráter corporativo.* Trata-se de embutir a nova integridade no DNA da empresa, por meio de programas como o de comunicação interna, de administração de desempenho e de treinamentos.

FAZENDO USO DO PODER

5. *Marca e reputação.* A nova integridade não é uma jogada publicitária, mas precisa ser comunicada. Infundir à marca os valores segundo os quais a empresa vive favorecem-na perante clientes, acionistas e outros.

6. *Envolvimento ambiental.* Fundamental para o sucesso no mundo dos stakeholders é um ambiente operacional saudável, estável e aberto: ecossistemas sustentáveis, paz, ordem e boa governança pública.

7. *Comprometimento com os stakeholders.* As empresas abertas investem recursos e esforços na supervisão, administração, remodelação e fortalecimento dos relacionamentos com os stakeholders, sejam antigos ou novos.

8. *Produtos e serviços.* A inovação sustentável promove um bom desempenho econômico, social e ambiental em longo prazo.

9. *Operações.* As empresas abertas reduzem riscos e custos adotando novos princípios de integridade nas operações do dia-a-dia.

10. *Tecnologia da informação.* Mais que um fator de visibilidade, a tecnologia da informação é uma poderosa ferramenta para promover a transparência, o comprometimento com os stakeholders e as estratégias de sustentabilidade da empresa.

Discutimos cada umas dessas características nas seções que se seguem. Para cada uma, apresentamos um conjunto de "resultados" que, quando presentes, indicam que a empresa atingiu um nível ideal em suas práticas. Também descrevemos "estratégias": medidas que as empresas adotam para alcançar os resultados desejados.

Perceba que, embora a lista esteja em uma ordem mais ou menos lógica, estas práticas não se manifestam em nenhuma seqüência específica no mundo real. As empresas podem começar – e começam – por qualquer parte. Todas as práticas ocorrem paralelamente ao longo do tempo. Cada uma envolve obstáculos, contratempos, confusões e contradições. Mudar é trabalhar.

A Novo Nordisk: Uma Empresa Aberta

A Novo Nordisk*, companhia farmacêutica dinamarquesa com 18 mil funcionários e operações em 68 países, constitui o principal estudo de caso neste capítulo.

* Usamos indiscriminadamente os nomes "Novo" e "Novo Nordisk". (N.A.)

continua ...

Embora não seja uma marca, a empresa é uma premiada líder global em transparência e em práticas sustentáveis centradas na rede de stakeholders.

A Novo lançou-se neste novo terreno já em 1970, quando fabricava enzimas para detergentes. Ralph Nader liderou uma campanha afirmando que as enzimas causavam infecções epidérmicas aos trabalhadores das fábricas. As vendas caíram 50%. Um ano depois, demonstrou-se que as acusações eram infundadas, mas a Novo havia descoberto o poder dos stakeholders quando motivados por questões sociais e ambientais delicadas. As cicatrizes gravaram-se na memória coletiva da empresa, e ela assumiu o compromisso de não permitir que isso voltasse a ocorrer.

Em 1990, a empresa iniciou um processo formal de engajamento com ONGs, funcionários e outros stakeholders para tratar dos tópicos acirradamente discutidos da área de engenharia genética. Em 1993, ela adotou o método de contabilidade e relatórios com "tripla linha de saldo", sujeito a verificação externa. Ela adicionou critérios sociais e ambientais aos indicadores de desempenho de funcionários e unidades de negócios, além de painéis de resultados.

Houve um custo nisso tudo? Talvez, mas o desempenho da empresa é robusto. Apesar de problemas em 2002, decorrentes de um alerta quanto à receita do primeiro trimestre e do cancelamento do ensaio clínico de um medicamento, a Novo é uma empresa em alta em um setor oprimido. Entre 1997 e 2002, sua receita cresceu de 2,5 para 3,5 bilhões de dólares, enquanto os ganhos por ação quase dobraram, de 0,86 para 1,66. A margem operacional da Novo, em 2002, era de 24%, com uma margem líquida de 16%. Suas cotações têm superado consistentemente as do setor, subindo, por exemplo, 15% nos primeiros três meses de 2003, enquanto o mercado se via estagnado.

O diabetes, a causa original de quase uma em cada dez mortes no mundo, origina 70% dos ganhos da empresa. A insulina é o principal medicamento contra o diabetes; a Novo tem uma participação de 47% no volume do mercado global de insulina, e oferece uma variedade de outros produtos e serviços ligados ao diabetes. Ela atua também nas áreas de hemostasia, terapia de crescimento hormonal e terapia de reposição hormonal.

As atividades da empresa inevitavelmente a expõem a controvérsias.

- Embora o diabetes esteja mais ou menos sob controle nos países ricos, ele aflige mais de 100 milhões de pessoas nos países em desenvolvimento. Esse número será mais do que o dobro nos próximos 25 anos.
- A Novo faz um uso intensivo de microorganismos geneticamente modificados para produzir medicamentos.
- Ela é uma defensora das pesquisas sobre células-tronco.
- Ela testa medicamentos em coelhos, camundongos, ratos e outros animais.
- A Novo apoiou os esforços da indústria para proteger as patentes farmacêuticas em países em desenvolvimento.

continua ...

O pessoal e as declarações públicas da Novo são de absoluta franqueza. Ela não receia descrever seus erros e desafios. A Novo Nordisk vem trilhando, há algum tempo, o caminho da transparência. Todavia, como descobriu em 1998, nenhuma empresa, não importa quão "boa", pode ser complacente. Eis aqui o que ocorreu.

Em 2001, a Novo Nordisk reuniu 38 empresas em um processo legal contra o governo da África do Sul, acusando-o de violar o acordo de Propriedade Intelectual Relativa ao Comércio, da Organização Mundial do Comércio. A África do Sul havia aprovado uma lei permitindo-se ab-rogar os direitos de patente de quaisquer produtos farmacêuticos. Embora não estivesse no ramo dos medicamentos contra a AIDS (que eram o principal problema), a Novo envolveu-se, por acreditar que o acordo atendia devidamente às necessidades dos países em desenvolvimento.

O processo resultou em grande indignação pública contra a indústria farmacêutica – uma crise comandada pelo movimento antiglobalização, possibilitada pela Internet e incentivada pela mídia.

A crise ocorreu poucas semanas antes de Lars Rebien Sørensen tornar-se CEO da Novo Nordisk. Para os funcionários que se lembravam da campanha de Ralph Nader em 1970, foi a volta de um pesadelo surrealista. Em 15 de fevereiro de 2001, a manchete do principal jornal liberal do país dizia: "Empresas dinamarquesas impedem a distribuição de medicamentos essenciais". Isso desencadeou uma crise que se estendeu por dois meses. A ATTAC, um grupo antiglobalização dinamarquês, comandou o ataque. Os jornais trouxeram matérias de interesse humano sobre a AIDS na África, todas de partir o coração. Uma manifestação maciça sacudiu os portões da fábrica da empresa, em Copenhague. A mídia obteve e exibiu repetidamente uma declaração defensiva do novo CEO de que "não somos uma organização humanitária". A empresa disse, posteriormente, que aquela foi "a mais longa e mais severa tempestade da mídia que jamais enfrentamos"[6].

A reação de Sørensen combinou espírito e bravura – além de comprometimento. Ele se reuniu com os adversários da companhia e foi aos portões da fábrica "ouvir e falar com os manifestantes, para ter uma idéia dos sentimentos e argumentos que as pessoas tinham contra a globalização"[7]. Ele defendia a idéia de que "não podemos entregar de bandeja nossos produtos, nem abrir mão de nossa propriedade intelectual", reconhecendo, ao mesmo tempo, a necessidade de reduzir os preços dos medicamentos patenteados nos países em desenvolvimento. Sørensen e seus colegas da Novo observaram que mais de 90% das necessidades de medicamentos nos países em desenvolvimento poderiam ser atendidas com medicamentos baratos e não patenteados (como a aspirina e a insulina), e que os verdadeiros desafios eram diminuir a pobreza e melhorar o acesso a serviços de saúde.

As companhias farmacêuticas e a África do Sul chegaram a um entendimento em abril, reduzindo o custo dos remédios.

A Novo Nordisk anunciou um plano para lidar com a pobreza e a falta de acesso: a iniciativa Liderança em Educação e Acesso a tratamentos contra o Diabetes (LEAD),

continua ...

"nossa resposta para promover maior acesso aos serviços globais de saúde". Ela incluía a criação da Fundação Mundial do Diabetes, com um compromisso de dez anos e uma concessão de 60 milhões de dólares. A fundação é uma organização à parte, com um conselho de diretores independente. Sua função é promover estratégias nacionais de combate a doenças, o aumento da capacidade de atendimento e preços baixos – incluindo questões práticas como a educação, a distribuição de remédios, a prevenção, a diagnose e os tratamentos. Sørensen apresentou a idéia aos principais investidores institucionais da empresa, e conseguiu sua aprovação. "Eles esperam, igualmente, que tenhamos atitudes baseadas em nossa responsabilidade de cidadão corporativo global."[8]

Você talvez critique, dizendo que oferecer diagnósticos melhores e mais freqüentes é apenas um plano cínico para vender mais insulina. Em nosso entender, não há nada de errado com uma estratégia que invista em proporcionar cuidados melhores e mais econômicos de um modo financeiramente sustentável para a empresa que faz o investimento.

A controvérsia com a África do Sul teve seu lado bom para a Novo Nordisk. Ela trouxe à luz um novo contexto: um comprometimento revitalizado e mais disciplinado com stakeholders e o alinhamento dos resultados financeiros, sociais e ambientais.

Liderança

Foi precisamente pelo fato de a liderança da Novo estar comprometida com os stakeholders e ter uma estrutura estratégica em funcionamento que Lars Sørensen reagiu vigorosamente à controvérsia sul-africana das patentes farmacêuticas. A organização demonstrou diligência, e seus stakeholders acabaram por confiar ainda mais nela.

A Novo vem aplicando as estratégias de liderança da nova integridade (Figura 9.2) há muitos anos. Suas práticas evoluíram de maneira fascinante. Pelo bem da simplicidade, descreveremos o modo como a empresa aplicou suas estratégias somente nos últimos dois anos.

A Novo publica três relatórios anuais para os stakeholders. Embora os relatórios sejam apenas a ponta do iceberg na comunicação transparente (a Novo acredita que a comunicação interpessoal é muito mais importante), eles definem o tom e dão origem a um registro público. Os relatórios da Novo são claros, informativos e lógicos; eles antecipam e respondem a questões com consistência. A *Revisão Anual* é um compêndio de informações e minúcias mercadológicas, incluindo dados financeiros, atividades e eventos, particularidades e novidades. O *Relatório Financeiro Anual* é o conjunto oficial de contas auditadas e anotações, e o

Relatório de Sustentabilidade (também auditado por uma grande empresa contábil) avalia "nossas estratégias, atividades e metas com respeito a questões sociais, ambientais, éticas e socioeconômicas que afetem nosso desempenho futuro". Todos os acionistas recebem a *Revisão Anual* pelo correio, e podem optar por receber também os outros dois relatórios. Todos os três, juntamente com um arquivo dos relatórios anteriores, encontram-se disponíveis no site da companhia.

A carta de Sørensen aos stakeholders discute, antes de tudo, dados financeiros tradicionais e questões comerciais – algo especialmente importante após um ano difícil (em que a empresa acabou se recompondo e atingindo suas metas). Mas Sørensen também descreve o enfoque da Novo no desenvolvimento dos funcionários, na responsabilidade social, na área de direitos humanos e na administração ambiental. No relatório de 2001 – após um ano financeiro melhor e passado o desafio sul-africano –, Sørensen demonstrou enfaticamente, desde os primeiros parágrafos, seu comprometimento pessoal com os stakeholders e com práticas comerciais sustentáveis.

Mas a liderança efetiva do CEO e do conselho exige mais do que palavras em um relatório ou conversas em uma barricada: ela deve ser sistemática. Lise King, vice-presidente-executiva de relacionamento com stakeholders, é um dos seis membros do comitê de administração executiva da empresa. Seu cargo é de tempo integral, e não um aposto da função de executivo de marketing ou de recursos humanos. A empresa criou a posição em abril de 2002.

O *Relatório de Sustentabilidade* da empresa em 2002 (que Kingo edita e produz) observa: "A responsabilidade por manter as ações da empresa alinhadas com as exigências dos stakeholders cabe ao Conselho de Diretores, à Administração

Resultados	Estratégias
Comprometimento e foco da alta administração	Liderança visível do CEO e do conselho
	Liderança pelo exemplo
Comprometimento e foco organizacionais	Incumbências dos diretores e executivos
	Comunicação e processos transparentes
Os Stakeholders acreditam que a empresa é séria	Valores corporativos, código de conduta
	Uso de códigos da indústria
Definição dos valores centrais e da carta institucional	Envolvimento com a indústria da responsabilidade corporativa

Figura 9.2   Liderança.

Executiva e aos comitês transorganizacionais". Questões de sustentabilidade entram na pauta do conselho duas vezes por ano. Três comitês transorganizacionais (meio ambiente e bioética, relações sociais e industriais, e política de saúde), cada um chefiado por um membro da administração executiva, identificam problemas, definem diretrizes e concebe estratégias, metas e planos de ação.

O alicerce disso tudo – a constituição, por assim dizer – é o Estilo de Administração Novo Nordisk, que inclui uma visão, uma carta institucional e um conjunto de diretrizes – o que entendemos por valores corporativos e código de conduta. Alguns aspectos desse estilo são específicos da empresa: "Seremos a principal empresa do mundo no tratamento do diabetes. Nossa aspiração é derrotar o diabetes (...)."A Novo também adotou diversos códigos da indústria, como a Carta Comercial de Desenvolvimento Sustentável, da Câmara Internacional do Comércio, e o Compacto Global, da ONU.

Em 2002, seus executivos discursaram e tomaram parte em conferências da indústria, desde o Fórum Econômico Mundial até a convenção de Johannesburg sobre desenvolvimento sustentável (onde a Novo co-promoveu um seminário), além de diversos eventos de menor repercussão. Em 2001, ela se tornou co-fundadora e principal patrocinadora da Bridging Europe (Interligando a Europa), uma iniciativa popular para repensar as instituições políticas do continente. Ela também foi co-fundadora, junto com 17 outras empresas e o Fundo Mundial para a Natureza, da Parceria Nórdica, iniciativa que busca trazer sustentabilidade às operações empresariais mais importantes, com base em um comprometimento efetivo com os stakeholders e em conceitos comerciais sólidos. Além disso, a Novo trabalha com organizações de investimento socialmente responsável, e procura trazer o ISR à atenção da alta comunidade financeira.

Debra Dunn, vice-presidente sênior de assuntos corporativos da Hewlett-Packard, é outra executiva ativa e eficiente na área da integridade comercial. Dunn reporta-se à CEO Carly Fiorina e é membro do comitê executivo da HP. Ela tem um entusiasmo e uma determinação contagiantes para mudar o modo como as empresas se comportam no mundo. Suas incumbências têm alcance mundial, incluindo a responsabilidade social e ambiental, o *e-inclusion* (o programa da HP para reduzir a exclusão digital), ofertas em mercados emergentes, assuntos governamentais, questões públicas e filantropia. Ela se empenha especialmente no campo da exclusão digital, procurando utilizar os recursos da HP para implementar soluções capazes de fincar raízes. Parte do trabalho de Dunn é intensamente local (Andhra Pradesh, Dublin e East Palo Alto), enquanto, em outros casos, ela se envolve na diplomacia global (a criação de um programa de microfinanças patrocinado pela ONU). Internamente, Dunn é uma peça fundamental no desenvolvimento do plano estratégico geral da HP, na comunicação com os funcionários em questões de sustentabilidade e envolvimento, e na correção de infrações da ética corporativa.

Governança e Relatórios

Passados os eventos de 2002, a maioria dos observadores concorda que diretores e executivos devem ser independentes, que a governança deve atender ou exceder aos padrões legais e setoriais, que a política salarial dos executivos precisa ser revista e que um portfólio de bons processos de governança, que traga avaliações objetivas do desempenho dos conselhos e dos diretores, é essencial (Figura 9.3). Em vez de seguir essa trilha batida, daremos uma olhada em outro tópico fundamental para a transparência: a elaboração formal de relatórios sobre a sustentabilidade e os stakeholders, área em que a Novo é, por acaso, uma das mais destacadas praticantes.

Toda empresa de capital aberto – e todo administrador cuja remuneração variável dependa do desempenho da empresa – sabe que os relatórios são uma via de mão dupla. Sim, a razão alegada para publicar dados financeiros regulares e minuciosos é a responsabilidade perante acionistas, reguladores e o público. Mas os relatórios financeiros também são parte de um ciclo de feedback que muda o comportamento dentro da empresa. Eles ajudam os funcionários a compreender que estão

Resultados	Estratégias
Integridade comercial	Independência dos diretores ou executivos
Flexibilidade e desempenho dos executivos	Atender ou exceder aos requisitos legais e aos padrões pertinentes da indústria
Responsabilidade aparente perante os stakeholders	Bons processos de governança
	Relatórios transparentes e auditados por empresas independentes
Acesso ao capital	Contabilidade de custos totais
	Modelos e processos confiáveis de remuneração de executivos
	Direitos dos acionistas e stakeholders

Figura 9.3 Governança e relatórios.

todos no mesmo barco, e os leva a utilizar formatos padronizados para descrever seus resultados. Os resultados publicados também servem para mensurar o desempenho interno em relação à concorrência e à economia. Eles ajudam funcionários, clientes e parceiros a avaliar a confiabilidade financeira da empresa. Os relatórios financeiros afetam (para melhor ou para pior) o modo como os funcionários realizam seu trabalho, especialmente quando há bonificações em jogo.

Centenas de empresas também produzem relatórios regulares sobre seu desempenho social e ambiental. Os relatórios sociais e ambientais seguem o exemplo dos relatórios financeiros: o ciclo interno de feedback é uma parte essencial de seu valor. Na Chiquita, como vimos, os relatórios foram um fator essencial para a mudança e o comprometimento dos funcionários em tempos de crise. Na Novo, onde metas de envolvimento e sustentabilidade são incluídas entre as metas operacionais dos funcionários, o relatório anual de sustentabilidade resume as realizações do ano transcorrido, define as metas para o ano seguinte e descreve os dilemas pendentes que desafiam a empresa. (Por exemplo, "Como podemos respeitar as crenças culturais e as opiniões de outras pessoas sobre uma questão delicada como as pesquisas das células-tronco, e, ainda assim, preservar nossa vantagem competitiva na meta de derrotar o diabetes"?)

A Exclusiva Estrutura de Governança Corporativa da Novo Nordisk

A propriedade da Novo Nordisk divide-se entre ações A e ações B. As ações A pertencem à Novo A/S, companhia detentora que, por sua vez, é totalmente possuída pela Fundação Novo Nordisk, uma organização sem fins lucrativos. A Novo A/S possui 26,7% das ações da Novo Nordisk; por meio de um mecanismo de votos múltiplos, ela tem direito a 69,8% dos votos.

As ações B são negociadas publicamente pelas bolsas de valores de Copenhague, Londres e Nova York. São as ações mais movimentadas de qualquer empresa dinamarquesa.

Nenhum dos nove diretores da Novo Nordisk é executivo da empresa. Três, obedecendo à lei dinamarquesa, são funcionários eleitos. Outros três (incluindo o presidente e o vice-presidente do conselho) também pertencem ao conselho da companhia detentora, a Novo A/S.

Muitos relatórios sociais e ambientais são jogadas comerciais seletivas e interesseiras: eles alardeiam as supostas contribuições da empresa para a filantropia ou a saúde e a segurança dos empregados, sem nenhuma evidência externa. Poucos relatórios, em contraste, descrevem rigorosamente o desempenho financeiro, social, ambiental e de governança corporativa; como os relatórios financeiros, os melhores são concebidos e auditados independentemente, seguindo padrões confiáveis e abertos ao público.

Um problema é que os padrões para relatórios sociais, ambientais e de governança ainda são imaturos. As principais normas e entidades normatizadoras só surgiram muito recentemente. A Global Reporting Initiative (GRI), sediada na Holanda, oferece um método bastante aceito para os princípios e detalhes da elaboração de relatórios econômicos, sociais e ambientais, dentro de um contexto de comprometimento com os stakeholders[10]. Em abril de 2003, mais de 200 empresas em 24 países (as empresas norte-americanas incluem a AT&T, a BC Hydro, a Chiquita, a Dow, a Ford, a HP, o McDonald's, a Nike, a P&G e a Suncor) afirmaram ter usado as diretrizes da GRI. Mas somente umas poucas (como a Novo e a Johnson & Johnson) afirmaram ter atendido ao critério mais estrito de elaborar relatórios "em conformidade" com a norma.

Eric Israel, sócio da BearingPoint e líder em suas práticas de sustentabilidade, comenta que "o significado de cidadania pode variar muito de uma empresa para outra. Dessa forma, como classificar uma organização e compará-la com outras do mesmo setor? Até há pouco, não existia, para a responsabilidade social, um equivalente dos princípios contábeis universalmente aceitos. É aí que entra a GRI[11]".

A GRI proporciona uma padronização para os relatórios sobre sustentabilidade e stakeholders, incluindo:

- A visão e a estratégia de sustentabilidade, incluindo uma declaração do CEO da empresa declarante.

- Perfil: uma visão geral da organização declarante e do escopo do relatório.

- Estrutura de governança, políticas gerais e sistemas administrativos em operação destinados a implementar a visão organizacional de desenvolvimento sustentável e administrar seu desempenho.

- Indicadores de desempenho econômico, ambiental e social.

Os indicadores são o cerne dos relatórios que seguem o padrão GRI.

- Os *indicadores econômicos diretos* mensuram os fluxos monetários entre a organização e os principais stakeholders, além de indicar como a organização afeta os interesses econômicos destes últimos. Há quesitos convencionais, divididos pelo tipo de envolvido. Por exemplo, as vendas líquidas e a divisão geográfica dos mercados são relacionadas aos "clientes"; o custo de bens e serviços adquiridos, aos "fornecedores"; a folha de pagamentos e benefícios, aos "funcionários"; os juros e dividendos, aos "fornecedores de capital"; e os impostos, subsídios e doações filantrópicas, ao "setor público".

- A GRI também sugere que se declarem os *impactos econômicos indiretos*, ou seja, as principais exterioridades associadas com os produtos e serviços da organização.

- Os *indicadores ambientais* dizem respeito à influência da organização nos sistemas naturais vivos ou não, incluindo os ecossistemas, a terra e a água. Estes indicadores são apresentados tanto em números absolutos como em medidas convencionadas (como a quantidade de recursos utilizados em cada unidade produzida). Os números absolutos dão uma idéia da dimensão ou magnitude do impacto, enquanto os dados convencionados ilustram a eficiência e permitem a comparação entre as organizações. Alguns indicadores são o uso de materiais, o consumo energético, a água, o impacto na biodiversidade, a emissão de gases estufa, a taxa de reciclagem e a incidência de multas pela inobservância dos regulamentos ambientais.

- Os *indicadores sociais* encontram "menor consenso que a administração de desempenho ambiental"[12]. Eles se baseiam em normais internacionais das Nações Unidas e da Organização Internacional do Trabalho. Os indicadores incluem a geração de empregos, a participação em sindicatos (medida cujo valor é altamente contestado) e a freqüência de danos infligidos e treinamentos oferecidos. Muitos indicadores sociais da GRI empregam medidas qualitativas, como os sistemas, políticas e procedimentos da organização. Os indicadores qualitativos incluem informar, consultar e negociar com os funcionários acerca de mudanças operacionais como a reestruturação; comitês de saúde e segurança do operariado e da administração; direitos humanos; o impacto das operações sobre as comunidades; contribuições políticas; a saúde e a segurança dos clientes; e informações sobre os produtos e sua rotulação.

Além de seu guia geral para relatórios, a GRI pretende elaborar diretrizes específicas para setores e assuntos.

A GRI só resolve parte do problema. Ela oferece basicamente a parte do "quê" nos novos princípios. O outro lado é "como" relatar, mais precisamente como verificar se um relatório é crível e se atende às necessidades e expectativas dos stakeholders. Os dilemas dos relatórios durante a crise de governança corporativa de 2002 não foram causados pela escassez de indicadores. Deveram-se antes a problemas de observância, de abertura para além do que pedem as leis e de qualidade das auditorias (e auditores) que teoricamente asseguravam a confiabilidade dos relatórios.

Para lidar com esse problema, em 2003, a AccountAbility, um instituto sem fins lucrativos sediado no Reino Unido, publicou uma nova norma para orientar e avaliar o trabalho de "fornecedores de garantia", como empresas de auditoria e outras companhias terceirizadas[13]. Entre os membros da AccountAbility estão a Association of Chartered Certified Accountants (Reino Unido), a Business for Social Responsibility (Estados Unidos), o Co-operative Bank (Reino Unido), o Instituto Ethos (Brasil), a KPMG, a LeaRN (África do Sul), a New Economics Foundation (Reino Unido), a Novo Nordisk e a PricewaterhouseCoopers. O modelo da AccountAbility, o *AA1000 Assurance Standard*, define cinco princípios para os relatórios de sustentabilidade[14].

- *Inclusividade.* O comprometimento de uma organização com (a) identificar e compreender seu desempenho e impacto social, ambiental e econômico, bem como as opiniões dos stakeholders a esse respeito; (b) considerar e responder com coerência (positiva ou negativamente) às aspirações e necessidade de seus stakeholders; e (c) justificar perante os stakeholders suas decisões, atitudes e impactos.

- *Materialidade.* O fornecedor de garantia informa se a "organização declarante" (ou seja, a empresa) incluiu as informações de que os stakeholders necessitam para julgar e tomar decisões e atitudes criteriosas. As informações são consideradas importantes quando sua omissão ou deturpação pode influenciar as decisões ou ações dos stakeholders.

- *Completude.* O fornecedor de garantia avalia em que medida a organização declarante consegue identificar e compreender os aspectos importantes de seu próprio desempenho corporativo. Nos casos em que descobre lapsos, cabe-lhe incentivar a organização declarante a corrigi-los ou descrevê-los; se o lapso não for corrigido, o fornecedor deve descrever o problema em seu próprio relatório.

- *Capacidade de resposta*. O fornecedor de garantia avalia se a organização declarante atendeu às preocupações dos stakeholders, às diretrizes e às normas relevantes, e se comunicou adequadamente suas respostas em seu relatório de sustentabilidade.

- *Evidências*. O fornecedor de garantia avalia se a organização declarante proporcionou evidências adequadas para sustentar o conteúdo do relatório.

Tais normas ainda são imaturas e vêm evoluindo, e outros agentes (como a International Standardization Organization) entraram no jogo. Por enquanto, a GRI e a AA1000 são as melhores apostas, não somente para os relatórios, mas também para criar modelos estruturados para o comprometimento com os stakeholders proporcionado pela transparência.

Duas outras peças ainda estão faltando. Em primeiro lugar, os relatórios sobre stakeholders e a sustentabilidade carecem de um formato padronizado, de um visual próprio. Não temos, neste caso, nada comparável à declaração de renda ou ao balanço – um conjunto conciso de números que representem as condições gerais da empresa. Em segundo lugar, poucos países exigem ou regulam esse tipo de relatório. Enfim, relatórios facultativos significam que menos empresas os elaboram, e a falta de regulamentação também implica padrões frouxos e inconsistentes para sua elaboração.

A regulamentação faz diferença, segundo um estudo da BearingPoint. No Japão, que tornou obrigatórios os relatórios e diretrizes ambientais em 2001, 72% das 100 maiores empresas incluíram resultados ambientais auditados em seus relatórios financeiros de 2002. Em seguida, mas bem atrás, vêm o Reino Unido (49%) e os Estados Unidos (36%). A Alemanha e os países nórdicos estavam na faixa dos 25% aos 35%, enquanto no Canadá meros 19% seguiam o exemplo[15].

O *Relatório de Sustentabilidade* da Novo Nordisk de 2002 está explicitamente "de acordo com" as diretrizes da GRI e da AA1000, e foi garantido pela contabilidade Deloitte & Touche. No início de 2003, ele era uma das raras implementações exemplares dessa norma, um modelo de comprometimento com os stakeholders, completude, raciocínio comercial e inspiração. Além de disponibilizar seu relatório, a Novo oferece em seu site informações estatísticas e qualitativas; há, ainda, um detalhado mapa com referências cruzadas de sua relação com os indicadores da GRI. Há, contudo, espaço para melhorias. Ficar indo e vindo do papel para diversas páginas da Web pode confundir. E, embora a Novo venha elaborando relatórios há uma década, ela só oferece dados comparativos de tendências no caso de uns poucos indicadores.

Estratégia e Empreendedorismo

Peter Drucker disse, há meio século, que o propósito de uma empresa é criar um cliente. Os clientes são os primeiros – embora não os únicos – stakeholders em qualquer empresa, e atender a suas necessidades é a essência da estratégia. Atender às necessidades de um número crescente de clientes desejáveis em longo prazo é a essência da estratégia sustentável. O que é novo, na era da transparência, é que conquistar a confiança e o comprometimento dos demais stakeholders permite à empresa atender melhor a seus clientes (Figura 9.4).

Como ilustram a Toyota e a Shell, com suas estratégias de combustíveis que não sejam à base de carbono, tais empresas buscam vantagens competitivas me-

Resultados	Estratégias
Otimização do desempenho financeiro, social e ambiental em curto e longo prazos	Inserção em todos os processos de planejamento
Vantagem competitiva	Analisar problemas, riscos ou oportunidades específicos da indústria, dos stakeholders ou da empresa
Construção da fundação civil do setor	Identificar e analisar obstáculos à mudança
Eliminação dos obstáculos à mudança	Aplicar técnicas criativas, analíticas e de estudo de casos aos cenários em diversos prazos (imediato, curto ou longo)
	Engajar stakeholders atuais ou potenciais no desenvolvimento estratégico
	Engajar concorrentes e governos na elevação dos padrões
	Desenvolver cronogramas com acontecimentos importantes

Figura 9.4 Estratégia e empreendedorismo.

diante estratégias de sustentabilidade e envolvimento centradas no cliente. Quando os custos se associam inevitavelmente com exterioridades, as empresas de ponta trabalham juntamente com seu setor para elevar a fundação civil das práticas de negócios sustentáveis – uma vez mais, centrando-se no cliente. O Processo Kimberley é um exemplo: a indústria de diamantes (aguilhoada por consumidores, governos e ONGs) reuniu-se e concordou em pôr um fim às compras de pedras que subsidiavam guerras viciosas na África Central.

As empresas de ponta não se limitam a ter alguns bons programas de integridade. Sua política exige que todos os planos levem em conta questões concernentes à sustentabilidade e stakeholders, juntamente com fatores competitivos, financeiros, de recursos humanos, de tecnologia da informação e outros. Elas incentivam e recompensam iniciativas empreendedoras em prol da sustentabilidade e dos stakeholders. E exigem que os planejadores trabalhem com os stakeholders durante a elaboração dos planos – e não depois.

Figura 9.5   De objetivos estratégicos a metas de negócios.

Nas áreas de bioética, meio ambiente, saúde e segurança e responsabilidade social, os objetivos estratégicos são incluídos no painel anual de metas das unidades relevantes. Nos locais de produção, por exemplo, as metas de redução de consumo de água e energia refletem o objetivo estratégico de melhorar a ecoprodutividade. Já a estratégia de pessoal e suas metas específicas se aplicam a todas as unidades da organização

Fonte: *Novo Nordisk*

A Novo Nordisk divide seu modelo estratégico para a sustentabilidade em três camadas (Figura 9.5)[16].

1. A estrutura de governança corporativa, que "define nossos compromissos" (descrita anteriormente em "Liderança").
2. A participação dos stakeholders, que "nos permite nos manter alinhados com preocupações e problemas emergentes".
3. A definição de metas e procedimentos sistemáticos de acompanhamento, que "ajudam a assegurar a melhoria contínua e o compartilhamento das melhores práticas por toda a organização".

Para alinhar suas estratégias com os interesses dos stakeholders e os objetivos de sustentabilidade, a Novo enfrenta sem receios seus "dilemas estratégicos". Em 2002, estes dilemas incluíam:

- Como assegurar a observância diligente da administração de riscos alimentando, ao mesmo tempo, o espírito de inovação e a busca de oportunidades

- Como aumentar o acesso ao tratamento contra o diabetes pela redução dos lucros nos países em desenvolvimento e preservar, ao mesmo tempo, a rentabilidade do negócio

- Como respeitar crenças e posições culturais em questões como a das pesquisas sobre células-tronco e, ainda assim, manter uma vantagem competitiva na busca por derrotar o diabetes

- Como justificar para os acionistas que investir em ativos imateriais como a gestão ambiental é um bom negócio e preserva as cotações

Lise Kingo descreve a curva do aprendizado da Novo Nordisk (Figura 9.6) como um processo formal para abordar problemas em áreas avançadas e trazê-los ao campo das práticas empresariais corriqueiras. Seu grupo de relações com os stakeholders, que conta com 27 membros, incuba e administra a área problemática até que esta se integre totalmente aos processos de negócios da empresa, após o que ele a abandona e passa a outros tópicos mais recentes.

> O grupo de stakeholders é como uma estufa. Nós detectamos novas tendências e determinamos quais serão mais importantes para o progresso da Novo Nordisk; detectamos os direitos humanos há cinco anos.

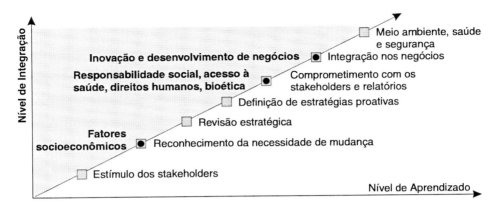

Figura 9.6 A curva do aprendizado da Novo Nordisk.

A curva do aprendizado da Novo Nordisk reflete o processo de administração de problemas, começando com o estímulo inicial dos stakeholders, passando à elaboração de nossa resposta e chegando, como aprendemos, à plena integração desta resposta aos nossos processos de negócios. Por exemplo, questões envolvendo o meio ambiente ou a saúde e a segurança encontram-se bem integradas a nosso negócio, ao passo que avaliar os impactos socioeconômicos de nossas atividades durante o processo decisório é um problema emergente com que ainda estamos lidando.
Para cada assunto importante, determinamos indicadores que ajudem a proporcionar dados confiáveis e quantificáveis, que os stakeholders possam utilizar em suas avaliações

Fonte: *Novo Nordisk*

Por meio de nosso comprometimento com stakeholders, políticos ou líderes da opinião pública, tentamos permanecer afinados com os problemas emergentes. Quando sentimos que uma nova questão poderá afetar os interesses comerciais de longo prazo de nossa empresa, encomendamos uma pesquisa externa para avaliar até que ponto ela nos envolverá e qual o nível de nossa adequação. Isso costuma levar um ano. Foi com esse processo que determinamos que precisávamos ter um desempenho melhor na área de direitos humanos e diversidade, bem como na de serviços de saúde. Criamos, então, dois projetos, e, depois, uma estratégia proativa e uma caixa de ferramentas. Em seguida, começamos a firmar nosso comprometimento com os stakeholders e a integrar essas iniciativas à empresa. As oportunidades e o acesso igualitários ainda se encontram na área de relacionamento com os stakeholders, já que estão em incubação e ainda não chegaram à linha. O meio ambiente e a saúde e a segurança, por outro lado, já estão mais maduros, e são administrados sobretudo na linha.

A Novo define metas tanto corporativas como individuais que refletem objetivos sociais, ambientais e econômicas. Estas metas, que são, na verdade, a estrutura administrativa da empresa, são integradas aos painéis de resultados corporativos e das unidades de negócios, com objetivos mensuráveis em uma grande variedade de domínios. Exemplos de objetivos que a empresa definiu e atingiu (ou, no caso de objetivos de longo prazo, estava a caminho de atingir) em 2002:

- O estabelecimento de planos, por parte dos vice-presidentes, para lidar com problemas de oportunidades igualitárias.

- Avaliar 90% dos fornecedores quanto ao desempenho ambiental e social.

- Desenvolver um modelo de negócios sustentável para ajudar as pessoas em países pobres a obter acesso direto aos tratamentos contra o diabetes.

- Conseguir que 80% dos funcionários tenham encontros e conversas com pacientes.

- Conseguir que 90% de todos os administradores com relações diretas de subordinação estabeleçam uma meta para o modo como desenvolverão seu pessoal.

- Aumentar a ecoprodutividade de água em 5% e de energia em 4% até 2005.

- Contribuir para a eliminação total de testes animais no controle biológico de produtos até 2004.

Um exemplo da abordagem da Novo é sua estratégia para o tratamento sustentável do diabetes nos países em desenvolvimento. A oportunidade de negócios é significativa, mas os desafios também o são. Só na China, onde se estima que entre 30 e 40 milhões de pessoas têm diabetes tipo 2, a média de diagnósticos é de 10% a 15%, comparada com 50% na Europa. Esse é um obstáculo para o crescimento da empresa no mercado, mas também um obstáculo para o tratamento dos pacientes. Em vez de meramente vender seus remédios a varejo, a empresa adotou uma estratégia holística em países que vão da China à Costa Rica. A meta é criar infra-estruturas capazes de oferecer com competência diagnósticos, tratamentos, remédios e equipamentos. Ela decidiu derrubar a principal barreira existente – a ignorância generalizada com relação ao diabetes entre pacientes e profissionais de saúde. A Novo promove planos, estratégias e programas nacionais de conscientização e educação para pacientes e profissionais de saúde. Esses planos, por sua vez, requerem parcerias com patrocinadores locais e o cultivo da vontade política do governo.

284 AGINDO COM ABERTURA

A Novo trata esse desafio como um dilema. A insulina, o principal medicamento para tratar o diabetes, não possui patente e é barata o bastante para a venda entre populações carentes. Mas a empresa também possui a melhor linha de medicamentos novos e avançados contra a epidemia de diabetes. Os custos de P&D e produção fazem com que tais medicamentos só sejam acessíveis nos países ricos. A iniciativa LEAD e a Fundação Mundial do Diabetes, da Novo, ajudarão a aumentar o número de diagnósticos e a acelerar o acesso dos pacientes à insulina (com pouco retorno direto para a empresa), ao mesmo tempo em que cimentam o caminho rumo a um futuro em que alguns pacientes terão condições de buscar tratamentos mais avançados.

Este é o clássico alinhamento entre fazer o bem e ficar bem, nos mais altos níveis da estratégia de negócios. Tais iniciativas põem a Novo no centro dos futuros programas contra o diabetes nos maiores mercados emergentes do mundo. Elas ilustram como uma empresa pode promover atividades – como a educação dos pacientes, que nos países ricos seria paga e fornecida pelo governo – capazes de gerar resultados melhores para uma vasta gama de stakeholders, desde pacientes (clientes) e médicos (parceiros) até comunidades, funcionários, governos e acionistas.

Cultura Corporativa

Para que os objetivos referentes aos stakeholders e à sustentabilidade sejam atingidos, eles devem ser vividos no dia-a-dia da organização – devem estar embutidos em seu DNA. Como diz Lise Kingo: "Milhares de trabalhadores na Novo Nordisk têm algum tipo de atividade de sustentabilidade, criando programas de saúde e segurança, promovendo o acesso a tratamentos contra o diabetes, e assim por diante". Todo funcionário deve ser consciente, afinado e motivado. Isso, por sua vez, requer uma comunicação interna consistente, programas exemplares, uma gestão eficaz de desempenho e remuneração, educação e treinamento bem direcionados e o uso da tecnologia para favorecer o sistema como um todo.

O painel de resultados e o relatório anual de sustentabilidade são a base dos programas de cultura corporativa da Novo (Figura 9.7). Com essas ferramentas, ela comunica suas estratégias e programas, avalia seus sucessos e fracassos e estrutura a gestão de desempenho e remuneração. As metas pessoais de desempenho de Kingo são idênticas aos indicadores gerais da empresa listados no relatório de sustentabilidade. Esses indicadores incluem mensurações tangíveis da vivência dos valores da empresa, do acesso aos serviços de saúde nos países em desenvolvi-

Resultados	Estratégias
Os valores e o código de conduta determinam o comportamento dos funcionários	Inserir novos fatores de integridade nos painéis e na administração de desempenho
Os planos, programas, processos e interações diárias levam em conta a nova integridade	Usar os ciclos de subordinação para promover o aprendizado e o aprimoramento
As melhorias nos resultados e mensurações da nova integridade são constantes	Promover internamente os propósitos, os valores, as vantagens comerciais e o plano de negócios
	Implementar a educação, o treinamento e o desenvolvimento profissional
	Usar novos sistemas de administração do conhecimento para a nova integridade
	Desenvolver tecnologias, ferramentas e infra-estruturas na área da informação e das comunicações

Figura 9.7 Cultura corporativa.

mento, da segurança e desenvolvimento dos funcionários, da utilização de animais, da ecoeficiência e dos resultados financeiros da companhia.

Se seus valores forem genuínos, seus funcionários saberão. Se não forem, eles acabarão descobrindo. A Novo descreve a importância, em sua estratégia geral, de programas que envolvem os funcionários:

> Mais do que qualquer outro grupo de stakeholders, nossos funcionários são a essência da Novo Nordisk. Assim, julgamos essencial monitorar, em todas as partes do mundo, o que eles pensam da empresa, de seu emprego e de suas oportunidades, de modo a desenvolver suas habilidades e aptidões[17].

A empresa promove e celebra internamente suas muitas iniciativas em prol dos stakeholders e da sustentabilidade. A pesquisa de 2001 com seus funcionários revelou que 85% concordavam que o desempenho social e ambiental é importante para o futuro da empresa. Ela apresentou notas insatisfatórias para a Novo nos quesitos referentes ao desenvolvimento dos funcionários, como a existência de planos de aprimoramento pessoal, a possibilidade de manter-se atualizado em questões referentes ao trabalho e o planejamento da futura demanda de recursos.

Como seria de se esperar, a empresa respondeu com um programa dinâmico e objetivo de desenvolvimento de carreira e dos funcionários.

A Novo organiza seus programas para os funcionários em uma "estratégia de pessoal" com cinco áreas de enfoque: cultura vitoriosa, relacionamento com os clientes, atração e desenvolvimento dos melhores indivíduos, desenvolvimento do pessoal e oportunidades iguais. Ela procura criar estratégias mutuamente fortalecedoras para os funcionários e outros stakeholders.

- Os funcionários ganham motivação, razão de ser e novas idéias ao estabelecerem contato com os usuários finais de seus produtos. Ao mesmo tempo, pesquisas sobre os aspectos psicossociais da vida com diabetes demonstram que relacionamentos são tão importantes para um tratamento bem-sucedido quanto produtos e serviços; os prestadores que aprenderem com isso poderão obter vantagens competitivas. A Novo pediu a todos os funcionários que se encontrassem com seus clientes com diabetes ou outros problemas de saúde. Em 2002, 80% haviam travado diálogos com pacientes. Um executivo de assuntos regulatórios da Novo na Índia observou: "[A discussão] foi muito estimulante. Ela me fez sentir que eu deveria começar a contribuir de qualquer jeito."

- A empresa tem uma série de programas de oportunidades iguais no ambiente de trabalho, baseados na Declaração Universal dos Direitos Humanos da ONU. Em 2001, a Novo concluiu que, na era da globalização e das guerras de talento, ela necessitaria do acesso a uma força de trabalho cada vez mais diversificada, "reconhecendo na diversidade uma oportunidade, e não um problema". A empresa tem muito trabalho à sua frente. Em 2002, na Dinamarca, onde reside a vasta maioria de seus funcionários, somente 5,9% eram imigrantes ou descendentes de imigrantes oriundos de países em desenvolvimento – abaixo da modesta média nacional de 7,6%. Dos 198 altos executivos (vice-presidentes, cientistas seniores e acima), somente 20% eram mulheres. A empresa vem enfrentando este desafio com seu costumeiro arsenal de medidas – transferência de pessoal, objetivos e medições formais e uma variedade de programas proativos.

Já mencionamos alguns dos mecanismos de acompanhamento e relatório da Novo – metas grupais e individuais integradas ao painel de resultados e relatórios de sustentabilidade auditados externamente. A Novo tem um outro mecanismo exclusivo chamado "facilitações": auditorias internas independentes que avaliam todas as dimensões do negócio em um ciclo quadrienal recorrente. O departamento de facilitação situa-se no Novo Group, empresa detentora que controla a Novo Nordisk e diversas outras empresas. Os facilitadores entrevistam os funcionários sobre sua opinião quanto à qualidade de sua gerência e o modo como ela reflete os valores fundamentais e a estratégia comercial da empresa. Eles redigem recomendações para a gerência e fazem o acompanhamento das medidas práticas; em 2002, 95% delas haviam sido cumpridas.

Organizações que desejam cumprir seus compromissos investem na educação e no treinamento de seus funcionários. A Novo Nordisk possui um grande programa de treinamento que proporciona os conhecimentos necessários a identificar oportunidades de redução de despesas nos escalões inferiores, por meio da gestão ambiental e de materiais.

Outras empresas adotaram treinamentos de grande escala sobre ética e valores, muitas vezes sob a rubrica "observância". Kate Kozlowski, diretora de ética empresarial e observância na Ford Motor Company, diz que, em uma empresa como a sua, questões éticas e legais proliferam por todos os lados. "Milhares de pessoas lidam com a observância em toda a empresa, seja na montagem de veículos, na concessão de créditos e financiamentos, no aluguel de carros, na área de peças, serviços e garantia. É parte dos negócios. Existe um custo associado com a observância em todo segmento da empresa." O único modo de assegurar padrões previsíveis e consistentes em uma empresa de 300 mil funcionários, como a Ford, é oferecer muito treinamento. "E agora não se trata somente de observância", diz Kozlowski. "Existe maior pressão pelo treinamento no campo da ética."

A Ford contrata seus cursos on-line de ética e observância de uma empresa chamada LRN. Muitos dos módulos são padronizados; outros, que a Ford desenvolveu juntamente com a LRN, serão vendidos posteriormente a outras companhias automobilísticas. Grande parte dos treinamentos da LRN utilizam o "dilema" como princípio de ensino: representam os problemas éticos e legais envolvidos em decisões difíceis. Kozlowski diz: "Utilizamos o treinamento on-line para despertar a consciência, mas, no nível seguinte, recorremos à educação presencial – por exemplo, ensinando o código de conduta aos administradores seniores, abordando questões de globalização ou quando encontramos problemas difíceis como a observância da lei Sarbanes-Oxley. Algumas vezes, o departamento de ética e observância oferece o treinamento; outras vezes, isso cabe ao departamento de recursos humanos".

Marca e Reputação

O marketing e a integridade comercial nem sempre são parceiros amistosos. Com alguma freqüência, os profissionais de marketing vêem a "bondade" como uma questão de mensagem, e não de substância, ou procuram "alavancar" a filantropia ou o valor limitado dos stakeholders enquanto ocultam verdades dolorosas. Como eles diriam: "Vamos enfeitar essa joça".

O Marlboro Man serve de símbolo para este problema: ele foi a personificação publicitária da vida saudável e dos robustos valores norte-americanos. Mas ele era uma mentira. David Millar Jr., o primeiro Marlboro Man, morreu de enfisema em 1987. Depois que David McLean, outro Marlboro Man, morreu de câncer do pulmão, sua viúva processou a empresa por danos. Posteriormente, o Malboro Man Wayne McLaren testemunhou em favor de leis contra o fumo antes de morrer de câncer do pulmão. Em 2003, a empresa mãe da Marlboro, em uma torrente de anúncios com resplandecentes cachoeiras, trocou o nome de Philip Morris, manchado pelo tabaco, para Altria Group, de aspecto mais saudável. Hoje, a empresa admite abertamente que seu produto mata os usuários, e promove campanhas contra o fumo. Ao mesmo tempo, continua a fazer publicidade onde a lei o permite, expandindo-se nas economias emergentes. Este é um caso extremo. Vamos encarar o fato: nenhuma empresa na indústria de fabricação de cigarros jamais será realmente aberta, uma vez que seu produto é

Resultados	Estratégias
Aumento e sustentação do valor da marca	Revisar as mensagens da marca e os programas de marketing
Crescimento e participação no mercado	Envolver o setor financeiro e os principais stakeholders nos diálogos sobre as mudanças
Lealdade dos clientes	Fortalecer a comunicação da transparência junto a todos os stakeholders
Baixo custo de capital	Descrever os pontos fortes, admitir os pontos fracos, publicar os indicadores de melhoria
	Rever os programas de gestão de crises
	Monitorar problemas com stakeholders

Figura 9.8 Marca e reputação.

nocivo. A amistosa mensagem da Marlboro é irreconciliável com seu comportamento como fornecedora de substâncias mortíferas, que envolvem, ainda, custos adicionais para os sobrecarregados sistemas de saúde em todo o mundo.

O cinismo ante a idéia de "fazer o bem" é muito comum, e não somente entre ativistas que denunciam a "lavagem verde" (ou seja, uma pintura branca com uma ligeira camada ecológica). O jornal comercial *Sporting Goods Business* questionou, recentemente, se "o marketing de causa" faz alguma diferença na receita. Um artigo discutia o custo/benefício das contribuições que a Danskin fizera à fundação de câncer da mama Susan B. Koman. "A Danskin prefere essa abordagem popular a campanhas extensivas de marketing e ao patrocínio de celebridades ou atletas. 'Integramos o marketing de causa e de evento, e nossos esforços significam muito para nossos clientes, muitos dos quais tomam suas decisões de consumo com base em nossa parceria'", diz Joyce Darkey, vice-presidente sênior de marketing da Danskin[18].

O câncer de mama é, sem dúvida, uma causa cobiçada: ele aflige segmentos afluentes da clientela-alvo, tem poucos dilemas éticos e associa-se com eventos esportivos saudáveis, como o Run for the Cure, que utilizam produtos dos patrocinadores. Além disso, a participação pode mostrar-se economicamente mais interessante do que a organização de uma campanha de marketing para os produtos da própria empresa (o que requer trabalho intensivo com agências de publicidade): pague a cota de patrocínio, envie alguns voluntários e todos saem ganhando. A vantagem comercial é evidente e persuasiva, e o projeto ajusta-se às incumbências e capacitações do departamento de marketing.

Tais causas, embora dignas de suporte, apresentam poucos dos dilemas ou demandas organizacionais de que fala a Novo Nordisk, ou dos que assumiu a Nike, colega da Danskin no ramo de acessórios esportivos, ao concluir que tinha de mobilizar-se e enfrentar o desafio das condições trabalhistas na cadeia de suprimentos do setor. Empresas como essas fizeram escolhas mais profundas, como já discutimos. Elas assumiram a tarefa de repensar todo o seu modo de operação, alinhando-o com um programa transparente de envolvimento e sustentabilidade. O que elas concluem, cada vez mais, é que a mensagem de sua marca deve expressar a maleabilidade e a universalidade desse comprometimento, com todas as conseqüências que isso possa trazer (Figura 9.8). Elas são abertas e francas quanto aos dilemas que enfrentam, e descrevem honestamente seus fracassos e suas limitações. Quando surge uma crise, elas respondem rapidamente e assumem a responsabilidade por suas ações. Assim, ao acessar o site da Shell, da Ford e de outras empresas envolvidas na aceitação de riscos, você encontrará fóruns de discussão que incluem comentários de seus críticos mais severos.

Como os profissionais de marketing devem remodelar seu papel? Paul Taaffe, presidente do conselho e CEO da consultoria de marketing Hill & Knowlton, diz que as farsas publicitárias acabaram, mas que, por causa delas, a função de marketing em si enfrenta um problema de credibilidade. "Os profissionais de marketing parecem ter percebido que a transparência é a promotora universal da confiança. Ironicamente, porém, no passado eles eram considerados como os mais ardilosos dentre todos, como a parte da organização que não precisava dizer a verdade. Isso graças a situações como a da Nestlé e a do tabaco. Ainda há gente no setor de relações públicas que vive de farsas, mas elas não são sustentáveis. Elas ferem a credibilidade com o passar do tempo."

Taaffe afirma que as crises inevitáveis, mas imprevisíveis, são a prova de fogo para a capacidade de reagir das empresas. "O custo de uma crise aumenta substancialmente quando você não determina, de antemão, de onde ela virá e qual será sua reação. Por exemplo, depois do incidente da Brent Spar com o Greenpeace no Mar do Norte, a Shell teve problemas em recrutar universitários. E, depois de uma crise, há, com freqüência, litígios legais; a crise é menos dolorosa e dispendiosa quando a empresa se mobiliza rapidamente, age com integridade e administra o problema. O ativismo dos stakeholders, de ONGs e da mídia significa que as empresas enfrentarão, a cada ano, mais e mais crises, e estas deixarão de ser exceções para se tornar uma parte normal dos negócios." O problema é que a maioria das empresas não se previne contra crises com um comportamento transparente no dia-a-dia, nem se prepara com antecedência, definindo processos e atribuições para a gestão de crises.

Apesar do pessimismo de Taaffe, o "vírus da transparência" está se espalhando. Mesmo certas empresas sem nenhum enfoque especial na "sustentabilidade" aprenderam o valor de integrar o diálogo aberto à mensagem de suas marcas. Como vimos no Capítulo 6, as fabricantes de computadores Dell e Apple promovem, em seus sites, uma grande variedade de diálogos entre clientes. Em algumas dessas conversas, os participantes chegam mesmo a defender um produto da concorrência.

Do ponto de vista do marketing, a mensagem está bem clara: você terá de ficar nu, e o melhor é estar em forma.

Envolvimento Ambiental

Não se pode ter uma empresa de sucesso em um mundo falido. Do mesmo modo, não se pode ter sucesso se o mundo não deixa. As empresas têm um interesse econômico no bem-estar e no suporte de seus ambientes tanto sociopolítico como natural (Figura 9.9).

A maioria dos observadores concorda quanto aos desafios sociopolíticos, mesmo que discordem quanto aos riscos para o ambiente natural. As empresas prosperam quando a confiança e o capital social estão em alta; quando as pessoas obedecem às leis voluntariamente, e não por obrigação; quando a corrupção é mínima ou inexistente; quando os cidadãos têm educação e saúde e conseguem viver decentemente; e quando a vida é segura e pacífica, e não repleta de temores. A maioria concorda que tais condições inexistem em muitíssimos lugares.

A Novo envolveu-se na remodelação do ambiente sociopolítico. Ela vê a "indiferença política, especialmente entre os jovens, como um grande desafio para a democracia". Sua iniciativa Bridging Europe, com o Fórum Econômico Mundial, procura engajar os jovens na criação de uma Europa sustentável por meio do comprometimento dos muitos stakeholders. As atividades incluem um site interativo com mil jovens europeus de 33 países, estudos na área trabalhista e fóruns internacionais.

O vice-presidente de comunicação corporativa da IBM, John Iwata, enumera as estratégias da empresa, como empresa global, para cultivar ambientes externos favoráveis. Suas operações nacionais em todo o mundo são administradas como

Resultados	Estratégias
Paz, ordem e boa governança dos ambientes operacionais externos	Apoiar o bom governo, combater os subornos
Licença para operar	Obedecer às leis locais
Preservação dos ecossistemas globais	Ter uma presença local, com gente local e parcerias locais
	Promover a diversidade social
	Combater o aquecimento global e as ameaças à biodiversidade
	Identificar e lidar com os interesses dos stakeholders

Figura 9.9   Envolvimento ambiental.

negócios locais, com equipes executivas, sistemas de contratação e promoções locais. Os programas de diversidade da IBM vêm de longa data e têm raízes firmes. Ela administra questões ambientais, de filantropia e de voluntariado com a mesma disciplina com que gere as demais partes de seu negócio.

Nada disso é simples. A propriedade e a administração local nem sempre protegem as lojas do McDonald's de protestos violentos, nem a Coca-Cola da concorrência com motivações políticas. Tais conflitos reforçam os argumentos da Novo em prol do valor comercial de elevar-se o nível da tolerância, da confiança e da democracia em escala global.

A corrupção é um dos principais desafios sociopolíticos, sendo onipresente em muitos países. Algumas empresas, como a IBM, a Celestica e a Shell, abrem mão de contratos se precisarem recorrer a subornos para fechá-los. Para empresas riquíssimas, com lucros de nove ou dez dígitos, esta é uma estratégia viável – e mesmo competitiva. Para outras, que atuam mais próximo à linha de sobrevivência, estas podem ser escolhas difíceis, e mesmo mortais. De qualquer modo, um número imenso de empresas com recursos econômicos continua a falhar nessa importante questão, como demonstra a Transparency International. A maioria concorda, em princípio, quanto à coisa certa a fazer, mesmo quando não a fazem na prática.

Há menos concórdia no que se refere ao ambiente natural. Muitos afirmam que os riscos do aquecimento global e de outras catástrofes profetizadas não são importantes ou empalidecem frente ao progresso tecnológico e à melhoria contínua nos padrões de vida. Embora as coisas não estejam "boas o bastante", elas continuam a melhorar, e podemos confiar no progresso para evitar os riscos do desastre. Bjørn Lomborg, um jovem dinamarquês, cientista político, estatístico e autor de *O Ambientalista Cético*, é freqüentemente citado para exemplificar esse ponto de vista:

> O aquecimento global, embora seu tamanho e suas projeções futuras sejam irrealisticamente pessimistas, está certamente ocorrendo, mas a típica cura da redução precoce e radical dos combustíveis fósseis é muito pior do que a doença original, e, além disso, seu impacto total não representará um problema devastador para nosso futuro. Tampouco perderemos de 25% a 50% das espécies durante nossa vida – na verdade, é provável que estejamos perdendo 0,7%. As chuvas ácidas não matam as florestas, e o ar e a água à nossa volta estão cada vez menos poluídos[19].

Muitos cientistas vêem o mundo de outra forma. O editor da *Scientific American* comentou que o livro de Lomborg é "freqüentemente prejudicado pelo uso incompleto dos dados ou pela má compreensão dos princípios científicos que os norteiam. Mesmo nos casos em que suas análises estatísticas são válidas, suas interpretações são com freqüência equívocas – literalmente não considerando o estado das florestas pelo número de árvores, por exemplo. E é difícil não se aturdir com a presunção de Lomborg de haver penetrado os segredos da ciência com maior fidelidade do que investigadores que dedicaram suas vidas a isso; é igualmente curioso que ele descubra as mesmas e contraditórias boas novas em *todas* as áreas das ciências ambientais[20]".

Executivos de companhias petrolíferas como a BP, a Shell e a Suncor, cujas vidas seriam mais simples caso pudessem concordar com gente como Lomborg, ainda dizem que o aquecimento global e a perda da biodiversidade ameaçam a sustentabilidade de seus negócios. A visão da Novo Nordisk é de que:

> A capacidade de uma empresa de administrar efetivamente os riscos ambientais encontra-se sob a lente de autoridades do governo e grupos de vigilância ambiental, bem como de investidores e do público geral. Estamos cientes dos riscos ambientais associados com nossas operações, e somos proativos em avaliá-los e tomar providências para evitá-los[21].

A Novo segue o princípio preventivo de avaliação de riscos ambientais. Produto da convenção de 1992 no Rio de Janeiro, esse princípio diz que, havendo possibilidade de estragos graves ou irreversíveis, a ausência de total certeza científica não deve ser usada como razão para protelar medidas de custo razoável contra a degradação ambiental. A Novo é diretamente afetada por uma outra ameaça ambiental: a perda da biodiversidade. As inovações farmacêuticas continuam a ser extraídas das minguantes reservas de vida natural do mundo.

A Novo explica sua metodologia ambiental:

> Consultando uma grande variedade de stakeholders, consideramos cuidadosamente os riscos que podem advir das operações atuais, bem como de atividades antigas e futuras. Uma administração insuficiente de riscos pode lesar a reputação da empresa e, nos piores casos, sua própria licença de operar, enquanto a administração superior de riscos abre as portas para novas oportunidades de negócios[22].

Uma das iniciativas ambientais da Novo tem por objeto a ameaça contra espécies animais e vegetais decorrente do descarte de resíduos de uma de suas linhas de produtos, os hormônios estrogênicos. Uma importante hipótese científica associa os aumentos de desordens reprodutivas entre machos de diversas espécies pelo mundo com hormônios femininos de base estrogênica lançados no meio ambiente. Esses hormônios provêm da urina de mulheres grávidas, de mulheres que utilizam contraceptivos ou terapia hormonal, e do descarte direto de substâncias químicas similares ao estrógeno. A Novo afirma descartar com segurança os resíduos da produção de hormônios, de modo que os principais impactos no meio ambiente decorrem do uso feito pelas pacientes. A empresa já começou a tratar desses problemas. Ela publicou – e compartilhou com autoridades relevantes e com os stakeholders interessados – os resultados de um estudo demonstrando efeitos significativos em jovens peixes machos, mesmo em baixas concentrações.

Comprometimento Com os Stakeholders

Onde o comprometimento com os stakeholders é valorizado, ele se torna objeto de atenção, planejamento e disciplina por parte da administração (Figura 9.10).

A análise da rede de negócios da Novo inclui os impactos socioeconômicos de sua produção e de suas atividades de consumo. A empresa faz um gráfico de sua "distribuição da riqueza gerada", mapeando a origem do dinheiro (100% provindo de clientes, ou seja, de pessoas que necessitam de serviços de saúde e de fornecedores destes serviços) e seu posterior destino (em 2002, 55% para fornecedores,

Resultados	Estratégias
Comprometimento com a rede de negócios e de stakeholders, e desempenho competitivo	Modelar, mensurar e administrar a troca de valores e o cultivo de relacionamentos
Priorização de programas e iniciativas voltados aos stakeholders e que apresentem resultados	Envolver-se em diálogos pessoais e diretos, suplementados por relatórios e tecnologias
Funcionários e parceiros de primeiro nível	Buscar resultados otimizados para todos os stakeholders
	Aplicar valores corporativos no processo de comprometimento com os stakeholders
	Promover habilidades de parceria

Figura 9.10   Comprometimento com os stakeholders.

FAZENDO USO DO PODER

34% para funcionários, 6% para investidores e fornecedores de empréstimos e 9% para o setor público na forma de impostos, sendo que 4% foram extraídos das reservas financeiras para o crescimento futuro). A maneira como a empresa modela sua análise enaltece a profundidade de sua consideração pelos stakeholders. Ela trata os fornecedores como "stakeholders econômicos externos" e o salário dos funcionários como "uma medida do valor de mercado das capacidades produtivas das pessoas".

Também é impressionante a extensão em que a Novo depende da alocação de seu pessoal corporativo para assegurar seu toque pessoal:

- Encontros com vizinhos para reduzir impactos ambientais nos locais de produção.

- Avaliação do desempenho social e ambiental dos fornecedores.

- Encontros pessoais entre funcionários e pacientes.

- Parcerias com ONGs para o bem-estar dos animais.

- Participação em organizações comerciais para promover o desenvolvimento sustentável.

- Promoção de debates públicos envolvendo pesquisas sobre células-tronco e a necessidade de rever a legislação.

- Inclusão do diabetes na pauta do Parlamento Europeu.

- Criação de estruturas nacionais de serviços de saúde junto a autoridades locais nos países em desenvolvimento.

- Financiamento de parcerias internacionais de pesquisa.

- Apoio a programas educacionais para engenheiros oriundos de minorias étnicas.

- Promoção da conscientização pública e levantamento de fundos no Dia Mundial do Diabetes.

- Relacionamento oportuno e proativo com a mídia quando da suspensão de ensaios clínicos.

Produtos e Serviços

Transformar suas principais ofertas para adaptar-se a um programa de sustentabilidade e relacionamento com os stakeholders pode ser intimidador (Figura 9.11). As companhias de tabaco estão no negócio de tabaco, gostem disso ou não. Elas poderiam vender seu patrimônio e usar o dinheiro para tentar um outro ramo, mas essa atitude não resolveria o problema fundamental. Outras indústrias, como a dos serviços de saúde, são intrinsecamente "boas". Por isso, quando a Novo Nordisk inventa novas tecnologias (por exemplo, para simplificar a auto-aplicação de injeções de insulina pelos pacientes) ou se predispõe a pesquisar e lidar com os aspectos psicológicos e sociais das doenças (como fez recentemente), os cínicos podem dizer que essas medidas não passam de iniciativas comerciais calculadas e adoçadas com uma cobertura de virtude.

Muitas indústrias situam-se em um ponto qualquer entre os extremos; elas oferecem certo grau de liberdade às empresas que vêem vantagens competitivas em produtos e serviços sustentáveis.

- A Ikea respondeu aos críticos e adotou novos princípios para a escolha de materiais e o projeto de seus móveis; isso resultou em novas idéias para produtos e no fortalecimento de sua marca.

- A Whole Foods Market é uma queridinha de Wall Street, destacando-se no setor merceeiro por ser "a maior revendedora do mundo de alimentos naturais e orgânicos, (...) altamente seletiva naquilo que vendemos, empenhada em Metas de Qualidade elevadas e comprometida com a agricultura sustentável".

- A Hewlett-Packard reforça sua imagem como empresa ética e conscienciosa ao recompensar os consumidores que reciclam as embalagens de cartuchos de

Resultados	Estratégias
Vantagem competitiva	Remodelar as ofertas à luz dos interesses dos stakeholders e de critérios econômicos, sociais e ambientais
Inovação sustentada de valores	
Benefícios econômicos, sociais e ambientais maximizados	Usar diferenciadores competitivos
	Identificar e conciliar vantagens e desvantagens
	Desenvolvimento multifásico e paralelo

Figura 9.11 Produtos e serviços.

tinta (embora tenhamos dúvidas quanto ao futuro de seu produto, que exige alto consumo de materiais).

Operações

Questões operacionais – de que modo a empresa faz o que faz – surgem tanto interna como externamente (Figura 9.12). Esta é a implementação prática de tudo o que estivemos discutindo, seja o compartilhamento de informações com funcionários, clientes, acionistas e outros stakeholders ou a inclusão de metas e políticas sociais e ambientais nos processos e práticas comerciais do dia-a-dia.

Toda empresa tem suas prioridades. Uma prioridade que vem sendo adotada por muitas é a ecoeficiência, o alinhamento da qualidade e de processos e procedimentos de baixo custo com práticas ambientais positivas. Outra é a própria transparência, a plena e devida abertura perante funcionários, consumidores, reguladores, acionistas e representantes comunitários.

A Nestlé, a Nike, o Home Depot e a De Beers ilustram como a reputação e o desempenho das empresas correm riscos advindos de situações externas a suas fronteiras. Em um mundo de redes de negócios, os stakeholders responsabilizam cada vez mais as empresas pelas ações de seus fornecedores e outros parceiros de

Resultados	Estratégias
Desempenho responsável em todo o setor	Administrar contra novos tipos de riscos (relativos à integridade, aos stakeholders e a questões sociais e ambientais)
Ausência de parasitas	Integrar fatores sociais e ambientais à administração da qualidade, dos custos e dos processos
Redução de riscos, licença para operar	
Redução dos custos de transação	Cultivar a confiança e o compartilhamento de informações na rede de negócios
Eficiência nos processos e no desempenho ecológico	Promover a avaliação, a educação e a auditoria dos fornecedores
Qualidade	Elevar os padrões voluntários do setor, procurando regulamentações quando necessário ou apropriado
Regulamentação adequada e eficiente	

Figura 9.12 Operações.

negócios. Além disso, as redes de negócios são mais fáceis de criar, mais eficientes e mais administráveis quando o compartilhamento de informações, a confiança e o capital social estão em alta.

A Novo Nordisk procura alinhar estes dois fatores – a responsabilidade social e as parcerias de confiança – em sua atual forma de lidar com a rede de negócios. Ela acredita que estabelecer altos padrões de administração ambiental e de direitos humanos (ou seja, dos funcionários), comunicar estes padrões aos fornecedores por meio do diálogo e monitorar sua observância acaba aumentando a confiança que contribui para a eficiência operacional.

Com muitos anos de experiência na administração dos padrões ambientais nas cadeias de suprimento, a Novo lançou seu programa de direitos humanos com uma série de seminários para fornecedores na Europa, no México, na Índia e no Japão. O objetivo era consultar os principais fornecedores e especialistas externos sobre como avaliar o desempenho social na cadeia de suprimentos. A empresa também treinou 100 funcionários, sobretudo da área de compras, nos problemas e dilemas da responsabilidade social. Ela diz que este esforço de treinamento, que teve grande apoio da administração, favoreceu muito o sucesso do programa como um todo.

Em 2002, ano de seu lançamento, o programa atingiu várias metas:

- Noventa por cento dos principais fornecedores de matéria-prima e uma variedade de fornecedores essenciais de serviços e engenharia preencheram um questionário social e ambiental – 300 fornecedores ao todo.

- A vasta maioria dos fornecedores respondeu "muito positivamente" à iniciativa e forneceu informações "satisfatórias" sobre a administração ambiental e sua posição quanto aos direitos humanos e trabalhistas.

- Todos os novos contratos de fornecimento incluem uma cláusula afirmando o comprometimento mútuo com a Declaração dos Direitos Humanos da ONU, com as convenções de Organização Mundial do Trabalho e com a Carta Comercial para o Desenvolvimento Sustentável, da Câmara Internacional do Comércio. Os fornecedores concordam em "reportar prontamente à Novo Nordisk quaisquer inconsistências com estes princípios".

A empresa declara que procura "eliminar o risco" de ter fornecedores "que não respeitem os direitos humanos básicos". Ela formou um comitê interdepartamental apoiado por especialistas externos cuja função é tomar providências contra os violadores sempre que necessário.

Em 2003, a Novo fez uma avaliação geral dos resultados e estendeu o programa para outras áreas, inclusive a China, a África do Sul e o Brasil. Igualmente importante, considerando-se a concepção do programa, a empresa adotou medidas que vão além da auto-avaliação dos fornecedores, incorporando mensurações ambientais e sociais dos fornecedores a seus sistemas formais de auditoria.

Tecnologia da Informação e das Comunicações

Como observamos no início deste livro, a tecnologia da informação (Figura 9.13) pode muito bem ser a mais poderosa força em prol da transparência, em nosso tempo. As empresas utilizam rotineiramente a tecnologia da informação (TI) para divulgar seus programas e sobretudo para publicar seus relatórios de sustentabilidade na Web. Todavia, é raro que elas tirem pleno proveito do poder da TI para determinar, possibilitar, aprimorar e integrar seus programas de sustentabilidade e envolvimento na vida cotidiana da empresa e em suas interações com os stakeholders.

A maioria das empresas já emprega a tecnologia das mais diversas maneiras para promover a transparência e satisfazer às necessidades e desejos dos stakeholders.

Resultados	Estratégias
Cumprimento mais eficiente e eficaz de estratégias e objetivos relativos à sustentabilidade e aos stakeholders	Definir e pôr em prática medições, objetivos, planos e paradigmas de TIC voltados à sustentabilidade e aos stakeholders
Alertas antecipados de riscos e ameaças à empresa ou aos stakeholders	Incorporar requisitos da sustentabilidade e dos stakeholders aos atuais serviços de TIC
Acesso simples e útil dos stakeholders à informação	Criar novos aplicativos de fácil utilização para promover estratégias específicas em prol da sustentabilidade e dos stakeholders
Melhoria do comprometimento, da colaboração e da administração de processos junto aos stakeholders	Promover tecnologias novas e emergentes

Figura 9.13 Tecnologias da informação e das comunicações.

Além disso, possuem muitos sistemas ativos que, com poucas alterações, poderiam atender ainda melhor a essas necessidades. As empresas precisam desenvolver mensagens e modelos de comprometimento consistentes para seu portfólio do que chamamos de ferramentas para a "administração do relacionamento com os stakeholders". Isso engloba as atuais ferramentas para a administração do relacionamento com clientes e funcionários, as ferramentas emergentes para a administração do relacionamento com parceiros e as futuras ferramentas para a administração do relacionamento com acionistas e comunidades. Além disso, pode-se demonstrar a viabilidade financeira de diversas ferramentas recentes que, por exemplo, utilizam a informática para tornar os processo de negócios mais "ecoeficientes" ou dão novo valor informativo a produtos e serviços existentes.

Toda incumbência referente à transparência e aos stakeholders deveria implicar uma incumbência relativa à tecnologia da informação. E todo departamento de TI deveria ter de repensar suas soluções para atender à nova estratégia de integridade da empresa. Por exemplo, hoje algumas empresas possuem software de "administração do relacionamento com parceiros", que rastreiam o desempenho dos fornecedores em termos financeiros, de entrega e de qualidade dos produtos. Os gerentes de TI deveriam pensar em como aprimorar tais aplicativos para que eles fornecessem também dados sobre as condições ambientais e de trabalho e outros tópicos relativos à sustentabilidade e aos stakeholders. Na ausência de tais iniciativas, oportunidades serão perdidas, os custos serão maiores e certos riscos deixarão de ser mitigados.

Um outro exemplo, já não tão breve: um problema fundamental nesse território é o da observância. Como uma empresa assegura que seus 150 mil funcionários em todos os continentes estão "fazendo a coisa certa", obedecendo a seus valores e princípios, aos compromissos para com os stakeholders e à lei? Kate Kozlowski, advogada responsável pelos programas de observância na Ford, conta como a empresa usa seu portal dos funcionários para promover envolvimento e apoio no mundo todo:

> O Fordlaw é nosso site de acesso às leis. Tudo fica disponível on-line. Qualquer pessoa que precise localizar um advogado ou um acordo de marcas registradas pode encontrá-los. Quem tiver dúvidas ou problemas de ordem legal poderá acessar o Fordlaw e consultar formulários e memorandos legais ou a seção de perguntas freqüentes, encontrar um advogado, enviar feedback ou buscar aconselhamento acerca da observância das leis ou sobre

questões éticas. Temos 15 mil acessos por semana na intranet, e de trinta a cinqüenta e-mails por dia. Durante anos nós tentamos aumentar a conscientização geral com respeito à observância. Finalmente conseguimos. E hoje também podemos aconselhar as pessoas rapidamente, quando elas necessitam.

Uma segunda ferramenta é o Lawpac, nosso centro de consciência legal e política. Ele tem mais de 100 módulos de treinamento – sobre ética, sobre regras de exportação, sobre segurança e outros, traduzidos para diversos idiomas. Há cursos de 20 minutos, manuais impressos, nomes de especialistas a contatar no departamento legal e assim por diante.

Graças à intranet, os funcionários têm maior senso de propriedade sobre a empresa. Antes, os administradores seniores recebiam um boletim impresso com notícias diárias. Ele só circulava pela alta administração, que nunca os distribuía entre o pessoal. Agora, pela intranet, todo mundo pode acessar o boletim – informações inéditas sobre a Ford, boas e ruins. Todos, seja um escriturário ou um vice-presidente, ficam informados. Todos sabemos se a empresa perdeu um processo na Califórnia. O boletim é acessado milhares e milhares de vezes todas as manhãs.

Estratégias sistemáticas para a transparência, o comprometimento com os stakeholders e a sustentabilidade que a tecnologia da informação possibilita compreendem toda uma variedade de investimentos possíveis. Não há como fazer todos ao mesmo tempo, por isso cumpre priorizá-los e desenvolvê-los paulatinamente.

- Ferramentas de acesso à informação proporcionarão as informações certas às pessoas certas na hora certa, em formatos acessíveis. Elas podem ser tão simples quanto um relatório anual, disponível para download em um site ou portal da empresa; ou podem ser em um resumo diário, como sugerimos antes, dos riscos corporativos em todo o espectro temático – suplementada por avisos em tempo real, quando necessário. Tais resumos podem depender do arrolamento de dados provenientes de uma variedade de aplicativos incompatíveis por toda a empresa. Nesse caso, tecnologias avançadas como a dos serviços da Web podem fornecer as informações mais importantes a ferramentas de relatório e análise comercial.

- Tecnologias para o monitoramento de eventos costumam oferecer informações em tempo real sobre acontecimentos no mundo físico. Podem alertar para a ocorrência ou possibilidade de ocorrência de desastres trabalhistas ou ambientais. Tais tecnologias vêm se tornando cada vez menores, mais rápidas, mais baratas e mais sofisticadas.

- As ferramentas para o suporte aos processos incluem a administração do relacionamento com os clientes, a administração da cadeia de suprimentos e outras similares. As empresas podem elevar a confiança dos stakeholders, reduzir ineficiências ou aumentar a eficácia pelo uso de informações oportunas e acuradas em seus processos de negócios. Estas, por sua vez, promovem menores custos de transação, maior lealdade dos stakeholders e uma produção mais rápida, melhor e mais barata. Muitas ferramentas de processos são exclusivas de um setor ou atividade. Por exemplo, as frotas de caminhões utilizam mapas computadorizados para ajudar os motoristas a escolher rotas eficientes. Hoje, uma nova geração de mapas também oferece informações sobre engarrafamentos e perigos na estrada e sobre como encontrar os melhores postos de abastecimento. Essas ferramentas são de fato ecoeficientes: elas poupam dinheiro e reduzem o consumo de combustíveis à base de carbono.

Se tudo o que descrevemos neste capítulo parece complicado demais... bem, sem dúvida não é simples. E, claro, só fizemos uma rápida abordagem dos pontos principais. Como todas as coisas que valem a pena, a transparência e a nova integridade ainda requerem muito trabalho disciplinado.

CAPÍTULO 10

ATRAVESSANDO A CRISE DA LIDERANÇA

A nova transparência revelou uma crise de liderança nos negócios modernos.

A transparência exige novas idéias sobre a natureza das empresas, sobre seu relacionamento com outras instituições e pessoas e mesmo sobre seu papel na sociedade. Quando uma mudança dessa magnitude ocorre, interesses velados a combatem. Nicolau Maquiavel escreveu: "Nada há que seja de execução mais difícil, de sucesso mais duvidoso nem de administração mais arriscada do que o estabelecimento de uma nova ordem das coisas; porquanto aquele que a estabelece tem por inimigos todos os que lucram com a ordem antiga, e não conta senão com aliados relutantes entre os que podem lucrar com a nova". Hoje, os partidários do passado, de CEOs e advogados corporativos a departamentos de relações públicas, estão opondo resistência. Muitas empresas alegam ser abertas e ter fortes valores éticos, mas poucas atuam de fato com franqueza e integridade.

Algumas iniciativas de liderança já vêm se destacando. Em 2002, o investidor Warren Buffett exortou as empresas a contabilizar as opções de ações entre as despesas e revelar seus custos verdadeiros aos investidores. Passado um ano, mais de 100 empresas anunciaram planos para isso. O desafio de Buffett fez diferença.

Buffett também incentiva as empresas a parar de "fornecer diretrizes", adotando, em lugar delas, uma página da Dragnet e dando aos investidores "os fatos, madame, somente os fatos". Líderes corporativos como o Co-operative Bank, do Reino Unido, estiveram entre os primeiros a adotar uma abordagem "com todas as conseqüências" para seus relatórios de desempenho social e ambiental. Uma lista crescente de empresas em diversos setores está descobrindo sua capacidade de liderança para "fazer a coisa certa" todos os dias.

Mas outras têm dificuldade para encontrar uma liderança transformadora. Em vez de utilizarem ativamente o poder da nova integridade de negócios, elas esperam que a transparência lhes seja imposta. Em vez de satisfazerem ao imperativo da integridade em tudo o que fazem, falsificam sua respeitabilidade e seus bons atos. Muitos administradores consideram a transparência como o cumprimento mínimo da lei. Vêem a integridade comercial e o comprometimento com os stakeholders como despesas incômodas. Talvez imaginem que a responsabilidade corporativa seja função dos outros, talvez do departamento de filantropia. Muitos se mostram céticos e até cínicos ante as afirmações, a linguagem melindrosa e os motivos aparentemente anticorporativos daqueles que defendem a abertura e a sustentabilidade. Os executivos estão tão ocupados apagando incêndios em um ambiente de negócios brutal que mal têm tempo – e menos ainda vontade, recursos, conhecimento e habilidades – para promover a transição da empresa para um novo modelo. Com as transformações na contabilidade, na consultoria e nos serviços bancários, os conselheiros tradicionais mostram-se mal equipados para prover auxílio.

Como sua empresa desenvolverá a capacidade de promover essa transformação? Quais as oportunidades de liderança para cada um de nós em nossos muitos papéis como stakeholders? Quem liderará? Quem abrirá as portas?

O CEO: O DETENTOR DAS CHAVES

Ao longo da última década, houve discussões consideráveis sobre a gênese e a natureza da liderança organizacional. Peter Senge, que cunhou o conceito de aprendizado organizacional, afirmou que a pessoa no topo, independentemente de seu QI, não pode aprender por toda a organização[1]. O líder ao estilo de Lee Iacocca, que desenvolve uma visão e a apregoa por toda a organização, está sendo substituído pelo modelo de líder que recorre ao poder cerebral coletivo de funcionários e outros stakeholders, motivando-os a colaborar em prol do sucesso.

Há um corolário neste novo modelo: nas centenas de empresas que estudamos, a liderança pode originar-se em qualquer parte – diretores de marketing, executivos de tecnologia da informação, gerentes de assuntos públicos, diretores-financeiros, líderes locais, supervisores de fábrica e mesmo advogados corporativos.

Todavia, embora a mudança possa ter início em qualquer parte da empresa, ela deve ser determinada pelo topo.

O CEO define os valores, as normas e a cultura centrais. Não importa quão inspirados, bem-intencionados ou determinados sejam os outros; ninguém mais pode mudar os princípios da empresa. Um caixa bancário pode desenvolver um novo e importante processo; um vendedor pode conceber uma abordagem mais aberta para lidar com os clientes; um engenheiro pode desenvolver um novo produto mais ecoeficiente; um gerente regional pode desenvolver um serviço estratégico que remodele as ofertas da empresa. Mas o CEO define o caráter corporativo. Algumas empresas gozam a boa sorte de terem sido fundadas por CEOs que estabeleceram, desde o início, uma cultura de integridade. O Credo da Johnson & Johnson veio do CEO e único acionista da empresa. Ao longo dos anos, esse sistema de valores foi adotado por líderes sucessivos, escolhidos, em parte, por seus princípios. Comentou-se recentemente que Ralph Larsen, CEO aposentado da J&J, jamais fez um discurso em que não mencionasse os valores corporativos. "Não somos perfeitos", ele dizia. "Estamos apenas tentando fazer a coisa certa." Similarmente, o Estilo HP originou-se com Bill Hewlett e Dave Packard. O caráter corporativo dessas empresas enraíza-se na durabilidade e na profundidade desses valores na cultura.

Os CEOs lideram ATRAVESSANDO A CRISE DA LIDERANÇA pelo exemplo, quer queiram, quer não. Eles determinam a qualidade do diálogo dentro da empresa: será combativo ou colaborativo? Crítico ou aberto? Assuntos polêmicos são proibidos? Todas as partes interessadas participam na discussão de temas que as afetam, ou grupos de conspiradores secretos tomam decisões a portas fechadas? Quando alguém propõe uma nova idéia, a reação é explorá-la ou desprestigiá-la e descartá-la? As pessoas exageram ou são fidedignas e francas? Os administradores jogam escondendo as cartas ou falam com sinceridade? As pessoas entesouram o conhecimento ou o compartilham? O local de trabalho está infestado de politicagem corporativa, ou enriquecido com confiança? Em situações delicadas, que envolvem valores, a administração pergunta "Qual a coisa certa a fazer?" ou "Como sairemos dessa enrascada?"

Tudo começa com o CEO.

Um Mundo de Dilemas

Os CEOs enfrentam um desafio complexo. Embora a transparência e os valores a ela associados determinem o sucesso nos negócios, vivemos em um mundo complexo, repleto de interesses conflitantes. Os líderes deparam-se constantemente com dilemas e escolhas difíceis. Fazer a coisa certa pode envolver duras renúncias. O relatório de 2001 da Novo Nordisk sobre o desempenho ambiental e social tem o adequado título de *Lidando Com Dilemas*. O relatório diz: "Não pretendemos ter todas as respostas. Em vez disso, acreditamos no valor da apresentação aberta e honesta dos fatos e problemas com que nos defrontamos. E, a dizer a verdade, é raro existirem respostas fáceis. (...) Muitas vezes nos vemos em meio a dilemas. Nossas atividades se dão em áreas em que os valores e a ética são postos à prova dia após dia."

Com uma franqueza notável, o relatório descreve os dilemas do setor farmacêutico e os esforços da empresa por resolvê-los.

- Como melhorar o acesso aos serviços de saúde e a nossos medicamentos e ter, ainda assim, um negócio rentável?

- Como podemos continuar ampliando a produção e o consumo de recursos e, no entanto, contribuir para o desenvolvimento sustentável?

- Como proteger nossos direitos de propriedade intelectual e, ainda assim, ajudar a compartilhar conhecimentos que podem salvar vidas e gerar renda para outros?

- Como estimular a diversidade e as oportunidades igualitárias e, ainda assim, manter uma cultura de valores compartilhados?

- Como manter o devido respeito pelo bem-estar dos animais e, não obstante, continuar a usá-los em testes para atender aos requisitos de segurança de produtos farmacêuticos?

- Como usar a biotecnologia na busca de avanços significativos para a humanidade e, ainda assim, respeitar os temores públicos que cercam a engenharia genética?

- Como fazer negócios com consistência em um mundo injusto e iníquo e, no entanto, respeitar a diversidade desse mundo?

Resolvendo Dilemas

Os CEOs definem o tom e a pauta. Mas a maioria deles encontra-se, atualmente, atrelada às antigas concepções. Mesmo quando estão dispostos a oferecer liderança efetiva nas novas áreas do pensamento, enfrentam muitos dilemas e escolhas difíceis. Daremos uma olhada em alguns desses dilemas.

Com a franqueza vem a vulnerabilidade

O CEO da Procter & Gamble, Alan Lafley, diz: "Quero que a P&G seja a empresa mais transparente do mundo, por isso tenho de dar o exemplo sendo cristalino em minhas relações com todos os stakeholders". Mas a abertura requer disposição para ficar vulnerável – característica pouco comum no perfil da personalidade da maioria dos CEOs. Quando os stakeholders carecem de sofisticação em transparência, abrir o quimono, sobretudo se você não estiver em sua melhor forma, implica alguns riscos.

Quando Lafley se tornou CEO, em 2000, a empresa não andava bem. Entre janeiro de 2000, quando as cotações chegaram ao pico de 116 dólares, e 7 de março, as ações da P&G caíram 52% – uma perda de 85 bilhões de dólares em capitalização de mercado. No dia de junho de 2000 em que Lafley foi nomeado o novo CEO, as ações caíram outros 4 dólares. Passados 15 dias, declinaram outros 3,85 dólares, o que Lafley descreveu como "um motivador precoce para a confiança!". Ele recorda: "A mídia comercial não era nada gentil. Repórteres e comentaristas tinham o direito de expressar suas opiniões, e exerciam esse direito com entusiasmo." Dizia o *Cincinnati Enquirer*, em 9 de março: "Morta a Confiança dos Investidores da P&G"; a revista *Time*, de 20 de março: "Perigo na Cidade das Marcas. Adoramos Seus Produtos. Mas em um Mercado Enlouquecido, Odiamos Suas Ações"; e o comunicado da Dow-Jones, em 27 de abril: "Analistas Incertos sobre Quando a Maré Subirá para a P&G". Para Lafley, o ponto mais baixo foi uma manchete de primeira página, em setembro de 2000, na *Ad Age*: "Quem se Importa com a P&G"?

Lafley diz que temia entrevistas com a mídia e com analistas. Mas decidiu que, em vez de ocultar-se, ele "remodelaria os encontros com a mídia". Em cada discussão, ele compartilhava pelo menos um de seus maiores problemas e pedia sugestões. Nas primeiras entrevistas, ele fez a maior parte das perguntas, procurando idéias sobre como superar dilemas. Em vez de ocorrerem em um escritório da P&G, as entrevistas ocorriam em lojas de varejo ou na casa de consumidores. "A meta era envolver o jornalista, para que ele visse a empresa através de nossos olhos", ele disse. "Claro que a abertura é acompanhada de vulnerabilidades, mas a franqueza acaba compensando".

O CEO da Seagate, Bill Watkins, diz que, ao lidar com clientes, "é necessário comunicar abertamente seus problemas e mesmo as fraquezas de seus produtos, e isso não é fácil". Ele diz: "A tendência normal, na maioria das empresas, é pegar os dados e dar-lhes um viés – 'Não vamos deixar que muita gente saiba disso'. Errado. Deixe que as pessoas saibam que você tem um problema. Diga a seus clientes a verdade. A responsabilidade aumenta quando você é aberto e promove a confiança".

308   AGINDO COM ABERTURA

Ele explica que "alguns clientes têm reações exageradas a más notícias. Mas a maioria desenvolve um relacionamento mais próximo com você." Quanto a tornar-se vulnerável, "tive muito poucos problemas em dizer a verdade às pessoas. Os problemas sempre ocorreram quando eu tentei distorcer alguma coisa. As coisas sempre desmoronam. Os clientes saberão de nossos problemas, por isso é melhor dizer-lhes a verdade. Você fica muito mais vulnerável quando tenta esconder as coisas. Distorções ou omissões são como trair sua esposa. Você acaba descoberto e se pergunta: 'Mas o que eu tinha na cabeça?'."

Watkins descreve um problema sério que teve com um cliente e que poderia ter varrido para baixo do tapete. Ele abriu o jogo com o cliente, explicando-lhe que o problema era, na verdade, mais grave do que ele supunha e comprometendo-se a resolvê-lo. "O cliente acreditou e decidiu permanecer conosco, sabendo que não usei de conversa fiada. Quando resolvemos o problema, nosso relacionamento foi fortalecido. Se eu houvesse tentado ocultá-lo, poderia ter me safado, mas perderia a oportunidade de fortalecer a confiança e o nosso relacionamento." Nas palavras de Watkins: "Esforçamo-nos por simbolizar a empresa aberta. Em nossos dias, abertura nunca é demais."

O que você faria se estivesse em um setor em que os concorrentes exteriorizam seus custos e em que a integridade pode destruir sua empresa?

Uma tarefa central da liderança é definir e redefinir o quadro de referência da organização. O que parece uma ameaça assustadora em um quadro pode ser uma oportunidade atraente em outro.

Considere o caso da Patagonia. Entusiastas do ar livre convivem com a ironia de que suas atividades degradam as mesmas florestas, lagos e montanhas que eles adoram. Claro, existe um mundo de diferença entre bugueiros que devastam recantos virginais e excursionistas meticulosos que não deixam para trás a menor sombra de desordem. Todavia, por mais cuidadoso que você seja, é quase impossível cruzar uma mata sem deixar vestígios.

A maioria dos fabricantes de equipamentos e roupas para esportes ao ar livre ignora a contribuição contínua de seus produtos para a poluição e a degradação ambiental. Yvon Chouinard, fundador e principal acionista da Patagonia, uma empresa privada, escolheu um caminho diferente desde os primeiros dias da companhia, no início da década de 1970. Ele inventou ferramentas de alpinismo "limpas" e passou a recolher um "imposto da terra", de 1% de todas as vendas, para causas ambientais, a partir de 1985. A empresa teve bom desempenho nos anos 80, mas expandiu-se rápido demais e sofreu uma retração de despesas e receita em 1991, quando as vendas se contraíram. Os banqueiros exigiram uma reorganização, e a Patagonia demitiu 20% de seus funcionários – uma experiência dolorosa para uma empresa que se orgulhava de seu ambiente de trabalho favorável.

Chouinard respondeu não pela renúncia a seus princípios e pela fabricação de roupas baratas, e sim reafirmando-os em dobro e com transparência, para remodelar o futuro da empresa com riscos possivelmente maiores. No catálogo de produtos da Patagonia de 1991, ele escreveu:

> No último outono, passamos por uma auditoria ambiental que investigou o impacto das roupas que fabricamos. (...) Como não surpreende, as notícias são ruins. Tudo o que produzimos polui. O poliéster, por ser feito de petróleo, é um evidente vilão, mas o algodão e a lã não são nada melhores. Para matar a praga do algodão, as plantas são pulverizadas com pesticidas tão venenosos que geralmente despovoam os algodoais; o tecido de algodão é, muitas vezes, tratado com formaldeído. (...) Precisamos utilizar menos materiais. Ponto final. (...) Estamos limitando o crescimento da Patagonia. (...) No último outono, você podia optar entre cinco calças para esquiar; hoje você tem duas opções. (...) Nunca quisemos ser a maior loja de roupas esportivas do mundo, e sim a melhor.

Três anos mais tarde, Chouinard comandou a Patagonia em sua mais ousada jogada até então: ele anunciou que, doravante, só utilizaria algodão orgânico em suas roupas. Isso implicaria diversos riscos, qualquer um dos quais poderia penalizar a empresa:

- Na época, o pólo de produção do algodão orgânico era minúsculo. Se a procura por seus produtos aumentasse inesperadamente, a empresa poderia ver-se incapaz de atender à clientela.

- O cultivo orgânico, sem pesticidas, é arriscado e só proporciona uma safra por estação.

- A Patagonia teria de reorganizar sua cadeia de suprimento terceirizada de novas maneiras, que poderiam não dar certo.

- O algodão orgânico era 25% mais caro do que o convencional, e, embora a empresa absorvesse parte deste acréscimo, ela ainda tinha de pedir aos consumidores que pagassem mais pelo produto natural.

O establishment do setor respondeu com previsões de desastre, dando a estes seu enfoque particular. "[O algodão cultivado convencionalmente] não utiliza mais pesticidas do que nenhum outro produto", disse David Guthrie, gerente de agronomia e fisiologia algodoeira do Conselho Nacional do Algodão. "Historicamente, o algodão utilizava substâncias químicas nocivas ao ambiente, mas há muito elas foram eliminadas do arsenal. (...) Estudos demonstraram que os consumidores não estão dispostos a pagar acréscimos de mais de 10% pelo algodão orgânico. Ele se limita a um pequeno nicho nos altos mercados, onde o preço não é um fator considerado[2]".

Chouinard tornou-se um defensor do algodão orgânico no setor, e começou a educar seus concorrentes. Várias vezes por ano, a Patagonia conduz empresas como a Land's End, a Levi Strauss, a L. L. Bean, a Eddie Bauer, a Gap, a Nike, a REI e a Mountain Equipment Co-op (do Canadá) em excursões por campos de algodão orgânico.

A excursão típica apresenta um retrato algo horripilante do cultivo tradicional de algodão. A terra é previamente esterilizada para matar as ervas daninhas. Os novos algodoeiros são alimentados com fertilizantes químicos e pulverizados com inseticidas e pesticidas. Só na Califórnia, segundo a empresa, 26 mil toneladas de pesticidas são aplicadas ao algodão todos os anos. Cento e cinqüenta gramas de substâncias químicas entram no algodão de cada camiseta. A lavoura envolve o uso de hormônios e herbicidas. Não somente os resíduos penetram o solo e os lençóis subterrâneos, como parte deles vai diretamente para a cadeia alimentar humana. Sementes de algodão cobertas de pesticida são servidas como alimento para o gado, de modo que acabam chegando à sua mesa de jantar na carne bovina, enquanto o óleo de semente de algodão é utilizado em aperitivos. Ao mesmo tempo, nas usinas de processamento, os funcionários que varrem o excesso de algodão dos assoalhos costumam perder as unhas dos pés e sofrer erupções cutâneas abaixo da cintura[3].

A Patagonia sofreu uma queda inicial na venda de artigos de algodão devido à alta de preços, mas logo seu "nicho" de consumidores reagiu. Graças a esforços diligentes, o preço do algodão orgânico baixou um pouco, enquanto os sistemas de produção melhoraram. A empresa floresceu durante toda a recessão de 2001-03. Hoje, algumas das concorrentes que ela treinou, como a Nike, a Norm Thomson Outfitters, a REI e a Mountain Equipment Co-op iniciaram sua transição para o algodão orgânico.

Chouinard fez uma contribuição significativa. Ainda assim, no final de 2002, quando era um ativo semi-aposentado de 64 anos, ele permanecia um homem sem ilusões, e mesmo um tanto desesperançado. "Não existe isso de desenvolvimento sustentável. Estamos gerando muita poluição e muito resíduo. É assim que as coisas são, nós reconhecemos esse fato, e é por isso que, de certo modo, nos penitenciamos[4]".

Os interesses dos stakeholders podem não se alinhar com os seus. Como, por exemplo, ser aberto e comprometer-se com ONGs, se elas não têm interesse no seu sucesso?

Quando os stakeholders e a empresa têm interesses similares, o engajamento e a resolução de diferenças tornam-se possíveis. Mas alguns grupos em sua rede de stakeholders podem desejar o fracasso de sua empresa ou fazer exigências impossíveis – como a de que o McDonald's pare de matar gado ou de que a Shell pare de vender petróleo. Um envolvimento efetivamente orquestrado pode mudar os valores e as motivações de todas as partes.

Em 1990, a Novo Nordisk começou a desenvolver sua primeira estratégia ambiental proativa – a base da atual idéia de "tripla linha de saldo". Ela convidou um grupo de stakeholders, incluindo algumas ONGs de diversas partes do mundo, para uma sessão de diálogos de dois dias. Os convidados visitaram as fábricas e os laboratórios da empresa para ver, por exemplo, como os animais eram usados nos experimentos e como a empresa lidava com tópicos delicados como a engenharia genética.

De acordo com Lise Kingo, tanto as ONGs como a Novo mudaram suas idéias no decorrer do processo. "Não somente passamos a conhecer os receios delas, como tivemos idéias importantes sobre o que poderíamos fazer de outra maneira. E elas aprenderam o que é uma empresa de biotecnologia e quais os dilemas que enfrentamos." Embora talvez se mostrassem céticas ou hostis a princípio, as ONGs internalizaram os desafios enfrentados pela Novo. Elas recomendaram uma estratégia de comunicação em que a Novo discutisse abertamente seus problemas.

"O segredo estava em sermos abertos", diz Kingo. "Decidimos que, em toda interação com os stakeholders, seríamos abertos e honestos – explicando as coisas que estávamos fazendo bem e também aquelas em que tínhamos problemas. Se você tentar pintar um quadro idílico, não conseguirá se envolver com eles. Sendo transparentes, iniciamos um diálogo e conquistamos a confiança. Eles também aprenderam. Trata-se de um processo de mão dupla."

Não estamos sugerindo que as empresas devam convidar seus inimigos à tenda corporativa. Esse exemplo ilustra, antes, o fato de que a abertura e o comprometimento são tão eficazes que podem causar mudanças fundamentais no comportamento das empresas e dos stakeholders – para o benefício de ambos.

Como resolver conflitos entre seus interesses econômicos pessoais e os de acionistas e outros stakeholders?

Quando a questão crucial da remuneração entra em jogo, os CEOs enfrentam um dilema. Graças à separação entre propriedade e controle, muitos têm o poder de determinar ou influenciar indevidamente sua própria remuneração. Eles têm grande influência sobre os comitês de remuneração do conselho. As resoluções dos acionistas são dispendiosas e não têm vigor legal. Muitos conselhos ainda vêem o CEO como indispensável, e engolem mitos antiquados sobre o competitivo mercado de CEOs. Quando às portas da aposentadoria, muitos CEOs estão dispostos a arrumar estofo para inflar suas economias. E, de praxe, conseguem amealhar dados para justificar suas expectativas. Afinal de contas, sua remuneração é uma ninharia em comparação com os vastos recursos que eles comandam e com as decisões fundamentais que tomam – não é mesmo?

Hoje, porém, o mundo inteiro está de olho. Graças à transparência, o fator decisivo da liderança dos CEOs é sua própria remuneração. O plano salarial de um CEO é a prova de fogo da integridade pessoal e corporativa. Quando os ganhos estão em baixa, empregados são demitidos e acionistas padecem, o CEO deve tomar as medidas apropriadas. E a ganância não é um bom exemplo – nem em tempos de prosperidade. O primeiro passo para fixar a remuneração de executivos é remover o controle de suas mãos.

Os CEOs que entrevistamos resolvem esse dilema assegurando que sua remuneração seja determinada por um comitê independente do conselho, às vezes com a ajuda de conselheiros externos ou da liderança de recursos humanos da empresa. Eles trabalham com o comitê para redefinir as regras de remuneração dos executivos. Esses CEOs põem em prática a honestidade, a responsabilidade, a consideração e a transparência, mesmo que isso os prejudique pessoalmente.

A Novo Nordisk diz que o princípio determinante para a remuneração do CEO é a competitividade com companhias farmacêuticas internacionais e outras grandes companhias dinamarquesas. Mas a Novo parece tirar suas médias por baixo. Em 2002, seu CEO, Lars Rebien Sørensen, recebeu 740 mil dólares (incluindo um bônus de até quatro salários mensais), mas nenhuma opção de ações (presumivelmente devido aos problemas de desempenho da empresa em 2002). Isso representou um aumento de 3% em comparação com o ano mais favorável de 2001, quando ele também recebeu uma recompensa em opções de ações no valor de 100 mil dólares. O valor de todas as opções da companhia que ele acumulou ao longo de sua carreira é de 800 mil dólares, e suas ações valem 375 mil dólares.

CEOs como Sørensen são uma minoria. Muitos outros ainda dão o exemplo errado. Em abril de 2003, o *Economist* disse: "Uma análise do Centro de Pesquisas sobre Responsabilidade dos Investidores acerca dos pacotes salariais de 180 CEOs [dos Estados Unidos] (nenhum deles recém-contratado) nas 1.500 maiores empresas do S&P descobriu que o salário médio subiu 9%, o bônus médio em dinheiro, 24% e o valor médio de prêmios de ações restritas, quase 20% em comparação com os níveis de 2001. O número médio de opções de ações concedidas subiu 7,5%, e tanto o valor das opções como o valor médio das opções exercidas se mantiveram estáveis[5]".

Um exemplo extremo são os ganhos de 570 milhões de dólares auferidos, em 1997, por Michael Eisner, presidente do conselho e CEO da Disney. De 1996 até agosto de 2003, o salário cumulativo de Eisner foi de mais de 700 milhões de dólares. Durante o mesmo período de seis anos, o valor das ações da Disney caiu 23%. Eisner, aparentemente, vinha passando seu tempo na Terra da Fantasia – para o detrimento dos acionistas da empresa no mundo real.

O CEO do BMO Financial Group, Tony Comper, apresenta um sistema de valores diferente. Em 2002, ele reajustou a remuneração dos executivos juntamente com um comitê de remuneração do conselho e com o diretor de recursos humanos do banco. A nova composição balanceava incentivos de curto, médio e longo prazo, tomando por base a capacidade individual do executivo de alcançar resultados. A mudança reduziu o uso de opções de ações em mais de dois terços. Mais importante, ela atrelava as opções a exigentes metas de desempenho, alinhadas com os interesses dos acionistas. As opções de ações do BMO rendem, em média, 25% ao ano durante quatro anos – uma prática comum. Todavia, o banco adicionou um fator de desempenho que só permite aos executivos exercer suas opções uma vez que um piso seja atingido nas cotações. A maioria dos executivos seniores só pode exercer uma parcela (33%) de suas ações depois que as cotações subirem 50%, e outra parcela (34%) depois que elas subirem 100%.

Segundo Rose Patten, vice-presidente-executiva de recursos humanos e chefe do escritório de administração estratégica do banco, "ao estabelecer esses pisos elevados, estamos incentivando os executivos a preservar suas opções em longo prazo e a lucrar somente quando os outros acionistas também lucrarem em igual escala". Poucas empresas associam tão intimamente a recompensa dos executivos a retornos sustentáveis para os acionistas.

Como promover a abertura quando sua própria administração, e especialmente seus advogados, estão contra você?

O CEO pode indispor-se com a cultura corporativa. Como já comentamos antes, Bill Watkins, da Seagate, não admite segredos. Ele quer que seus clientes saibam tudo de bom e de ruim sobre os produtos e estratégias da empresa. Mas ele encontra opositores – seus próprios advogados.

"Nossos advogados têm um medo mortal da transparência", ele diz. "Eles me importunam o tempo todo, dizendo que não posso fazer isso ou não posso fazer aquilo." Watkins não está criticando sua equipe jurídica. "É o trabalho deles. Eles acham que, quanto menos você disser, menos haverá para que as pessoas usem contra você. E creio que têm certa razão. Mas eu tenho também um negócio a administrar – e considero a transparência fundamental para minha estratégia."

O mesmo ocorre com certos profissionais de marketing, que gostam de minimizar os pontos fracos dos produtos e exagerar seus pontos fortes – como diz a canção: "acentue o positivo e elimine o negativo". A visão de Watkins: "Toda empresa tem problemas – de qualidade, técnicos, de características –, todos nós os temos. E se todos os ocultarem, eles não serão resolvidos tão rapidamente quanto se houvesse abertura. Cometi mais erros do que qualquer um na história dos sistemas de armazenamento. Como admito abertamente que posso criar uma cultura em que os erros são corrigidos mais rápido, todo mundo – clientes, profissionais de marketing e de produtos – sentem-se à vontade para apresentar seus problemas. Nós simplesmente não temos tempo para portas fechadas."

Em um mundo onde você é tão bom quanto seu último relatório trimestral e seu emprego pode depender do relatório seguinte, como defender as concepções estratégicas e as perspectivas de longo prazo necessárias à criação de uma empresa aberta?

CEOs sempre enfrentaram o dilema entre estratégias de longo prazo e ações de curto prazo. No entanto, com a transparência se expandindo, a integridade comercial não pode ser deixada em água morna. Cabe ao CEO fazer escolhas que assegurem a sustentabilidade da empresa.

Lafley, da P&G, deparou-se com uma crise ao assumir a empresa, em junho de 2000. Mas a única solução era ajustar certos elementos fundamentais. "É meu trabalho criar uma empresa sustentável, e a primeira ordem dos negócios é assegurar que a empresa e todos dentro dela ajam com integridade. Sou muito compreensivo com lapsos nos negócios. Sou implacável com lapsos de integridade – o princípio é o da tolerância zero".

Para ele, essa é uma questão bastante prática. A integridade é necessária em tudo – em curto, médio e longo prazo. Ele assumiu uma empresa que precisava mudar, e ele sabia que mudanças assustam. "Se a organização teme mudanças, esse tipo de [novo] pensamento não terá o oxigênio necessário para respirar. Princípios, e propósitos elementares ajudam as pessoas a superar o temor das mudanças porque evidenciam o que *não* mudará".

Ele também precisava assegurar "a confiança e a interdependência mútua" na empresa. "É fundamental que as pessoas vejam seu sucesso associado com o dos outros, dentro e fora da organização. E que confiem umas nas outras para fazer o que é certo e cumprir com esta mútua responsabilidade".

O terceiro desafio era "liberar e inspirar" as pessoas da P&G. "O comando e controle já se foi há muito tempo", ele diz. "Acredito que o papel da alta administração seja o de criar umas poucas opções estratégicas que inspirem e então liberem a organização para produzir".

A integridade é a precondição do sucesso em curto prazo. Para Lafley, "cada um de nossos cem mil funcionários é um embaixador da empresa e de seus valores". Isso é importante sobretudo porque ele encara as marcas da P&G como símbolos de confiança. "Nossas marcas são postas à prova todos os dias – uma falha em nossa integridade destruiria instantaneamente a confiança e a imagem. Você acaba encontrando tempo para ser uma boa empresa." Em 2002, a P&G conquistou a quinta posição na lista dos 100 Melhores Cidadãos Corporativos da *Business Ethics*. Estas empresas ilustram estratégias exemplares de negócios pela maneira como lidam com desafios que vão dos desligamentos e das condições precárias de trabalho a empréstimos predatórios e ao meio ambiente. Elas mostram que há maneiras melhores de abordar essas questões do que as atitudes inescrupulosas que costumam ser normais. De acordo com pesquisadores da Universidade De Paul, estas empresas têm um desempenho financeiro significativamente melhor do que outras do índice S&P 500[6].

A integridade é algo de que as empresas precisam hoje. Embarque nessa.

OS NOVOS INOVADORES

A liderança deve vir do topo para que as empresas utilizem o poder da transparência. Mas ela também pode começar em qualquer outro lugar. Pode nascer nas fileiras inferiores ou mesmo em grupos externos. Nas empresas abertas, ela pode consistir simplesmente em portar o manto da integridade em tudo aquilo que se faz.

Em uma gélida manhã de janeiro de 2003, viajamos para New Brunswick, New Jersey, para passar um dia na sede da Johnson & Johnson, entrevistando executivos corporativos. Quando entramos no saguão principal, vimos uma lápide de três metros de altura exibindo o "Credo" da J&J – a sexagenária declaração de valores corporativos da empresa. A recepcionista Pat Doherty disse: "Por favor, pendurem seus casacos atrás de nosso Credo". Decidimos adiantar as entrevistas do dia perguntando-lhe: "O que é, afinal, este Credo"? Ela assumiu uma pose de decidida reverência e explicou que "nosso Credo" era a fundação da empresa, que todos ali trabalhavam e viviam segundo ele, que ela própria preenchia anualmente um questionário sobre quão bem o comportamento de seu chefe e da empresa se ajustava ao Credo, e que ela, como recepcionista, era a face pública da companhia, e tinha decidido que era sua função assegurar que os visitantes compreendessem o Credo e sua importância para a J&J.

Mais tarde, contamos essa história a Bill Weldon, o CEO da companhia. "Isso não me surpreende", ele disse. "Você verá a mesma reação em muitas pessoas na empresa." Ele contou como, de dias em dias, surgiam problemas difíceis, que o levavam a perguntar aos funcionários se aquele "era um problema do Credo". Weldon afirma que sua primeira e principal função como CEO é proteger e fortalecer o caráter corporativo da J&J. Da recepcionista ao CEO, os funcionários defendem a integridade comercial como uma responsabilidade pessoal.

A luta pela franqueza e pelos valores pode nascer em outros lugares insólitos. Roger Fine, conselheiro geral da Johnson & Johnson, é um caso surpreendente. Ele nem parece um advogado corporativo. O ex-CEO Ralph Larsen o descreve como "um compulsivo contador de verdades". Fine acredita que, "a menos que as empresas ajam com base em um senso de responsabilidade para com os stakeholders, incluindo nisto a sociedade, elas renunciarão a sua liberdade de operar". A transparência forçada da lei Sarbanes-Oxley e de outras iniciativas do governo é o resultado lógico de ações empresariais irresponsáveis. "É como se estivéssemos passando 70% de nosso tempo dissipando o calor, em vez de fazendo negócios. Quando a confiança vem abaixo, os governos devem intervir e criar um sucedâneo – um processo de transparência forçada. Isso é lamentável – alguns assassinatos ocorrem e, de repente, todos são tratados como assassinos."

Fine acredita que os advogados corporativos devem ser os líderes, e não os adversários, da transparência. Advogados, quase por definição, buscam controle. Mas, na cultura descentralizada da J&J, não há ninguém "no comando". Duzentas empresas relativamente autônomas, cada uma com sua própria administração e suas estruturas de governança, trabalham unidas. "Ninguém diz a elas como ter sucesso. Por isso, meu trabalho é promover a transparência, a comunicação aberta, relacionamentos pessoais saudáveis e a adesão aos valores fundamentais – e não puxar alavancas estruturais, definir regras e fazer as demais coisas que advogados corporativos tipicamente fazem."

Em empresas por todo o mundo, pessoas nos mais diversos níveis empenham-se na criação de empresas abertas. O vice-presidente de posicionamento da Cisco, Ron Ricci, considera a transparência, os valores e o comprometimento com os stakeholders fundamentais para a reputação da empresa. "A confiança e a reputação decorrem do comportamento. Você deve mostrar às pessoas quem você é e o que fez. Os clientes dizem: 'Não fique me dizendo como agir; conte-me como você agiu'." Ele afirma que um sistema de valores corporativos "permite às pessoas tomar decisões que não estão na cartilha", e isso é feito melhor com "histórias culturais". Na Cisco, um dos valores corporativos é a frugalidade. Seu fundador, John Morgridge, rejeitou, certa vez, o relatório de despesas do CEO John Chambers, pois Chambers havia transferido uma passagem aérea executiva para a primeira classe. Ricci comenta: "Esta história preserva este valor como parte de nosso DNA".

VIVENDO E TRABALHANDO EM UM MUNDO ABERTO

A ascensão da transparência e os valores mutáveis das empresas levarão cada um de nós a repensar nossos relacionamentos com as empresas, bem como nossos valores, prioridades e atitudes pessoais.

Liderança e Trabalho

Se você tiver sorte, a empresa em que trabalha terá adotado um modelo de empresa aberta, enfatizando a transparência, os stakeholders e a sustentabilidade. Seu mundo está repleto de oportunidades para participar na transformação e no sucesso da companhia.

Se trabalha em uma empresa tradicional e opaca, com objetivos de curto prazo, então você está em um dilema. Você pode fechar os olhos e se deixar levar. Pode procurar outro emprego. Se você acha que sua empresa tem pouca esperança de mudar, e você tem alternativas, pode ser sensato abandonar o navio. Admitamos, as empresas abertas são lugares melhores para trabalhar. São empresas onde as pessoas ouvem você e onde a qualidade dos diálogos é alta. Elas têm interesse no desenvolvimento do conhecimento de todos e na partilha de conhecimentos necessária ao trabalho efetivo.

Envolver-se com empresas que carecem da nova integridade dos negócios pode ser perigoso. Muitos diretores corporativos sofrem processos pessoais ou mesmo acusações criminais, e gostariam de voltar no tempo. Pode haver, em seu ramo, conflitos de interesse que abalem a integridade de sua empresa e o ponham em apuros. Cada vez mais, estas empresas ficarão vulneráveis no mercado – comprometendo a segurança de seu emprego. Como no caso de muita gente decente e esforçada na Enron, na Andersen, na Tyco e na WorldCom, o pincel da irresponsabilidade pode macular você e sua carreira.

Se concluir que sua empresa tem esperança, há muito que você pode fazer para ser um líder de mudanças. O ponto de partida é ser claro quanto a seus próprios valores e assegurar que sua vida profissional os reflita.

Se a integridade comercial compensa na era da transparência, o mesmo se aplica à integridade *pessoal*. Sim, o apunhalador sorrateiro, ambicioso, traiçoeiro e vigarista, que sobe aos trancos pela escada corporativa às expensas dos outros e da empresa, sempre esteve conosco. A perfídia beneficiou muita gente. No entanto, é cada vez mais provável que o mau comportamento seja visto como um problema pelos conselhos de diretores e pela alta administração. Sendo a confiança tão importante para a colaboração, aqueles que a comprometem são nocivos e devem ser isolados. A natureza humana não está mudando; as pessoas continuarão a ter ambições. Todavia, a integridade pessoal vem se tornando rapidamente um fator fundamental para as pessoas ambiciosas, e também para as que desejam meramente cumprir seu papel.

Não quer dizer que todos devamos nos despir completamente. Informações pessoais pertencem ao indivíduo, e sua distribuição deve ser estritamente controlada. As empresas têm o direito de ter segredos – é o que se denomina segurança das informações. Como indivíduos, temos direito a algo diferente – privacidade. Este é um direito humano que não se estende às empresas. Você pode fornecer informações pessoais a empresas, mas essas informações continuam sendo suas, e só devem ser usadas com o objetivo para o qual foram fornecidas.

Mensure, demonstre e popularize o impacto da integridade em tudo, desde a lealdade dos funcionários, passando pelos relacionamentos com a marca, até as cotações. Promova um despertar em sua empresa e entre os stakeholders externos. Desarme as pessoas com sua franqueza. Em um mundo transparente, o corretor honesto tem um novo poder. Utilize-o para moldar o futuro de sua empresa.

Liderança Como Consumidor

Você também tem um novo poder como consumidor. Se as empresas não cumprem seu dever, não deixe que isso dure. Se são desonestas, puna-as. Se fazem promessas, faça com que sejam cumpridas.

A nova transparência revelou profundos conflitos de interesse em muitos setores: profissões que vão desde bancários e contadores até médicos e mesmo jornalistas precisam entrar em forma. Como consumidor, você tem o poder de identificar tais conflitos e exigir integridade.

Conforme o ambiente de negócios se abre, uma caixa de Pandora cheia de conflitos acabará sendo revelada. Como consumidor, mobilize-se. A investigação vale a pena.

Liderança Como Parceiro de Negócios

Você e sua empresa têm parceiros, uma vez que as redes de negócios vêm substituindo as empresas de integração vertical. Claro, você deve procurar o melhor preço e a melhor qualidade. Mas também deve garantir que seus parceiros ajam com integridade. Sua empresa – a despeito de ela produzir chocolates, tênis, cosméticos, diamantes ou mourões – será responsabilizada por tudo o que ocorre em sua cadeia de suprimentos, como já constataram a Nestlé, a Nike, a P&G, a De Beers e o Home Depot. Diga não à coerção dos gorilas que lideram as cadeias de suprimentos. Promova práticas justas de fornecimento. Cumpra seus compromissos – pague os fornecedores em dia e faça o que prometer. Seja aberto, pois a transparência gera confiança, reduz os custos de transação e melhora o metabolismo. Estas palavras valem para a rede de negócios: "A excelência é o resultado da integridade habitual".

Liderança Como Acionista

Como investidor, você é dono da economia, por intermédio das ações e dos fundos mútuos. Seus agentes fiduciários têm as ferramentas para serem investidores ativos. E você tem acesso às informações necessárias para responsabilizá-los. Empresas que possuem a nova integridade comercial têm melhor desempenho. Exija que seus agentes se informem e invistam da maneira devida. Não aceite passivamente as declarações de voto, se você não estiver satisfeito com as escolhas da administração. Hoje, é muito mais fácil fazer contato com outros investidores e organizar protestos do que antigamente.

Liderança Como Cidadão

De que modo as empresas de sua comunidade fazem jus a sua licença para operar? Muitas empresas antiquadas já manipularam nosso mundo em praticamente tudo, desde mercados de energia elétrica e contratos públicos fraudulentos até eleições e políticas governamentais – em geral, para o nosso prejuízo.

Atualmente, nossas comunidades e o mundo necessitam de empresas que compreendam o elo entre a integridade comercial e o sucesso. Em nossas comunidades, precisamos ir além da filantropia. Precisamos de empresas que compreendam como a exteriorização de custos fere não apenas a sociedade, mas elas próprias; que percebam a conexão entre a integridade e sua própria viabilidade e sustentabilidade; que compreendam os problemas mortais das empresas fortificadas; e que saibam que ninguém pode ter sucesso em um mundo falido.

Forjando a Empresa do Século XXI

Cada um de nós tem a oportunidade de assegurar que nossos valores pessoais sejam não apenas adequados para nós mesmos, mas também consistentes com as organizações em que trabalhamos ou que dirigimos, com as empresas de que compramos, com as ações em que investimos, com os parceiros de negócios que selecionamos e com as empresas cuja existência, como cidadãos, nós admitimos. A transparência traz clareza para os stakeholders. É como se emergíssemos de uma idade das trevas; cada vez mais temos a possibilidade de enxergar claramente e tomar atitudes. Podemos distinguir o certo do errado, o digno do indigno.

Nunca houve, provavelmente, uma época mais estimulante para os negócios, nem mais perigosa. O gênio da transparência escapou da lâmpada, trazendo desastre para uns e sustentabilidade e sucesso duradouro para outros, que o acolheram. Ele exige que as empresas deixem de ser paternalistas, ensimesmadas e autocomplacentes e se tornem comprometidas, preocupadas com os stakeholders, responsivas e responsáveis. E exige, também, um novo tipo de líder – o executivo que traz a integridade nos ossos; que lidera com determinação e pelo exemplo; que, longe de esmorecer ante o poder da transparência, estimula a empresa a utilizá-lo; e que tem a coragem para fazer o que é certo e a visão para construir um caráter corporativo que resista às vicissitudes de um século novo e volátil.

A transparência exige que os administradores de ontem se tornem os líderes de amanhã. Conforme adentramos a era da transparência, o futuro não apenas virá – ele será criado. Se todos participarmos, nossos valores, nossas aspirações e nossas nascentes expectativas podem transformar as empresas – e o mundo – para melhor.

NOTAS

Agradecimentos

1. Desligamo-nos da Digital 4Sight em 2002. Paul Woolner foi também co-fundador.

Introdução

1. Mais de um terço do público (35%) diz não ter a menor confiança que as corporações cumprirão suas responsabilidades. Rebecca Rimel, CEO do Pew Charitable Trust, em um discurso durante a 2003 Leadership Conference on Global Corporate Citizenship, do Conference Board. Nova York, 10 de fevereiro de 2003.

Capítulo 1. A Empresa Transparente

1. "Nossos acionistas contratam-nos para administrar seu dinheiro, e conseguimos fazer isso da melhor maneira, sem revelar publicamente nossos votos", disse David Weinstein, diretor-administrativo da Fidelity. Ele acrescentou que "o único interesse que levamos em conta, ao votar, é o interesse econômico dos acionistas dos fundos mútuos". "Fidelity Faces Rally by AFL-CIO", *Wall Street Journal,* 31 de julho de 2002.

2. "Take Action! Tell Fidelity to Disclose Its Shareholder Votes", www.unionvoice.org/campaign/fidelity.

3. Sob pressão pública e da mídia, a Stanley Works desistiu da mudança, em agosto de 2002.

4. Vincent Loporchio, porta-voz da Fidelity. "SEC to Consider Rules on Voting by Mutual Funds", *Wall Street Journal*, 16 de setembro de 2002.

5. "No Disclosure: The Feeling is Mutual", *Wall Street Journal*, 14 de janeiro de 2003.

6. Watson Wyatt Worldwide, *WorkUSA 2002 — Weathering the Storm: A Study of Employee Attitudes and Opinions* (Washington, 2002).

7. Don Tapscott, David Ticoll e Alex Lowy. *Digital Capital: Harnessing the Power of Business Webs* (Boston: Harvard Business School Press, 2000), 4.

8. Jim Ericsson, "Supply Chains: Where Next?" Line56.com, 31 de outubro de 2002.

9. Jeffrey N. Gordon, "What Enron Means for the Management and Control of the Modern Business Corporation: Some Initial Reflections", *Columbia Law Review,* verão de 2002, 6.

10. 57% concordam enfaticamente, e 31% concordam. *Consumerism: A Special Report* (Toronto: Environics International, 2001).

11. *2003 Corporate Social Responsibility Monitor* (Toronto: Environics International, 2003).

12. Edmunds.com.

13. "Upstart Web Sites Help Keep Hotel Sector in Low-Rate Mode", *Wall Street Journal,* 9 de agosto de 2002.

14. Noreena Hertz, *The Silent Takeover: Global Capitalism and the Death of Democracy* (Nova York: Free Press, 2002), 116-117.

15. Programa Ambiental das Nações Unidas, Conselho Mundial de Negócios para o Desenvolvimento Sustentável e Instituto de Recursos Mundiais, *Tomorrow's Markets: Global Trends and Their Implications for Business, 2002,* 3.

16. Exemplo fornecido por Simon Zadek, CEO da AccoutAbility.

17. Pesquisadores corroboraram esse dado mensurando o número de carteiras propositadamente perdidas que as pessoas devolviam em diversos países. Paul J. Zak e Stephen Knack, "Trust and Growth". *Economic Journal,* 111: 295-321, 2001.

18. Stefano Baldi, "The Internet for International, Political, and Social Protest: The Case of Seattle", relatório de pesquisa nº 3, Unidade de Planejamento Político do Ministério de Questões Exteriores da Itália, Roma, 2000, hostings.diplomacy.edu/baldi/articles/protest.htm.

19. Don Tapscott, *Growing Up Digital: The Rise of the Net Generation* (Nova York: McGraw-Hill, 1998), 20.

20. Roger L. Martin, "The Virtue Matrix: Calculating the Return on Corporate Responsibility", *Harvard Business Review,* março de 2002.

Capítulo 2: Transparência Versus *Opacidade: A Batalha*

1. "A Survey of the Global Environment", *The Economist,* 6 de julho de 2002, 6.

2. Ann Cavoukian e Tyler Hamilton, *The Privacy Payoff: How Successful Business Build Customer Trust* (Nova York: McGraw-Hill, 2002).

3. Ned Desmond, "Repeal the Sarbanes-Oxley Tax Now!", *Business 2.0,* dezembro de 2002.

4. AccountAbility, *AA1000 Assurance Standard, Guiding Principles,* documentos para consulta, junho de 2002.

5. "They Know You Like a Book: Amazon.com Lets Users See What Their Neighbors Are Reading", *Morning Call,* 17 de fevereiro de 2000.

6. "Seizing the Initiative on Privacy: On-Line Industry Presses Its Case for Self-Regulation", *New York Times,* 11 de outubro de 1999.

7. Lawrence Lessig, *The Future of Ideas: The Fate of the Commons in a Connected World* (Nova York: Random House, 2001), xxi-xxii.

8. Reporters Committee for Freedom of the Press, "Homeland Security Act Criminalizes Leaks of Business Information", www.rcfp.org/index.html.

NOTAS 325

9. Joseph E. Stiglitz, *Globalization and Its Discontents* (Nova York: Norton, 2002).

10. Mario I. Blejer (Fundo Monetário Internacional), "Asian Crisis Four Years Later and Its Implications for Emerging Market Economies" (discurso na Leon Komisky Academy of Entrepreneurship and Management, 12 de junho de 2001).

11. Transparency International, *Global Corruption Report 2001*, 229.

12. "Cooking the Books: The Cost to the Economy", Brookings Institution Policy Brief Nº 106, agosto de 2002.

13. Amy Cortese, "Network Armies", *Chief Executive Magazine,* junho de 2003. A SustainAbility, uma empresa de consultoria, descreveu o conceito de "rede de stakeholders" em *Virtual Sustainability: Using the Internet to Implement the Triple Bottom Line* (Londres: SustainAbility, 2001). Em nosso livro *Capital Digital* (com Alex Lowy, 2001), descrevemos a ascensão das redes de negócios — redes de empresas e stakeholders que fazem negócios utilizando a Internet como base primária para a comunicação e as transações. As redes de stakeholders são uma espécie de rede de negócios — especificamente uma aliança auto-organizadora. Em *Ethical Corporation Online* (2 de abril de 2002), Anthony Williams e Phil Dwyer definem o conceito de "Rede da Transparência" como "um grupo de indivíduos e organizações que monitoram e investigam o comportamento das empresas e procuram torná-las responsáveis". Simon Zadek, John Sabapathy, Helle Dossing e Tracey Swift descreveram os "Grupos de Responsabilidade Corporativa". Esses grupos ligam a comunidade comercial, as organizações trabalhistas e a sociedade civil com o setor público, no objetivo de promover a responsabilidade corporativa. Os autores afirmam que esses grupos podem representar uma vantagem competitiva. *Responsible Competitiveness: Corporate Responsibility Clusters in Action* (Copenhague e Londres: The Copenhagen Centre e AccountAbility, 2003). Ver também Susanne Holmstrom, "The Reflective Paradigm", Universidade de Roskilde, novembro de 2002. Em *World Without Secrets* (John Wiley and Sons, 2002), Richard Hunter descreve os "exércitos em rede" — agrupamentos de indivíduos com propósitos diferentes que se reúnem por uma causa comum. "Multidões inteligentes" é o termo proposto por Howard Rheingold em *Smart Mobs: The Next Social Revolution,* Perseus Publishing, 2002.

14. Malcolm Gladwell, *The Tipping Point: How Little Things Can Make a Big Difference* (Nova York: Little, Brown, 2000), 34.

15. Idem, 9.

16. Williams, "Transparency in the Networked Economy". Descreve o Estado de Vórtice como "acelerações das atividades e do fluxo de informações como resultado de eventos".

Capítulo 3. A Empresa Aberta

1. Stephen J. Arnold, Robert V. Kozinets e Jay M. Handelman, "Hometown Ideology and Retailer Legitimation: The Institutional Semiotics of Wal-Mart Flyers: Company Profile", *Journal of Retailing*, 77, 22 de junho de 2001.

2. "Mr. Sam: The Folksy Tycoon with a Killer Instinct", *Times* (Londres), 10 de junho de 2001.

3. Sam Walton, *Sam Walton: Made in America, My Story* (Nova York: Doubleday, 1992), 110, citado em Naomi Klein, *No Logo: Taking Aim at Brand Bullies* (Toronto: Knopf Canada, 1999).

4. Em nossas conversas com Young, um executivo do mercado de software e crítico social, ele utilizou o Wal-Mart para ilustrar a idéia de que, em uma democracia de mercado livre, o consumidor e o cidadão são a mesma pessoa. Ele afirma que foi a demanda dos consumidores por programas de software melhores e mais baratos que fizeram o sucesso do Red Hat inevitável. Isso foi em resposta a uma pergunta que costumava ouvir do público sobre "que papel os regulamentos governamentais devem ter em reduzir o monopólio da Microsoft e ajudar na difusão do Linux".

5. Marina Whitman, *New World, New Rules: The Changing Role of the American Corporation* (Boston: Harvard Business School Press, 1999), 115.

6. Essas são formulações comumente usadas.

7. John Cavanagh et al., *Alternatives to Economic Globalization: A Better World Is Possible* (São Francisco: Berrett-Koehler Publishers, 2002), 134.

8. Idem, 135.

9. Ibidem, 145-146.

10. Ibidem, 148.

11. Jonathan Rowe, "Supreme Court Defined Corporations", in "Reinventing the Corporation", *Washington Monthly,* abril de 1996.

12. Citado em Jack Beatty, ed., *Colossus: How the Corporation Changed America* (Nova York: Broadway Books, 2001), xvii.

13. Citado em Robert B. Reich, *The Future of Success: Working and Living in the New Economy* (Nova York: Knopf, 2001), 72.

14. Milton Friedman, "The Social Responsibility of Business to Increase Profits", *New York Times Magazine*, 30 de setembro de 1970.

15. Sophia A. Muirhead, Charles J. Bennett, Ronald E. Berenbeim, Amy Kao e David Vidal, *Corporate Citizenship in the New Century: Accountability, Transparency and Global Stakeholder Engagement,* R-1314-02-RR (Nova York: Conference Board, 2002).

16. O termo foi usado por muitos, mais notavelmente por George Soros em *Open Society: Reforming Global Capitalism* (Nova York: Public Affairs Publishing, 2000) e Joseph Stiglitz em *Globalization and Its Discontents* (Nova York: Norton, 2000).

17. Utilizamos a expressão pela primeira vez há mais de uma década, acreditando que ela resumia o modo como os padrões de sistemas, as redes e os relacionamentos comerciais abertos mudariam as empresas. A idéia nunca pegou. Todavia, para empregar a famosa máxima de Victor Hugo: nada há de tão poderoso quanto uma idéia cujo momento ressurgiu. Ver Don Tapscott e David Ticoll, "Open Systems" (Toronto: DMR, 1988) e

NOTAS 327

Don Tapscott e Art Caston, *Paradigm Shift: The New Promise of Information Technology* (Nova York: McGraw-Hill, 1993).

18. Evidentemente, terceiros também podem verificar a veracidade. Os auditores, pelo menos em teoria, certificam declarações financeiras e proporcionam credibilidade. A Associação Médica Americana certifica que um indivíduo possui as credenciais para ser médico, dando-lhe credibilidade no tocante a declarações no campo médico, mas não no campo automobilístico.

19. Francis Fukuyama define a confiança como "a expectativa que surge em uma comunidade de comportamentos regulares, honestos e cooperativos, baseados em normas compartilhadas, por parte de seus membros". Francis Fukuyama, *Trust: The Social Virtues and the Creation of Prosperity* (Nova York: Free Press, 1995), 26.

20. Discutido no Capítulo 4.

21. Rosabeth Moss Kanter, "Rising to Rising Expectations", *Worldlink,* janeiro de 2002. Kanter, de Harvard, recentemente chamou essa idéia de "uma nova lei da física para a Era da Internet".

22. Discutido em Tapscott, Ticoll e Lowy, *Capital Digital.*

23. Charles O. Holliday Jr., Stephan Schmidheiny e Philip Watts, *Walking the Talk: The Business Case for Sustainable Development* (São Francisco: Berrett-Koehler, 2002), 23.

24. BT, *Delivering Enlightened Shareholder Value,* apresentação de slides, 2002.

25. Innovest, *Carbon Finance and the Global Equity Markets,* fevereiro de 2003, 10-12.

Capítulo 4. Denunciadores e Outros Funcionários

1. www.historymatters.gmu.edu/d/5138/bill.

2. Art Preis, *Labor's Giant Step: Twenty Years of the CIO* (Nova York: Pathfinder, 1982), 265.

3. Peter M. Senge, *The Fifth Discipline: The Art and Practice of the Learning Organization* (Nova York: Doubleday, 1990), 274.

4. www.greatplacetowork.com.

5. H9382-83, *Cong. Rec.* 132, 7 de outubro de 1986.

6. C. Fred Alford, *Whistleblowers: Broken Lives and Organizational Power* (Ithaca, N.Y.: Cornell University Press, 2001).

7. "You Know How to Whistle, Don't You?" *Dallas Morning News,* 27 de fevereiro de 2002.

8. Marion Exall, *Employee Feedback: The Cornerstone of Corporate Compliance* (The Network, 2002), 8.

9. Francis Fukuyama, *Trust: The Social Virtues and the Creation of Prosperity* (Nova York: Free Press, 1995), 28-32.

10. Ver Tapscott e Caston, *Paradigm Shift*; Don Tapscott, *Digital Economy: Promise and Peril in the Age of Networked Economy* (Nova York: McGraw-Hill, 1996); e Tapscott, Ticoll e Lowy, *Capital Digital*.

11. Fukuyama, *Trust*.

12. Segundo pesquisas recentes, a estratificação social dos Estados Unidos se baseia, antes de tudo, em características tradicionais, como o direito hereditário.

13. www.mwr.org.uk.

Capítulo 5. A Transparência entre Parceiros de Negócios

1. Eric Schlosser, *Fast Food Nation: The Dark Side of the All-American Meal* (Nova York: Houghton Mifflin, 2001), 204.

2. Isso é especialmente verdadeiro quando se subtrai o valor do cartucho do preço de uma impressora barata. Essas revendedoras estão "dando a navalha [a impressora] para poder vender as lâminas [os cartuchos para reposição]".

3. Mark Roberti, "RFID: From Just-in-Time to Real Time", *CIO Insight*, 12 de abril de 2002.

4. Estudo da IBM citado em "The Best Thing Since the Bar-Code", *The Economist*, 6 de fevereiro de 2003.

5. "Gillette to Purchase 500 Million EPC Tags", *RFID Journal*, 15 de novembro de 2002.

6. Accenture, *Seize the Day: The Silent Commerce Imperative*, 2002, 18.

7. Idem, 13.

8. Mark Roberti, "Wal-Mart, Early Adopter", *Business 2.0*, maio de 2002.

9. C. Manley Molpus, "A Message to the Australian Food and Grocery Council", *GMA News*, 14 de maio de 2002.

10. Robert Sobel, *IBM: Colossus in Transition* (Nova York: Times Books, 1981), 78.

11. Ronald Coase, "The Nature of the Firm", em *The Firm, the Market, and the Law* (Chicago: University of Chicago Press, 1998), 44.

12. Tapscott, Ticoll e Lowy, *Capital Digital*, 26-27.

13. Robert J. Samuelson, "Economic Darwinism", *Washington Post*, 19 de março de 2003.

14. Stanley E. Fawcett e Gregory M. Magnan, *Achieving World-Class Supply Chain Alignment: Benefits, Barriers, and Bridges* (Arizona State University Research Park: Center for Advanced Purchasing Studies, 2001).

15. Voluntary Interindustry Commerce Standards Association, "Nine-Step Process Model".

16. Entrevista com Robert Parker, AMR Research.

17. Yochai Benkler, "Coase's Penguin, or, Linux and *The Nature of the Firm*", *Yale Law Journal* 112 (inverno de 2002-03), 2.

18. Utilizamos indistintamente as expressões *produção conjunta* e *aliança* nesta seção.

19. Benkler, 56.

NOTAS 329

20. Lawrence Lessig, *The Future of Ideas: The Fate of the Commons in a Connected World* (Nova York: Random House, 2001), 12, 19.
21. Por exemplo, Michelle R. Henry, Mildred K. Cho, Meredith Weaver e Jon F. Merz, "DNA Patenting and Licensing", *Science,* 23 de agosto de 2003.
22. David Blumenthal *et al.*, "Withholding Research Results in Academic Life Science: Evidence from a National Survey of Faculty", *Journal of the American Medical Association* 277, 16 de abril de 1997, 1224-28.

Capítulo 6. Clientes em um Mundo Transparente

1. Environics International, *Consumerism Survey, 2001* (Toronto, 2001). Quase oito em cada dez entrevistados disse procurar informações on-line sobre os produtos antes de fazer uma compra importante.
2. Environics International, *2002 Corporate Responsibility Monitor* (Toronto, 2002).
3. Como discutido em Tapscott, Ticoll e Lowy, *Capital Digital.*
4. "Bargain Hunters Beware: Comparison Shopping Sites Can Be Helpful — Or Misleading", *San Francisco Chronicle,* 25 de novembro de 2002.
5. Como discutido em Tapscott, Ticoll e Lowy, *Digital Capital,* 39-58.
6. Charles Smith, autor de *Auctions: The Social Construction of Value,* diz: "A transação é um meio para o preço, e não o preço um meio para a transação". Idem, 40.
7. www.globalwitness.org.
8. Informativo à imprensa da De Beers, 14 de junho de 2000, bridge.netnation.com/~debeersc/conflict/nfogm.html.
9. Informativo à imprensa da De Beers, 17 de julho de 2000, bridge.netnation.com/~debeersc/conflict/release-1.html.
10. Environics International, *Corporate Social Responsibility Monitor* (Toronto, 2002).
11. Deborah Doane, "Taking Flight: The Rapid Growth of Ethical Consumerism" (Londres: New Economics Foundation, 2001).
12. www.ran.org.
13. Idem.
14. "Home Depot Retooling Timber Policy, But Criticism Persists", *Associated Press,* 2 de janeiro de 2003.
15. Idem.
16. "Taking Aim at the Mod Squads", *Business 2.0,* 14 de outubro de 2002.
17. www.cokewatch.org.
18. www.bt.com.
19. "No Logo, Pro Logo, or Yo Logo?" *Research International Observer Report 2002,* www.riusa.com.

NOTAS

20. Ann Cavoukian e Don Tapscott, *Who Knows: Safeguarding Your Privacy in a Networked World* (Toronto: Random House, 1995).

21. "Insurer Is Fined by State", *San Jose Mercury News,* 17 de janeiro de 2003.

22. Idem.

Capítulo 7. Comunidades

1. "Are Transnationals Bigger Than Countries?" Informativo à imprensa da Conferência sobre Comércio e Desenvolvimento da ONU (12 de agosto de 2002). Considerando as vendas totais, outros citaram um número ainda maior de multinacionais (51) entre as cem maiores economias. A Conferência comenta: "Utilizar as vendas das empresas em comparação com o PIB dos países é um conceito falho, já que o PIB é uma medida de valor agregado e as vendas, não. Um parâmetro de fato comparativo requer que as vendas sejam recalculadas como valor agregado. No caso das empresas, esse pode ser estimado como a soma dos salários e benefícios, da depreciação e amortização e da receita não tributada."

2. "Government by Computer — India", *The Economist,* 20 de março de 2003.

3. Environics International, *2003 Global Issues Monitor* (Toronto, 2003).

4. Robert D. Putnam, *Bowling Alone: The Collapse and Revival of American Community* (Nova York: Simon & Schuster, 2000), 183.

5. Pippa Norris, *Democratic Phoenix: Reinventing Political Activism* (Cambridge: Cambridge University Press, 2002), 189.

6. Programa Ambiental da ONU, Conselho Mundial de Negócios para o Desenvolvimento Sustentável e Instituto de Recursos Mundiais, *Tomorrow's Markets: Global Trends and Their Implications for Business* (Washington: 2002), 52.

7. O termo *república de banana* provém do romance *Repolhos e Reis* (1904), de O. Henry. Um norte-americano foragido explica sua jornada fictícia rumo a um esconderijo tropical: "Naquela época, tínhamos um tratado com praticamente todos os países estrangeiros, exceto a Bélgica e aquela república de banana, a Anchúria."

8. "Chiquita, Yes We Have No Profits: The Rise and Fall of Chiquita Banana: How a Great American Brand Lost Its Way", *Fortune,* 14 de novembro de 2001.

9. "How to Become a Top Banana", *Time,* 7 de fevereiro de 2000.

10. "Chiquita Secrets Revealed", *Cincinnati Enquirer,* 3 de maio de 1998. Extraído de sites de terceiros.

11. Informativos à imprensa da International Union of Food, Agricultural, Hotel, Restaurant, Catering, Tobacco, and Allied Workers' Associations (IUF).

12. Chiquita Brands International, *2001 Corporate Responsibility Report,* 36.

13. "Scandal-Filled Years Takes Toll on Firms' Good Names", *Wall Street Journal,* 12 de fevereiro de 2003. Baseado em uma pesquisa da Harris Interactive.

NOTAS 331

14. California Global Accountability Project, *Beyond Good Deeds,* julho de 2002, xv.
15. "Luxury Tanks Rolling Off Showroom Floors", *Philadelphia Inquirer,* 28 de janeiro de 2003.
16. "Fossilized Thinking Has Detroit Driving in Reverse", *Los Angeles Times,* 23 de fevereiro de 2003.
17. Idem.
18. Jason Mark, *Automaker Rankings: The Environmental Performance of Car Companies* (Cambridge, Mass.: Union of Concerned Scientists, setembro de 2002), 1.
19. "Interview with Cho Fujio, President of Toyota Motor Corporation", *Journal of Japanese Trade and Industry,* julho/agosto de 2002.

Capítulo 8: Os Donos da Empresa

1. Charles R. Geisst, *Wall Street: A History* (Nova York: Oxford University Press, 1997), 131.
2. Idem, 228.
3. Adolf A. Berle e Gardiner C. Means, *The Modern Corporation and Private Property* (Nova York: Macmillan, 1933).
4. Idem, 114.
5. Peter F. Drucker, *Management: Tasks, Responsibilities, Practices* (Nova York: Harper & Row, 1973), 628.
6. Idem, 629.
7. Michael C. Jensen, *A Theory of the Firm: Governance, Residual Claims, and Organizational Forms* (Boston: Harvard University Press, 2001), 21.
8. "Unsettling", *The Economist,* 3 de maio de 2003.
9. *McKinsey Quarterly,* 1999-4, 75.
10. *Institutional Investment Report: Financial Assets and Equity Holdings,* vol. 5, Nº 1 (Nova York: Conference Board, 2003).
11. Os ativos institucionais também penderam para as ações às expensas dos títulos de dívida (excetuando-se o período de 2000-03, quando os investidores buscaram um porto seguro nos títulos, e não em ações voláteis). Em 1980, as ações representavam 21,4% dos ativos institucionais, ao passo que os títulos representavam 35,8%. Em 2001, mesmo com as fugas que se seguiram ao período de alta, as ações representavam 44,7% do total de investimentos institucionais, enquanto os títulos de dívida respondiam por 33,7%.
12. Intersec Research, www.intsec.com/Research%20and%20Consulting.htm.
13. Com base em cálculos feitos por Robert A. G. Monks, *The New Global Investors: How Shareholders Can Unlock Sustainable Prosperity Worldwide* (Oxford: Capstone Publishing, 2001), 93.
14. Dimensão dos ativos em 1999, *Pension and Investments/Intersec World 300 Pension Funds,* www.intsec.com.

332   NOTAS

15. The Conference Board, 35.

16. De acordo com um estudo que chegou a conclusões polêmicas, a propriedade de ações aumentou drasticamente entre 1989 e 1995 em todas as faixas etárias, níveis de renda, segmentos raciais e categorias profissionais com dados disponíveis. O ritmo de crescimento foi particularmente alto entre operários e lavradores (106%), chefes de família até 34 anos (64%) e famílias com rendas abaixo de 25 mil dólares (80,4%). Richard Nadler, "The Rise of Worker Capitalism", CATO Institute Policy Analysis, 1º de novembro de 1999.

17. É notáveis 93% das famílias norte-americanas possuem algum tipo de ativo financeiro, incluindo poupanças, títulos e outros ativos administrados.

18. O valor total dos fundos de pensão, em 2001, era de 7,87 trilhões de dólares, divididos por 104 milhões de famílias. The Federal Reserve System, 2003.

19. Peter F. Drucker, "Reckoning with the Pension Fund Revolution", *Harvard Business Review*, 1º de março de 1991, 316-18.

20. Nadler, "The Rise of Worker Capitalism".

21. Há uma zona de intersecção entre os dois tipos de plano, como observa Robert A. G. Monks, 96-98. Todavia, a tendência de que os trabalhadores sofram ou se beneficiem conforme seu portfólio de pensão cresça ou diminua é muito real.

22. Edward N. Wolff, Twentieth Century Fund Report, "Top Heavy: A Study of the Increasing Inequality of Wealth in America". A riqueza é calculada somando-se o valor corrente de todos os ativos que a família possui — bens financeiros, como contas bancárias, ações, títulos, seguros de vida e fundos mútuos; casas e negócios não incorporados; automóveis e utensílios de grande porte; e o valor dos direitos de pensão — e subtraindo-se daí os balanços hipotecários e outras dívidas importantes.

23. Thomas Piketty e Emmanuel Saez, "Income Inequality in the United States, 1913-1988", *National Bureau of Economic Research*, Nº w 8467, documento trabalhista, Washington, 2001.

24. Paul Krugman, "For Richer", *New York Times*, 6 de outubro de 2002.

25. James Felton e Jonchai Kim, "Warnings from the Enron Message Board", *Journal of Investing* 2, Nº 3, outono de 2002, 29-52.

26. Shelley Taylor & Associates, "Full Disclosure 2002", Palo Alto, Calif., 2002.

27. Notas para um discurso de Meg Voorhes (diretora do Serviço de Questões Sociais do Centro de Pesquisas sobre a Responsabilidade dos Investidores), feito na conferência The Role of Governments in Promoting Corporate Citizenship, 11 e 12 de junho de 2001, Washington, D.C.

28. Idem.

29. Adolf A. Berle Jr., *The Twentieth Century Capitalist Revolution* (Orlando: Harcourt, 1954).

30. Centro de Pesquisas sobre a Responsabilidade dos Investidores, www.irrc.org.

31. Jim Surowiecki, "Rogue Missives: Challenging the Rules", *Motley Fool*, 25 de julho de 1997.

NOTAS 333

32. A empresa havia adotado uma política de proibir funcionários "cujas preferências sexuais não demonstrassem valores heterossexuais normais, que são a fundação das famílias em nossa sociedade". A medida era legal nos estados em que a companhia atuava. Os acionistas da Cracker Barrel incluíam o New York City Employees Retirement System (NYCERS). Em 1992, o NYCERS apresentou uma proposta acionária incitando a empresa a adotar uma política não discriminatória em relação a preferências sexuais. A Cracker Barrel argumentou que tal questão fazia parte dos "negócios cotidianos" e recusou-se a incluí-la em suas resoluções acionárias. O NYCERS afirmou que, por razões éticas e financeiras, a discriminação não constituía um "negócio cotidiano". A SEC apoiou a empresa e anunciou que, doravante, todos os problemas que envolvessem funcionários recairiam na exceção de "negócios cotidianos". Todos os esforços do NYCERS para anular a decisão nos tribunais falharam. Os adversários da Cracker Barrel recorrem, hoje, a um velho recurso dos ativistas sociais: eles pedem aos consumidores que boicotem o restaurante até que ele mude sua política. "A Brief History of Gay and Lesbian Shareholder Activism", www.planetout.com.

33. "SEC Looking to Stop Businesses Quashing Shareholder Activism", *Financial Times* (Londres), 24 de setembro de 2002.

34. Beverly Goodman, "SEC Proposes to Force Fund Firms to Disclose Proxy Votes", *TheStreet.com*, 19 de setembro de 2002.

35. "SEC Wants Funds to Disclose Votes: Rules Proposed on Proxy Records", *Washington Post,* 20 de setembro de 2002.

36. "Pay Gap Between CEOs, Workers Now a Chasm", *Albany Times Union,* 15 de dezembro de 2002.

37. Jonathan Charkham e Anne Simpson, *Fair Shares: The Future of Shareholder Power and Responsibility* (Oxford: Oxford University Press, 1999), 224, citado em Robert A. G. Monks, *The New Global Investors: How Shareholders Can Unlock Sustainable Prosperity Worldwide* (Oxford, RU: Capstone Publishing, 2001), 120.

38. www.socialinvest.org.

39. Moses Pava e Joshua Krausz, *Corporate Responsibility and Financial Performance: The Paradox of Social Cost* (Westport, CT: Greenwood Publishing Group, 1995).

40. Joshua Daniel Margolis e James Patrick Walsh, *People and Profits? The Search for a Link Between a Company's Social and Financial Performance* (Mahwah, NJ: Lawrence Erlbaum Associates, 2001).

41. "Socially Responsible Funds Earning Top Marks Edged Even Higher in 2002", publicação do Fórum de Investimento Social, 29 de janeiro de 2003.

42. "Shares of Corporate Nice Guys Can Finish First", *New York Times*, 27 de abril de 2003.

43. Sandra Waddock e Sam Graves, "Finding the Link Between Stakeholder Relations and Quality of Management", *Journal of Investing*, 1997.

44. Margolis e Walsh, *People Profits*, 10-11.

45. Waddock e Graves, 1997, e Sam Graves e Sandra Waddock, "Beyond *Built to Last*: Stakeholder Relations in the 'Built-to-Last' Companies", *Business and Society Review*, 1999.

46. Levando-se em conta todos os fatores imagináveis, as empresas com melhor histórico ambiental parecem ter retornos melhores do que a média sobre seus ativos. Michael V. Russo e Paul A. Fouts, "A Resource-Based Perspective on Corporate Environmental Performance and Profitability", *Academy of Management Journal*, 1998.

47. Robert Repetto e Duncan Austin, *Pure Profit: The Financial Implications of Environmental Performance* (Washington: World Resources Institute, 2000).

48. Graves e Waddock, "Beyond *Built to Last*".

49. Glen Dowell, Stuart Hart e Bernard Yeung, "Do Corporate Global Environmental Standards Create or Destroy Market Value?", *Management Science*, 2000.

50. Graves e Waddock, "Finding the Link Between Stakeholder Relations and Quality of Management".

51. James Hawley e Andrew Williams, "Can Universal Owners Be Socially Responsible Owners?", em Pater Camejo, ed., *The SRI Advantage: Why Socially Responsible Investing Has Outperformed Financially* (Gabriola Island, BC: New Society Publishers, 2002).

52. "Investor Coalition Finds U.S. Corporations Face Multi-Billion Dollar Risk from Climate Change", CERES News Release, Boston, 18 de abril de 2002.

53. Idem.

54. Roger L. Martin, reitor da Faculdade de Administração J. L. Rotman, na Universidade de Toronto.

55. Jeffrey A. Sonnenfeld, "What Makes Great Boards Great", *Harvard Business Review*, Nº 2365, 1º de dezembro de 2002.

56. Lewis Braham, "Bring Democracy to Boardroom Elections", *Business Week,* 21 de outubro de 2002.

57. "Will SEC Allow Shareholder Democracy?" *New York Times*, 4 de abril de 2003.

58. Idem.

59. McKinsey & Company, *Investor Opinion Survey*, 2002.

60. "Para o propósito das pesquisas, uma empresa bem governada é aquela que possui uma maioria de diretores externos no conselho, sem vínculos administrativos; que promove avaliações formais dos diretores; e que atende a pedidos de informação sobre questões de governança feitos pelos investidores. Além disso, os diretores possuem um número significativo de ações da empresa, e grande parte de sua remuneração consiste em opções de ações." McKinsey & Company, *Investor Opinion Survey.*

NOTAS   335

Capítulo 9. Fazendo Uso do Poder

1. Citado por Chris Anderson, "Organizational Alignment in the Age of Information and Global Capitalism", tese para o Mestrado Internacional em Prática Administrativa, da Universidade McGill, Montreal, março de 2002.

2. "Gaps in Sea Laws Shield Pollution by Cruise Lines", *New York Times*, 3 de janeiro de 1999.

3. David Wheeler, Barry Colbert e R. Edward Freeman, "Focusing on Value: Reconciling Corporate Social Responsibility, Sustainability and a Stakeholder Approach in a Networked Word", trabalho apresentado na Academia de Administração, em Denver, Colorado, 2002.

4. Wheeler, Colbert e Freeman, "Focusing on Value".

5. Novo Nordisk, *Sustainability Report 2002*, 8.

6. Novo Nordisk, *Reporting on the Triple Bottom Line: Dealing with Dilemmas*, 2001, 28.

7. Idem, 28.

8. Ibidem, 2-3.

9. Novo Nordisk, *Sustainability Report 2002*, 36.

10. Iniciativa Global de Relatórios, *2002 Sustainability Reporting Guidelines* (Boston: IGR, 2002).

11. A. J. Vogl, "Does It Pay to Be Good?", *Across the Board*, 1º de janeiro de 2003.

12. GZI, *2002 Sustainability Reporting Guidelines*, 51.

13. O nome por extenso da AccountAbility é Institute for Social and Ethical Accountability.

14. Institute for Social and Ethical Accountability, *AAA Assurance Standard* (Londres: ISEA, 2003).

15. BearingPoint, *KPMG International Survey of Corporate Sustainability Reporting 2002* (Amsterdã: KPMG, 2002), 14.

16. Novo Nordisk, *2002 Sustainability Report*, 8.

17. Novo Nordisk, *Reporting on the Tripple Bottom Line*, 31.

18. Nancy Bouchard, "Pleading the Cause", *Sporting Goods Business*, 1º de junho de 2002.

19. Bjørn Lomborg, *The Skeptical Environmentalist: Measuring the Real State of the World* (Oxford: Cambridge University Press, 2001), 4.

20. John Rennie, "Misleading Math About the Earth", *Scientific American*, 2 de janeiro de 2002.

21. Novo Nordisk, *2002 Sustainability Report*, 47.

22. Idem.

Capítulo 10. Atravessando a Crise da Liderança

1. Peter M. Senge, *The Fifth Discipline: The Art and Practice of the Learning Organization* (Nova York: Doubleday, 1990).

2. Joyce Barrett, "Patagonia: Only Organic Cotton from Now On", *Women's Wear Daily*, 14 de agosto de 1995.

3. Katharine Bowers, "Taking the Organic Route", *Women's Wear Daily*, 20 de novembro de 2000.

4. "Profile: Patagonia Clothing Company and Founder Yvon Chouinard", *National Public Radio: Morning Edition*, 12 de novembro de 2002.

5. "Corporate Governance Mom", *The Economist*, 11 de abril de 2003.

6. www.business-ethics.com.

ÍNDICE REMISSIVO

Abbey National, 94

abertura participativa, 108

abertura reflexiva, 107-108

academia, industrialização da, 154

Accenture, 5, 8, 131, 136

acionistas, 7-9, 15, 62, 225; e a responsabilidade, 218-2189, 220, 226, 227, 228, 229, 231, 236, 238, 245, 246, 273-274, 319; ativismo dos, 232, 238, 239, 253, 320; e os conselhos de diretores, 218-219, 220, 227, 228, 231, 237, 237, 238, 253, 255; classes de, 220; e problemas de controle, 16, 218, 219, 220, 221, 227, 233; e a governança corporativa, 253-255; e responsabilidade corporativa; 72-73, 74, 236; e clientes, 14, 179; e a definição de transparência, 22, 24, 25; e funcionários, 15, 99, 246, 247; e a integridade, 221, 242, 244-247, 253, 255; e investir onde se possui a economia, 248; e liderança, 306-8, 313-14; legislação sobre, 217-218 e a administração, 219, 220, 221, 227, 233, 237, 244, 245, 246, 248; e a empresa transparente, 10, 14-16; e empresas abertas, 76, 77, 79, 87, 90, 94, 96, 266, 284, 290, 297, 299; organização dos, 231; visão geral dos, 217-221; como investidores passivos, 231-232; propostas dos, 232-235, 306; e fundos de ISR, 227, 233-236, 239-247, 248; e o paradoxo da

sustentabilidade, 211-212, 215-216; e a confiança, 17, 246, 257; como "proprietários universais", 248; e investimentos baseados em valores, 239-241

ActionAid, 198

Adams, Guy, 247

Adelphia, 253-254

administração, 8, 9, 10, 72, 140, 210; responsabilidade da, 246; como avessa à abertura, 308; conselhos como extensões da, 227; remuneração da, 72, 117, 120-121, 122, 230, 236-237, 262, 312-314; competência da, 244; e o caráter corporativo, 117; e os funcionários, 10, 99, 103-104, 109, 119-120, 21; e a liderança, 304; e empresas abertas, 275-276, 283, 293, 294; relacionamento com a, 263-264; papel da alta, 315; e acionistas, 219, 220, 221, 227, 233, 236-237, 244, 245, 246, 247, 255

administração do relacionamento com o funcionário, 299-300

administração do relacionamento com os stakeholders, 300

administração do relacionamento com parceiros de negócios, 300

AFL-CIO, 4-5, 8, 9, 57

África, 35, 62, 191, 280

África do Sul, 63, 240, 269-271, 299

Agência Central de Inteligência (CIA), 104

agências em rede, 195

ÍNDICE REMISSIVO

Agilent, 110

ágoras, 165-169

Albertson's, 13

Alcan, 42

Alemanha, 33, 52, 116, 195, 213, 278

Alford, C. Fred, 114, 115

Alien Technology, 131-132

alimentos geneticamente modificados, 160, 181-182

Allianz Insurance, 94

Allied Signal, 140

Allstate Insurance Company, 185-186

Altria Group, 288

Amazon, 13, 19, 43, 140, 149

ambiente judicial/advogados, 52-53, 89, 230, 314, 316-317

American Federation of State, County and Municipal Employees (AFSCME), 254

American Steamship, 133

Amoco, 46

AMR, 249

analistas, 17, 221, 307

Anderson, Harry W., 99

Angola, 83, 170, 234

Anova Holding, 92

AOL, 16

Apple Computer, 168-169, 234

aprendizado organizacional, 304

Aristóteles, 81

arroz basmati, 33-36, 37, 47, 147

Arthur Andersen, 3, 15, 54, 105, 112, 221, 318

Ásia, 26, 35, 49-21, 53

Associação Médica Americana, 83

Association of Chartered Certified Accountants, 277

AT&T, 72, 165, 223, 275

Austin, Duncan, 239-40

Austrália, 35, 50, 91, 113, 189

automobilística, indústria, 12, 85-86, 102, 135, 213-214.

automóveis, 175, 213-214

auto-organização, 30-31, 55, 56, 147-148, 169, 173, 231

avaliação de produtos, 162-163

Baker, Malcolm, 181

Baker, Richard, 6

balanced scorecard. Ver relatórios

Banco Mundial, 39, 53

bancos como acionistas, 223, 225

Bank of America, 235-249

Barnholt, Ned, 110

Bass, Carl, 105

bate-papo, grupos de, 29-30, 149, 227-228

Baxter International, 42, 61, 79-80

BC Hydro, 42- 275

BearingPoint, 275, 278-279

Ben & Jerry's, 249

benevolência, 79, 81, 118 *Ver também* consideração

Berkshire Hathaway, 16

Berle, Adolf A., 218, 233

Bertram, Bob, 223, 233

Bestdoctors.com, 83-84

Bethlehem Steel, 249

Bezos, Jeff, 43

Bhopal, Índia, 21, 45-46

biddingfortravel.com, 167

BIO. *Ver* Diretor de Integridade nos Negócios

Biovail, 136

BizRate.com, 164

BMO Financial Group, 120, 313-314

boa vontade, 79, 81

Bolsa de Valores de Nova York, 217, 221

bom, 65-68, 87, 96, 296

Bono, Sonny, 151

Borland Software, 41

BP (British Petroleum), 21, 41, 46, 89, 95, 212

Brasil, 52, 211, 299

Brennan, John, 5-6

Brent Spar, 21, 93-94, 290

Bridging Europe, 272-273, 291

Bristol-Myers Squibb, 42

British Telecom, 25, 92, 178-180, 223

Brookings Institution, 53-55

Brown & Williamson Tobacco Corporation, 112

Buffett, Warren, 16, 175

Burger King, 137, 176-177

Bush, George W., 46, 47, 111, 115, 214

Business for Social Responsibility, 277

b-webs. *Ver* redes de negócios

Cadbury, 62

cadeia de suprimentos: e parceiros de negócios, 129, 130, 132, 140, 141, 142, 143, 149-150, 319; e liderança, 319; e empresas abertas, 289, 298, 301; e acionistas, 235

Calvert Group, 239-240, 246

Câmara Internacional do Comércio, 272-273, 298

Cambridge Institute for Manufacturing, 131

Campaign ExxonMobil, 182

Campaign GM, 234

Campanha pelo Desarmamento Nuclear, 196

Canadá, 18, 33, 52, 116-117, 201

Canon, 131

Capelli, Paul, 42

Capital, 90, 136. *Ver também* capital social

capital digital. *Ver* intangíveis

capital intelectual, 136

capital social, 92, 107, 149, 193-196, 291, 297, 298

capitalismo, 8, 25-26, 133, 217, 219, 200-221

capitalistas de risco, 219

caráter corporativo, 81, 116-120

Cargill, 34

Carpenter, George, 74

Carta Comercial para o Desenvolvimento Sustentável (Câmara Internacional do Comércio), 298

Causey, Richard A., 105

Ceconi, Margaret, 111

Celera Genomics, 146-147

Celestica, 14, 136, 139, 142, 292

Center for Advanced Purchasing Studies, 140

Centro de Pesquisas sobre a Responsabilidade dos Investidores (Universidade de Harvard), 234, 237, 313

CEOs, 9, 16, 117, 221; remuneração dos, 312-314; e o caráter corporativo, 119-120; definindo o padrão de referência organizacional pelos, 308-311; dilemas dos, 305-315; e os funcionários, 119-120; e a liderança, 304-305; e empresas abertas, 226, 271-272, 275-276; papéis/funções dos, 304-305

CGI, 121, 136

Chambers, John, 317

340   ÍNDICE REMISSIVO

Chandler, Alfred Dupont, 248

Charkham, Jonathan, 237-238

Charles Schwab, 144

Chernobyl, 21

Chile, 53, 190

China, 35-36, 50, 53, 116, 191, 209, 211, 283, 299

Chiquita Brands International, 21, 42, 198-208, 264, 275

Cho, Mildred, 154

chocolate, indústria do, 62

Chouinard, Yvon, 308-311

cidadania corporativa, 71-74, 75

Cincinnati Enquirer, 200-203, 205, 307

Cingapura, 36, 52, 53, 211

Cisco Systems, 128, 135, 138, 142, 317

Citicorp/Citibank, 3, 54, 209, 235

Clarica Life Insurance, 177

clientes: e ágoras, 166-169 e marcas, 161, 162, 175-184 e parceiros de negócios, 128, 129, 130, 134, 137, 138, 139, 141, 142, 145-146; franqueza dos, 178-180 e comunidades, 19-20, 21-22, 174, 204, 205, 206; e responsabilidade corporativa, 72-73, 74, 161, 181-184; e os custos da opacidade, 53; e fatores de transparência, 28, 32, 33; e funcionários, 99, 101, 108, 179-180; fortalecimento dos, 160-161; e integridade, 157, 175-177; lealdade dos, 90, 92, 137; e a empresa transparente, 10, 17-20; e empresas abertas, 76, 77, 79, 80, 85, 86, 87, 90, 91, 92, 93, 96; organização pelos, 18-19, 164, 168; transferência de poder para os, 157; e privacidade, 184-187; e co-criação de produtos, 173-175; e acionistas, 15, 179-180 e responsabilidade social, 169-171, 178, 180, 183, 184; e a transparência definida, 22-23,

25-26; e a confiança, 108, 161, 162, 165, 178; e valor, 76, 161-163; valores dos, 169-170; perda de confiança em Wall Street por parte dos, 18. *Ver também tópico específico*

Coalizão por Economias Ambientalmente Responsáveis (CERES), 182, 242-46

Coase, Ronald, 133, 134

Coca-Cola Company, 17, 57, 131, 175-176 243, 286

co-criação de produtos, 173-175

código de barras, 146

códigos, 96, 240. *Ver também* padrões

códigos genéticos, 146-147

colaboração, 91, 92, 100, 107, 109, 128, 140, 142-144, 148-149, 240, 312.

Collins, James, 210, 241

coltan (mineral), 82

Comissão Federal das Comunicações (FCC), 46, 47

Comitê Médico dos Direitos Humanos, 233-234

Compaq, 45

compartilhamento, 141, 150, 162, 297, 306, 318.

Comper, Tony, 120

competência, 81, 109

comprometimento, 70, 89, 137, 262, 264; e a Chiquita, 204, 205, 207, 208; e os funcionários, 105, 106, 125; ambiental, 291-294; e liderança, 304, 312, 317; e empresas abertas, 89, 91, 96, 266, 267, 281, 291-293, 300-302; dos stakeholders, 294-295 e as redes de stakeholders, 60, 61, 62, 63

computadores, 29-30, 134, 191, 192

comunicações, 133-134, 219, 258; com parceiros de negócios, 12-14, 133, 139; e a Chiquita, 198, 204, 205, 206; e a concorrência, 12-14; com os clientes, 166, 179; e fatores de transparência, 25, 26, 29, 35, 36-37; com os funcionários, 106, 109; e a liderança, 301-2, 305, 311; e a empresa transparente, 12-14; e empresas abertas, 81, 260, 265, 291, 293-96. *Ver também* mídia

comunidades, 25, 65, 109, 350-321; e parceiros de negócios, 20,21; características das, 189; e a Chiquita, 198-208; e a sociedade civil, 196-198; e os clientes, 22, 179, 210, 211, 206; definição de, 189; e fatores de transparência, 32-36; e funcionários, 189, 204; e a globalização, 21, 211; e a integridade, 210, 211, 215; e a empresa transparente, 10, 19-22; e empresas abertas, 80, 83, 89, 90, 94, 284, 229-300; panorâmica das, 189-193; e acionistas, 15, 20, 22, 189, 209, 210, 240, 245; e capital social, 193-196 e fatores sociais, 203; envolvidos nas, 21; e o paradoxo da sustentabilidade, 211-216; e a confiança, 193, 209-210, 211.

comunidades em rede, 196

concorrência, 25-26, 27-28, 40, 52, 118, 185, 213, 214, 258; e parceiros de negócios, 127, 130, 134, 135, 138, 141, 142-143, 144, 147-148, 155 e comunicações, 12-14, e comunidades, 21-22, 205, 208, 209; e responsabilidade corporativa, 71-72, 74; e clientes, 157, 167, 178-179, 185; e funcionários, 102, 103, 108, 110-111, 118, 125; e informações, 12-14; e a liderança, 302-5, 306-7; e a empresa transparente, 10, 19-22; e empresas abertas, 76, 87-88, 89

conectores-padrão, 145-148, 149, 150

confiabilidade, 81, 83, 104-105, 118, 175, 177

confidencialidade, 40

conflitos de interesse, 15, 16, 47, 108

Congresso dos Estados Unidos, 55, 111, 113, 114, 115, 151

conhecimento, 125, 185; e parceiros de negócios, 136, 138, 148-149; e fatores de transparência, 28; liberação do, 1031; limites do, 39-40; e obstáculos à transparência, 39-40; e empresas abertas, 89, 318; dos acionistas, 227-231; compartilhamento do, 306, 318

Conselho de Intendência Florestal, 172

Conselho Nacional do Algodão, 310

Conselho Nacional dos Negociantes de Títulos, 221

conselhos de diretores: e a remuneração dos CEOs, 312, 313; e a CERES, 249; composição dos, 253-254, 255; como extensões da administração, 227; nomeações para, 254; e empresas abertas, 266, 272, 318; reforma dos, 254; e acionistas, 218-49, 200, 227, 228, 231, 233, 237, 238, 250, 253, 255

consideração, 104; e os clientes, 175, 177; e empresas abertas, 77, 79-80, 81, 83, 87, 90-91

Consumer Reports, 19, 163

ConsumerSearch.com, 163

consumidores. *Ver* clientes

contabilidade, 52-53, 220, 237, 304

controle, 16, 212, 213, 214, 215, 221, 227, 306, 311

controle sustentável de custos, 93-96

Cooper, Cynthia, 111-112109

Co-operative Bank, 171, 277, 303

coordenação. *Ver* colaboração

Coréia do Sul, 50, 51, 160-161

corn dog. *Ver* Kellogg Company

corporativa, responsabilidade, 70, 75, 118-119, 193; e marcas, 181-184; e a Chiquita, 73, 74, 161, 181-184; e

342 ÍNDICE REMISSIVO

cidadania corporativa, 71-74, 75; e consumidores, 72, 73, 161, 181-184 segundo a ótica da dívida com a sociedade, 68-70, 74; segundo a ótica de ficar bem fazendo o bem, 68, 71-75; e a globalização, 69-70; perspectiva nas empresas abertas da, 74-96; e a regulamentação, 69, 70; segundo a visão do valor para os acionistas, 68, 70-71, 72-73, 74. *Ver também* empresas abertas

CorpWatch.org, 78

Corriero, Jennifer, 198

corrupção, 50, 51-53, 63, 89, 115, 192, 200, 205, 215, 285, 286. *Ver também* subornos

Cortese, Amy, 55

Costa do Marfim, 62, 200

cotistas. *Ver* acionistas

Cox, Bill, 84

Cracker Barrel Old Country Stores, 229

credibilidade, 109, 181, 196, 201, 213, 284

Credit Suisse First Boston, 3, 52

Credit Suisse Group, 94

crescimento sustentável, 87-88, 90-91

criatividade, 151, 155

crise da transparência, 53-55

crise de 2002, 3, 15

crise de confiança, 60, 61-63, 68, 93, 117, 118, 125, 177, 227

cultura corporativa, 65, 75, 116-118, 120, 148-149, 151. *Ver também* caráter corporativo

custos de contratação, 107-108

custos de prospecção, 107-108

custos de transações, 95, 107, 133, 138, 141, 166, 246, 302, 319

Daimler-Chrysler, 135

Dalla Costa, John, 67

Davis, Chuck, 164

De Beers, 169-170, 291, 313

Dealtime.com, 164

Declaração Universal dos Direitos Humanos da ONU, 180, 209, 286, 298

Dell, 14, 86, 135, 168, 169

demissões, 110, 309, 315

democracia, 75

demografia, 26, 31-32

denúncias, 110-117, 221

Departamento de Comércio dos Estados Unidos, 137

Departamento de Justiça dos Estados Unidos, 113

Departamento de Segurança Nacional dos Estados Unidos, 48, 114-115

Departamento do Trabalho dos Estados Unidos, 241

descoberta de preços, 165-170

desenvolvimento sustentável, 208, 296, 311

DHL, 136

diamantes, 169-170

dinheiro: regras sobre, 147

direitos de propriedade intelectual, 33, 34-35, 306

direitos de reprodução, 150-152147-48

direitos humanos, 19, 20, 206, 208, 233-234, 240, 245, 272, 298, 312

Diretor de Integridade nos Negócios (BIO), 266-302

diretores. *Ver* conselhos de diretores

diretriz das propostas dos acionistas, 232-235

discrepância de renda, 190-191, 226

Disney, 17, 19, 19, 151 307

distribuidores, 10, 21, 28, 91, 128, 166

dívida com a sociedade, ótica da, 68-69, 74

DNA, patentes de, 155

Dole, 200, 202

Domini Investments, 7, 25

Dow, 45-46

Dower, Roger, 172-173

Duke Energy, 112

Dunlop, Al, 72

Dunn, Debra, 137, 267

Dunn, Robert, 203, 204

Duong, Senh, 163

DuPont, 92, 229

eBay, 13, 78, 83, 84, 135, 149, 168

ecoeficiência, 92, 291-298

economia, 13, 78, 84, 248, 274. *Ver também* economias emergentes

economia em rede, 78, 84

economias emergentes, 35, 49-51, 52, 63, 72, 145-146, 211, 288-289

Eddie Bauer, 140, 310

efeito chicote, 141, 142-143

eficiência sustentável, 87

eficiências, 95-96, 130, 135, 137, 140,- 141, 245-246, 301

Einstein, Albert, 154

E-Loan, 18

Emigh, Janet e Kim, 112

empreendedorismo, 242, 260, 273-78

empresas abertas: e responsabilidade, 90-91, 95, 96; benefícios das, 318; características das, 76, 260-96; e valores corporativos, 77-80, 95; metas das, 76; e o "bom", 96; e a integridade, 96, 258-96; liderança nas, 317-321; vivendo e trabalhando em, 317-321; e transparência mínima *versus* máxima, 264; como perspectiva na responsabilidade corporativa, 74-96; e relacionamentos, 85-87, 89, 92; e normas e valores compartilhados, 91; e a sustentabilidade, 87-88, 96, 260-96; e o crescimento sustentável, 90-94; e a confiança, 80-85, 89, 90, 91-92, 95

empresas públicas: privatização das, 230

engenharia financeira, 79

engenharia reversa, 174

Enron, 3, 4, 25, 39; salas de bate-papo sobre, 227-228; e custos da opacidade, 53-54; funcionários da, 105; liderança na, 318; acionistas da, 15, 25, 220, 228, 232 253; denunciadores na, 111, 221

Environics International, 11, 17, 19-20, 155, 187

Epinions.com, 162, 163, 164, 169

escada valores/valor, 76-96, 77

Escritório de Administração e Orçamento, 6, 16

Escritório de Contabilidade Geral, 113

eSeva, 192

Estados Unidos: e a batalha entre a opacidade e a transparência, 63; e a Chiquita, 201, 207-208; e os custos da opacidade, 52, 53; crise da desigualdade nos, 226; relatórios ambientais nos, 279; e o movimento social, 195; confiança nos, 116

estoque, 131-132, 139, 142, 143, 246

Estrada, Joseph, 36

estratégias de negócios, 88, 100, 102, 134, 140, 212, 266, 278-284, 314-315

estrutura, 43-44, 101, 117

Esty, Daniel, 40

ethos, 81

ética, 28, 68, 99, 287-288

Europa, 33, 35, 201, 283, 291, 298

exclusão digital, 191-192

exército norte-americano, 144

344 ÍNDICE REMISSIVO

Exxon Valdez Oil Spill Trustee Council, 6, 21, 61, 249

ExxonMobil, 6, 46, 61, 72, 177, 181-184, 190, 223

facilitações, 287

Farber, Stephen, 234

farmacêutica, indústria, 18, 72, 306. *Ver também empresa específica*

fatores econômicos, 27-28, 33, 35-37

Federal Bureau of Investigation (FBI), 103, 111-112

Federal Express, 144

Federal Reserve Board, 54, 147

Federal Trade, 45, 218

Ficar bem fazendo o bem, 68, 71-75

Fidelity, 4-6, 7, 8, 9, 47, 231, 236

filantropia, 79, 89, 194, 264, 292, 304, 320-321. *Ver também* Ficar bem fazendo o bem

Fiorina, Carly, 45, 210, 272

Flaherty, Pamela, 209

Ford Motor Company, 21, 41, 101, 133, 215, 249, 275, 287-288, 290, 300

fornecedores, 10, 25, 28; responsabilidade dos, 176; e parceiros de negócios, 128, 129, 130, 134, 138, 140, 141, 143-144; e a Chiquita, 202, 207; e comunidades, 21-22, 189

Fortune, revista, 11, 66, 110, 247, 249

Fórum Econômico Mundial, 39-40, 157, 197, 272, 291

Fórum Internacional da Globalização, 69-70, 71

Fórum pelo Investimento Social, 242-243

Fórum Social Mundial, 197

França, 33, 52, 96, 116, 18/1, 213

fraude, 41-42, 284, 312

Freedom Forum, 48

Freedom from Hunger, 137

Friedman, Milton, 71

fuckedcompany.com, 11, 78

Fujio, Cho, 216

Fukuyama, Francis, 116

funcionários, 8-9, 25, 65, 108, 225; e parceiros de negócios, 99, 128, 130; e Chiquita, 201, 202, 204, 205, 206-207; e comunidades, 19-20, 21, 189, 210, 212 e o caráter corporativo, 116-120; e a cultura corporativa, 116-118, 120; e a responsabilidade corporativa, 72-73, 74, 75, 118-119; e clientes, 99, 102, 108, 179; e fatores de transparência, 10-11, 27, 28; e a integridade, 109, 118, 256; trabalhadores do conhecimento como, 99-103, 104, 105, 110; lealdade dos, 79, 105, 106, 110, 120, 319; relacionamento da gerência com os, 10, 103-104, 109, 119-120; moral dos, 108; motivação dos, 28, 83, 100, 105, 280; e a empresa transparente, 10-12; e empresas abertas, 76, 77, 79, 83, 85, 90, 91, 94, 96, 274, 283, 284, 285-286, 296; e a transferência de poder, 120-125; e acionistas, 15, 99, 240; e responsabilidade social, 11; e o paradoxo da sustentabilidade, 206; roubos por, 130; treinamento dos, 287-288, 298; e confiança, 99, 104-110, 119; e a integração vertical, 100-101; denúncias por, 111-101

Fundação Ford, 234

fundações sustentáveis, 87-90

Fundo Internacional dos Direitos do Trabalho, 175-176

Fundo Monetário Internacional (FMI), 50, 51, 53, 89

Fundo Mundial para a Natureza (WWF), 240, 272

fundos de investimento socialmente responsável (ISR), 227, 239-248, 272-273

fundos de pensão, 25, 90; e empresas transparentes, 4-9; como acionistas, 7, 15, 220, 215-225, 228-229, 231-232, 234, 238, 239, 247

fundos mútuos, 25, 47, 90, 109; abertura por, 4-9; privados, 6; votos por procuração dos, 4-9, 16, 47, 236, 320; como acionistas, 15, 16, 222, 223, 227, 228, 236, 239, 242-243, 320

Furdyk, Michael, 198

fusões e aquisições, 219-220

Fxall.com, 167

Galbraith, John Kenneth, 17

Gallagher, Mike, 200-203

Gandhi, Mahatma, 120

Gap, 19, 310

Gates, Bill, 223

gene BRCA1, 152

General Electric, 103, 144, 183, 223, 203

General Motors Corporation, 21, 42,0 86, 99, 175-176, 190, 214, 215, 223 234, 249

General Public License (GPL), 150

genes: patentes sobre, 151-154, 155

genoma humano, 14, 146, 147, 148, 149-150

Geração Net, 26, 31-32

Gerstner, Louis, 43, 134

Gifford, Kathie Lee, 19

Gillette, 95, 131

Gladwell, Malcolm, 59, 60

Glaxo Smith Klein, 18

globalização, 49, 89, 180; e parceiros de negócios, 12-13; e comunidades, 21, 211; e a responsabilidade corporativa, 69-70; e os custos da opacidade, 49-51; e os clientes, 175, 205; e fatores de transparência, 26, 27, 32-36, 37; impacto da, 211; e empresas abertas, 81-82, 89-90, 281, 285-86; e redes de stakeholders, 59, 62; e o paradoxo da sustentabilidade, 211-212

Goizueta, Robert C., 71

Goldman Sachs, 54

Google, 11, 29-30, 31, 78, 101, 116, 149

GoreTex, 12

governança corporativa: e os custos da opacidade, 52-53; crise de 2002 da, 220, 277; e integridade, 264; e empresas abertas, 88-89, 90, 264, 266, 273-279, 281; e acionistas, 220, 215, 229, 238, 242, 244, 253-255; e o colapso do mercado de ações (2001), 226-227. *Ver também* conselhos de diretores

GovernanceMetrics International, 244

governo, 32, 53, 68, 202, 221; e parceiros de negócios, 136-137, 145-147; e comunidades, 190, 192; e o caráter corporativo, 118-119; e a responsabilidade corporativa, 69, 73, 75; e a globalização, 211; desconfiança do, 32; e empresas abertas, 83, 96, 278; e redes de stakeholders, 63; como cão de guarda, 9; e denunciadores, 114-115

Grameen Bank, 137

Grande Depressão, 217

Graves, Sam, 247

Great Place to Work Institute, 108-109

Green Mountain Power Corporation, 249

Greenpeace, 20, 24, 47, 57, 84, 182, 196, 208, 290

Greyhound, 233

grin fucking", 105

Grocery Manufacturers of America, 139

guerra, 47, 89

346 ÍNDICE REMISSIVO

Gulf Oil, 234

Guthrie, David, 310

Halliburton, 112

Harris Bank, 120

Hasbro, 131-132

Hawken, Paul, 183-185

Hawley, James, 248

Herman Miller, 116

Hershey, 62

Hewlett, William, 110

Hewlett-Packard, 36, 41, 45, 60, 210; parceiros de negócios da, 14, 136-137, 145, 148, 149, 150; e comunidades, 21-22, 210; e o caráter corporativo, 1164; clientes da, 210; funcionários da, 109- 110; liderança na, 305; e empresas abertas, 272-273, 275, 296; responsabilidade social na, 210

hierarquia, 92, 117

Holliday, Charles, Jr., 92

Home Depot, 19-20, 59, 172, 297, 319

Honda, 209, 214, 215

honestidade, 118, 139, 194, 212; com os clientes, 139, 161, 175, 176; e os funcionários, 104,-105, 108, 118; e liderança, 312, 319; e empresas abertas, 76, 77-78, 81, 83, 87, 90-91, 266; e acionistas, 245, 246, 282, 255

Hong Kong, 52, 53, 116

IBM, 36, 72, 217; parceiros de negócios da, 14, 131, 133, 134, 136, 140, 144, 145, 146, 148-149, 150; clientes da, 17, 168; funcionários da, 99-100, 102, 119-20; como corporação global, 292; e empresas abertas, 95-96, 292

Iceland (cadeia alimentícia), 24

Ikea, 296

Independent Media Center (IMC), 21, 30

indexação, 15, 228, 231, 238-239

Índia, 33-35, 36, 47, 52, 190-191, 192, 298

indústria da transparência, 51

indústria musical, 87, 173

informações internas, 229

informações, 44, 60, 103, 313; e parceiros de negócios, 12-14, 133, 139, 140, 141-142 139, 140, 141, 145; e comunidades, 19-20, 192, 212-213; e a concorrência, 12-14; e clientes, 18, 102, 103, 106, 120; e fatores de transparência, 28, 35, 36-37; e funcionários, 99-100, 102, 103, 106, 120; livre fluxo de, 91, 100; e a empresa transparente, 12-14; e empresas abertas, 77-78, 85, 91, 95, 267, 297, 299-302; e acionistas, 218, 219, 227, 319; compartilhamento de, 95-96, 141, 297; e o paradoxo da sustentabilidade, 213; a transparência como, 22-23. *Ver também* Internet

ING, 94

Ingersoll-Rand, 5

Ingram Micro, 142

Iniciativa Global contra a Exclusão Digital, 137

Iniciativa Global de Relatórios, 183, 275-277, 278, 279

Innovest Strategic Value Advisors, 252

inovação, 166, 220; e parceiros de negócios, 128, 135, 142-143, 145, 146, 147-148, 154; e comunidades, 191, 210; e funcionários, 102, 125; e novos inovadores, 316-317; e obstáculos à transparência, 40-41; e empresas abertas, 90, 92, 267, 280-281; modelo de código aberto da, 40-41

ÍNDICE REMISSIVO

Instituto de Recursos Mundiais, 39, 137

Instituto Ethos, 277

Insurance.org, 18

intangíveis, 136

integração vertical, 86, 100-101, 116-117, 133-134, 135, 319

integridade, 26, 118, 211, 215; e a Chiquita, 207, 208; e o comprometimento, 262; e o meio ambiente, 261-262; e a liderança, 262, 303, 304, 305, 308-311, 314, 315, 316, 319, 320, 321; e empresas abertas, 76, 77, 78, 87-88, 92, 93, 95, 96, 264-302, 318; pessoal, 318; e ISR, 244-248; e confiança, 177, 262; e o que estamos administrando?, 264-266.

Intel, 40, 85, 131, 134, 140, 145

interesses especiais, 194-195

Interfaith Center on Corporate Responsibility, 235

internalmemos.com, 11, 78

International Standardization Organization, 278

Internet, 115, 191; e parceiros de negócios, 134-135, 139, 146, 148-149, 150, 151, 152; comunidades, 21, 192, 212; e clientes, 17, 18, 158, 160, 161, 164, 165, 170-171, 173-174, 184; como faca de dois gumes, 45-47; e fatores de transparência, 26, 27, 28-32, 35, 36-37; e os funcionários, 121, 122; e a transparência forçada, 6-7; informações imprecisas na, 45; e obstáculos à transparência, 44, 45-47; e empresas abertas, 86, 300-302; e privacidade, 184; e a co-criação de produtos, 173-174; e acionistas, 220, 227; e mobilização social, 194, 195; e redes de stakeholders, 56, 63; como ferramenta de diálogo, 184

investidores institucionais: e comunidades, 21-22; e empresas abertas, 90, 93; como

acionistas, 15, 218-219, 220, 221, 222, 223, 228, 230, 231, 233, 236, 248, 255.

investimentos baseados em valores, 239-241

Investment Company Institute, 236

ISO, 204

ISR. *Ver* fundos de investimento socialmente responsável (ISR)

Israel, Eric, 275

Iwata, John, 122, 292

J. P. Morgan Chase, 3

Japão, 215, 278-279, 298; indústria automobilística no, 214-215; concorrência do, 219; e o caráter corporativo, 117-118; e os custos da opacidade, 52, 53; e os clientes, 160-161 e empresas abertas, 96; confiança no, 116

Jarvis, Ron, 172

jogando, 107-108

jogos, 108, 149

Johnson & Johnson: parceiros de negócios da, 131, 135, 143; CEO da, 305; e comunidades, 10, 210, 249; caráter corporativo na, 116; Credo da, 10, 60, 119; clientes da, 10, 204, 249; funcionários da, 10, 60, 104, 119, 210; liderança na, 316-317; e empresas abertas, 275; reputação da, 210; acionistas da, 10, 210, 255; e responsabilidade social, 119, 210; e o caso Tylenol, 119

Johnson, Robert Wood, 118-119, 210, 249

Kasky, Marc, 44

Kellogg Company, 22, 23-25, 40, 47

Kelly, Geraldine, 112

Kennard, Joyce, 44

Kerr, Steve, 103

Kim, Jongchai, 227-228

Kingo, Lise, 265-266, 272, 281,-283, 284, 285, 311

Klein, Naomi, 180

K-Mart, 14

Kozlowski, Kate, 287-288, 300-301

KPMG, 277

Krausz, Joshua, 242

Kroger, 116

Krugman, Paul, 226

Kurtzman, Joel, 230

L. L. Bean, 310

Lafley, Alan, 306-307, 315

Lander, Eric, 150

Lands' End, 310

Larsen, Ralph, 118, 119, 305, 316-317

Lay, Kenneth, 11, Ken Lay, 114

Leahy, Patrick, 48

lealdade: e parceiros de negócios, 90, 137; dos clientes, 92, 137; dos funcionários, 79, 106, 110, 120, 319; e empresas abertas, 76, 79, 90, 91, 92, 295

Lego, 173-174

Lei Bayh-Dole (1980), 154-155

Lei da Liberdade de Informação, 48

Lei das Falsas Declarações (1863), 112-113

Lei de Seguridade da Aposentadoria dos Funcionários (ERISA), 241

Lei do Informante. *Ver* Lei das Falsas Declarações (1863)

leilões, 143-144, 166

leilões reversos, 143-144

Lessig, Lawrence, 44, 150, 151-152

Levi Strauss, 310

liberdade de discurso, 44, 46

liberdade de expressão, 32, 47

liberdade de imprensa, 48

liderança: e parceiros de negócios, 142-145, 319, 320; para a mudança, 318-321; e comunidades, 320; crise da, 303-321; e clientes, 307-308, 310, 314, 317, 319; e integridade, 262, 303, 304, 305, 308-311, 314, 315, 316, 319, 320-321; e novos inovadores, 316, 317; novo tipo de, 320, 321; e empresas abertas, 90, 266, 269-273, 317, 321; respeito pelos negócios, 3; e acionistas, 320; baseada em valores, 26-27; e trabalho, 317-319. *Ver também* CEOs

Lindner, Carl, 200, 202

Linux, 40-41, 42, 55, 173; parceiros de negócios do, 136, 146, 147, 148, 149, 150-151

Lipper, Inc., 239, 243

liqüidez, 166, 216

listas de discussão. *Ver* bate-papo, grupos de

Lomborg, Bjørn, 293

Loporchio, Vincent, 236

Lowy, Alex, 134

LRN, 287

lucros, 141, 143, 149, 241

Lula da Silva, Luís Inácio, 197

Lun, Soren, 174

Magna International, 135

marca, 128, 196, 198, 247; e clientes, 161, 132, 175-185; global, 180-185 e liderança, 315, 319; e empresas abertas, 90, 92, 266, 288-290; e crises de confiança, 177

Margolis, Joshua Daniel, 242

marketing, 288-290

Marks & Spencer, 132

Marlboro Man, 288, 289

Martin, James, 252

Martin, Roger, 33, 252

ÍNDICE REMISSIVO

Massachusetts Institute of Technology, 131

Massie, Robert, 252

McDonald's, 6-7, 89, 122-124, 180, 183-184, 197, 275, 292, 311

McKinsey & Company, 11, 137, 142-143, 254, 255

McKinsey Global Institute, 213

McLibel Trial, 6-7, 122, 123-124

McSpotlight, 6-7, 122, 123-124

Means, Gardiner C., 218

meio ambiente, 33, 50; e a Chiquita, 192, 194, 195, 198, 201, 202; e comunidades, 20, 21, 185, 187, 202, 203, 204, 205, 206, 207-9; e a responsabilidade corporativa, 69, 70; e clientes, 18, 171, 172, 174-75, 176-78; externo, 285-88; e marcas globais, 176-78; e a globalização, 205; e a integridade, 255-56; e liderança, 302-5; e obstáculos à transparência, 37-38, 44; e empresas abertas, 74, 87, 90-92, 260-96; e acionistas, 229-30, 234, 235, 236, 239, 240, 241, 242-46; e capital social, 188-89; e o paradoxo da sustentabilidade, 206, 207-9; e a transparência definida, 23-24; e investimento baseado em valores, 239-241

melhores empresas do ramo, 274, 90-91

Melhores Empresas em que Trabalhar (artigo da *Fortune*), 110

Mencken, H. L., 39

Merisel, 142

Merrill Lynch, 54, 94

México, 53-298

Microsoft, 36, 42, 72, 223; parceiros de negócios da, 134, 138,144, 145, 149-150

Microsoft.com, 103-104

mídia, 9, 21, 23, 28-31, 47, 48, 160, 188, 196, 221, 295, 307. *Ver também* liberdade de imprensa

Midwest Mutual Life Insurance Company, 177

milho StarLink, 24

Mindstorms, 173-174

missão, 10

MIT Midia Lab, 147

Mohamad, Mahathir Bin, 49, 50

Monitor de Responsabilidade Social Corporativa, 11

Monks, Robert, 7-8, 182, 230, 232

Monsanto, 20, 140, 181

Monster.com, 11, 121

moral, 110-111, 116

Morgan Stanley, 54, 209

Morgan, J. P., 217

Morgridge, John, 317

MORI Social Research, 182

Morningstar, 243

Morningstar Farms, 23-24

Morton Thiokol, 112

motivação, 27-28, 57, 59-60, 83, 92, 100, 106, 263, 286, 305

Motorola, 36, 79

Mountain Equipment Co-op, 310

MP3, 18, 173

Mueller, Robert, 111

multinacionais, corporações, 51, 190, 247. *Ver também* globalização

mundo em rede, 77-78

Munich Re, 94

Myriad Genetics, 152-153, 154

MySimon.com, 164

Nações Unidas, 21, 39, 51, 273, 276

Naidu, Chandrababu, 192

Napster, 47, 151

National Hotline Services, 116

350   ÍNDICE REMISSIVO

National Rifle Association, 20, 84

Natural Capital Institute, 183

negócios em rede, 76, 79, 80, 116, 117-118, 135-136

Nestlé, 56, 57, 58, 62-62, 74, 290, 297, 319

New Economics Foundation, 171, 277

New York State Common Retirement Fund, 223

Nexis, 78

Nike, 24-25, 68; parceiros de negócios da, 135, 319; e comunidades, 19, 20, 197; clientes da, 18-19, 180; e marcas globais, 181; liderança na, 319

Nissan, 215

Nixon, Gordon, 45

Norris, Pippa, 194-195

Nortel Networks, 16

nova economia, 220, 248

Nova Zelândia, 35, 190, 195

Novo Nordisk: e liderança, 305-306, 311, 312-313; como empresa aberta, 265, 267-275, 276-277, 279, 280-287, 289-300

NTT, 131

observância, 204-205

ofertas públicas iniciais, 17-221

Office Politics (jogo), 108

ofuscação, 45-47

Olson, James, 214

Onsale.com, 166-167

Ontario Teachers Pension Plan, 228-229, 238-239

opções de ação, 303, 313, 314

Oppenheimer, Nicky, 170

Oracle, 149

Organização Internacional do Trabalho, 180, 204, 206, 276, 298

Organização Mundial do Comércio, 29-31, 33-35, 46, 200

Organização para a Cooperação e o Desenvolvimento Econômico (OCDE), 51, 191

Organizações não governamentais (ONGs), 25-26, 34, 198, 230; características das, 197; e a Chiquita, 202, 206, e clientes, 170-171; e diamantes, 170; formas de ação das, 197-198; funções das, 20-22; e liderança, 311-312; e empresas abertas, 93, 290, 295; e capital social, 195, 196; e redes de stakeholders, 56, 63; vitórias das, 196-197. *Ver também ONG específica*

ótica do valor para os acionistas, 65, 70-71, 74

Otto, Charlotte, 140

Oxley, Michael, 6

Packard, David, 108, 204, 299

padrões, 204-205, 275, 278. *Ver também códigos*

painéis de mensagem, 221-222

Panasonic, 24

Paquistão, 34, 36, 190

parasitas, 150, 212, 221

parceiros de negócios, 68, 196, 207, 245-246, 264; o efeito chicote, 141, 143; e as redes de negócios, 130, 132-144 e recursos comuns, 150-155; e comunicações, 12-14, 133, 139; e comunidades, 19-20, 21-22; e clientes, 141, 142, 145-146, 179-180; e fatores de transparência, 26, 27; e funcionários, 99, 128, 130; e o governo, 137, 146; e informações, 12-14, 133, 138-139,140, 141, 143, 144, 148; e a liderança, 142-144, 319, 320; e a empresa transparente, 10, 12-14; e empresas abertas, 76, 77, 90, 96, 274, 284, 195, 297; potencial dos, 138, 140; realidade dos,

139-142; e s-webs, 136-137; e conectores-padrão, 145-147 e a revolução tecnológica, 128-130; transparência entre, 127-155; e a confiança, 13, 127, 128, 130, 136, 137-144, 147-148, 149, 150, 151, 319. *Ver também* produção conjunta; *tópico específico*

parcerias. *Ver* parceiros de negócios

Parlamento Europeu, 295

Patagonia (roupas esportivas), 24, 308-310

patentes, 152-153, 155, 269-270

Patrimônio Mundial, 180

Patten, Rose, 313

Pava, Moses, 242

pedidos, 88-89

People for the Ethical Treatment of Animals (PETA), 137, 176

pesquisas, 229, 295

petróleo, indústria do, 73, 94, 181-184

Pfizer, 149

Phaneuf, Louise, 124-125

Philip Morris, 288

Philips, 131

photo.net, 159

Piketty, Thomas, 226

Pitt, Harvey, 235, 236

planejamento, previsão e reabastecimento colaborativos (CPFR), 142-144

planos 401(k), 4, 47

poder, 56, 120-125

Polaroid, 249

Polistuk, Eugene, 14

politicagem nos escritórios, 107-108

Porras, Jerry, 210, 241

Porter, Michael, 40

preços, 143, 144, 145, 161-162, 164-16, 166, 310, 319

prêmio de risco da opacidade, 53

PriceGrabber.com, 164, 165

Priceline.com, 167

PricewaterhouseCoopers (PwC), 52-53, 224, 271

Primeira Emenda, 43-44, 48

privacidade, 32, 43, 184-187, 318-319

problema do agenciamento em cascata, 228

problemas: ocultação de, 139, 314; mundiais, 190-191

problemas mundiais, 190-191

processos. *Ver* processos de negócios; *processo específico*

processos de negócios, 95, 100, 101, 135-136, 140, 246, 299-300, 301-302, 311

processos judiciais, 43-44, 96, 221, 246

Procter & Gamble: parceiros de negócios da, 14, 128, 129, 140, 141, 147, 149-150, 319; liderança na, 306-307, 316, 319; e obstáculos à transparência, 42; e empresas abertas, 83, 95, 275

produção conjunta, 147-149, 151

produtividade, 26, 27-28, 139-140, 143, 212, 213, 225

produtos, 267-268, 289, 296

Programa Ambiental das Nações Unidas, 41-42

Progressive Insurance Company, 18, 116, 164-165, 177-178, 225-257

Projeto de Responsabilidade Governamental, 115

Protocolo de Kioto (1992), 73, 196, 209

Prudential Securities, 106-107, 108

pseudotransparência, 41-42

Putnam, Robert, 194

qualidade, 95, 144, 161, 215-216

Quorum Health Services, 112

352 ÍNDICE REMISSIVO

Rabobank, 94

Rádio Pública Nacional, 82

Rainforest Action Network, 57, 171-172, 264

Rainforest Alliance, 203, 204

Ralfe, Gary, 170

RCX, microprocessador, 174

Reagan, Ronald, 22

receita, administração de, 142-143

reciprocidade, 81, 83

recursos comuns, 150-155

redes de acionistas, 148-149

redes de negócios, 13, 21, 26-29, 76, 86, 91, 95, 130, 132-145

redes de processos. *Ver* redes de negócios

redes de stakeholders, 55-63, 136-137, 195, 197, 205

redução de porte, 117

reengenharia dos negócios, 219

Regra 14a-8 (SEC), 232-235

regulamentação, 52-53, 69, 70, 95-96, 119, 190, 246, 278

REI, 310

Reich, Robert, 70

Reino Unido, 25, 33, 35, 52, 53, 96, 180, 182, 196, 278

relacionamentos, administração de, 263-264

relacionamentos, 85-87, 89, 92, 108, 136, 141, 143, 308, 317. *Ver também tipo de relacionamento*

relatórios, 16, 218, 266, 271, 273-279, 301

relatórios anuais. *Ver* relatórios

relatórios financeiros. *Ver* relatórios

Renwick, Glenn, 178-179, 255-257

Repetto, Robert, 246

reputação, 92, 93-94, 137, 168, 175, 206, 210,235, 267, 288-290, 297, 317. *Ver também* marca

Research International Observer (RIO), 181

Responsabilidade Social 8000, 204, 206

responsabilidade social corporativa (RSC). *Ver* responsabilidade social

responsabilidade social, 11, 32, 71, 119; e a Chiquita, 203, 207-208; e comunidades, 209, 210; e clientes, 169-171, 177, 180; e marcas globais, 183-184; e empresas abertas, 92, 266-302

responsabilidade, 9-10, 63, 121, 142-143, 196 e a Chiquita, 203, 204, 206, 207, 208; e as comunidades, 192, 209, 212; corporativa, 70, 75; e clientes, 157, 176; e a liderança, 307, 312, 319, e transparência mínima *versus* máxima, 264-265; e empresas abertas, 75-76, 77, 78-79, 81, 87, 90-91, 95, 96, 273, 297; e acionistas, 218-219, 220, 226, 227, 228, 229, 231, 236, 238, 245, 246, 252, 252, 253, 255, 274, 319; de fornecedores, 176; e o paradoxo da sustentabilidade, 212

Reuther, Walter, 99

revolução tecnológica, 128-130

RFID (identificação por radiofreqüência), etiquetas de, 128-130, 131-132, 146-147, 148, 149, 150, 155

Ricci, Ron, 68, 317

Rice, Michael, 106-107

RiceTec, 34-36, 47

Rich, Cynthia, 238

Rio Tinto, 79

risco, 105, 115, 207, 208, 309-310; e parceiros de negócios, 134, 142-143, 144; e empresas abertas, 93, 94-95, 96, 267, 281, 297, 298, 300

Rivers, Lynn, 155

Roach, Michael, 136

Rohm, Wendy Goldman, 42

rottentomatoes.com, 163

roubos, 131, 132

Rowley, Colleen, 111-112, 115

Royal Caribbean Cruise Lines (RCCL), 261-262

Royal Dutch Shell, 177, 209

Ruanda, 82

rumores, 59-60, 78, 84-85

Rússia, 49, 50, 52, 160-161, 212

Saez, Emmanuel, 226

Sahwney, Mohan, 167

Saint-Onge, Hubert, 177

Samuelson, Robert, 139-140

SAP, 131

Sarbanes-Oxley, Lei, (2002), 3, 16, 41, 253-254, 287-288, 316

Saro-Wiwa, Ken, 208

saúde, setor de, 18, 70, 154-155, 289, 296, 306

Schiller, Friedrich, 24

Schmidheiny, Stephan, 92

Schmidt, Eric, 101

Seagate, 104, 139, 307-308, 314

Securities and Exchange Comission (SEC), 4, 5, 6, 7, 218, 232, 236, 238, 253

segredos, 40-41, 69, 80, 101, 103, 104, 138, 314, 318

segurança nacional, 44, 48-48

segurança, 92

semicondutores, indústria dos, 142, 213

Senge, Peter, 103 107, 304

serviços, 296

setor energético, 39, 95

setor merceeiro, 296

Shell, 21, 46, 60, 73, 180, 311; e empresas abertas, 78, 79, 83, 92, 93, 279, 290, 292, 293

Shelley Taylor & Associates, 229

Siebel Systems, 11

Sierra Club, 196, 240

Silvers, Damon, 254

Simpson, Anne, 237

Sinclair, Tim, 103-104

sindicatos de trabalhadores, 122, 201, 202-203, 204, 205-206, 207

Sistema de Aposentadoria dos Funcionários Públicos da Califórnia (CalPERS), 7, 25, 221, 223

sites paródicos, 45-47

sit-ins virtuais, 30

Sloan, Alfred, 86

Smadja, Claude, 49

Smith Barney, 112

Smith, Adam, 133

Smith, Neil, 207

Smith, Tim, 243-244

sobrevivência, 144, 292

SocialFunds.com, 240-241

sociedade civil, 195, 196-198, 212

Solectron, 14, 135-136, 139, 142

Sonnenfeld, Jeffrey, 253

Sony, 163

Sørensen, Lars Rebien, 269-270, 213-313

Soros, George, 49

Southwest Airlines, 144

Squibb, 21

stakeholders, 10, 20, 68, 74; e fatores de transparência, 28, 30-31, 33; compro-metimento dos, 288-89; e liderança, 304-305, 311-314, 317, 319, 320; e transparência mínima *versus* máxima, 263-264; e empresas abertas, 294-295; e a transparência definida, 23, 24, 25-26. *Ver também* redes de stakeholders; *tipo de envolvido*

354   ÍNDICE REMISSIVO

Stanley Works, 5

Starbucks, 189

State of Wisconsin Investment Board (SWIB), 238

Steelcase, 140

Stewart, Martha, 3, 17

Stiglitz, Joseph, 50

Stitching Pensionenfonds ABP, 223

STMicroelectronics, 95

Stop'n'Shop, 127

subcontratados, 179

subornos, 51, b52, 72, 89, 192, 198, 201, 209, 292. *Ver também* corrupção

Suprema Corte dos Estados Unidos, 44, 151

sustentabilidade, 203, 264; e comunidades, 209, 211-216; definição de, 87; e globalização, 211; e liderança, 304, 314, 316, 317, 320; paradoxo da, 211-216

s-webs. *Ver* redes de stakeholders

Swiss Re, 94

Taaffe, Paul, 93, 290

tabaco, indústria do, 72, 112, 288-289, 290, 296

TakingITGlobal, 198

Target, 131

Teachers Insurance and Annuity Association — College Retirement Equities Funds (TIAA-CREF), 4-9

Techdata, 141-142

tecnologia, 28-32, 35-37, 40, 135-136, 141. *Ver também tipo de tecnologia*

tecnologias de Auto-ID, 128-130, 131, 132, 146-147, 148-149

telecomunicações, indústria das, 141-142, 178-181, 190, 213. *Ver também empresa específica*

telefones móveis, 29, 36

teoria financeira, 241-242

terceirização, 133-134, 135, 309

terrorismo, 47, 89, 190

Tesco, 131

Texas Teachers Retirement, 223

Texmati, 34

The Body Shop, 71-72, 249

The Network, 116

The Wall Street Journal, 4, 5-6, 210, 217

Time, revista, 111-112, 114, 307

Títulos, Lei dos, (1933), 217, 230

Tivo, 28

Torvalds, Linus, 149-150

Toshiba, 168-169

Toyota, 214-215, 216, 279-280

trabalho em equipe. *Ver* colaboração

trabalho/trabalhadores do conhecimento, 27-28, 76, 85, 99-104, 105, 106, 110, 116-117

Transações de Títulos, Lei das, (1934), 218, 232

transferência, 81, 84

transparência reversa, 25

transparência: ativa, 23, 41, 76, 91, 116; como má-idéia, 5-6; como causa da crise de 2002, 3; e os custos da opacidade, 49-55; definição de, 22-25; como faca de dois gumes, 120-121; fatores de, 26-37; fadiga e paralisia da, 44-45; forçada, 6, 23; contexto geopolítico da, 47-49; importância da, 25-27; como informação, 23; interna, 100; e o trabalho do conhecimento, 100-103; lei dos rendimentos decrescentes na, 138; níveis de, 263-264; limites da, 63; alfabetização, 42-43; mínima *versus* máxima, 263-264; obstáculos à, 39-47; perguntas sobre, 9; reversa, 25; e confiança, 80, 95, 131

ÍNDICE REMISSIVO

Tratado de Proibição dos Testes Nucleares (1996), 196

treinamento, 287-288, 298

Tyco International, 3, 74, 112

UBS Warburg, 91, 94

União Européia, 49, 108, 200, 201

Universidade de Harvard, 234

Universidade de Stanford, 183

Universidade de Yale, 234

valor: geração de, 87-88, *85*, 103; e clientes, 161-163, 169-172, 180; e fatores de transparência, 33; e funcionários, 103, 109, 110; e empresas abertas, 87-96

valores corporativos. *Ver* valores

valores: e a Chiquita, 204-205, 206, 207, 208; e a responsabilidade corporativa, 74, 75; e marcas globais, 180, 183; e o "bom", 65-68; e a liderança, 305, 306, 311, 315, 316, 317, 318, 319, 320; e corporações abertas, 317-321; e empresas abertas, 76, 77-80, 95, 266, 300-301; pessoais, 320; compartilhados, 306.
desempenho com base em valores. *Ver* integridade; empresa aberta

varejistas, 129, 130, 142-143, 202, 207, 208, 213

vendedores de câmeras, 157-160

Verizon, 254

Verwaayen, Ben, 179

votos por procuração, 4-9, 17, 236, 320

vulnerabilidade, 306-308, 318

Waddock, Sandra, 247

Wal-Mart Stores, Inc.: e parceiros de negócios, 14, 128, 131, 132, 135, 140, 143, 147, 149; clientes do, 18-19, 180-181; e marcas globais, 180-181; e o "bom", 65

Walsh, James Patrick, 242

Walton, Sam, 65, 66

Warshaw, Stephen, 202, 203, 204

Waste Management, 15

Watkins, Bill, 104, 139, 307-308, 314

Watkins, Sherron, 111, 114

Watts, Philip, 92, 208

Weblogs, 29, 149

Weinstein, David, 236

Welch, Jack, 3, 230

Weldon, Bill, 255

Wheeler, David, 263

Whirlpool, 140

Whole Foods Market, 296

Williams, Andrew, 248

Williams, Anthony, 59, 63

Williams, Jack, 261-262

Wills, Don, 159, 160

Wloszczyna, Chris, 236

Wolf, Patricia, 235-236

WorldCom, 3, 4, 54, 74, 111, 112, 117, 221, 232, 318

Wyeth-Ayerst Canada Inc., 124-125

Xerox, 3, 17, 109, 112

Yahoo!, 16, 121, 227

Yes Men, 46

Young, Bob, 696

Zalla, Jeffrey, 203-204, 205, 206, 207, 208

Zeckhauser, Richard, 168, 169

Zona do Cogumelo, 25

"A transparência influencia tudo, desde a estratégia até a cultura, bem como o relacionamento da empresa com os diversos stakeholders. *A Empresa Transparente* é um marco — uma oportuna e excelente perspectiva sobre como atuar com sucesso no ambiente aberto de hoje."

— Gordon Nixon, chairman e
CEO do RBC Financial Group

"A palavra *transparente* pode significar exposta — e poucas empresas apreciariam essa idéia. Mas os tempos estão mudando rápido. *A Empresa Transparente* demonstra persuasivamente que, de agora em diante, a franqueza e a transparência serão os fundamentos essenciais da confiança; e que a confiança será o ingrediente-chave do sucesso. Qualquer empresa que ignorar a importante mensagem deste livro pode acabar de fato muito exposta."

— Sir Martin Sorrell, chairman do
grupo e CEO da WPP

"Algo raro nos dias de hoje — um livro de negócios com uma idéia nova, profunda e importante. *A Empresa Transparente* explica como uma nova força vem mudando as empresas e a competitividade. Há conceitos relevantes e por vezes impressionantes a cada capítulo. E que grande leitura!"

— Indra Nooyi, presidente e
CFO da PepsiCo, Inc.

"A transparência é a chave para qualquer empresa que deseje conquistar a confiança de consumidores e acionistas. Ser transparente nas operações de sua empresa é emancipador; proporciona-lhe a liberdade para se concentrar nas estratégias de negócios de longo prazo. *A Empresa Transparente* explica como fazer isso. Agora depende de todos nós trazer a transparência à nossa cultura corporativa."

— Glenn M. Renwick, CEO da
The Progressive Corporation

"Tapscott e Ticoll estão à frente de seu tempo. A era da transparência e suas implicações estão prestes a acometer empresas por toda parte. *A Empresa Transparente* é o primeiro guia de sobrevivência."

— Paul Taaffe, CEO da Hill and Knowlton

"Um livro oportuno e fruto de uma boa pesquisa. Os autores mostram como a confiança — promovida pela ampla transparência corporativa — não implica somente a ética, mas também o sucesso."

— John Chambers, presidente e CEO da Cisco Systems

"A Internet trouxe à luz uma nova era de abertura e transparência que revolucionou o relacionamento entre as empresas e os stakeholders. Tapscott e Ticoll apresentam conceitos convincentes sobre como administrar as mudanças e alcançar êxito em um mundo cada vez mais integrado."

— Debra Dunn, vice-presidente sênior para assuntos corporativos da Hewlett-Packard Company

"Os mercados de amanhã serão ambientes expostos por raios X. *A Empresa Transparente* transborda de conselhos inestimáveis para empresários determinados a sobreviver e prosperar nesta translúcida ordem mundial."

— John Elkington, Chairman do Conselho da SustainAbility

"Toda organização necessita de novos tipos de liderança para enfrentar o desafio urgente do desenvolvimento sustentável. Tapscott e Ticoll demonstram vigorosamente como a transparência é essencial para possibilitar essa nova liderança."

— Ernst Ligteringen, CEO da Global Reporting Initiative

"Tapscott e Ticoll dão uma importante contribuição para a definição e a prática da cidadania corporativa — um quesito de importância crítica para as empresas do século XXI. Sua identificação da transparência como diretriz-chave e princípio organizador da cidadania produtiva é um brilhante conceito."

— Roger Martin, reitor da Faculdade de Administração
Joseph L. Rotman da Universidade de Toronto

"Em uma época em que a confiança nos negócios está tão em baixa, Tapscott e Ticoll demonstram que a honestidade não é apenas a melhor política, mas a melhor estratégia."

— Richard E. Cavanagh, presidente e CEO
da The Conference Board, Inc.

"*A Empresa Transparente* é leitura obrigatória para diretores corporativos, estabelecendo os princípios da governança corporativa para o século XXI."

— Beverly Topping, presidente e CEO
do Institute of Corporate Directors

"Este livro inspirador e inovador defende a transparência corporativa com vivacidade e vigor. Mas seu tema real é a necessidade urgente de honestidade e confiança em um mundo corrompido pela ambição."

— William Dimma, veterano de cinqüenta conselhos
corporativos e quarenta conselhos sem fins lucrativos,
autor de *Excellence in the Boardroom: Best Practices in Corporate Directorship*

contato@renovagraf.com.br
Fone:(11) 2667-6086